强基计划校考

化学培训讲义

第2版

芮鹏程　编著

中国科学技术大学出版社

内容简介

本书是作者在多年自主招生和强基计划辅导工作经验的基础上，结合强基计划改革要点，参考历年各重点大学自主招生和强基计划的考试内容而编著的一本培训讲义。针对强基计划的考试内容和考查重点，本书对中学常规教学内容进行了相应的知识与能力的补充，用相应的例题阐述了知识的应用与解题方法的选择。同时，书中给出了一定数量的校考真题和模拟训练，并提供了参考解答，让学生在强基计划考试的准备过程中，不仅方向明确，还可以巩固学到的知识。

本书可作为广大有志于参加重点大学强基计划的中学生的学习用书，也可作为中学化学教师的教学参考用书。

图书在版编目(CIP)数据

强基计划校考化学培训讲义/芮鹏程编著. —2 版. —合肥：中国科学技术大学出版社，2024.5(2025.6 重印)

ISBN 978-7-312-05971-1

Ⅰ.强… Ⅱ.芮… Ⅲ.中学化学课—高中—升学参考资料 Ⅳ.G634.83

中国国家版本馆 CIP 数据核字(2024)第 083803 号

强基计划校考化学培训讲义

QIANGJI JIHUA XIAOKAO HUAXUE PEIXUN JIANGYI

出版 中国科学技术大学出版社
安徽省合肥市金寨路 96 号，230026
http://press.ustc.edu.cn
https://zgkxjsdxcbs.tmall.com

印刷 安徽省瑞隆印务有限公司

发行 中国科学技术大学出版社

开本 787 mm×1092 mm 1/16

印张 17.25

字数 426 千

版次 2020 年 11 月第 1 版 2024 年 5 月第 2 版

印次 2025 年 6 月第 6 次印刷

定价 56.00 元

第2版前言

自2020年1月13日《教育部关于在部分高校开展基础学科招生改革试点工作的意见》印发以来，部分高校开展基础学科招生改革试点。“强基计划”主要选拔培养有志于服务国家重大战略需求且综合素质优秀或基础学科拔尖的学生，探索建立本一硕一博衔接的培养模式。清华大学、复旦大学、上海交通大学、南京大学等知名高校都把化学学科作为“强基计划”的校测主要科目之一。有志于参加“强基计划”的绝大多数高中学生，都在高中阶段积极准备。

《强基计划校考化学培训讲义》自出版以来，受到广大师生的好评，为参加“强基计划”的优秀高中学生提供了帮助，已经连续印刷多次。随着近几年“强基计划”的不断发展，校测内容也随之变化，笔者根据近几年各高校校测试题的特点，对第1版的内容进行了适当的调整和补充，增加了第9章“晶体类型与晶胞”，对晶体的填隙率、空间占有率的求法，坐标参数、晶面、六方晶胞（单斜）的计算等都做了比较详细的讲解，同时也向读者罗列出一些高校校测真题及其解法，并对应出了模拟试题。笔者努力使第2版在内容上与高校校测内容更加吻合，以期对有志于参加“强基计划”的学生起到指导作用。

“强基计划”的校考化学试题部分以时事为背景，也有很多来源于教材但又高于教材，同时，化学试题还涉及科技前沿、学科动态、学科前景、学科应用等。第2版在内容上更突出考查考生的化学学科思维、学科本质、学科素养，在以解决实际问题为主的化学试题上，更突出考查学生思维的广阔性、深刻性与灵活性。

自第1版出版以来，部分读者对本书提出了中肯的意见，也有很多读者提供了“强基计划”校测真题，笔者在此一并表示感谢！

芮鹏程

2024年4月

前　言

2020年1月，《教育部关于在部分高校开展基础学科招生改革试点工作的意见》印发，决定自2020年起，在部分高校开展基础学科招生改革试点（也称“强基计划”）。强基计划旨在选拔培养有志于服务国家重大战略需求且综合素质优秀或基础学科拔尖的学生。由高校结合自身办学特色，合理安排招生专业。要突出基础学科的支撑引领作用，重点在数学、物理、化学、生物及历史、哲学、古文字学等相关专业招生。高校依据考生的高考成绩，按各省份强基计划招生名额的一定倍数确定参加考核的考生名单。考生参加统一高考和高校考核后，高校将考生高考成绩、综合考核结果及综合素质评价情况等按比例合成考生的综合成绩，根据考生填报的志愿，按综合成绩由高到低顺序录取。

在高校对考生的综合考核中，关于化学学科的笔试、面试是一项重要内容。有意参加强基计划的考生已经很透彻地掌握了高中化学知识，那么在准备的过程中，就必须对高中化学知识进行拓展、加深。强基计划代替了以前的高校自主招生，形式和内容上都做了很大改变，由于自然学科的科学性，考查的内容必定有一定的延续性。作为高校“领头羊”的清华大学、北京大学对其他高校起着示范作用，所以以往清华大学、北京大学举行的各种活动，如学科营、领军计划、博雅计划、自主招生等所涉及的内容有非常大的参考价值。

多年来，笔者一直承担学校优秀学生应对自主招生考试的辅导与教学工作。认真分析高校自主招生及其相关活动的化学试卷，可看出它们有这样的共同特点：

(1) 考查虽以学科主干知识为载体，但没有像高考那样把中学所学的主干知识都不同程度地涉及。

(2) 考查内容大都是从化学视角分析解决实际问题。联系生产、生活实际和科技成果，结合社会热点进行命题，是高考化学命题的一个基本特征，高校自主命题在这方面与高考是一致的，其试题常常考查学生从化学视角分析解决生活、生产和社会中的有关化学问题的能力。如清华大学化学试卷曾经考过“明星小分子”的生物功能、CO中毒的原理、温室气体CO_2、“夏天多雨，秋天丰收”的科学原理、镀锌铁板与马口铁、用高浓度的NaCl来保存食物的原理、“毒鼠强”的结构、有关抗艾滋病的药物等。所有这些都与科学技术和社会生活紧密相关，能考查出学生认识科学、技术、社会和环境之间相互关系的程度，考查学生从化学视角分析和解决实际问题的能力。

(3) 试题的选材只有部分是中学化学基础知识，很多是大学化学内容。这些都说明高校自主命题的化学试卷涉及面广、内容丰富，这与高考试题强调中学化学基础知识、所涉及的知识内容几乎全部来源于中学化学教材不同。

本书旨在向参加高校强基计划的考生介绍近些年名牌大学自主命题的化学试题和详细的解析，并结合强基计划改革要点有针对性地编写出扩大考生化学知识面的模拟训练题。本书对不论是参加强基计划的考生，还是平时对化学有一定兴趣而不满足于只掌握高中化学知识的同学都是有帮助的。当然，本书也可作为中学化学教师的参考用书。成功始终属于那些有准备的人，相信读者依据本书的内容做充分的准备，一定会有所收获！

芮鹏程

2020年4月

目　　录

第1章　化学反应中的物质变化和能量变化

1.1　气体的计量

物质通常有3种聚集状态:气态、液态和固态。其中,气态是一种较为简单的聚集状态。

1.1.1　气体的基本特征

1. 扩散性

当把气体充入真空容器后,气体会立即充满整个容器,并均匀分布,不同的气体可以以任意比例均匀混合。

2. 可压缩性

当对气体加压时,气体体积缩小,气体分子间的距离减小。原来占有体积较大的气体可以被压缩到容积较小的容器中。

1.1.2　理想气体

理想气体分子之间没有相互吸引力和排斥力,分子本身的体积相对于气体的体积完全可以忽略。理想气体实际上是一个科学的抽象概念。现实中并不存在理想气体,它只能看作实际气体在压强很低时的一种极限情况。从微观的角度看,理想气体的模型把气体分子看作本身无体积且相互间无作用力。

当压强很低时,实际气体中所含气体分子的数目很少,气体分子间的距离大,彼此间的引力可忽略不计,实际气体就接近理想气体。

在常温常压下,一般的真实气体可用理想气体状态方程进行计算。在低温或高压下,由于真实气体与理想气体有较大差别,需要将理想气体状态方程加以修正再进行计算。用这种方法来解决实际气体的问题要简单得多。

在生产和科学实验中,实际遇到的气体大多数是由几种气体组成的混合气体,如果混合气体的各组分之间不发生化学反应,则在高温低压下,可将其看作理想气体混合物,混合后的气体作为一个整体,仍符合理想气体定律。

1. 理想气体状态方程

$$pV=nRT$$

其中，p 为压强(Pa)，V 为体积(m^3)，n 为物质的量(mol)，T 为温度(K)，R 为摩尔气体常数($Pa \cdot m^3 \cdot mol^{-1} \cdot K^{-1}$ 或 $J \cdot mol^{-1} \cdot K^{-1}$)。

摩尔气体常数 R 的导出：

测得 1 mol 气体在标准状况下的体积为 $0.022414\ m^3$，可导出

$$R=\frac{pV}{nT}=\frac{101.325\times10^3\ Pa\times0.022414\ m^3}{1\ mol\times273.15\ K}$$
$$\approx 8.3144\ Pa\cdot m^3\cdot mol^{-1}\cdot K^{-1}$$

R 的取值与 p、V 的单位有关，如表 1.1 所示。

表 1.1

p	V	R
Pa	m^3	$8.314\ J\cdot mol^{-1}\cdot K^{-1}$
Pa	L	$8314.3\ Pa\cdot L\cdot mol^{-1}\cdot K^{-1}$
atm	L	$0.082\ atm\cdot L\cdot mol^{-1}\cdot K^{-1}$

注：$1\ atm=1.013\times10^5\ Pa$。

2. 理想气体状态方程的应用

(1) 计算 p、V、T、n 四个物理量之一

$$pV=nRT$$

(常用于温度不太低、压强不太高的真实气体。)

(2) 气体摩尔质量的计算

$$pV=nRT,\quad n=\frac{m}{M}$$

$$pV=\frac{m}{M}RT,\quad M=\frac{mRT}{pV}$$

(3) 气体密度的计算

$$M=\frac{\rho RT}{p},\quad \rho=\frac{Mp}{RT}$$

3. 理想气体分压定律

组分气体：理想气体混合物中的每种气体叫作组分气体。

分压：组分气体 B 在相同温度下占有与混合气体相同体积时所产生的压强叫作组分气体 B 的分压。

理想气体分压定律(道尔顿分压定律)：混合气体的总压等于混合气体中各组分气体的分压之和。表达式为

$$p_{总}=p_1+p_2+\cdots$$

或

$$p_1=\frac{n_1RT}{V},\quad p_2=\frac{n_2RT}{V},\quad \cdots$$

$$p_{总}=\frac{n_1RT}{V}+\frac{n_2RT}{V}+\cdots=(n_1+n_2+\cdots)\frac{RT}{V}=\frac{n_{总}RT}{V}$$

分体积：混合气体中组分B的分体积V_B是该组分单独存在并具有与混合气体相同温度和压强时所占的体积。

混合气体中组分B的体积分数等于物质B的摩尔分数。其表达式为

$$\frac{V_B}{V_{总}}=\frac{n_B}{n_{总}}=x_B$$

例1　理想气体状态方程为$pV=nRT$，这是不考虑分子间相互作用力所得到的方程。请问：若考虑气体分子间的作用力，应当对方程做怎样的修正？怎样的实际气体可以用理想气体状态方程描述？

解析　理想气体状态方程$pV=nRT$只能用于分子体积可忽略、分子间无作用力的理想气体，也就是说，它适用于温度较高或压强较低的稀薄气体。如果引入压缩因子Z，将方程改为$pV=ZnRT$，就可以适用于实际气体。理想气体是一种理想化的模型，实际并不存在。实际气体中，凡是本身不易被液化的气体，它们的性质都很接近理想气体，其中，最接近理想气体的是氢气和氦气。在压强不太大、温度不太低的条件下，一般气体的性质也非常接近理想气体。因此常常把实际气体当作理想气体来处理。

1.2　化学反应中的能量关系

化学反应是反应物分子中的旧键断裂与产物分子中的新键形成的过程，在这个过程中伴随着质量、能量的变化。

热力学研究各种形式的能量相互转化时遵循的规律。

1.2.1　化学热力学

化学热力学应用热力学的基本原理研究化学反应，讨论化学变化过程（包括物理变化过程）中伴随的能量变化。热力学讨论的是物质的宏观性质，并不涉及时间的问题。因而，热力学研究的只是反应的可能性。

1. 体系和环境

为了研究方便，常把研究对象从周围环境中划分出来，整体称为体系。环境即体系的环境，是体系以外与之相联系的那部分物质。例如，研究烧杯中溶液所进行的化学反应，烧杯中的反应物称为系统，烧杯和外界的空气等物质称为环境。体系与环境之间的界面可以是实际存在的，也可以是假想但实际上并不存在的。

体系与环境之间的联系包括两者之间的物质交换和能量交换（热和功）。依照体系和环境之间物质和能量交换的不同情况，可将系统分为三种类型。

敞开体系：体系与环境之间有物质交换和能量交换。

封闭体系：体系与环境之间无物质交换，有能量交换。

孤立体系：体系与环境之间无物质交换和能量交换。

2. 热和功

热和功是系统的状态发生变化时，系统和环境之间能量转换的两种不同形式。如果系统和环境之间存在温度差，则两者间交换或传递的能量就叫作热，常用符号 Q 表示，单位为 J。若系统从环境吸热，则 $Q>0$；若系统向环境放热，则 $Q<0$。

除热之外，系统与环境之间以其他形式交换或传递的能量称为功（辐射除外），常用符号 W 表示，单位为 J。若系统对环境做功，则 $W<0$；若环境对系统做功，则 $W>0$。功有不同种类，如机械功、电功、表面功、体积功（膨胀功）等。化学上把体积功以外的功称为非体积功。所谓体积功，就是指系统对抗外压、体积膨胀时所做的功，用符号 W_V 表示，有

$$W_V=-p_{外}\cdot\Delta V$$

式中，$p_{外}$ 为外压，ΔV 为系统的体积变化量。如果外压小于系统的压强（$p_{内}$），即 $p_{外}<p_{内}$，则系统发生膨胀，$\Delta V>0$，此时，体积功 $W_V<0$，系统对环境做功；如果 $p_{外}>p_{内}$，则系统被压缩，$\Delta V<0$，此时，$W_V>0$，环境对系统做功。

热和功都不是状态函数，它们的数值不仅决定于系统状态变化的始态和终态，还决定于变化的途径，因此热和功是非状态函数。

能量守恒定律（**热力学第一定律**）：自然界中的一切物质都具有能量，能量有各种不同的形式，可以从一种形式转化为另一种形式，从一个物体传递给另一个物体，而在转化和传递过程中能量的总量保持不变。

1.2.2　热力学能

热力学能（U）指体系内部所含能量的总和，是体系的状态函数，单位为 $kJ\cdot mol^{-1}$。

孤立体系中，能量是不会自生自灭的，它可以变换形式，但总量不变。

封闭体系中，环境对体系做功（W），同时体系从环境吸热（Q），使其热力学能由 U_1 变到 U_2，则两者的关系为

$$\Delta U=Q+W$$

$$\Delta U=U_2-U_1=Q_p-p(V_2-V_1)$$

$$Q_p=(U_2+pV_2)-(U_1+pV_1)$$

其中，U、V、p 为状态函数。则它们的组合一定是状态函数。

封闭体系中，热力学能的变化等于体系吸收的热和环境做的功之和。

1.2.3　反应焓变

焓是状态函数。焓的绝对值无法测定，只能获得焓变；不要把焓看作体系所含的热量。恒压条件下，反应热在数值上等于体系的焓变；焓同 T、p 有关，且 T 的影响较大。

$\Delta H>0$ 表示吸热反应；$\Delta H<0$ 表示放热反应。

1.2.4　热化学方程式

热化学方程式是表示化学反应与其热效应关系的化学方程式。例如：

$$2H_2(g) + O_2(g) = 2H_2O(g), \quad \Delta_r H_m^\ominus = -483.6\ \text{kJ} \cdot \text{mol}^{-1}$$

$\Delta_r H_m^\ominus$表示在标准状态下，反应进度变化为 1 mol 时该反应的热效应(或摩尔反应焓变)。其中，r 表示反应，m 表示反应进度变化为 1 mol ，$\ominus$表示标准态，温度为 298.15 K，可以省略。

书写规则：

(1) 注明反应的温度和压强。

(2) 注明反应物和产物的状态。

(3) 注明物质的系数。

(4) 用 Q_p 和 Q_V 分别表示恒压和恒容反应的热效应。

1.2.5　热力学标准态

对于气体，热力学标准态是指各物质分压为标准压强 $p^\ominus$(100 kPa)时纯气体(理想气体)的状态。

对于溶液，热力学标准态是指浓度为 1 mol·L^{-1}的理想溶液的状态。

对于固体和液体，热力学标准态是指处于标准压强下的纯物质状态。

注意　热力学标准态与理想气体的标准状况存在区别。

1.2.6　标准摩尔生成焓

标准摩尔生成焓指在热力学标准状态和某一确定温度下，由稳定单质生成 1 mol 纯物质时的恒压热效应(即摩尔焓变)，用 $\Delta_f H_m^\ominus$ 表示。其中，下标 f 表示 formation(生成)，m 表示反应进度变化为 1 mol。

注意　规定最稳定单质的标准摩尔生成焓为零。

同一物质在不同聚集状态下，标准摩尔生成焓值不同。只有最稳定单质的标准摩尔生成焓为零。

例如，$\Delta_f H_m^\ominus$(C，石墨)＝0，$\Delta_f H_m^\ominus$(C，金刚石)≠0。

1.2.7　赫斯定律

赫斯(Hess)定律：不管化学过程是一步完成的还是分步完成的，这个过程的热效应都是相同的。这一性质体现了焓的状态函数的特征：焓变只与过程的始、终态有关(殊途同归)。

应用赫斯定律时应注意，若某化学反应是在等压下一步完成的，在分步完成时，各分步也要在等压下进行；在应用赫斯定律进行计算的过程中，要消去某同一物质时，不仅要求该物质的种类相同，而且其聚集状态也要相同。

1.2.8 状态函数熵

1. 熵和热力学第二定律

熵(S)是用于表示体系内部质点的混乱度的状态函数,有加和性,单位为 $J \cdot K^{-1}$。

对于可逆反应,Q_R 是一定的。则过程的熵变(ΔS)为

$$\Delta S = \frac{Q_R}{T}$$

其中,下标 R 表示可逆过程。

热力学第二定律:在孤立体系中,混乱度总是从有序到无序或从小到大变化,并且这种变化过程是自发的。

2. 热力学第三定律和标准熵

0 K 时,晶体的粒子运动停止,粒子完全固定在一定位置上,$S=0$。这种观点即为热力学第三定律。

当压强 $p=1.013\times10^5$ Pa,温度为 0 K 时,体系的 $S=0$,体系变化到温度 T,这一过程的 ΔS 值即等于终态体系的熵值。1 mol 纯物质在 298 K 时的熵值称为 298 K 时的标准摩尔熵,用 $S_m^\ominus$(298 K)表示,单位为 $J \cdot mol^{-1} \cdot K^{-1}$。反应的 $\Delta_r S_m^\ominus = \sum S_m^\ominus(生) - \sum S_m^\ominus(反)$。

$S_m^\ominus$ 的数据随温度的变化较小,在普通化学中,认为 $S_m^\ominus$ 不随温度变化,$\Delta_r S_m^\ominus$ 也不变。故 298 K 的标准熵对其他温度也适用。

1.2.9 状态函数吉布斯自由能

$\Delta_r H$ 和 $\Delta_r S$ 一起决定反应的方向。若反应在等温等压下进行,且有非体积功,根据热力学第一定律的表达式为

$$\Delta_r U = Q - W = Q - (W_体 + W_非) = Q - W_体 - W_非$$

由

$$\Delta_r H = \Delta_r U + p\Delta V$$

得

$$Q = \Delta_r H + W_非$$

在等温等压条件下,可逆反应途径的 Q(即 Q_R)最大,故有不等式

$$Q_R \geqslant \Delta_r H + W_非$$

其中,"="成立的条件为反应可逆。

由于 $\Delta S = \dfrac{Q_R}{T}$,$Q_R = T\Delta_r S$,故不等式变成

$$T\Delta_r S \geqslant \Delta_r H + W_非, \quad T\Delta_r S - \Delta_r H \geqslant W_非, \quad -(\Delta_r H - T\Delta_r S) \geqslant W_非$$

当体系由状态 1 变为状态 2 时,有

$$-[(H_2 - H_1) - (T_2 S_2 - T_1 S_1)] \geqslant W_非$$

即

$$-[(H_2-T_2S_2)-(H_1-T_1S_1)]\geqslant W_{非}$$

令

$$G=H-TS$$

其中，G 为状态函数，称为吉布斯(Gibbs)自由能，有加和性，单位为 J。则有

$$-(G_2-G_1)\geqslant W_{非}$$

即

$$-\Delta G\geqslant W_{非}$$

在化学变化中，体系中所做非体积功的最大限度是 G 的减少值。只有在可逆过程中，这种非体积功的最大值才得以实现。

G 的物理意义可以理解为体系在等温等压条件下，可以用来做非体积功的能量。更重要的是，上式是等温等压过程反应进行方向的判据：

$-\Delta G>W_{非}$，反应自发进行；

$-\Delta G=W_{非}$，反应可逆进行；

$-\Delta G<W_{非}$，反应非自发进行。

若将过程还原到恒温等压无非体积功，则判据变为：

$\Delta G<0$，反应自发进行；

$\Delta G=0$，反应可逆进行；

$\Delta G>0$，反应非自发进行。

热力学规定在某温度下，由处于标准态的各种元素的最稳定(指定)单质生成 1 mol 某物质的自由能改变量，叫作该温度下这种物质的标准摩尔生成吉布斯自由能，简称生成自由能，用符号 $\Delta_f G_m^{\ominus}$ 表示，单位为 $kJ\cdot mol^{-1}$。

298 K 时的 $\Delta_f G_m^{\ominus}$ 有表可查。查表，利用公式可计算已知反应的自由能变量($\Delta_r G_m^{\ominus}$)，即

$$\Delta_r G_m^{\ominus}=\sum G_m^{\ominus}(生)-\sum G_m^{\ominus}(反)$$

可利用 $\Delta_r G_m^{\ominus}$ 判断化学反应进行的方向。

例 2　已知反应 $N_2(g)+3H_2(g)=\!=\!=2NH_3(g)$ 在恒容的弹式量热计内进行，放出热量 $87.2\ kJ\cdot mol^{-1}$。此反应的 ΔH 和 ΔU 各是多少？(25 ℃时)

解析　能量的变化包括放出的热量和气体对外所做的功：

$$\Delta H=\Delta U+W,\quad W=\Delta pV$$

由此可得

$$\Delta U=-87.2\ kJ\cdot mol^{-1}$$

$$\Delta H=\Delta U+W=\Delta U+\Delta pV=\Delta U+\Delta nRT$$

所以

$$\Delta H=-87.2+(2-4)\times 8.314\times 298\times 10^{-3}\approx -92.2\ (kJ\cdot mol^{-1})$$

例 3　甲醛是一种重要的化工产品，可利用甲醇脱氢反应制备，反应式如下：

$$CH_3OH(g)\xrightarrow{催化剂,700\ ℃}CH_2O(g)+H_2(g),\quad \Delta_r H_m^{\ominus}=84.2\ kJ\cdot mol \tag{1}$$

向体系中通入空气，通过以下反应提供反应(1)所需的热量：

$$H_2(g)+\frac{1}{2}O_2(g)=\!=\!=H_2O(g),\quad \Delta_r H_m^{\ominus}=-241.8\ kJ\cdot mol \tag{2}$$

要使反应温度维持在 700 ℃，计算进料中甲醇与空气的物质的量之比。（已知空气中氧气的体积分数为 0.20。）

解析 要使反应维持在 700 ℃，反应还要持续进行，应使反应(2)放出的热量恰好被反应(1)全部吸收利用。

根据题意，有

$$84.2\times n(CH_3OH)\approx 241.8\times 2n(O_2)$$

甲醇与氧气的物质的量之比为

$$\frac{241.8\times 2}{84.2}\approx 5.74$$

甲醇与空气的物质的量之比为

$$\frac{5.74}{5}=1.1$$

例 4 27 ℃时，将 100 g Zn 溶于过量稀硫酸中，反应若分别在开口烧杯和密封容器中进行，哪种情况放热较多？多多少？

解析 由于开口烧杯内气体体积膨胀对外做功，所以后者放热多。

根据题意，有

$$n=100/65.38\ (\text{mol})$$
$$R=8.314\ \text{J}\cdot\text{K}^{-1}\cdot\text{mol}^{-1}$$
$$T=273.15+27=300.15\ (\text{K})$$

所以

$$pV=nRT=3814\ \text{J}$$

故多出 3814 J。

真题解析

1. 已知 $2NO+O_2 = 2NO_2$，$Q=+114$ kJ 且不生成 N_2O_4。则下列判断正确的是（　　）

A. 升温，反应速率变快　　B. 加压，混合物颜色变浅

C. 加热，混合物颜色加深　　D. 充入 N_2，NO 转化率增大

解析 A 正确。加压缩小了体积，使浓度增加，B 错误。此反应不是可逆反应，加热不使平衡移动，C 错误。充入 N_2，NO 浓度不变，D 错误。

2. $KMnO_4$ 和 H_2O_2 的化学反应为 $MnO_4^-+H_2O_2+H^+ = Mn^{2+}+O_2+H_2O$，配平后方程式左边的系数应该是（　　）

A. 2,3,6　　B. 2,5,6　　C. 2,7,6　　D. 2,9,6

解析 氧气是由 H_2O_2 被 MnO_4^- 氧化而得到的，根据电子得失，配平得

$$2MnO_4^-+5H_2O_2+6H^+ = 2Mn^{2+}+5O_2\uparrow+8H_2O$$

所以 B 正确。

3. 在体积为 V L 的干燥烧瓶中用排空气法充入氯化氢气体后，测得烧瓶中气体对氧气的相对密度为 1.082。若用此气体进行喷泉实验，则在喷泉停止后，进入烧瓶中的液体的体

积是　(　　)

A. V L　　B. $\frac{3}{4}V$ L　　C. $\frac{1}{2}V$ L　　D. $\frac{1}{4}V$ L

解析　烧瓶中气体的相对平均分子量为1.082×32=34.624,可求出氯化氢气体占混合气体的$\frac{3}{4}$。B正确。

4. 能正确表示下列反应的离子方程式是　(　　)

A. 溴化亚铁溶液中通入少量氯气:$2Br^- + Cl_2 = Br_2 + 2Cl^-$

B. 实验室用氯化铁溶液制取氢氧化铁胶体:$Fe^{3+} + 3H_2O \xlongequal{加热} Fe(OH)_3$(胶体)$+ 3H^+$

C. 硫酸铜溶液中加入氢氧化钡溶液:$Ba^{2+} + SO_4^{2-} = BaSO_4\downarrow$

D. 用湿润的醋酸铅试纸检验H_2S:$Pb^{2+} + H_2S = PbS\downarrow + 2H^+$

解析　选项A中,氯气应先和亚铁离子反应。选项C中,还有氢氧化铜生成。选项D中,有醋酸生成。B正确。

5. 已知在某温度时发生如下三个反应:

① $C + CO_2 = 2CO$。

② $C + H_2O = CO + H_2$。

③ $CO + H_2O = CO_2 + H_2$。

由此可以判断,在该温度下C、CO、H_2的还原性强弱顺序是　(　　)

A. $CO>C>H_2$　　B. $C>CO>H_2$　　C. $C>H_2>CO$　　D. $CO>H_2>C$

解析　在氧化还原反应中,还原剂的还原性大于还原产物的还原性。B正确。

6. 酸沉降是指大气中的酸性物质迁移到地面的过程,包括“湿沉降”和“干沉降”。则下列说法错误的是　(　　)

A. 酸雨(雪、雾)是湿沉降,酸性胶体颗粒形成的气溶胶是干沉降

B. 无污染雨水为弱酸性

C. 我国酸雨的主要来源为工厂、汽车排放的氮氧化物废气

D. 酸雨对湖泊、森林、土地等资源都有较大的危害,甚至会破坏局部的生态平衡

解析　A正确。无污染雨水也会溶解空气中的二氧化碳,显弱酸性,B正确。我国硫酸型酸雨的影响远大于硝酸型酸雨,主要污染物是含硫化合物,C错误。酸雨确实有巨大的危害,D正确。所以选C。

7. 写出水作为溶剂的特点。

解析　第一,化学反应需要微粒间充分接触和碰撞,这就需要物质的微粒充分分散,物质溶解于水中,被完全分散开来。第二,水是一种非常理想且来源广泛、取用方便的分散剂。

8. 被称为“魔棒”的荧光棒已成为节日之夜青少年的喜爱之物,其发光原理是什么?有人说,发光的魔棒不能凑近石油气之类的可燃性气体,否则会导致爆炸,是否正确?一段时间后,光的亮度降低,此时,把“魔棒”往手心上敲打几下,亮度会重新增大,原因是什么?

解析　“魔棒”发光原理是利用过氧化氢氧化草酸酯产生能量,该能量被传递给荧光物质后便发出荧光。发光的“魔棒”凑近石油气之类的可燃性气体不会导致爆炸,因为“魔棒”发的光是“冷光”而不是明火。把“魔棒”往手心上敲打几下,亮度会重新增大,原因是通过挤

压，使过氧化氢与草酸酯混合反应，使得“魔棒”发光。（提示：草酸酯是一种有较高黏度的有机化合物。）

9.（1）航天飞机曾用金属铝粉和高氯酸铵混合物作为固体燃料。加热铝粉使其氧化并放出大量热量，促使混合物中另一种燃料分解。m mol 高氯酸铵分解时除产生 $2m$ mol 水蒸气和 m mol 氧气外，其他组成元素均以单质形式放出，因而产生巨大的推动力。写出其中涉及的化学方程式 。

（2）高氯酸铵是火箭燃料的重要氧载体。高氯酸铵在高压、450 ℃的条件下迅速分解生成水蒸气、氮气、氯化氢和氧气。

① 写出此反应的化学方程式：________________________。

② 反应中生成的氧化产物与还原产物的物质的量之比是________，每分解 1 mol 高氯酸铵，转移的电子数目是________。

解析 （1）

$$4Al+3O_2\xlongequal{\triangle}2Al_2O_3$$

$$2NH_4ClO_4\xlongequal{\triangle}N_2\uparrow+4H_2O\uparrow+Cl_2\uparrow+2O_2\uparrow$$

（2）① $4NH_4ClO_4\xlongequal{高压,450\ ℃}6H_2O\uparrow+2N_2\uparrow+4HCl\uparrow+5O_2\uparrow$。

② 7∶4；$8N_A$ 或 $8\times6.02\times10^{23}$。

10. $KClO_3$ 热分解是实验室制取氧气的一种方法，$KClO_3$ 在不同的条件下热分解如表1.2所示。

表 1.2

实验	反应体系	第一放热温度/℃	第二放热温度/℃
A	$KClO_3$	400	480
B	$KClO_3+Fe_2O_3$	360	390
C	$KClO_3+MnO_2$	350	

已知：

（1）$K(s)+\frac{1}{2}Cl_2(g)\xlongequal{}KCl(s)$，$\Delta H=-437\ kJ\cdot mol^{-1}$。

（2）$K(s)+\frac{1}{2}Cl_2(g)+\frac{3}{2}O_2(g)\xlongequal{}KClO_3(s)$，$\Delta H=-398\ kJ\cdot mol^{-1}$。

（3）$K(s)+\frac{1}{2}Cl_2(g)+2O_2(g)\xlongequal{}KClO_4(s)$，$\Delta H=-433\ kJ\cdot mol^{-1}$。

根据以上数据，写出上述三个实验对应的分解过程的热化学方程式。

解析 实验 C 对应的是非常熟悉的反应：$2KClO_3(s)\xlongequal{}2KCl(g)+3O_2(g)$。根据赫斯定律很容易得出其热化学方程式。实验 A 和实验 B 中，由于题目中出现了 $KClO_4$，所以反应中间产物应该有 $KClO_4$，再根据 MnO_2 作催化剂联想到 Fe_2O_3 的性质，可以得出两步的热化学方程式。

实验 A 中，第一次放热：$4KClO_3(s)\xlongequal{}3KClO_4(s)+KCl(s)$，$\Delta H=-144\ kJ\cdot mol^{-1}$；

第二次放热：$KClO_4(s)\xlongequal{}KCl(s)+2O_2(g)$，$\Delta H=-4\ kJ\cdot mol^{-1}$。

实验 B 中，第一次放热、第二次放热的热化学方程式均与实验 A 相同。

实验 C 中，$2KClO_3(s) \xlongequal{} 2KCl(g) + 3O_2(g)$，$\Delta H = -78\ kJ \cdot mol^{-1}$。

模拟训练

一、选择题（只有一个正确答案）

1. 在运送“神舟”飞船的某些推进器中盛有液态肼（N_2H_4）和液态双氧水，它们充分混合反应后的产物之一是　　（　　）

A. 氧气　　B. 氮气　　C. 氨气　　D. 氢气

2. 工业上从含硒的废料中提取硒的方法是用硫酸和硝酸钠处理废料，获得亚硒酸和少量硒酸，再与盐酸共热，硒酸转化为亚硒酸：$2HCl + H_2SeO_4 \xlongequal{} H_2SeO_3 + Cl_2 + H_2O$，最后通入足量的二氧化硫，析出单质硒。据此判断正确的是　　（　　）

A. 氧化性：$H_2SeO_4 < Cl_2$　　B. 氧化性：$H_2SeO_3 > H_2SO_3$

C. 还原性：$SeO_2 > SO_2$　　D. 析出 1 mol Se 需 1 mol SO_2

3. 下列关于物质性质比较的描述中正确的是　　（　　）

A. 原子半径：N＞P＞As　　B. 相对原子质量：Cl＞Ar＞K

C. 熔点：Be＞Ca＞Mg　　D. 沸点：HF＞HCl＞HBr

4. 人被蚂蟥叮咬后，伤口处常流血不止。据此，科学家希望从蚂蟥体内提取某种药物，该药物具有　　（　　）

A. 止血性能　　B. 抗血凝性能　　C. 止痛、止痒性能　　D. 抗过敏性能

5. 炽热的炉膛内有如下反应：

$$C(s) + O_2(g) \xlongequal{} CO_2(g),\quad \Delta H = -392\ kJ \cdot mol^{-1}$$

往炉膛内通入水蒸气时，有如下反应：

$$C(s) + H_2O(g) \xlongequal{} CO(g) + H_2(g),\quad \Delta H = +131\ kJ \cdot mol^{-1}$$

$$CO(g) + \frac{1}{2}O_2(g) \xlongequal{} CO_2(g),\quad \Delta H = -282\ kJ \cdot mol^{-1}$$

$$H_2(g) + \frac{1}{2}O_2(g) \xlongequal{} H_2O(g),\quad \Delta H = -241\ kJ \cdot mol^{-1}$$

由以上反应推断往炽热的炉膛内通入水蒸气时　　（　　）

A. 不能节省燃料，但能使炉火瞬间更旺

B. 虽不能使炉火更旺，但可以节省燃料

C. 既能使炉火更旺，又能节省燃料

D. 既不能使炉火更旺，又不能节省燃料

6. 相对分子质量为 342 的糖的结构简式为

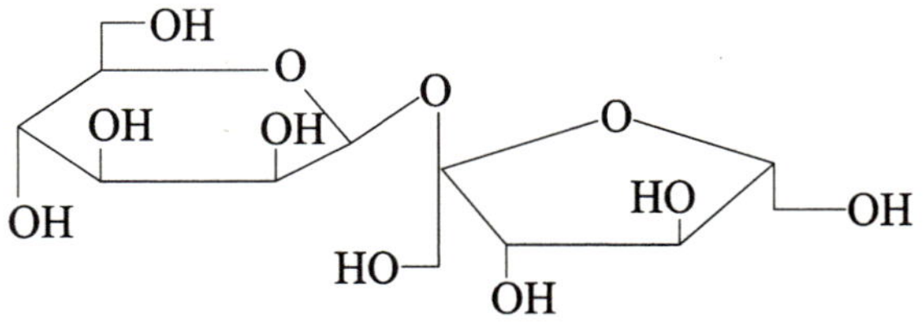

已知这种糖跟氯酸钾反应后生成的产物是氯化钾、二氧化碳和水，则反应中氧化产物与还原产物的物质的量之比为 （　　）

A. 3∶2　　B. 2∶3　　C. 8∶1　　D. 11∶8

7. 下列离子方程式正确的是 （　　）

A. 在明矾溶液中加入过量的氢氧化钡溶液：

$$3Ba^{2+}+6OH^-+2Al^{3+}+3SO_4^{2-}=\!=\!=3BaSO_4\downarrow+2Al(OH)_3\downarrow$$

B. 纯碱溶液与胆矾溶液混合生成正盐、酸式盐、碱式盐：

$$3CO_3^{2-}+2Cu^{2+}+2H_2O=\!=\!=2HCO_3^-+Cu_2(OH)_2CO_3\downarrow$$

C. 在 $H_2{}^{18}O$ 中投入 Na_2O_2 固体：$2H_2{}^{18}O+2O_2^{2-}=\!=\!=4OH^-+{}^{18}O_2\uparrow$

D. 在 0.1 mol·L^{-1} $CuCl_2$ 溶液中加入 0.1 mol·L^{-1} NaHS 溶液：

$$Cu^{2+}+2HS^-+2H_2O=\!=\!=Cu(OH)_2\downarrow+2H_2S\uparrow$$

二、简答题

8. 用坩埚钳夹住一小块刚用酸充分处理过的铝箔，在酒精灯上加热至熔化，发现熔化的铝并不滴落。请你对上述实验现象做出解释。

9. 世界上许多科学家都强烈反对发展超音速运输飞机(SST)，你认为主要原因是什么？

10. 世界上最重要的化石燃料有哪些？各有何优点？

11. 自然界中新能源有哪些？对新能源有什么要求？氢能的优点有哪些？

三、实验题

12. 化学中有许多有趣的实验，下面介绍的“蓝瓶子”实验就是一例。

在 250 mL 烧瓶中依次加入 2 g 氢氧化钠、100 mL 蒸馏水、2 g 葡萄糖（粉末），振荡使其溶解。滴入 4～6 滴 0.2%的亚甲基蓝溶液，塞上瓶塞（图 1.1），振荡烧瓶，溶液呈蓝色。静置，约 3 min 后蓝色消失，溶液变为无色。再次振荡，无色溶液又呈蓝色。以上变化可反复多次。为探究是什么原因引起的，有人做了以下实验：

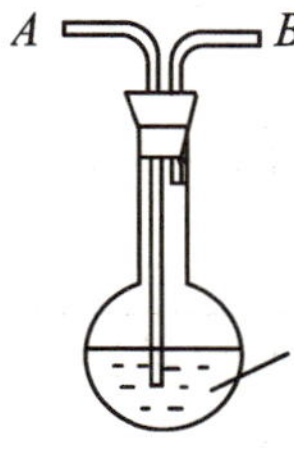

图 1.1

(1) 从烧瓶中取出溶液注入一支试管，塞上橡皮塞。试管中的溶液由蓝色变为无色，再振荡试管，溶液不能变蓝。

(2) 在原烧瓶中从 *A* 处鼓入空气，溶液又慢慢变蓝了。静置片刻后，蓝色又消失。再次鼓入空气，溶液又慢慢变蓝。

(3) 为了进一步弄清是何种成分引起的，他又继续探索。从 *A* 处改通纯净的 N_2、CO_2，都不能使烧瓶中的无色溶液变蓝。把制得的氧气从 *A* 处通入，发现上述无色溶液慢慢变为蓝色。

“蓝瓶子”实验原理有了科学结论，请总结“蓝瓶子”实验的变色原理。

13. 世界环保联盟将全面禁止在自来水中加入氯气，取而代之的是安全高效的杀菌消毒剂 ClO_2。ClO_2 是一种黄绿色、有刺激性气味的气体，熔点为 −59 ℃，沸点为 11.0 ℃。少量的 ClO_2 可用饱和草酸（$H_2C_2O_4$）溶液与 $KClO_3$ 粉末在 60 ℃时反应制得。

(1) 画出实验装置（制备、收集、尾气处理）简图。

(2) 写出制备和尾气处理中的反应方程式。

(3) ClO_2 为高效低毒的消毒剂，其消毒的效率是等物质的量的 Cl_2 的________倍。

(4) 新型自来水消毒剂 ClO_2 可由 $KClO_3$ 在 H_2SO_4 存在下与甲醇反应制备。写出化学反应方程式。

(5) 欧洲一些国家用 $NaClO_3$ 氧化浓盐酸来制取 ClO_2，同时有 Cl_2 生成，且 Cl_2 的体积为 ClO_2 的 $\frac{1}{4}$。写出化学反应方程式。

(6) 我国广泛采用将经干燥空气稀释的氯气通入填有固体亚氯酸钠（$NaClO_2$）的柱内的方法制得 ClO_2，写出化学反应方程式。和欧洲的方法相比，我国这一方法的主要优点是什么？

14. 为了利用天然气矿中的甲烷，有人设计了如下两个化学反应：

① $2CH_4(g)+H_2O(l) \xlongequal{} C_2H_5OH(l)+2H_2(g)$。

② $CH_4(g)+\frac{1}{2}O_2(g) \xlongequal{} CH_3OH(l)$。

已知如表 1.3 所示。

表 1.3

物质(298 K, $p^{\ominus}$)	$\Delta_f H_m^{\ominus}/(kJ \cdot mol^{-1})$	$\Delta_f G_m^{\ominus}/(kJ \cdot mol^{-1})$
$H_2O(l)$	−285.84	−237.19
$CH_4(g)$	−74.85	−50.79
$CH_3OH(l)$	−238.57	−166.23
$C_2H_5OH(l)$	−277.63	−174.77
$CO_2(g)$	−393.51	−394.38

(1) 计算判断反应①和②在常温常压下(298 K, $p^{\ominus}$)实现的可能性如何。

(2) 常温常压下不可能实现的反应，当选用“高效催化剂”之后，能否变为常温常压下可实现的反应？为什么？

(3) 对可能实现的反应，请利用 $\Delta_f G_m^{\ominus}=-RT\ln K^{\ominus}$ 从理论上求出 298 K、$p^{\ominus}$ 下其平衡常数 $K^{\ominus}$。若该反应可逆，讨论温度、压强等外界条件对化学平衡的影响。

15. 在燃烧煤和石油的过程中，会产生废气，其中常含有 CO、NO_x、SO_2 等气体。废气排放前，这些有害气体都应尽量除去。请根据表 1.4 中的数据，尽可能多地提出从废气中除去 NO_x 的可能途径(如有反应式，请一并写出)，并指出实施时所需的条件。

表 1.4

物质	H_2	N_2	O_2	$H_2O(g)$	CO	CO_2	NO	NO_2	NH_3
$\Delta_r H_m^{\ominus}$/ $(kJ \cdot mol^{-1})$	0	0	0	−242	−110.5	−393.5	90.4	33.9	−46.2
$S^{\ominus}$/ $(J \cdot mol^{-1} \cdot K^{-1})$	131	192	205	189	198	214	211	241	193

16. 从能量观点出发，食物向人体供应能量。其中一种可折合成葡萄糖在人体里完全氧化释放出来的化学反应能。

(1) 已知如表 1.5 所示。

表 1.5

化合物	葡萄糖	$H_2O(l)$	$CO_2(g)$
$\Delta_f H_m^\ominus/(kJ \cdot mol^{-1})$	−1259.8	−285.8	−393.5

设葡萄糖完全氧化释放出的化学反应能全部转化为热。计算1 kg 葡萄糖最多可向人体提供多少热量。

(2) 已知用葡萄糖为燃料，设计制成燃料电池，其理论标准电动势为 1.24 V。人体肌肉做功等可归因于生物电过程产生，因此可折合成葡萄糖氧化做电功释放出来的化学能。计算1 kg葡萄糖最多可做多少功。

(3) 葡萄糖氧化反应所产生的电能与该反应提供的热能是否相等？为什么？在研究食物时，仅谈论能够放出多少"焦"的能量，是否全面？

(4) 设环境温度为 20 ℃，人体作为一种理想的热机，则 1 kg 葡萄糖所提供的热能有多少可转化为机械功（已知：热机效率＝（高温温度－低温温度）/高温温度，温度单位为 K）？已知维持人体血液循环体系至少需功 8.6×10^2 kJ。请由此推断人体能量转换机理主要是热机还是电化学过程。

17. 已知：

$$BaO(s)+H_2O(l)=\!=\!=Ba(OH)_2(s),\quad \Delta_r H_m^\ominus=-103\ kJ\cdot mol^{-1}$$

$$Ba(OH)_2(s)+H_2O(l)=\!=\!=Ba^{2+}(aq)+2OH^-(aq),\quad \Delta_r H_m^\ominus=-52\ kJ\cdot mol^{-1}$$

$$Ba(OH)_2\cdot 8H_2O(s)+H_2O(l)=\!=\!=Ba^{2+}(aq)+2OH^-(aq),\quad \Delta_r H_m^\ominus=+64\ kJ\cdot mol^{-1}$$

请回答下列问题：

(1) 能求得 $BaO(s)$的溶解热吗？

(2) 能求得 $Ba(OH)_2(s)$转变成 $Ba(OH)_2\cdot 8H_2O(s)$的能量变化吗？

(3) 能求得 $O^{2-}(aq)+H_2O(l)=\!=\!=2OH^-(aq)$的能量变化吗？

若能，请给出答案；若不能，请简述原因。

第 2 章　原子结构与元素周期律

2.1　核外电子的运动状态

2.1.1　氢原子光谱和玻尔模型

当一束白光通过棱镜时，不同频率的光由于折射率不同，经过棱镜投射到屏上，可得到红、橙、黄、绿、青、蓝、紫连续分布的带状光谱，这种光谱称为连续光谱。

各种气态原子在高温火焰、电火花或电弧作用下也会发光，但产生不连续的线状光谱，这种光谱称为原子光谱。不同的原子具有自己的特征谱线位置。

最简单的原子光谱是氢原子光谱。

德国物理学家普朗克首先提出了能量子的概念，他认为，物质吸收或辐射的能量是不连续的，这个最小的基本量被称为能量子或量子。量子的能量与辐射的频率成正比。

质量是 m、速度为 v 的电子，相应的波长为

$$\lambda=\frac{h}{mv}$$

式中，h 为普朗克常数，其值为 $6.63\times10^{-34}\ \mathrm{J\cdot s}$。

电子是具有波粒二象性的微观粒子，不像经典力学中确定的宏观物质可以用位置和速度来准确描述其状态。海森堡认为微观粒子的位置与动量之间有以下测不准关系：

$$\Delta x\cdot\Delta p\geqslant\frac{h}{2\pi}\quad 或\quad \Delta x\cdot\Delta v\geqslant\frac{h}{2\pi m}$$

式中，h 为普朗克常数，Δx 为粒子位置的不准确量，Δp 为粒子动量的不准确量，m 为粒子的质量，Δv 为粒子速度的不准确量。

粒子在某一方向的位置和在此方向上动量（或速度）的不准确量的乘积必大于或等于常数$\frac{h}{2\pi}$。

例 1　请计算波长为 401.4 nm（相当于钾的紫光）的光子的质量（光速为 $2.998\times10^{8}\ \mathrm{m\cdot s^{-1}}$）。

解

$$m=\frac{h}{\lambda c}=\frac{6.63\times10^{-34}}{401.4\times10^{-7}\times2.998\times10^{8}}\approx5.506\times10^{-36}(\mathrm{kg})$$

2.1.2　轨道能级的概念

电子在不同轨道运动时，能量是不同的。离核越近的轨道上，电子被原子核束缚越牢，能量越低；离核越远的轨道上，能量越高。轨道的这些不同的能量状态称为能级。

在正常状态下，电子尽可能处于离核较近、能量较低的轨道上，这时原子（或电子）所处的状态称为基态。在高温火焰、电火花或电弧作用下，原子中处在基态的电子因获得能量，能跃迁到离核较远、能量较高的空轨道上去运动，这时原子（或电子）所处的状态称为激发态。

2.1.3　量子数

原子中各电子的运动状态（如电子云或原子轨道离核远近、形状、方位等）需要主量子数、副量子数、磁量子数和自旋量子数这四个量子数才能确定。

1. 主量子数(n)

如前所述，轨道能量是量子化的概念，可以推理出核外电子是按能级的高低分层排布的，这种不同能级的层次习惯上称为电子层。用统计观点来说，电子层是按电子出现概率较大的区域离核的远近来划分的。主量子数正是描述电子层能量的高低次序和电子云离核远近的参数。

主量子数的取值范围为除零以外的正整数，即 $n=1,2,3,4,\cdots$。$n=1$ 表示能量最低、离核最近的第一电子层，$n=2$ 表示能量次低、离核次近的第二电子层，其余类推。在光谱学上，另用一套拉丁字母表示电子层，其对应关系为

主量子数(n)	1	2	3	4	5	6	…
电子层	K	L	M	N	O	P	…

一般来说，n 的值越大，电子云离核的平均距离越远，电子层能级越高。

2. 角量子数(l)

在分辨率较高的分光镜下，可以观察到一些元素原子光谱的一条谱线往往是由两条、三条或更多条非常靠近的细谱线构成的。这说明在某一个电子层内电子的运动状态和所具有的能量还稍有不同，或者说在某一电子层内还存在着能量差别很小的若干个亚层。因此，除主量子数外，还要多用一个量子数来描述核外电子的运动状态和能量，这个量子数称为角量子数。

角量子数的取值为 $l=0,1,2,\cdots,n-1$。例如，$n=1$，$l=0$；$n=2$，$l=0,1$；其余类推。l 的每个数值表示一个亚层。l 与光谱学规定的亚层符号之间的对应关系为

角量子数(l)	0	1	2	3	4	5	…
亚层符号	s	p	d	f	g	h	…

例如，$l=0$ 表示 s 亚层；$l=1$ 表示 p 亚层等。另外，l 的每个数值还可以表示一种形状的

电子云。例如，$l=0$ 表示圆球形的 s 电子云；$l=1$ 表示哑铃形的 p 电子云；$l=2$ 表示花瓣形的 d 电子云等。

3. 磁量子数(m)

实验发现，激发态原子在外磁场作用下，原来的一条谱线会分裂成若干条，这说明在同一亚层中往往还包含若干个空间伸展方向不同的原子轨道。磁量子数就是用来描述原子轨道或电子云在空间的伸展方向的。

磁量子数的取值是 $m=0,\pm1,\pm2,\cdots,\pm l$。例如，$l=0$，$m=0$；$l=1$，$m=0,\pm1$；其余类推。

m 的每个数值表示具有某种空间方向的一个原子轨道。一个亚层中，m 有几个可能的取值，表示该亚层就只能有几个不同伸展方向的同类原子轨道。例如：

$l=0$ 时，$m=0$，表示 s 亚层只有一个轨道，即 s 轨道。

$l=1$ 时，$m=-1,0,+1$，共 3 个取值，表示 p 亚层有 3 个分别以 y、z、x 轴为对称轴的 p_y、p_z、p_x 原子轨道，这三个轨道的伸展方向相互垂直。

$l=2$ 时，$m=-2,-1,0,+1,+2$，共 5 个取值，表示 d 亚层有 5 个不同伸展方向的 d_{xy}、d_{yz}、d_{z^2}、d_{xz}、$d_{x^2-y^2}$ 轨道。

4. 自旋量子数(m_s)

实验证明，电子除绕核运动外，还绕自身的轴旋转运动，称为自旋。为描述核外电子的自旋状态，引入第四个量子数——自旋量子数(m_s)。根据量子力学的计算规定，m_s 值只可能是两个数值，即 $+\frac{1}{2}$ 和 $-\frac{1}{2}$，其中，每个数值表示电子的一种自旋方向，即顺时针和逆时针方向。

综上所述，对原子中每个电子的运动状态，量子力学认为需要用四个量子数才能完全表达清楚。例如，某核外电子的四个量子数为 $n=2$，$l=1$，$m=-1$，$m_s=+\frac{1}{2}$。

研究表明，在同一原子中不可能有运动状态完全相同的电子存在。也就是说，在同一原子中，各个电子的四个量子数不可能完全相同。按此推论，每个轨道只能容纳两个自旋方向相反的电子。

例 2 为什么 BrO_3^- 的氧化能力比同族上一周期的 ClO_3^- 强，比同族下一周期的 IO_6^{5-} 也强？

解析 这些离子氧化性的差别是由 4d 轨道参与形成 π 键的能力差别引起的。Cl 的 3d 轨道和 Br 的 4d 轨道都可以与 O 的 2p 轨道形成 p-dπ 键，但由于 Cl 的 3d 轨道径向伸展比 Br 的轨道径向伸展近(较靠近原子核)，所以 Cl 的 3d 轨道比 Br 的 4d 轨道与 O 的 2p 轨道成键能力强，ClO_3^- 较稳定，氧化能力弱。同理，I 的 5d 轨道伸展比 Br 的 4d 轨道伸展更远，但在 IO_6^{5-} 中，由于 I 的 4f 轨道参与了成键，所以稳定性增强，氧化能力变弱。

2.2 原子参数与元素周期性

原子参数是指原子的一些基本性质，如原子半径、有效核电荷、电离能、电子亲和能和最高氧化数等。原子参数与原子的电子结构的周期性变化密切相关，并对元素的物理和化学性质产生重大影响。原子参数分为两类：

一类参数和自由原子的性质相关联，如原子的电离能、电子亲和能、原子光谱线的波长等，它们都是气态原子的性质，与别的原子无关，因而数值单一，准确度高。

另一类参数是指化合物中表征原子性质的参数，如原子半径、电负性等，同一原子在不同的化学环境中这类参数的大小会有一定的差别，文献中的数据也时有出入，因此，常见手册中列出的数值具有统计平均的意义。

2.2.1　电离能

气态孤立原子失去一个电子成为气态一价正离子所需的能量称为该原子的第一电离能（I_1），继续失去第二个电子所需的能量称为该原子的第二电离能（I_2），第三、第四电离能的含义以此类推。

电离能总是正值，且有 $I_4>I_3>I_2>I_1$。

注意　稀有气体的电离能总是处于极大值，而碱金属处于极小值。这是由于稀有气体的原子形成完满电子层，从完满电子层上移去一个电子是很困难的。碱金属在完满电子层之外只有一个电子，很容易失去，但若再电离第二个电子就困难了，所以碱金属容易形成 M^+ 离子。碱土金属的 I_1 比碱金属稍大一些，I_2 仍比较小，因此碱土金属较易形成 M^{2+} 离子。

过渡金属元素的 I_1 不规则地随原子序数的增加而增大。对于同一周期的元素，最外层 ns^2 相同，当核增加一正电荷后，在 $(n-1)$d 或 $(n-2)$f 轨道增加一个电子，这个电子大部分处在 ns 壳层之内，故随核电荷增加，有效核电荷增加不多，因此 I_1 随原子序数的增加仅稍有增大。

2.2.2　电子亲和能

气态原子获得一个电子成为一价气态负离子所放出的能量称为该原子的第一电子亲和能，同理也有第二电子亲和能，显然电子亲和能规定的正负号与热化学规定的恰好相反。由于负离子的有效核电荷数较原子少，所以电子亲和能的绝对数值一般比电离能小一个数量级。

2.2.3　原子半径

原子中电子在核外的分布特点是连续分布，没有明确的边界存在，因而原子的大小没有单一的、绝对的含义，要想给出任何情况下都适用的原子半径是不可能的。计算原子半径大小时，首先规定化合物（或单质）中相邻两原子的接触距离为其半径之和。原子间的距离可以通过实验测定，但对两个原子半径的划分和推求方法受到所给条件的制约。因此原子半径数值既与化学环境有关，又与推求方法有关。

根据原子间作用力的性质不同，原子半径分为共价半径、金属半径、范德华半径等。

1. 共价半径

同种元素的原子以共价键结合成分子或晶体时，键连原子间距离的一半即为共价半径。根据两原子间键级的不同，又分为共价单键、双键、三键半径。例如，气态 Cl_2 分子中两核距离为 198 pm，所以 Cl 原子的共价半径为 99 pm。

2. 金属半径

金属晶体中两个邻近原子间距离的一半即为金属半径。金属半径与堆积类型和配位数有关。当测定了金属晶体的结构形式和晶胞参数后，可方便地求得金属半径。例如，Cu 属于立方面心堆积，晶胞参数 $a=361.4$ pm，由 $r=\frac{\sqrt{2}a}{4}$ 求得 Cu 原子的半径为 127.8 pm。另外，金属原子间的距离通常随配位数的增大而增大。

3. 范德华半径

范德华半径是指在分子晶体中，分子相互靠近，但不成键，分子间以范德华力结合在一起，相邻两原子间的距离。

4. 镧系收缩

镧系元素从左到右，原子半径减小幅度更小，这是由于新增加的电子填入外数第三层，对外层电子的屏蔽效应更大，外层电子所受到的 Z^*（有效核电荷）增加的影响更小。镧系元素从镧到镱整个系列的原子半径减小不明显的现象称为镧系收缩。

2.2.4 原子结构与元素周期表的关系

(1)

周期数＝电子层数＝能级组的组数＝最外层电子的主量子数

例：

$_{26}Fe$ $1s^2$ $2s^2 2p^6$ $3s^2 3p^6 3d^6$ $4s^2$ 第四周期

$_{9}F$ $1s^2$ $2s^2 2p^5$ 第二周期

(2) 各周期的元素数目等于该能级组中所能容纳的电子数目，如表 2.1 所示。

表 2.1

能级组	轨道	轨道数	该能级组的元素数
1	1s	1	2
2	2s2p	4	8
3	3s3p	4	8
4	4s3d4p	9	18
5	5s4d5p	9	18
6	6s4f5d6p	16	32
7	7s5f6d7p	16	32

（3）

主族元素的族序数＝最外层电子数＝最高氧化数

副族元素的族序数＝(*n*－1)d 电子数＋*n*s 电子数　（ⅠB、ⅡB、Ⅷ族）

（4）原子的电子结构和元素的分区如图 2.1 所示。

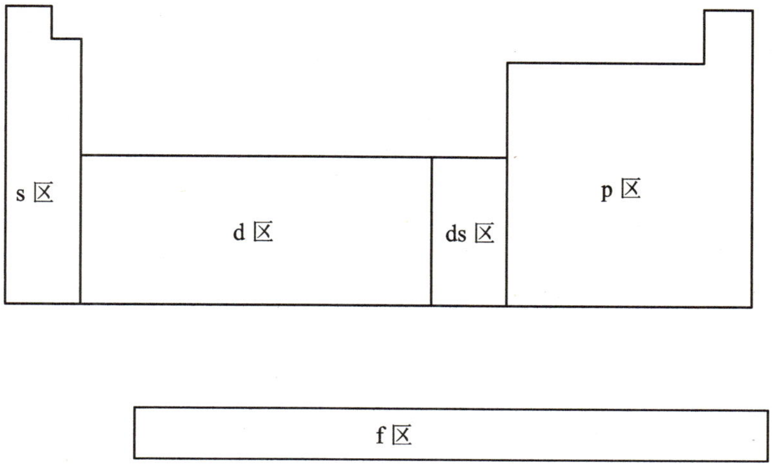

图 2.1

关于 f 区的几点说明：

（1）f 区元素属于ⅢB 族。

（2）f 区只出现第六、第七周期。

（3）f 区元素性质极为相似，多呈＋3 价。

这部分要求学生对 1～36 号元素，知原子序数能写出电子式，并且能够判断元素在元素周期表中的位置。

2.2.5　屏蔽效应和钻穿效应

1. 屏蔽效应和有效核电荷

在多电子原子中，一个电子不仅受到原子核的吸引力，而且还受到其他电子的排斥力。这种排斥力显然要削弱原子核对该电子的吸引，可以认为排斥作用部分抵消或屏蔽了核电荷对该电子的作用，相当于使该电子受到的有效核电荷数减少了。于是有

$$Z^* = Z - \sigma$$

式中，Z^* 为有效核电荷数，Z 为核电荷数，σ 为屏蔽常数（代表电子间的斥力使核电荷减少的部分）。我们把由于其他电子对某一电子的排斥作用抵消了一部分核电荷，使作用于该电子的有效核电荷减少的现象称为屏蔽效应。一个电子受到其他电子的屏蔽，其能量升高。

2. 钻穿效应

与屏蔽效应相反，外层电子有钻穿效应。外层角量子数小的能级上的电子，如 4s 电子能钻到近核内层空间运动，这样它受到的其他电子的屏蔽作用减小，受到的核引力增强，因而电子能量降低，造成 $E_{4s} < E_{3d}$。

我们把外层电子钻穿到近核内层空间运动，使电子能量降低的现象，称为钻穿效应。钻穿效应可以解释原子轨道的能级交错现象。

例 3 20 世纪 60 年代，第一个稀有气体化合物 $Xe[PtF_6]$ 被合成，打破了稀有气体“绝对惰性”的观念。在随后的几年内，科学家又相继合成了氙的氟化物、氧化物、氟氧化物以及含氧酸盐等。氪和氡的个别化合物也已制得，但前者很不稳定，试问：

(1) 只有较重的稀有气体氙才能合成出多种化合物的原因是什么?

(2) 分析氙的化合物中多数含有氟和氧的原因。

(3) 氡的化合物难以形成的原因是什么?

(4) 二氟化氙是强氧化剂，可用二氟化氙和溴酸盐的水溶液反应制得高溴酸盐，写出该反应的离子方程式。

解析 稀有气体稳定的原因是它们原子结构稳定，不易得失电子。同主族从上到下，原子半径越来越大，原子核对外层电子的束缚能力有所减弱，当遇到非常活泼的非金属氟、氧时，在一定条件下可合成相应的化合物。另外，氡是强放射性元素，不稳定。由此可得：

(1) 氙与氪等相比，其原子半径大，电离能小，所以能合成出多种化合物。

(2) 氟、氧的原子半径小，氧化性强，容易和其他物质形成共价键。

(3) 氡是强放射性元素，无稳定的同位素。

(4) $XeF_2+BrO_3^-+H_2O=\!=\!=Xe+BrO_4^-+2HF$。

例 4 试问在元素周期表中，原子半径最小的元素是什么? 原子半径最大的元素是什么? 第一电离能最大的元素是什么? 第一电子亲和能最大的元素是什么? 电负性最大的元素是什么?

解析 根据元素周期表、元素周期律和各原子参数的定义，得出结论：原子半径最小的元素是氢；原子半径最大的元素是钫(由于钫是放射性元素，也可以是铯)；第一电离能最大的元素是氦；第一电子亲和能最大的元素是氯；电负性最大的元素是氟。

例 5 在 2008 年初我国南方遭遇的冰雪灾害中，使用了一种融雪剂，其主要成分的化学式为 XY_2，X、Y 为周期表前 20 号元素，其阳离子和阴离子的电子层结构相同，且 1 mol XY_2 含有 54 mol 电子。

(1) 该融雪剂的化学式是________。

(2) 元素 D、E 原子的最外层电子数分别是其电子层数的 2 倍，D 与 Y 相邻，则 D 的离子结构示意图是__________；D 与 E 能形成一种非极性分子，该分子的结构式为________；D 所在族元素的氢化物中，沸点最低的是________________。

(3) 元素 W 与 Y 同周期，其单质是原子晶体；元素 Z 的单质分子 Z_2 中有 3 个共价键；W 与 Z 能形成一种新型无机非金属材料，其化学式是________。

(4) 元素 R 与 Y 同主族，其氢化物能用于刻蚀玻璃，R_2 与 NaOH 溶液反应的产物之一是 OR_2，该反应的离子方程式为________________________。

解析 X、Y 组成的化学式为 XY_2，且为离子化合物，所以 X 为 +2 价，Y 为 −1 价，设 Y 的电子数为 a，则 X 的电子数为 $a+3$，所以 $2a+a+3=54$，$a=17$，Y 为 Cl，X 为 Ca。D 与 Cl 相邻，D 的最外层电子数是电子层数的 3 倍，所以 D 为 S，E 为 C。W 与 Cl 同周期，其单质是原子晶体，所以 W 为 Si 元素，Z 的单质 Z_2 有 3 个共价键，Si 与 Z 能形成一种新型无机非金属材料，所以 Z 为 N。由此可以得出：

(1) $CaCl_2$。

(2) 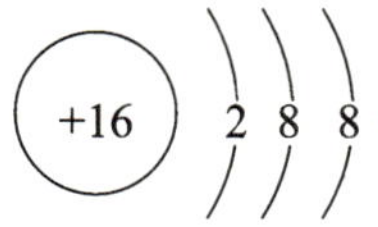

；S＝C＝S；H_2S。

(3) Si_3N_4。

(4) $2F_2+2OH^-=\!=\!=2F^-+OF_2+H_2O$。

真题解析

1. 下列金属活动顺序排列正确的是　(　　)

A. Ag＞Cu　　B. Fe＞Zn　　C. Al＞Mg　　D. Na＜Ca

解析　根据金属活动顺序可得正确答案为 D。

2. 元素氯的相对原子质量为 35.45，氯有 ^{35}Cl、^{37}Cl 两种稳定同位素。相对原子质量 $Ar(^{35}Cl)=34.97$、$Ar(^{37}Cl)=36.97$，^{35}Cl 的自然丰度约为　(　　)

A. 22%　　B. 24%　　C. 76%　　D. 78%

解析　根据相对原子质量的计算式有 $34.97x+36.97(1-x)=35.45$，解得 $x=0.76$，故选 C。

3. 太阳中主要化学元素是　(　　)

A. 氢　　B. 碳　　C. 氧　　D. 氮

解析　宇宙中含量最多的元素是氢，故选 A。

4. 意大利化学家阿伏伽德罗在化学上的重大贡献是　(　　)

A. 提出了科学的原子学说

B. 测出了阿伏伽德罗常数的近似值

C. 创立了分子学说

D. 制定了物质的量的单位——摩尔

解析　正确答案为 C。

5. 以下选项中 S 元素氧化价态最高的是　(　　)

A. H_2S　　B. HSO_3^-　　C. SO_3　　D. S_8

解析　高中常规题。正确答案为 C。

6. 下列化合物按其晶体的熔点由高到低排列正确的是　(　　)

A. $SiO_2>CsCl>CBr_4>CF_4$　　B. $SiO_2>CsCl>CF_4>CBr_4$

C. $CsCl>SiO_2>CBr_4>CF_4$　　D. $CF_4>CBr_4>CsCl>SiO_2$

解析　物质熔点的高低与晶体的类型有关，一般来说，原子晶体＞离子晶体＞分子晶体，即 $SiO_2>CsCl>CBr_4>CF_4$。当晶体的类型相同时，原子晶体的熔点与原子半径有关；离子晶体的熔点与离子半径和离子所带的电荷有关；分子晶体当组成和结构相似时，熔点与相对分子质量的大小有关，一般来说，相对分子质量大的熔点高，即 $CBr_4>CF_4$。答案为 A。

7. 有 m、n、p、q 四种短周期非金属元素，原子序数逐渐增大，其中，n 与 q 同主族，m、p

的最外层电子数之和与n、q的最外层电子数之和相同。常温下，p的单质易与水发生反应，以下论述一定正确的是 （ ）

A. p的简单氢化物比n的简单氢化物稳定

B. 原子半径m＞n＞p

C. q的最高价氧化物对应的水化物是弱电解质

D. n和q都可以形成熔点超过2000 ℃的单质

解析 p的单质能在常温下与水反应，p单质可能是F_2、Na或者Cl_2，再根据后面内容可得出p单质是F_2，所以答案为A。

8. 写出居里夫人发现的两种元素的中文名称和元素符号。

解析 由化学历史知识可知答案为镭(Ra)和钋(Po)。

9. 金属M溶于稀盐酸时生成MCl_2，在无氧条件下，MCl_2溶液与氢氧化钠溶液反应，生成一白色沉淀A，A与空气接触后逐渐变绿，最终变为棕色沉淀B，灼烧B可生成棕红色粉末C，C经不彻底还原可生成铁磁性的黑色物质D。B溶于稀盐酸生成溶液E，若向B的浓氢氧化钠溶液中通入氯气，则可得到一紫红色溶液F，加入氯化钡时会出现红棕色沉淀G，请写出A～G的化学式。

解析 本题是对铁的化学性质的考查，可以得出A为$Fe(OH)_2$、B为$Fe(OH)_3$、C为Fe_2O_3、D为Fe_3O_4、E为$FeCl_3$、F为Na_2FeO_4、G为$BaFeO_4$。

10. 一般来说，同主族元素的第一电离能从上到下递变的总趋势是依次降低，而副族元素的第一电离能从上到下变化趋势与主族不相同，说明理由。

解析 原因是核外电子的层数增加而且原子半径递增，核电荷对最外层电子的吸引力降低，所以同主族元素的第一电离能从上到下递变的总趋势是依次降低。而副族元素的第一电离能从上到下变化趋势与主族不相同，大多是从上到下第一电离能反而增加，原因是虽然核外电子层数增加，但原子半径增加却不显著甚至减小，导致核电荷对最外层电子的吸引力增加。

11. 镧系元素从左到右，原子半径减小幅度更小，这种现象称为镧系收缩，说明这一现象的原因。

解析 这是由于镧系元素从左到右新增加的电子填入倒数第三层，对外层电子的屏蔽效应更大，外层电子所受到的核电荷增加的影响更小，使得镧系元素从镧到镱整个系列的原子半径减小不明显。

12. 氮是地球上极为丰富的元素。

(1) Li_3N晶体中氮以N^{3-}存在，基态N^{3-}的电子排布式为________。

(2) N≡N的键能为942 kJ·mol^{-1}，N—N的键能为247 kJ·mol^{-1}，计算说明N_2中的________键比________键稳定(填“σ”“π”)。

(3) $(CH_3)_3NH^+$和$AlCl_4^-$可形成离子液体。离子液体由阴离子和阳离子组成，熔点低于100 ℃，其挥发性一般比有机溶剂________(填“大”或“小”)，可用作________(填代号)。

a. 助燃剂　　b. “绿色”溶剂

c. 复合材料　　d. 绝热材料

(4) X中所有电子正好充满K、L、M三个电子层，它与N^{3-}形成的晶体结构如图2.2所示。X 的元素符号是________，与同一个 N^{3-} 相连的 X 有________个。

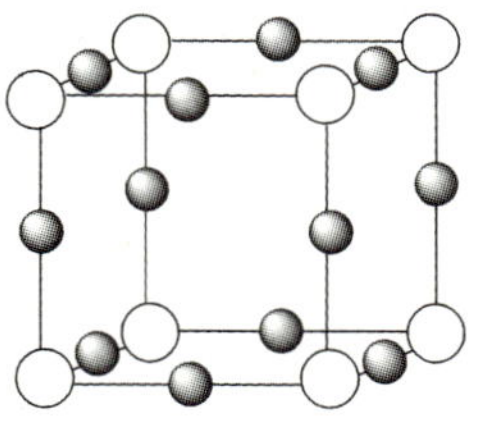

图 2.2

解析　(1) $1s^2 2s^2 2p^6$。

(2) π；σ。

(3) 小；b。

(4) Cu；6。

13. A、B、C、D 四种元素的原子序数依次增大，A 和 B 组成二元化合物 X，$A+D_2 \longrightarrow Y$，X 是 10 电子结构，Y 是 18 电子结构，X 是非电解质，Y 是强电解质，A、B、C、D 最外层电子数和为 18，C 与 A 的单质按原子个数比 1∶3 反应后生成化合物 Z。

(1) 请问 C 是什么元素？

(2) 请问 X、Y 哪个沸点更高？

(3) 画出 Z 的立体结构式。

解析　根据题意 Y 是 18 电子结构，可以推出 Y 是 HCl，X 是 10 电子结构，则 X 可能是 CH_4 或 NH_3，再进一步判断 C 是 P，B 是 N。NH_3 分子间可以形成较弱的氢键，NH_3 比 HCl 沸点更高。

由以上分析可知：

(1) C 是 P 元素。

(2) X 为 NH_3，沸点更高。

(3) PH_3，三角锥形结构，图略。

模拟训练

一、选择题(只有一个正确答案)

1. 人类发现新元素的研究始终没有停止过。1999 年科学家合成 114 号元素后，仅仅 4 个月的时间又传来合成 116 号和 118 号元素的报告。已知铷(Rb)的原子序数为 37，则 118 号元素位于元素周期表的　(　　)

A. 第五周期，ⅦA 族　　B. 第六周期，ⅦA 族

C. 第七周期，零族　　D. 第八周期，ⅠA 族

2. 电导仪测得液态 BrF_3 具有微弱的导电性，表示 BrF_3(液态)中有阴、阳离子 X^{n-} 和 Y^{n+} 存在。X^{n-} 和 Y^{n+} 也存在于 BrF_2SbF_6、$KBrF_4$、$(BrF_2)SnF_6$ 等化合物中，则 X^{n-}、Y^{n+} 的化学式分别为　(　　)

A. $X^{n-}=F^-$，$Y^{n+}=Br^{3+}$　　B. $X^{n-}=BrF_4^-$，$Y^{n+}=BrF_2^+$

C. $X^{n-}=F^-$，$Y^{n+}=BrF_2^+$　　D. $X^{n-}=BrF_4^-$，$Y^{n+}=Br^{3+}$

3. 现有一种简单可行的测定阿伏伽德罗常数的方法，具体步骤为：(1) 将固体 NaCl 颗粒干燥后，准确称出 m g NaCl 固体并转移到定容仪器 a 中。(2) 用滴定管 b 向 a 仪器中滴加某液体 c，不断振荡，加至 a 仪器的刻度线，计算出 NaCl 固体的体积为 V cm^3，再通过 NaCl 的体积和质量，即可算出阿伏伽德罗常数。上述操作中的 a、b、c 分别指　(　　)

A. 量筒、酸式滴定管、水　　B. 容量瓶、碱式滴定管 、苯

C. 量筒、碱式滴定管、水　　D. 容量瓶、酸式滴定管、四氯化碳

4. 周期表中每一周期最后一个元素的原子序数为2,10,18,36,54,…,推测第十周期最后一个元素的原子序数为 (　　)

A. 200　　B. 770　　C. 290　　D. 292

5. 下列排序正确的是 (　　)

① 热稳定性:H_2O>HF>H_2S　　② 原子半径:Na>Mg>O

③ 酸性:H_3PO_4>H_2SO_4>$HClO_4$　　④ 结合质子能力:OH^->CH_3COO^->Cl^-

A. ①③　　B. ②④　　C. ①④　　D. ②③

6. 下列叙述正确的是 (　　)

A. 1个甘氨酸分子中存在9对共用电子

B. PCl_3和BCl_3分子中所有原子的最外层都达到8电子稳定结构

C. H_2S和CS_2分子都是含极性键的极性分子

D. 熔点由高到低的顺序是:金刚石>碳化硅>晶体硅

二、简答题

7. 最活泼金属、最活泼非金属分别是什么?

8. 在同周期中,为什么Be的第一电离能大于B,N的第一电离能大于O,Mg的第一电离能大于Al,P的第一电离能大于S?

9. 为什么第二周期与第三周期同族元素性质有明显差异?原因是什么?

10. 如何判断离子型盐的溶解度?

11. 某元素原子共有3个价电子,其中1个价电子的4个量子数为$n=3,l=2,m=2$,

$m_s=+1/2$。

(1) 写出该元素原子核外电子排布式。

(2) 写出该元素的原子序数，指出在周期表中所处的分区、周期数和族序数，是金属还是非金属元素，以及最高正价化合价。

12. 最近有人用高能$^{26}_{12}Mg$核轰击$^{248}_{96}Cm$核，发生核合成反应，得到新元素 X。研究者将 X 与氧气一起加热，检出了气态分子 XO_4，已知 X 是研究过的化学性质中最重元素。已知的 X 同位素如表 2.2 所示，上述核反应得到的 X 是其中之一，X 的衰变性质保证了其化学性质实验获得成功。

表 2.2

质量数	半衰期	衰变方式
263	1 s	释放 α 粒子
264	0.00008 s	释放 α 粒子或自发裂变
265	0.0018 s	释放 α 粒子或自发裂变
266	不详	不详
267	0.033 s	释放 α 粒子或自发裂变
268	不详	不详
269	9.3 s	释放 α 粒子

(1) X 的元素符号是________。

(2) 用元素符号并在左上角和左下角分别标注其质量数和质子数，写出合成 X 的核反应方程式。(方程式涉及的其他符号请按常规书写。)

13. 氟是一种氧化性极强的非金属元素，它甚至能与 Xe 在一定压强下直接化合，生成 XeF_2、XeF_4、XeF_6等固体，这些固体都容易发生水解。其中，XeF_2与 H_2O 仅发生氧化还原反应，XeF_6与 H_2O 仅发生非氧化还原反应；XeF_4与 H_2O 反应时，有一半物质的量的 XeF_4与 H_2O 发生氧化还原反应，另外一半物质的量的 XeF_4发生歧化反应：$3Xe^{4+} \longrightarrow Xe+2Xe^{6+}$。氟的碱土金属盐，除 BeF_2外，均为难溶于水的盐。试通过计算回答下列问题：

(1) XeF_6完全水解后的固体物质 A 极不稳定，易转化为单质而呈强氧化性。A 为分子晶体。将适量的 A 投入 30 mL、0.1 mol·L^{-1}的 Mn^{2+} 水溶液中，刚好完全反应，放出唯一一种气体单质，该气体单质在标准状况下的体积为 56 mL。则：

① A 为何物？通过计算确定反应产物，写出反应的化学方程式。

② 描述该反应的实验现象。

③ 若将原溶液稀释至 90 mL，计算稀释后溶液的 pH。

(2) 将 20.73 g XeF_4溶解在大量水中，使之完全水解。再向水解后的溶液中加入过量的 $Ba(OH)_2$，产生 56.28 g 沉淀。当把该沉淀过滤、干燥，最后加热到 600 ℃以上时，生成有助燃性的气体混合物。试通过计算确定 56.28 g 沉淀为何物，写出所进行反应的化学方程式。

第3章　元素及其化合物(一)

3.1　氢、碱金属和碱土金属

3.1.1　氢及其化合物

1. 氢的存在与物理性质

氢分布十分广泛。在自然界中，氢主要以化合态存在，只在天然气等少数物质中有少量单质氢存在。

已知氢元素有三种同位素，其中，普通氢或氕(H)占自然界中所有氢原子的99.985%，重氢或氘(D)占总量的0.015%，而氚(T)的存在是极少量的。

1919年，英国科学家阿斯顿发明了质谱仪，该仪器可以用来分离不同质量的粒子并且测定它们的质量。他用质谱仪先后从71种元素中陆续找到了202种同位素。

氢气具有很大的扩散速率和良好的导热性。氢分子之间引力小，致使氢气熔点、沸点极低，很难液化，因此可利用液态氢获得低温。氢在水中的溶解度很小，但是氢气容易被镍、钯、铂等金属吸附，其中，钯对氢的吸附最为显著。金属氢是液态或固态氢气在极高的压强下变成的导电体。金属氢在晶格质点上为质子，而电子为整个晶体共享，所以这样的晶体具有导电性。固态氢是六方分子晶格。

2. 氢的成键特征

氢在化学反应中有以下几种成键情况：

(1) 失去价电子

氢原子失去1s电子就成为H^+(即质子)。由于质子的半径为氢原子半径的几万分之一，因此H^+具有很强的电场，能使邻近的原子发生严重变形。比如在酸类水溶液中，H^+以水合氢离子(H_3O^+)存在。

(2) 得到价电子

氢原子的电子构型为$1s^1$，可以放在ⅠA族，但第一电离能高于碱金属的第一电离能；也可放在ⅦA族，即$H+e^- \longrightarrow H^-$，这种情况主要存在于氢和ⅠA、ⅡA族中(Be除外)的金属所形成的离子型氢化物的晶体中。

3. 化学性质

与金属反应：

$$2Na+H_2 = 2NaH,\quad Ca+H_2 = CaH_2$$

与非金属反应：

$$H_2+F_2 = 2HF$$

还原反应：

$$CuO+H_2 = Cu+H_2O,\quad WO_3+3H_2 = W+3H_2O$$

4. 制备方法

实验室制法：

$$Zn+2H^+ = Zn^{2+}+H_2\uparrow$$

工业制法：

(1) 电解水：$2H_2O \xrightarrow{通电} 2H_2\uparrow+O_2\uparrow$。

(2) 水煤气法：$C+H_2O = H_2\uparrow+CO\uparrow$。

(3) 烃裂解：$CH_4 \longrightarrow C+2H_2$。

(4) 在野外工作时，利用硅的两性与碱反应：

$$Si+2NaOH+H_2O = Na_2SiO_3+2H_2\uparrow$$

用含硅百分比高的硅铁粉末与干燥的 $Ca(OH)_2$ 和 NaOH 的混合物点火焖烧能发生剧烈反应，放出 H_2。优点：携带方便，比酸法损耗金属少，且所需碱液浓度不高。

5. 独特的键型

(1) 氢原子可以镶嵌到许多过渡金属的晶格空隙之中，形成一类非整比化合物，一般称为金属型或过渡型氢化物，如 $LaH_{2.87}$。

(2) 氢桥键。例如，在缺电子化合物 B_2H_6 和某些过渡金属配合物中均存在氢桥键，B_2H_6 的结构如图 3.1 所示。

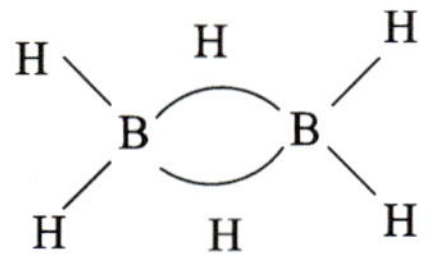

图 3.1

(3) 氢键。在含有强极性键的共价氢化物中，具有强正电场的氢原子可以吸引邻近的电负性较大、半径较小的原子上的孤对电子，形成分子间或分子内氢键，如固态 HF 中的分子间氢键。

3.1.2 碱金属元素及其化合物

Li、Na 等之所以有碱金属元素之称，是因为它们的氢氧化物都是易溶于水的强碱（除了 LiOH 的溶解度较小之外）。碱金属元素氧化数为+1，不会有其他正氧化数，因为碱金属的第二电离能特别大，有可能出现−1 氧化数，即 $M+e^- \longrightarrow M^-$。在无水、无氧条件下，可以制得低氧化数的非寻常化合物，如钠化物。钠在乙二胺和甲胺中所形成的溶液具有导电性，可以观察到 Na^- 的光谱带，说明主要的导电体应是钠电离出的 Na^+ 和 Na^-，即

$$2Na \xrightarrow[CH_3NH_2]{en} Na^+ + Na^-$$

由于价电子数少，所以碱金属原子之间的作用力比绝大多数其他金属原子之间的作用力要小，因此碱金属很软，熔点、沸点低，且原子半径大、密度小。Li 的密度是所有金属中最小的，它的密度比煤油还小，所以只能放在石蜡中保存。

在形成化合物时，碱金属元素以离子键结合为特征，也呈现一定程度的共价性。即使最典型的离子化合物 CsF，也有共价性。

1. 金属锂

锂(Li)的性质与碱金属有很大区别，但与碱土金属，特别是 Mg 的化学性质相似(对角线关系)。锂的硬度比其他碱金属都大。在 Li 的矿物中，锂辉石 $LiAl(SiO_3)_2$、磷铝石 $LiAl(PO_4)F$ 和人造化合物可用来制备珐琅，可以制备特殊玻璃，透过紫外光。

锂能与非金属反应，加热时，可直接与 S、C、H_2 反应；在空气中被氧化，生成 Li_2O 和 Li_3N，锂与氧气反应形成正常氧化物，而不形成含 O_2^{2-}、O_2^- 的化合物；锂与氮气反应生成氮化物，其他碱金属不能与 N_2 直接化合，而碱土金属与 N_2 能直接化合；在 CO_2 中加强热，可以燃烧。

锂与碳反应生成 Li_2C_2(乙炔锂)，与 H_2O、H^+ 剧烈反应，但在水中反应会减慢，这是由于 LiOH 溶解度小，生成的 LiOH 阻碍金属锂与 H_2O 或 H^+ 进一步反应。

锂的有机金属化合物与镁的有机金属化合物相似：

$$2Li(s)+C_4H_9Cl\xrightarrow{C_6H_{12}}LiC_4H_9+LiCl(s),\quad C_2H_5Br+Mg\xrightarrow{\text{乙醚}}C_2H_5BrMg$$

锂的氢氧化物、碳酸盐加热分解：

$$2LiOH\xlongequal{\text{红热}}Li_2O+H_2O,\quad Li_2CO_3\xlongequal{\triangle}Li_2O+CO_2$$

锂与其他金属(Mg、Zn、Al 等)反应，可生成金属互化物，形成固溶体。

2. 金属钠

钠(Na)在人体血液中占 0.32%，在骨头中占 0.6%，在肌肉中占 0.6%～1.5%。在自然界中，Na 在岩盐 NaCl、芒硝 $Na_2SO_4\cdot 10H_2O$、冰晶石 Na_3AlF_6 等矿物中存在。

钠与 O_2 反应，一般情况下有

$$2Na+O_2 = Na_2O_2$$

如要得到 Na_2O，需要

$$Na_2O_2+2Na = 2Na_2O$$

钠与 H_2O 剧烈反应并放出 H_2：

$$2Na+2H_2O = 2NaOH+H_2\uparrow$$

熔融的钠与 S 反应，生成多硫化钠：

$$2Na(l)+xS(s) = Na_2S_x(s)\quad (x=2\sim5)$$

钠与熔融的 NaOH 反应，生成氧化钠和氢化钠：

$$2Na+NaOH(l) = Na_2O+NaH$$

金属钠在低温下能溶于液氨，生成蓝色溶液：

$$Na(s)+(x+y)NH_3(l) = Na(NH_3)_x^+ + e(NH_3)_y^-$$

$$e(NH_3)_y^- \xrightarrow{h\nu} e^*(NH_3)_y^-\text{(蓝色)}$$

该溶液有顺磁性、导电性和强还原性。对于浓的钠氨溶液，由于氨合电子的增加，形成电子对，表现出顺磁性降低。当钠氨溶液蒸发时，溶液变成赤褐色，表现为液态金属。长时间放置或有过渡金属催化剂存在时，溶液会分解：

$$2Na^+(NH_3)_x + 2NH_3(l) + 2e^- \longrightarrow 2NaNH_2(NH_3)_x + H_2(g)$$

Na_2CO_3的制备：

$$Na_2SO_4(s) + 2C(石墨,s) + CaCO_3(s) = CaS(s) + Na_2CO_3(s) + 2CO_2(g)$$

Na_2S 可溶解单质 S 形成 Na_2S_x，溶液呈现黄色：

$$Na_2S + (x-1)S \xlongequal{煮沸} Na_2S_x$$

3. 金属钾、铷和铯

钾(K)、铷(Rb)和铯(Cs)是最典型的金属，形成化合物时离子键特征最显著，而配合物、晶体水合物不是钾族元素的特征。例如，$KAlSO_4 \cdot 12H_2O$ 中，Al^{3+} 只配位了 6 个水分子——$[Al(H_2O)_6]^{3+}$，其余 6 个水分子是结晶水。

除了 Cs 是黄色的，其他碱金属都是银白色的，质软，密度低。K 比水轻，可存放在煤油中。

钾、铷、铯与 O_2反应：

$$M + O_2 = MO_2 \quad (M = K、Rb、Cs)$$

MO_2在液氨中是红色晶体。M_2O 只能用间接方法获得：

$$MO_2 + 3M = 2M_2O$$

氢氧化钾与 O_3反应生成 KO_3：

$$4KOH + 4O_3 = 4KO_3 + O_2 + H_2O$$

KO_3在水中迅速分解产生 O_2：

$$4KO_3 + 2H_2O = 4K^+ + 4OH^- + 5O_2\uparrow$$

K、Rb、Cs 与 H_2O 反应生成相应的氢氧化物，并放出大量热。其中，Rb、Cs 遇水发生爆炸。

Li、Na、K 的硝酸盐加热易分解：

$$4LiNO_3 \xlongequal{\triangle} 2Li_2O + 2N_2O_4 + O_2\uparrow$$

$$2NaNO_3 \xlongequal{\triangle} 2NaNO_2 + O_2\uparrow$$

$$2KNO_3 \xlongequal{\triangle} 2KNO_2 + O_2\uparrow$$

煮沸或熔融状态的碱金属硫化物与 S 反应，生成

$$M_2S_n\begin{cases} K、Rb、Cs & (n=6) \\ Na & (n=5) \\ Li & (n=2) \end{cases}$$

生成的多硫化物的稳定性由 K 到 Cs 逐渐增强。

钾族元素重要的矿物有光卤石($KCl \cdot MgCl_2 \cdot 6H_2O$)和钾盐镁矾($KCl \cdot MgSO_4 \cdot 3H_2O$)。铷和铯存在于钾矿中。钫(Fr)于 1939 年被发现，有放射性，不稳定。

3.1.3 碱土金属及其化合物

1. 金属铍

铍(Be)的性质与 Al 相似，是典型的两性金属，在通常情况下，不形成简单离子，而形成

正、负配离子。铍是密集的六方金属晶体，表面易形成氧化层，减小了金属本身的活性。

铍与非金属的反应：

$$2Be + O_2 = 2BeO$$

$$Be + S = BeS$$

$$3Be + N_2 = Be_3N_2$$

铍与 C 反应，生成 Be_2C(与 Al_4C_3 同类)，而其他碱土金属的碳化物都是 MC_2 型。前者与 H_2O 反应生成 CH_4，后者与 H_2O 反应生成 C_2H_2。

铍与 d 区元素反应生成 MBe_{12}、MBe_{11}(M 为 d 区金属元素)，可作为合金添加剂，使合金耐腐蚀，增加强度和硬度。

铍的两性：

$$Be + 2H_3O^+ + 2H_2O = [Be(H_2O)_4]^{2+} + H_2\uparrow$$

$$Be + 2OH^- + 2H_2O = [Be(OH)_4]^{2-} + H_2\uparrow$$

铍在冷的浓 HNO_3 和浓 H_2SO_4 中发生钝化作用。

在铍的重要化合物中，BeO 具有两性，而其他碱金属氧化物和碱土金属的氧化物均为碱性。BeS、$Be(OH)_2$、BeF_2 也有两性：

$$BeO + SiO_2 = BeSiO_3,\quad BeO + Na_2O = Na_2BeO_2$$

$$BeS + Na_2S = Na_2BeS_3,\quad BeS + SiS_2 = BeSiS_3$$

$$BeO + 2H_3O^+ + H_2O = [Be(H_2O)_4]^{2+}$$

$$BeO + H_2O + 2OH^- = [Be(OH)_4]^{2-}$$

$$Be^{2+} \underset{H_3O^+}{\overset{OH^-}{\rightleftharpoons}} Be(OH)_2 \underset{H_3O^+}{\overset{OH^-}{\rightleftharpoons}} [Be(OH)_4]^{2-}$$

$$2KF + BeF_2 = K_2[BeF_4],\quad BeF_2 + SiF_4 = Be[SiF_6]$$

BeS 完全水解：

$$BeS + 2H_2O = Be(OH)_2\downarrow + H_2S\uparrow$$

$BeCl_2$ 呈纤维状结构，其结构如图 3.2 所示。

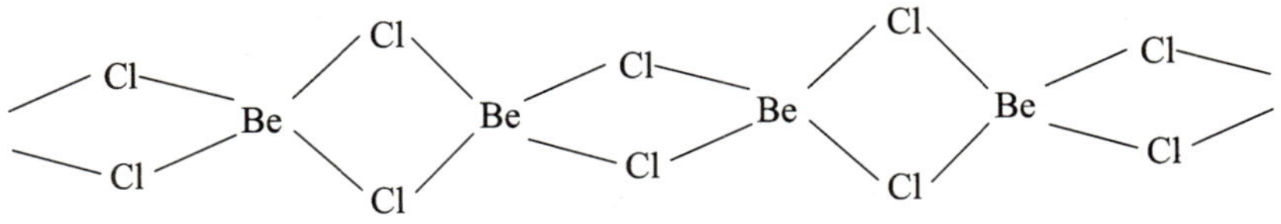

图 3.2

例 1　为什么熔融态的 $BeCl_2$ 导电能力低于 $CaCl_2$？

解析　因为

$$2BeCl_2(l) \rightleftharpoons BeCl_3^- + BeCl^+$$

$$CaCl_2(l) \rightleftharpoons Ca^{2+} + 2Cl^-$$

即两性元素不形成单个离子，而形成配离子。

2. 金属镁

镁(Mg)的性质明显不同于铍，原子、离子半径差别大，镁的金属性比铍、铝强。镁为白色金属，质地较软，比铍有弹性，在空气中被氧化呈暗色。镁不能直接与 H_2 反应，所以 MgH_2 只能间接获得。

镁的制取：

$$CaMg(CO_3)_2 \xlongequal{\triangle} CaO \cdot MgO + 2CO_2\uparrow$$

$$2(CaO \cdot MgO) + Si \xlongequal{} Ca_2SiO_4 + 2Mg$$

或

$$MgO + C \xlongequal{\text{电炉 } 2100\ ℃} Mg + CO\uparrow$$

$$Mg(\text{粗}) \xlongequal{\text{真空升华}} Mg(\text{纯}) \quad (\text{纯度高达 } 99.999\%)$$

例 2 如何从 $MgCl_2$ 溶液中制得 $MgCl_2$ 晶体？

解析 加热蒸发 $MgCl_2$ 溶液制得 $MgCl_2 \cdot 6H_2O$ 晶体，继续加热 $MgCl_2 \cdot 6H_2O$ 脱水会发生水解：

$$MgCl_2 \cdot 6H_2O \xlongequal{>800\ K} MgO + 2HCl + 5H_2O$$

所以为制得无水 $MgCl_2$，可在 HCl(g)气氛中加热 $MgCl_2 \cdot 6H_2O$ 脱水：

$$MgCl_2 \cdot 6H_2O \xlongequal[<773\ K]{HCl(g)} MgCl_2 + 6H_2O$$

也可以加入氯化亚砜($SOCl_2$)脱水剂：

$$MgCl_2 \cdot 6H_2O + 6SOCl_2 \xlongequal{\triangle} MgCl_2 + 6SO_2\uparrow + 12HCl$$

还可用干法制备：

$$MgO + Cl_2 + C \xlongequal{} MgCl_2 + CO$$

3. 金属钙、锶和钡

金属钙(Ca)、锶(Sr)和钡(Ba)均为银白色的，在空气中覆盖上一层淡黄色膜，Ca 非常硬，而 Sr 和 Ba 质地较软。它们能与 N_2、H_2、C、Si 反应，也能与金属反应生成金属互化物。

Ca、Sr、Ba 与 H_2O 反应：

$$M + 2H_2O \xlongequal{} M(OH)_2 + H_2 \quad (\text{M 为 Ca、Sr、Ba})$$

Ca、Sr、Ba 可贮存在煤油中，Ca 也可存放在密封的罐子里。

3.2 硼族元素

3.2.1 硼及其化合物

1. 硼单质

硼(B)的化学性质与 Si 有某些相似之处(对角线相似原则)，通常呈现+3 氧化数，负氧化数的情况很少见。B_2O_3 是酸性氧化物，硼烷、硅烷可形成多种可燃性气态物质，而 AlH_3 是固态的。在自然界中，硼以硼砂($Na_2B_4O_7 \cdot 10H_2O$)、四水硼砂($Na_2B_4O_7 \cdot 4H_2O$)、天然硼酸(H_3BO_3)的形式存在。

硼在自然界中丰度之所以低,是因为

$$^{10}_{5}B+^{1}_{0}n \longrightarrow ^{4}_{2}He+^{7}_{3}Li$$

所以硼材料可作为核反应堆的减速剂和生物防护。单质硼有多种复杂的晶体结构,其中,最普通的一种是 α-菱形硼,其结构如图 3.3 所示,基本结构单元为正二十面体的对称几何构型,然后由 B_{12} 的这种二十面体排布起来组成六方晶系的 α-菱形硼。

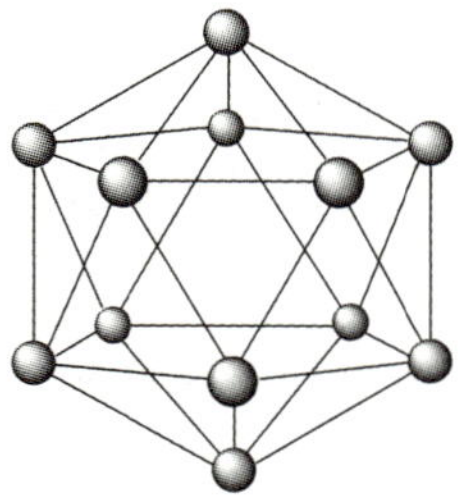

图 3.3

2. 硼烷

硼烷是缺电子化合物,例如,B_2H_6 中价电子总共只有 12 个,不足以形成 7 个二中心二电子单键(2c-2e),B 原子采取 sp^3 杂化,位于一个平面的 BH_2 原子团以二中心二电子键连接,位于该平面上、下且对称的 H 原子与硼原子分别形成三中心二电子键,称为氢桥键。其分子结构如图 3.4 所示。

硼烷可作为火箭燃料:

$$B_2H_6(g)+3O_2(g)═══B_2O_3(g)+3H_2O(l),\quad \Delta_c H_m^{\ominus}=-2152.5\ kJ\cdot mol^{-1}$$

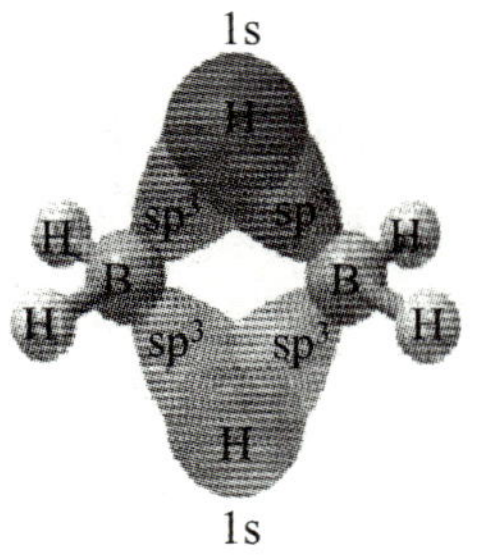

图 3.4

乙硼烷(B_2H_6)理应是理想的火箭燃料,但由于硼烷有很高的毒性,且贮存条件苛刻(易燃且易水解),只好暂时放弃。

硼烷作为一种万能还原剂在有机化学上被广泛使用。可以用于制备聚合物,其在高温下稳定,低温下保持黏度不变。硼烷化合物与蛋白质结合,可用于肿瘤治疗。

乙硼烷的制备方法主要包括以下 3 种:

(1) 质子置换法:

$$MnB+3H^+═══\frac{1}{2}B_2H_6+Mn^{3+}$$

(2) 氢化法:

$$BCl_3+3H_2═══\frac{1}{2}B_2H_6+3HCl$$

(3) 氢负离子置换法:

$$3LiAlH_4+4BF_3 \xlongequal{乙醚} 2B_2H_6+3LiF+3AlF_3$$

$$3NaBH_4+4BF_3 \xlongequal{乙醚} 2B_2H_6+3NaBF_4$$

3. 硼的含氧化合物

(1) B_2O_3

B_2O_3 易溶于水,可用作吸水剂:

$$B_2O_3+3H_2O═══2H_3BO_3$$

熔融的 B_2O_3 可与金属氧化物反应得到特征颜色:

$$CuO+B_2O_3═══Cu(BO_2)_2(蓝色)$$

$$NiO+B_2O_3═══Ni(BO_2)_2(绿色)$$

B_2O_3 与 NH_3 反应,在 500 ℃时生成$(BN)_n$,其结构与石墨相似。

$$B_2O_3(s)+2NH_3(g) \xlongequal{500\ ℃} 2BN(s)+3H_2O(g)$$

(2) H_3BO_3

H_3BO_3 为一元弱酸，呈片状晶体结构，OH^- 间以氢键连接。在冷水中溶解度小，在热水中因部分氢键断裂而使溶解度增大。

$$B(OH)_3+H_2O = B(OH)_4^-+H^+$$

H_3BO_3与碱反应时，有

$$2NaOH+4H_3BO_3 = Na_2B_4O_7+7H_2O$$

过量 NaOH 使 $Na_2B_4O_7$变成 $NaBO_2$：

$$Na_2B_4O_7+2NaOH = 4NaBO_2+H_2O$$

H_3BO_3的酸性可通过加入甘油或甘露醇等多元醇而大大增强：

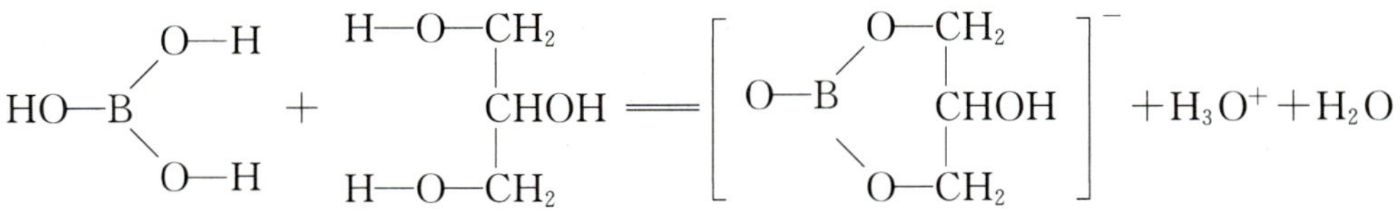

3.2.2 铝及其化合物

铝(Al)是两性金属，有钝化性。Al_2O_3有两种变体，其中，α-Al_2O_3称为刚玉，非常致密，硬度仅次于金刚石和金刚砂(SiC)，可制作刚玉坩埚(刚玉粉和黏土按照一定比例混合加热到 2100 K 左右可制得)，在 α-Al_2O_3 中掺 Cr^{3+}，可制成人造宝石——红宝石；γ-Al_2O_3为活性氧化铝，表面积大，可作为吸附剂和催化剂载体。

在 AlF_3晶体中，Al 的配位数为 4。在 Al_2Cl_6和 Al_2I_6中，Al 的配位数为 4，它们的结构如图 3.5 所示。

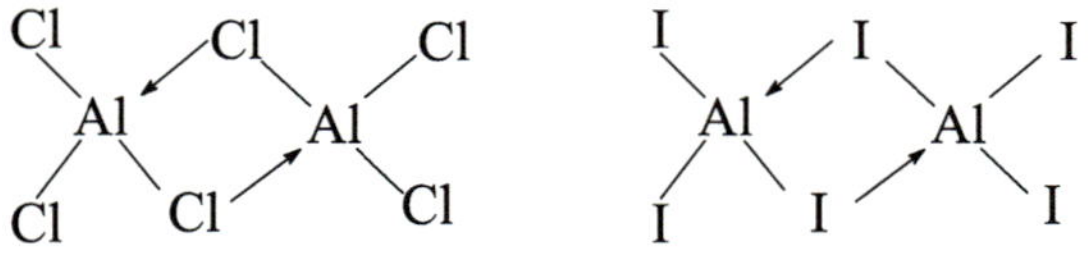

(a) Al_2Cl_6　　(b) Al_2I_6

图 3.5

Al_2Cl_6易水解，所以 $AlCl_3$只能用干法制备：

$$2Al + 3Cl_2 = 2AlCl_3$$

$$2Al+6HCl(g) = 2AlCl_3+3H_2$$

沸石($M_{x/n}[(AlO_2)_x(SiO_2)_y]\cdot mH_2O$)由 SiO_4 和 AlO_4 四面体结构单元组成，其原子排布如图 3.6 所示。

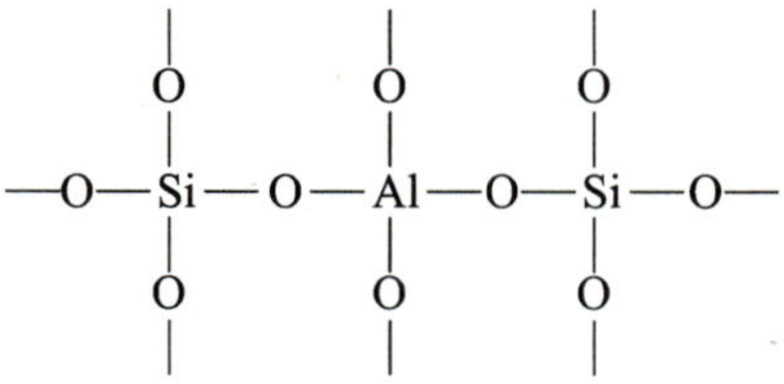

图 3.6

所有硅氧四面体和铝氧四面体都通过共用顶点的氧原子而连接成多元环，常见的为四元环和六元环(图 3.7)。

多元环能互相连接而形成立体的骨架，骨架是中空的，称为空穴(笼)，由 8 个六元环和 6 个四元环构成的笼叫作 β 笼。

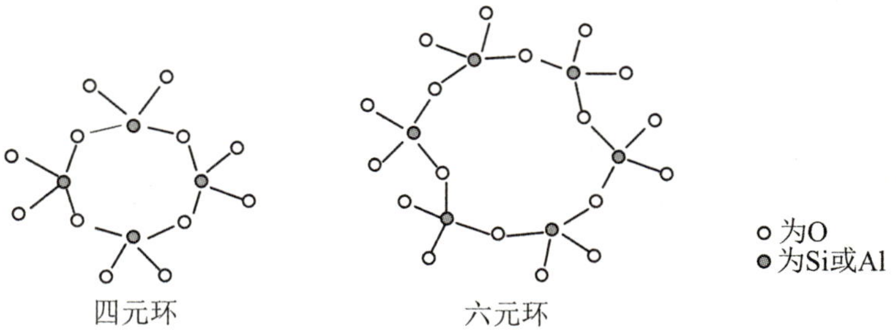

图 3.7

3.2.3 镓分族

镓(Ga)、铟(In)的氧化数为+3，铊(Tl)的氧化数为+1，是稀散元素，不存在独立的矿石，而与其他矿共生。这三种元素都由各自的光谱发现。Ga 有两性，In 和 Tl 在无氧化剂存在时不溶于碱。

Ga_2O_3、In_2O_3、Tl_2O_3 的稳定性逐渐减弱，氧化性逐渐增强，碱性逐渐增强。

$Ga(OH)_3$ 为两性氧化物，Ga_2O_3 与 Al_2O_3 结构相似：

$$Ga(OH)_3 + 3OH^- = [Ga(OH)_6]^{3-}$$

$Ga(OH)_3$ 能溶于氨水，但 $Al(OH)_3$ 不能。

Ga 和 In 的+1 氧化数不稳定，是强还原剂：

$$3Ga_2O = Ga_2O_3 + 4Ga$$

$$3Ga_2S = Ga_2S_3 + 4Ga$$

Tl 的+1 氧化数稳定，除了 TlF 外，其他 TlX(X 为卤素)难溶于水，与 AgX 相似：

$$Tl^{3+} + 2Tl = 3Tl^+$$

$$4Tl + O_2 = 2Tl_2O$$

TlOH 是强碱，能从空气中吸收 H_2O 和 CO_2，也能腐蚀玻璃。

例 3　解释下列问题：

(1) 制备 Si 和 B 时，使用 H_2 作还原剂，而不用 C。

(2) H_3BO_3 是一元酸，H_3PO_3 是二元酸。

解析　(1) Si 和 B 都能形成稳定的碳化物。

(2) H_3BO_3 不是依靠 3 个氢电离产生酸性，而是结合 1 个 OH^-，故为一元酸。H_3PO_3 中有 2 个氢是羟基氢，1 个氢是非羟基氢(几乎不能电离)，因此为二元酸。

3.3 过渡金属元素

过渡金属元素是具有部分充填 d 或 f 壳层电子的元素。它包括第四、五、六周期从ⅢB到ⅧB族的元素，共有 8 个直列，这些元素都是金属元素，也称为过渡金属。人们也常将铜分族看作过渡元素，这是 Cu^{2+} 具有 $3d^9$ 结构，Au^{3+} 具有 $5d^8$ 结构，且性质也与过渡元素十分相似的缘故。

过渡金属元素都有可变氧化数，+2 氧化数几乎为所有过渡金属元素的特征氧化数，绝大部分过渡金属元素的最高氧化数等于其族数(如 Sc_2O_3、CrO_3、Mn_2O_7)，随着原子序数的增加，其高价氧化数越来越稳定(如未发现 FeO_4 而发现 OsO_4)。

过渡金属元素有很强的配位能力，因为有空的价轨道，与配位原子形成 σ 配位键；又有富余的 d 电子，可与配体的 π^* 反键轨道或 nd 空轨道形成反馈 π 键。

3.3.1 钛及其化合物

1. 钛单质

钛(Ti)是质地轻的银白色金属，在室温下，Ti 表面有一层致密的保护层，耐腐蚀，所以钛可用于航海和航空制造业。

钛与热的盐酸反应：

$$2Ti+6H^+ +12H_2O = 2[Ti(H_2O)_6]^{3+} +3H_2$$

由于钛在高温时化学性质很活泼，所以制备纯钛很困难：

$$TiCl_4 +2Mg \xlongequal{\triangle} 2MgCl_2 +Ti$$

2. 钛的化合物

(1) TiO_2(钛白)

TiO_2用作高级颜料和皮革、塑料的添加剂，难溶于水和稀酸，但可溶于浓 H_2SO_4：

$$TiO_2 +H_2SO_4(浓) = TiOSO_4 +H_2O$$

$$新制钛酸盐 \xrightarrow{OH^-} TiO_2 \cdot nH_2O$$

TiO_2可由 $TiCl_4$ 在干燥的 O_2 中高温制得：

$$TiCl_4 +O_2 \xlongequal{700\sim900\ ℃} TiO_2 +2Cl_2$$

(2) $TiCl_4$

$TiCl_4$的制备：

$$TiO_2 +2Cl_2 +2C \xlongequal{\triangle} TiCl_4\uparrow +2CO\uparrow$$

或

$$TiO_2 +CCl_4 \xlongequal{\triangle} TiCl_4\uparrow +CO_2\uparrow$$

$$TiCl_4 +2H_2O = TiO_2 +4HCl \quad (用于气相反应跟踪)$$

$TiCl_4$ 溶于浓盐酸：

$$TiCl_4 + 2HCl \xlongequal{} TiCl_6^{2-} + 2H^+$$

$TiCl_4$ 与还原剂反应：

$$2TiCl_4 + H_2 \xlongequal{} 2TiCl_3 + 2HCl$$

$$2TiCl_4 + Zn \xlongequal{} 2TiCl_3 + ZnCl_2$$

Ti(Ⅳ)含量的测定：

$$3Ti^{4+} + Al \xlongequal{} 3Ti^{3+} + Al^{3+} \quad (用 Al 还原 Ti^{4+})$$

以 KSCN 为指示剂，用 Fe^{3+} 标准溶液滴定 Ti^{3+}，来测定 Ti(Ⅳ)的含量：

$$Ti^{3+} + Fe^{3+} \xlongequal{} Ti(\text{Ⅳ}) + Fe^{2+}$$

(3) Ti(Ⅳ)的配位化合物

Ti(Ⅳ)在水中以 $[Ti(OH)_2(H_2O)_4]^{2+}$ 形式存在，简写为 TiO^{2+}；在 $TiOSO_4 \cdot H_2O$ 晶体中不存在简单的 TiO^{2+}，而是以—Ti—O—Ti—长链存在，可以用 $(TiO)_n^{2n+}$ 表示。

(4) $TiCl_3$

$TiCl_3$ 易被 O_2(或空气)氧化：

$$4TiCl_3 + O_2 + 2H_2O \xlongequal{} 4TiOCl_2 + 4HCl$$

$TiCl_3$ 加热易发生歧化反应：

$$2TiCl_3 \xlongequal{400\ ℃} TiCl_2 + TiCl_4 \uparrow$$

水溶液中 Ti(Ⅲ)以 $[Ti(H_2O)_6]Cl_3$(紫色)形式存在，若在 $TiCl_3$ 中加入无水乙醚，并通入 HCl 至饱和，则在乙醚层中会得到 $[Ti(H_2O)_5Cl]Cl_2 \cdot H_2O$(绿色)。

3.3.2　钒及其化合物

1. 钒单质

钒(V)的熔点、沸点高，有较大的熔化热和汽化热，纯金属的延展性好，但金属中含 O、H 和 C 等杂质时，弹性减弱，硬度增大。钒仅溶于热的硝酸、热的浓硫酸和王水中。

2. V_2O_5

V_2O_5 微溶于水，形成淡黄色酸性溶液，可与碱反应：

$$V_2O_5 + 6NaOH \xlongequal{} 2Na_3VO_4 + 3H_2O$$

在 $pH < 1$ 的酸性溶液中：

$$V_2O_5 + 2H^+ \xlongequal{} 2VO_2^+ + H_2O$$

V_2O_5 具有强氧化性：

$$V_2O_5 + 6HCl \xlongequal{} 2VOCl_2 + Cl_2 \uparrow + 3H_2O$$

3. 钒酸盐和多钒酸盐

水溶液中不存在简单的 V^{5+}，而以钒氧基(在 H^+ 条件下为 VO_2^+)或含氧酸根离子(在 OH^- 条件下为 VO_3^-、VO_4^{3-}、$V_2O_7^{4-}$、$V_3O_9^{3-}$ 等)等形式存在。

3.3.3　铬及其化合物

铬(Cr)的价态有 0、+1、+2、+3、+4、+5、+6，甚至还有负氧化数，其中，以+3 氧化数最为稳定。

1. 铬单质

铬有钝化性，它不溶于王水、硝酸（不论稀、浓），所以铬可与铁、镍制成有各种性能的抗腐蚀的不锈钢。

2. 铬的化合物

(1) Cr_2O_3、$Cr_2O_3 \cdot nH_2O$

Cr_2O_3微溶于水，有两性，但灼烧过的 Cr_2O_3 既不溶于酸，也不溶于碱（可作为绿色颜料），可通过熔融的方法使其变成可溶性的盐。

$$4Cr + 3O_2 = 2Cr_2O_3$$

$$Na_2Cr_2O_7 + S = Cr_2O_3 + Na_2SO_4$$

$$(NH_4)_2Cr_2O_7 \xlongequal{\triangle} N_2\uparrow + Cr_2O_3 + 4H_2O$$

$$Cr_2O_3 + 3K_2S_2O_7 \xlongequal{\triangle} Cr_2(SO_4)_3 + 3K_2SO_4$$

在碱性条件下，CrO_2^- 是强还原剂，可被 H_2O_2、Na_2O_2 氧化成 CrO_4^{2-}；在酸性条件下，Cr^{3+} 的还原性非常弱，必须用强氧化剂才能把 Cr^{3+} 氧化成 $Cr_2O_7^{2-}$。

(2) Cr^{3+}、$Cr_2O_7^{2-}$

将 $Cr_2(SO_4)_3$溶于冷的浓 H_2SO_4 中，得到紫色的 $Cr_2(SO_4)_3 \cdot 18H_2O$（$Cr_2(SO_4)_3 \cdot 6H_2O$ 为绿色，$Cr_2(SO_4)_3$ 为桃红色）。

$Cr_2O_7^{2-}$ 与 H_2O_2 反应形成过氧基配合物：

$$Cr_2O_7^{2-} + H_2O_2 \xrightarrow{\text{乙醚}} CrO(O_2)_2 \cdot Et_2O$$

将 30%的 H_2O_2 小心加入 0 ℃的 $K_2Cr_2O_7$ 溶液中，生成蓝色的 $K_2[Cr_2O_{12}]$。

$Cr_2O_7^{2-}$ 的溶解性可表示为

$$Cr_2O_7^{2-} + Ba^{2+}(Pb^{2+}、Ag^+) \rightleftharpoons \begin{cases} BaCrO_4\downarrow(\text{黄色}) \\ PbCrO_4\downarrow(\text{黄色}) \xrightarrow{OH^-} Pb(OH)_4^{2-} \\ Ag_2CrO_4\downarrow(\text{砖红色}) \end{cases}$$

(3) CrO_2Cl_2

CrO_2Cl_2为深红色液体，四面体共价分子，与 CCl_4、CS_2 互溶，外观似溴。将 $K_2Cr_2O_7$ 和 KCl 的细粉混合后置于蒸馏瓶中，慢慢滴入浓 H_2SO_4，并在沙浴上小心加热：

$$K_2Cr_2O_7 + 4KCl + 3H_2SO_4(\text{浓}) = 2CrO_2Cl_2 + 3K_2SO_4 + 3H_2O$$

或

$$CrO_3 + 2HCl = CrO_2Cl_2 + H_2O$$

$$Cr_2O_7^{2-} + 4Cl^- + 6H^+ = 2CrO_2Cl_2 + 3H_2O$$

CrO_2Cl_2遇水分解：

$$2CrO_2Cl_2 + 3H_2O = H_2Cr_2O_7 + 4HCl$$

3.3.4 锰及其化合物

锰(Mn)的+2、+4、+7 氧化数稳定（符合非键电子的稳定排布：d^5、d^3、d^0），也存在+3、

+5、+6甚至0和负氧化数。低氧化数的锰主要存在于羰基配合物或有机金属化合物中，因为低氧化数的锰有更多d电子参与形成反馈π键。

1. 锰单质

在室温下，锰由于表面形成氧化层，甚至与冷的浓HNO_3也形成较强的氧化膜，所以呈化学惰性；但在高温下，锰与X_2、B、C、Si、O_2、P等可以直接化合。例如：

锰与O_2化合：

$$3Mn+2O_2 \xlongequal{高温} Mn_3O_4$$

锰与酸反应：

$$Mn+2H^+ = Mn^{2+}+H_2\uparrow$$

锰与水反应：

$$Mn+2H_2O(热) = Mn(OH)_2+H_2\uparrow$$

在氧化剂存在的条件下，锰也能与熔融碱作用，生成锰酸盐：

$$2Mn+4KOH+3O_2 \xlongequal{熔融} 2K_2MnO_4+2H_2O$$

锰的制取：

$$2MnSO_4+2H_2O \xlongequal{电解} 2Mn+4H^++2SO_4^{2-}+O_2\uparrow$$

$$MnO_2+Si = Mn+SiO_2$$

2. 锰的化合物

(1) Mn(Ⅱ)的化合物

MnO难溶于水，但溶于稀酸，形成Mn^{2+}，MnS溶于醋酸。在酸性介质中，$Na_2S_2O_8$、PbO_2、$NaBiO_3$等强氧化剂均能氧化Mn^{2+}，生成MnO_4^-。该反应可用来鉴别Mn^{2+}。

$$2Mn^{2+}+5S_2O_8^{2-}+8H_2O \xlongequal{Ag^+} 2MnO_4^-+10SO_4^{2-}+16H^+$$

$$2Mn^{2+}+5NaBiO_3+14H^+ \xlongequal{\triangle} 5Na^++5Bi^{3+}+2MnO_4^-+7H_2O$$

Mn(Ⅱ)在碱性介质中：

$$MnCl_2+Na_2O_2 = MnO_2+2NaCl$$

$$3MnSO_4+2KClO_3+12KOH \xlongequal{熔融} 3K_2MnO_4+2KCl+3K_2SO_4+6H_2O$$

$$Mn^{2+} \xrightarrow{OH^-} \underset{(白色)}{Mn(OH)_2}\downarrow \xrightarrow{O_2} \underset{(棕色)}{MnO(OH)} \xrightarrow{O_2} MnO_2\cdot nH_2O$$

(2) Mn(Ⅳ)的化合物

无$[Mn(H_2O)_6]^{4+}$，只有MnO_2或其他配合物(如K_2MnF_6)。

Mn(Ⅳ)在酸性介质中显强氧化性：

$$MnO_2+4HCl(浓) = MnCl_2+Cl_2\uparrow+2H_2O$$

$$2MnO_2+2H_2SO_4 = 2MnSO_4+O_2\uparrow+2H_2O$$

$$MnO_2 \xrightarrow[HNO_3(热)]{H_2SO_4(热)} Mn^{2+}+O_2\uparrow$$

Mn(Ⅳ)遇强氧化剂显还原性：

$$3MnO_2+KClO_3+6KOH \xlongequal{\text{熔融}} 3K_2MnO_4+KCl+3H_2O$$

$$2MnO_2+3PbO_2+6HNO_3 \xlongequal{} 2HMnO_4+3Pb(NO_3)_2+2H_2O$$

(3) Mn(Ⅵ)的化合物

Mn(Ⅵ)主要以 MnO_4^{2-} 的形式存在于碱性溶液中，H_2MnO_4 是不存在的，在水中易发生歧化反应：

$$3MnO_4^{2-}+2H_2O \rightleftharpoons 2MnO_4^-+MnO_2+4OH^-$$

在碱性溶液中，MnO_4^{2-} 被氧化剂氧化：

$$2K_2MnO_4+Cl_2 \xlongequal{} 2KMnO_4+2KCl$$

$$4K_2MnO_4+O_2+2H_2O \xlongequal{} 4KMnO_4+4KOH$$

(4) Mn(Ⅶ)的化合物

MnO_4^- 显紫色，是电荷跃迁的结果。在酸性或光照条件下易分解，中性或微碱性条件下分解较慢。

$$4MnO_4^-+4H^+ \xlongequal{} 4MnO_2+3O_2+2H_2O$$

MnO_4^- 是强氧化剂，若 MnO_4^- 过量，它可能与还原产物 Mn^{2+} 反应，析出 MnO_2。

$$2MnO_4^-+3Mn^{2+}+2H_2O \xlongequal{} 5MnO_2+4H^+$$

$$MnO_4^- \begin{cases} \xrightarrow{H_2O} MnO_2 \\ \xrightarrow{H^+} Mn^{2+} \\ \xrightarrow{OH^-} MnO_4^{2-} \end{cases}$$

向浓硫酸中加入少量高锰酸钾固体，生成一种亮绿色溶液：

$$KMnO_4+3H_2SO_4(\text{浓}) \xlongequal{} K^++MnO_3^+(\text{平面三角形})+3HSO_4^-+H_3O^+$$

若向浓硫酸中加入大量高锰酸钾固体，则会得到 Mn_2O_7(棕色油状物)，易爆炸。用 CCl_4 可以萃取 Mn_2O_7，它在 CCl_4 中可稳定存在。

3.3.5 铁系元素(铁、钴、镍)

1. 单质

铁系元素(铁(Fe)、钴(Co)、镍(Ni))最外层 4s 原子轨道上都有 2 个电子，次外层的 3d 轨道上的电子数分别为 6、7、8，而且原子半径又十分相近，所以它们的性质很相似。

Fe 主要有+2、+3 氧化数，也有+6 氧化数；Co 主要有+2、+3 氧化数，也有+4、+5 氧化数；Ni 主要有+2、+3 氧化数，也有+4 氧化数。

Fe、Co、Ni 的低氧化数(0、−1、−2 等)出现在金属羰基配合物中，例如，$Fe(CO)_5$、$[Fe(CO)_4]^{2-}$、$[Co(CO)_4]^-$、$[Ni_2(CO)_6]^{2-}$ 等。

铁系元素单质的熔点、沸点随原子序数的增加而降低，这可能是因为 3d 轨道中成单电子数依次减少，金属晶体中自由电子数减少，金属键减弱。它们都具有金属光泽，都是铁磁性物质。它们的密度随原子序数的增大而增大，这是由于铁系元素的原子半径随原子序数的增大而变小。

在通常条件下,无水存在时,与非金属反应不显著,但在高温下,与非金属反应激烈。

Fe、Co、Ni 与稀酸反应,放出 H_2。但在浓硫酸、浓硝酸中发生钝化。

$$M + 2H^+ \xlongequal{\quad} M^{2+} + H_2\uparrow \quad (M = Fe、Co、Ni)$$

浓碱缓慢腐蚀 Fe,而 Co、Ni 在浓碱中比较稳定。所以可以用镍坩埚来熔融碱性物质的样品。

$$Fe + 5CO \xlongequal{温度、压强} Fe(CO)_5$$

该反应必须在与外界隔绝的容器中进行。

$$2Co + 8CO \xlongequal[2.5\times10^7\ Pa]{150\sim200\ ℃} Co_2(CO)_8$$

$$Ni + 4CO \xlongequal{60\sim80\ ℃} Ni(CO)_4$$

产物的结构如下:

$Fe(CO)_5$:

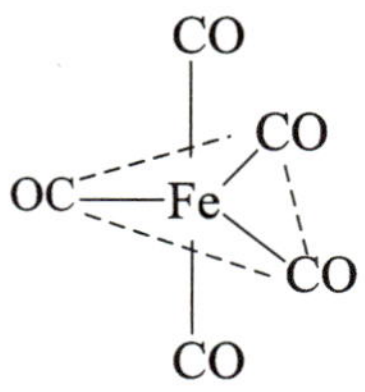

$Ni(CO)_4$:

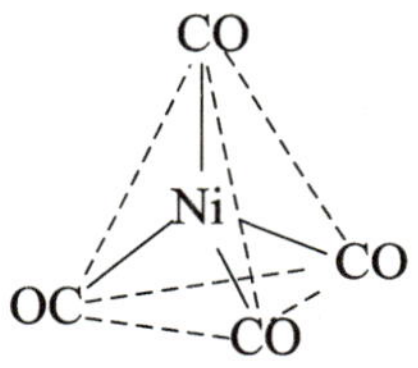

$Co_2(CO)_8$:

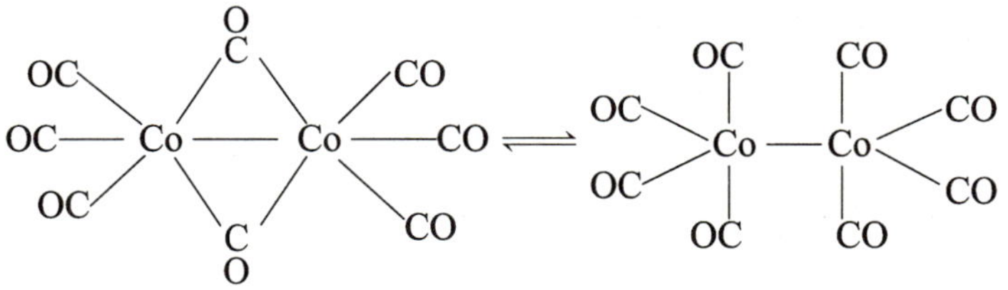

通过控制 Ni、Co 与 CO 的反应条件,可分离 Co、Ni。

2. 化合物

(1) 氧化数为+2 的化合物

氧化数为+2 的铁系元素化合物主要有 FeO(黑色)、CoO(灰绿色)、NiO(暗绿色)、$Fe(OH)_2$(白色)、$Co(OH)_2$(粉红色)、$Ni(OH)_2$(苹果绿色)。

钴的氯化物的颜色随其温度变化如下:

$$\underset{(粉红色)}{CoCl_2\cdot 6H_2O} \xrightarrow{53\ ℃} \underset{(紫红色)}{CoCl_2\cdot 2H_2O} \xrightarrow{90\ ℃} \underset{(蓝紫色)}{CoCl_2\cdot H_2O} \xrightarrow{120\ ℃} \underset{(蓝色)}{Co[CoCl_4]}$$

(2) 氧化数为+3 的化合物

氧化数为+3 的化合物有 Fe_2O_3(砖红色,中等强度氧化剂)、Co_2O_3(黑色,强氧化剂)、Ni_2O_3(黑色,强氧化剂)、$Fe_2O_3\cdot nH_2O$(红棕色)、$Co_2O_3\cdot nH_2O$(棕色)、$Ni_2O_3\cdot nH_2O$(黑色)。

$$Fe^{3+}+3H_2O \rightleftharpoons Fe(OH)_3+3H^+$$

$$2Co^{2+}+Cl_2(\text{或 NaOCl})+6H_2O \xlongequal{pH>3.5} 2Co(OH)_3\downarrow+6H^++2Cl^-$$

$$2Ni(OH)_2+Br_2+2OH^- \xlongequal{>25\ ℃} 2Ni(OH)_3+2Br^-$$

$Fe(OH)_3$有微弱的两性，只有新沉淀出来的 $Fe(OH)_3$才能溶于浓碱中。$FeCl_3\cdot 6H_2O$熔点、沸点低，易溶于有机溶剂，具有明显的共价性，这是离子极化造成的。它可以使蛋白质沉淀，故可作为止血剂。

(3) 氧化数为+6 的化合物

FeO_4^{2-} 中 Fe 的氧化数为+6，其颜色与 MnO_4^- 相同，可由 Fe_2O_3 或 $Fe(OH)_3$ 制备：

$$Fe_2O_3+3KNO_3+4KOH \xlongequal{\triangle} 2K_2FeO_4+3KNO_2+2H_2O$$

$$2Fe(OH)_3+3ClO^-+4OH^- = 2FeO_4^{2-}+3Cl^-+5H_2O$$

在酸性介质中，它是强氧化剂，其电极电位介于 MnO_4^- 和 O_3之间：

$$4FeO_4^{2-}+20H^+ = 4Fe^{3+}+3O_2+10H_2O$$

(4) 配合物

铁的配合物主要有 $K_4[Fe(CN)_6]$(黄血盐)，$K_3[Fe(CN)_6]$(赤血盐)：

$$6KCN+FeS = K_4[Fe(CN)_6]+K_2S$$

$$2K_4[Fe(CN)_6]+Cl_2 = 2K_3[Fe(CN)_6]+2KCl$$

在碱性溶液中，$[Fe(CN)_6]^{3-}$有氧化性：

$$4K_3[Fe(CN)_6]+4KOH = 4K_4[Fe(CN)_6]+O_2\uparrow+2H_2O$$

在中性溶液中，$K_3[Fe(CN)_6]$有微弱的水解作用：

$$K_3[Fe(CN)_6]+3H_2O \rightleftharpoons Fe(OH)_3+3KCN+3HCN$$

配制赤血盐溶液时，最好现配现用。Fe^{3+}、Fe^{2+}的鉴别：

$$K^++Fe^{3+}+[Fe(CN)_6]^{4-} = KFeFe(CN)_6\downarrow \quad (\text{普鲁士蓝})$$

$$K^++Fe^{2+}+[Fe(CN)_6]^{3-} = KFeFe(CN)_6\downarrow \quad (\text{滕氏蓝})$$

经 X 射线衍射证明：滕氏蓝和普鲁士蓝具有相同的结构(图 3.8)，Fe^{2+}位于立方体的一组 4 个互不相邻的顶点，Fe^{3+}位于立方体的另一组 4 个互不相邻的顶点，CN^-位于立方体的 12 条棱上，K^+ 占有立方体体心，一个晶胞有 4 个 K^+，占有 4 个互不相邻的小立方体的体心。

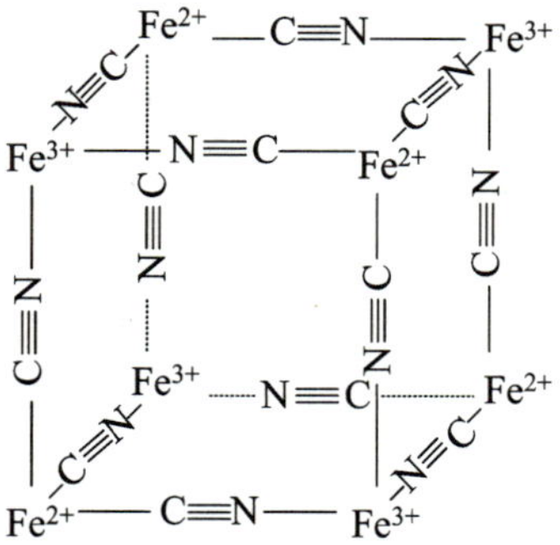

图 3.8

$(C_5H_5)_2Fe$(二茂铁)：

$$2C_5H_5MgBr + FeCl_2 \xlongequal{\quad} (C_5H_5)_2Fe + MgBr_2 + MgCl_2$$

Co^{2+}、Ni^{2+}形成配合物的能力大于 Fe^{2+}，所以 Co^{2+} 的配合物是强还原剂：

$$2K_4[Co(CN)_6] + 2H_2O \xlongequal{\quad} 2K_3[Co(CN)_6] + H_2\uparrow + 2KOH$$

Co^{2+}形成的配合物溶解度小，易析出：

$$Co^{2+} + 7NO_2^- + 3K^+ + 2H^+ \xlongequal{\quad} K_3[Co(NO_2)_6]\downarrow(\text{黄色}) + NO\uparrow + H_2O$$

该反应可以鉴别 K^+ 或 Co^{2+}。

$$Co^{2+} + 4SCN^- \xlongequal{\quad} Co(SCN)_4^{2-}(\text{蓝色})$$

$Co(SCN)_4^{2-}$ 在水中不稳定，稳定于丙酮或戊醇中。

$$Ni^{2+} + 4CN^- \xlongequal{\quad} Ni(CN)_4^{2-}(\text{黄色})$$

$$Ni^{2+} + 6NH_3 \xlongequal{\quad} [Ni(NH_3)_6]^{2+}$$

$Ni(CN)_4^{2-}$ 中的 Ni^{2+} 采取 dsp^2 杂化，由于 Ni^{2+} 中的 $3d^8$ 电子与 CN^- 的强烈相互排斥，使 Ni^{2+} 稍微离开平面四方中心，形成变形平面四方。$[Ni(NH_3)_6]^{2+}$ 中的 Ni^{2+} 采取 sp^3d^2 杂化。

3.3.6　铂族元素

铂族元素包括钌(Ru)、铑(Rh)、钯(Pd)、锇(Os)、铱(Ir)、铂(Pt)等 6 种元素。这 6 种元素可分成两组：钌、铑、钯为轻铂金属；锇、铱、铂为重铂金属。除 Os 为蓝灰色的，其余都是银白色的。在这 6 种元素中，Os 熔点最高，Pd 熔点最低。

Pd、Pt 溶于王水，Pd 也可溶于浓 HNO_3 和热的浓 H_2SO_4 中、$HCl-H_2O_2$、$HCl-HClO_4$ 溶液中；其余 4 种金属不溶于普通强酸，也不溶于王水。

H_2PtCl_6、M_2PtCl_6 的制备流程如下：

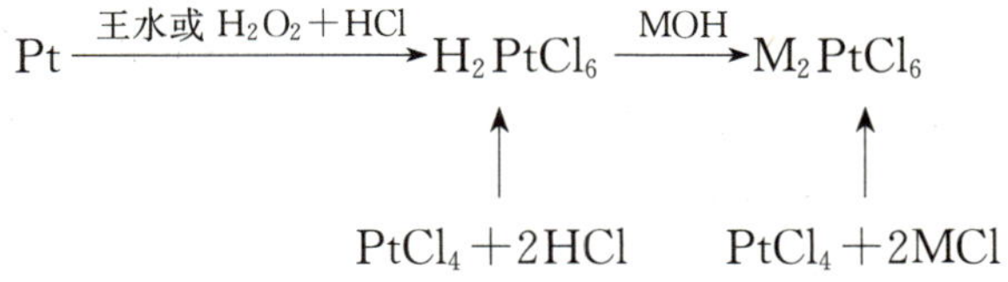

其中，NH_4^+、K^+、Rb^+、Cs^+ 的 $PtCl_6^{2-}$ 盐都是黄色八面体晶体，难溶。

$$3Pt + 4HNO_3 + 18HCl \xlongequal{\quad} 3H_2PtCl_6 + 4NO\uparrow + 8H_2O$$

在高温下，铂系元素与 S、P、F_2、Cl_2 等非金属反应，但不与 N_2 反应。

大多数的铂系金属能吸附气体，特别是氢气。Pd 吸附氢气最多，常温下，1 体积 Pd 能吸附(溶解)200 体积以上的 H_2。在真空中，Pd 金属加热到 200 ℃，溶解的 H_2 就完全释放出来。Pt 吸附 O_2 的能力强，1 体积 Pt 能吸附 70 体积左右的 O_2。铂系元素吸收气体的性质和它们的高度催化性能有密切关系。

3.3.7　铜分族

铜(Cu)、银(Ag)和金(Au)位于周期表中的ⅠB 族，通常称为铜族元素，又称货币金属。ⅠB 族元素的第一电离能比ⅠA 族元素的第一电离能高得多，这是因为 ns 电子穿透了($n-$

1)d^{10}电子的屏蔽；从 Cu 到 Ag 第一电离能降低，是因为 Ag 有较高的主量子数，价电子离核远，较易失去价电子，而 Au 的第一电离能却更大，这是由于 Au 的 6s 电子不仅能穿透了 5d 而且还穿透了 4f 电子的屏蔽。

1. 单质

(1) 与酸反应

Cu 与浓 H_2SO_4、浓 HNO_3 反应：

$$Cu+2H_2SO_4(浓)=\!=\!=CuSO_4+SO_2\uparrow+2H_2O$$

$$Cu+4HNO_3(浓)=\!=\!=Cu(NO_3)_2+2NO_2\uparrow+2H_2O$$

Ag 与热的浓 H_2SO_4 和浓 HNO_3 反应：

$$Ag+2H_2SO_4(浓)\xlongequal{\triangle}Ag_2SO_4+SO_2\uparrow+2H_2O$$

$$Ag+2HNO_3(浓)\xlongequal{\triangle}AgNO_3+NO_2\uparrow+H_2O$$

Au 可溶于饱和 Cl_2 的盐酸和王水中：

$$2Au+3Cl_2+2HCl=\!=\!=2HAuCl_4$$

$$Au+4HCl+HNO_3=\!=\!=HAuCl_4+NO+2H_2O$$

(2) 与 O_2 反应：

$$2Cu+O_2\xlongequal{\triangle}2CuO$$

$$4Cu+O_2\xlongequal{更高温度}2Cu_2O$$

在潮湿空气中：

$$2Cu+O_2+H_2O+CO_2=\!=\!=CuCO_3\cdot Cu(OH)_2(灰绿色)$$

(3) 与 H_2S、S 反应

Au 不与 S、H_2S 反应。空气中含 H_2S 时，Ag 变黑，生成 Ag_2S。配制含小苏打和食盐的稀溶液于铝制容器中，将发黑的银器与铝制容器接触，Ag_2S 可溶解，发黑银器变亮。

$$3Ag_2S+2Al+8OH^-=\!=\!=6Ag+3S^{2-}+2Al(OH)_4^-$$

(4) Au 溶于含氧的碱性氰化物中：

$$4Au+O_2+8CN^-+2H_2O=\!=\!=4[Au(CN)_2]^-+4OH^-$$

(5) Cu 可溶于含氧的氨水中：

$$4Cu+O_2+8NH_3+2H_2O=\!=\!=4[Cu(NH_3)_2]^++4OH^-$$

$$\xrightarrow{O_2}[Cu(NH_3)_4]^{2+}$$

2. 金属冶炼

(1) 铜的冶炼

主要对 $CuFeS_2$（黄铜矿）采用冰铜熔炼法，具体步骤如下：

① 贫矿$\xrightarrow{富积}$精矿。

② 氧化焙烧：

$$2CuFeS_2+O_2=\!=\!=Cu_2S+2FeS+SO_2\uparrow$$

$$2FeS+3O_2=\!=\!=2FeO+2SO_2$$

$$FeO+SiO=\!=\!=FeSiO_3(渣)$$

③ Cu_2S 转化为粗铜：

$$2Cu_2S + 3O_2 = 2Cu_2O + 2SO_2\uparrow$$

$$Cu_2S + 2Cu_2O = 6Cu + SO_2\uparrow$$

$$Cu(粗) \xrightarrow{电解} Cu(精)$$

(2) 银、金的冶炼

无论是 M(Ag、Au)或 MX、M_2S，都可以先用氰化法浸取：

$$4M+O_2+8NaCN+2H_2O = 4Na[M(CN)_2]+4NaOH$$

$$M_2S(MX)+4NaCN = 4Na[M(CN)_2]+Na_2S(NaX)$$

再用 Al 或 Zn 还原：

$$2M(CN)_2^- + Zn = Zn(CN)_4^{2-} + 2M$$

3. 化合物

(1) 氧化数为+1 的化合物

铜族元素的+1 氧化数化合物绝大多数是固态或配合物，都是反磁性和无色的($3d^{10}$ 电子结构)，但 Cu_2O 例外，它是砖红色的。除了 Ag^+ 在固态和水溶液中都可稳定存在外，Cu^+ 和 Au^+ 在水中都发生歧化反应：

$$2Cu^+(aq) = Cu(s) + Cu^{2+}(aq)$$

$$3Au^+(aq) = 2Au(s) + Au^{3+}(aq)$$

CuCl 的盐酸溶液能吸收 CO，形成 $[Cu(CO)Cl\cdot H_2O]_2$(可测定气体混合物中 CO 的含量)，其结构如下：

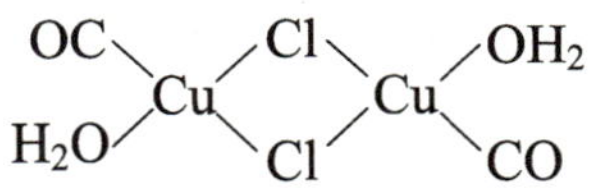

(2) 氧化数为+2 的化合物

① CuO 和 $Cu(OH)_2$

$$Cu^{2+} \xrightarrow{OH^-} Cu(OH)_2\downarrow \xrightarrow{180\ ℃} H_2O+CuO \xrightarrow{>1000\ ℃} Cu_2O+\frac{1}{2}O_2\uparrow$$

$Cu(OH)_2$ 显微弱碱性：

$$Cu(OH)_2(新制)+2OH^-(浓) = Cu(OH)_4^{2-}$$

② $CuCl_2$

$CuCl_2$ 溶于水，也易溶于乙醇和丙酮，其结构式为

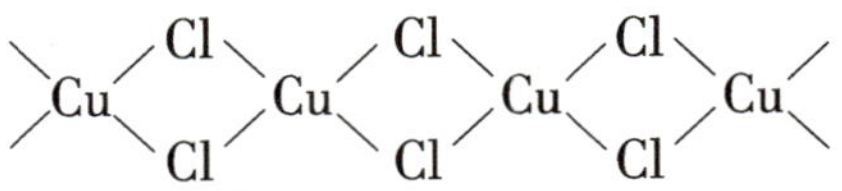

$CuCl_2$ 可由 $CuCO_3$ 与盐酸反应制备：

$$CuCO_3+2HCl = CuCl_2+H_2O+CO_2\uparrow$$

在 HCl 气氛中加热 $CuCl_2\cdot H_2O$(140～150 ℃)，也能生成 $CuCl_2$：

$$2CuCl_2\cdot H_2O \stackrel{\triangle}{=} Cu(OH)_2\cdot CuCl_2+2HCl\uparrow$$

但到了 500 ℃，按下式分解：

$$2CuCl_2 \xlongequal{500\ ℃} 2CuCl + Cl_2\uparrow$$

Cu^{2+}的配合物中，$[CuCl_4]^{2-}$显黄色，$[Cu(H_2O)_4]^{2+}$显蓝色，两者共存时溶液显绿色。

3.3.8 锌分族（锌、镉、汞）

1. 单质

锌分族元素单质熔点、沸点低，不仅低于ⅠA族，也低于ⅠB族，汞（Hg）是唯一的液态金属（在室温下）。汞能形成汞齐，汞的含量决定汞齐的状态。Mn、Fe、Ni 难与汞形成汞齐。

Zn 显两性，在潮湿空气中形成 $3Zn(OH)_2 \cdot ZnCO_3$。$Zn(OH)_2$可溶解在氨水中，而 $Al(OH)_3$则不能：

$$\begin{matrix} Al(OH)_3 & \xrightarrow{NH_3} & Al(OH)_3\downarrow \\ Zn(OH)_2 & & Zn(NH_3)_4^{2+} \end{matrix}$$

Cd 除了是碱性金属，其他性质都与 Zn 相似。

Zn 的制备：

$$2ZnS + 3O_2 = 2ZnO + 2SO_2\uparrow$$
$$2C + O_2 = 2CO$$
$$ZnO + CO = Zn + CO_2$$

Hg 的制备：

$$HgS + O_2 \xlongequal{\triangle} Hg + SO_2\uparrow$$

或

$$HgS + Fe = Hg + FeS$$

2. 化合物

(1) 氧化物和硫化物

ZnO 呈两性，CdO 和 HgO 呈碱性。ZnS 可溶于 $0.3\ mol \cdot L^{-1}$的盐酸，CdS 溶于浓盐酸，HgS 只能溶于王水或硫化物溶液中。$ZnS \cdot BaSO_4$（锌钡白）可作白色颜料。

(2) 锌的氯化物

$ZnCl_2$是固体盐中溶解度最大的（283 K，333 g $ZnCl_2$/100 g H_2O），$ZnCl_2$溶于水发生水解：

$$ZnCl_2 + H_2O \rightleftharpoons H[Zn(OH)Cl_2]$$

$H[Zn(OH)Cl_2]$具有显著的酸性，能溶解金属氧化物。所以在焊接时，用 $ZnCl_2$浓溶液可以消除金属表面的氧化物。

(3) 汞的卤化物

$HgCl_2$（升汞）有剧毒（0.3 g可致死），稍溶于水，但电离度小，易升华。可由 NaCl 与 $HgSO_4$反应制得：

$$HgSO_4 + 2NaCl = HgCl_2\uparrow + Na_2SO_4$$

$HgCl_2$熔点低（276 ℃），加热即升华，利用此性质可以将 $HgCl_2$从反应混合物中升华出来。

在过量 Cl^- 存在下，$HgCl_2$溶解度增大：

$$HgCl_2 + 2Cl^- = [HgCl_4]^{2-}$$

$HgCl_2$能发生水解和氨解：

$$HgCl_2 + 2H_2O = Hg(OH)Cl\downarrow + H_3O^+ + Cl^-$$

$$HgCl_2 + 2NH_3 = Hg(NH_2)Cl\downarrow(\text{白色}) + NH_4^+ + Cl^-$$

Hg_2Cl_2(甘汞)微溶于水，无毒无味。见光易分解：

$$Hg_2Cl_2 \xlongequal{h\nu} HgCl_2 + Hg$$

Hg_2Cl_2 与氨水反应：

$$Hg_2Cl_2 \xrightarrow{NH_3} Hg_2NH_2Cl\downarrow(\text{黑色}) \xrightarrow{\text{逐渐歧化}} HgNH_2Cl + Hg$$

例 4　将铜粉放入装有浓氨水的试管中，塞进试管塞，振荡后发现试管塞越来越紧，且铜粉消失，变成接近无色的溶液 A，打开试管塞，溶液迅速变为蓝色 B。

(1) A 和 B 分别是什么？

(2) 该反应会有什么用途？

(3) 如果把铜粉换成氧化亚铜粉，实验现象有什么变化？

解析　试管塞变紧说明装置内产生负压（气体被消耗），由 B 的特征蓝色可知是铜氨络离子$[Cu(NH_3)_4]^{2+}$的颜色(Cu 为+2 价)，因此 A 是+1 价铜形成的$[Cu(NH_3)_2]^+$，于是被消耗的气体是氧气，打开试管塞之后，氧气进入，得到$[Cu(NH_3)_4]^{2+}$。

由上述分析可知：(1) A 是$[Cu(NH_3)_2]^+$，B 是$[Cu(NH_3)_4]^{2+}$。

(2) 由于$[Cu(NH_3)_2]^+$极易与氧气反应，所以可以用于测定氧气含量、除氧等。

(3) 在氧化亚铜中，Cu 已经是+1 价，因此不需要氧化剂，故试管塞不会变紧。

例 5　解释下列问题：

(1) 什么是骨痛病？它是由哪种元素导致的？

(2) 什么是水俣病？它是由哪种元素导致的？

(3) 为什么治疗重金属中毒(如 Pb^{2+}、Hg^{2+})要用 CaH_2EDTA？如果用 Na_2H_2EDTA 会如何？

解析　(1) 骨痛病是由 Cd 中毒引起的。骨痛病发病的主要原因是当地居民长期饮用受镉污染的河水，并食用此水灌溉的含镉稻米，致使镉在体内蓄积而造成肾损害，同时破坏了人体对 Ca 的吸收，并且镉替代了骨骼中的 Ca，进而导致骨软症。

(2) 水俣病是由 Hg 中毒引起的。水俣病是食入被有机汞污染的河水中的鱼、贝类所引起的以甲基汞为主的有机汞中毒。由于甲基汞具有脂溶性，能够侵入血脑屏障，造成脑神经机能损害，导致患者发疯，精神不正常。

(3) EDTA 是一种常用的络合剂，它可以结合重金属离子，从而通过肾脏将其带出体外。但是 EDTA 也会将体内有用的金属离子带走，如 Ca^{2+}。因此一般采用 CaH_2EDTA，由于 EDTA 更倾向于与重金属结合，因此当它遇到重金属时，就会释放 Ca^{2+} 而结合重金属离子。如果使用 Na_2H_2EDTA，多余的 EDTA 会与 Ca^{2+} 结合，减少了体液中的 Ca^{2+} 含量，骨质中的钙会溶出，造成人体骨质疏松。

真题解析

1. 下列最轻的金属是 （　　）

A. 锂　　B. 钛　　C. 铝　　D. 钠

解析　最轻的金属相对原子质量应最小，A 正确。

2. Cu、Fe 混合物与稀 HNO_3 完全反应后剩余固体为 Cu，反应后的溶液中一定有 （　　）

A. Fe^{3+}　　B. Fe^{2+}　　C. Cu^{2+}　　D. Fe^{3+}、Fe^{2+}、Cu^{2+}

解析　因为 $2Fe^{3+}+Cu \xlongequal{} 2Fe^{2+}+Cu^{2+}$，所以溶液中一定有 Fe^{2+}，B 正确。

3. 目前大城市空气中的铅污染的主要来源是 （　　）

A. 煤炭燃烧　　B. 汽车尾气　　C. 垃圾焚烧　　D. 废塑料燃烧

解析　C 正确。

4. 在某些肉类制品中加入适量亚硝酸钠（$NaNO_2$）可改善食品的外观和增加香味。但 $NaNO_2$ 有毒，加上其外观和食盐很相似且有咸味，因而将它误作食盐使用发生中毒的事件偶有发生。鉴别 $NaNO_2$ 和 NaCl 常用的方法是 （　　）

A. 溶解法：观察与比较它们在溶解过程中的热效应

B. 熔点法：查阅它们的熔点并做实验区分它们

C. 酸碱法：比较它们水溶液酸碱性的区别

D. 尝试法：品味它们在咸味上的细微差别

解析　它们在溶解过程中的热效应相差不大，不易区分开，A 错误。通过熔点法容易分辨开，B 正确。HNO_2 为弱酸，$NaNO_2$ 溶液显碱性，而 NaCl 溶液呈中性，C 正确。化学试剂不能品味，D 错误。

5. 铁粉和铜粉的均匀混合物平均分成四等份，分别加入相同浓度的稀硝酸，充分反应后，在标准状况下生成 NO 的体积与剩余金属的质量如表 3.1 所示（设硝酸的还原产物只有 NO）。

表 3.1

编号	①	②	③	④
稀硝酸体积/mL	100	200	300	400
剩余金属质量/g	18.0	9.6	0	0
NO 体积/mL	2240	4480	6720	V

下列计算结果正确的是 （　　）

A. 硝酸的浓度为 4 $mol \cdot L^{-1}$　　B. ①中溶解了 5.6 g Fe

C. ②中溶解了 9.6 g Cu　　D. ④中 $V=8960$

解析　铁粉、铜粉混合物和稀硝酸的反应分为三步：

第一步：$3Fe+8HNO_3 \xlongequal{} 3Fe(NO_3)_2+2NO\uparrow+4H_2O$；

第二步：$3Cu+8HNO_3 = 3Cu(NO_3)_2+2NO\uparrow+4H_2O$；

第三步：$3Fe(NO_3)_2+4HNO_3 = 3Fe(NO_3)_3+NO\uparrow+2H_2O$。

从①得 2240 mL NO 为 0.1 mol，HNO_3共得电子为 0.1×(5−2)=0.3 (mol)。反应的硝酸为 0.4 mol，硝酸的浓度为 4 $mol \cdot L^{-1}$，A 正确。

①到②相当于在①中再加入 100 mL 稀硝酸，生成 4480−2240=2240(mL)的 NO。电子转移还是 0.3 mol，则金属又溶解 18.0−9.6=8.4(g)。由 8.4 g 金属与稀硝酸反应失去 0.3 mol 电子可知，该金属为 Fe。同理，由②到③全部为铜溶解于硝酸；③到④则为 Fe^{2+}与稀硝酸反应生成 Fe^{3+}，失去 0.3 mol 电子，生成 0.1 mol NO，体积为 2240 mL，所以 $V=6720+2240=8960$(mL)，D 正确。根据以上推导，可知答案为 A、D。

6. 什么金属可以用来盛浓硝酸？写出两种，并给出理由。

解析 这是中学遇到的常见问题。浓硝酸、浓硫酸有强的氧化性，在常温下能把 Fe 与 Al 的表面氧化，生成致密的氧化膜，产生钝化现象，从而阻止它们继续反应，所以常温下可用 Fe 与 Al 两种金属容器来盛放浓硝酸。

7. 在做铝和氯化铜溶液反应实验时，观察到的预料之外的现象：① 铝丝表面附上的铜没有紧密吸附在铝丝的表面而是呈蓬松的海绵状；② 反应一段时间后有大量气泡逸出，且在一段时间内气泡逸出越来越快，经点燃能发出爆鸣声，证明是氢气。请解释。

解析 反应生成的铜和铝组成原电池促进铝和水反应；反应放出的热量使溶液温度升高，促进铝和水反应放出氢气；铝和铝离子水解生成的 H^+ 反应产生氢气；氯离子对铝和水反应起了促进作用；海绵状铜作原电池电极促进铝和水反应放出氢气。

8. 很多过渡金属元素都能和 CO 形成稳定的羰基化合物，说明原因。

解析 现代化学键理论认为，在金属羰基化合物中，CO 一方面有孤电子对，可以给予中心金属原子的空轨道形成 σ 键；另一方面 CO 有空的反键 π^* 轨道，可以和金属原子的 d 轨道重叠形成 π 键，这种 π 键是由金属原子单方面提供电子到配位体的空轨道上形成的，为反馈 π 键，这种反馈 π 键的形成减少了由生成 σ 配位键而引起的中心原子上过多负电荷的积累，从而促进 σ 配位键形成，它们相辅相成，互相促进，其结果比单独形成一种键要强得多，增强了配合物的稳定性。

9. Ag 为什么能置换出 HI 溶液和 H_2S 溶液中的氢？

解析 由于 Ag 金属性不强，还原性差，故不能置换稀酸中的 H^+，但如能在溶液中生成难溶物或配合物，使单质还原能力增强，则能放出氢气。

$$2Ag+H_2S(aq) = Ag_2S\downarrow+H_2\uparrow$$

Ag_2S 在水中的溶解度极小，所以此反应能发生。

$$2Ag+2H^++4I^- = 2AgI_2^-+H_2\uparrow$$

在溶液中 AgI_2^- 是一种比较稳定的配合物。

10. 已知 Be、Al 的化学性质相似，写出下列反应方程式：

(1) Be 与 NaOH 反应。

(2) Be 的氯化物在空气中潮解发烟。

解析 (1) $Be+2NaOH+2H_2O = Na_2[Be(OH)_4]+H_2$。

(2) $BeCl_2+2H_2O = Be(OH)_2+2HCl$。

11. 向橙色的重铬酸钾的水溶液中加入 NaOH 溶液，请说明溶液的颜色变化并写出方程式。

解析　铬酸根离子是黄色的，重铬酸根离子是橙色的。

方程式：$2CrO_4^{2-} + 2H^+ \rightleftharpoons Cr_2O_7^{2-} + H_2O$。

12. 写出下列反应的化学方程式：

(1) 重铬酸钾与酒精反应。

(2) (1)中的剩余液体用碘化钾溶液进行滴定。

解析　本题运用高中知识就可解决。

(1) $2Cr_2O_7^{2-} + 16H^+ + 3C_2H_5OH = 3CH_3COOH + 4Cr^{3+} + 11H_2O$。

(2) $Cr_2O_7^{2-} + 6I^- + 14H^+ = 2Cr^{3+} + 7H_2O + 3I_2$。

13. 写出重铬酸钾和草酸反应的离子方程式。

解析

$$Cr_2O_7^{2-} + 3H_2C_2O_4 + 8H^+ = 2Cr^{3+} + 7H_2O + 6CO_2\uparrow$$

14. 用重铬酸钾溶液标定硫代硫酸钠溶液的浓度时，要用间接碘量法。请说明什么是间接碘量法，以及为什么要用该方法进行标定。另外，解释为什么用重铬酸根氧化碘离子时，要密封并静置 5 分钟。

解析　间接碘量法就是加入定量的碘化钾，然后用重铬酸钾溶液氧化生成碘，再加淀粉显蓝色，最后再加硫代硫酸钠滴定生成碘单质，滴定终点为蓝色消失。总的过程中碘单质和碘离子只起中间物的作用。因为在测定中，硫代硫酸钠被氧化成连四硫酸钠($Na_2S_4O_6$)，不会发生过度氧化，可以精确地测量出，结果更加准确。静置的原因是反应速率不够快，静置使得反应充分。密闭是为了防止碘升华。

15. 向 $TiOCl_2$ 水溶液中加入锌粒，反应后溶液变为紫色。在溶液中滴加适量的 $CuCl_2$ 水溶液，溶液中产生白色沉淀。写出生成白色沉淀的离子反应方程式，继续滴加 $CuCl_2$ 水溶液，白色沉淀消失，写出离子反应方程式。

解析　溶液变成紫色可以想到 Ti^{3+}，锌被氧化到+2 价，之后又加入了 Cu^{2+}，产生的白色沉淀应该是 CuCl，那么是 Cu^{2+} 氧化了 Ti^{3+}。继续滴加 $CuCl_2$ 溶液，沉淀又消失了，应生成配离子 $CuCl_2^-$。所以离子反应方程式分别为

$$Ti^{3+} + Cu^{2+} + Cl^- + H_2O = TiO^{2+} + CuCl\downarrow + 2H^+$$

$$CuCl + Cl^- = CuCl_2^-$$

16. 钛是一种化学元素，化学符号为 Ti，原子序数为 22，在化学元素周期表中位于第 4 周期、第ⅣB 族，是一种银白色的过渡金属，其特征为质量轻、强度高、具有金属光泽。在实际生产中常用 Ti^{3+} 的还原性来测量 TiO_2 的含钛量，其方法通常为将钛白(TiO_2)溶于硫酸，使钛元素以 TiO^{2+} 的形式存在，隔绝空气，加入铝片，使 TiO^{2+} 转化为 Ti^{3+}，再将其用 Fe^{3+} 标准溶液滴定，从而计算得出含钛量。请回答以下问题：

(1) 说明滴定的指示剂选择，并描述滴定终点的现象。

(2) 写出从样品处理到滴定终点的所有方程(指示剂参与的反应除外)。

解析　Ti^{3+} 是紫色的，具有强还原性，可以把 Fe^{3+} 还原成 Fe^{2+}。Fe^{3+} 与 KSCN 反应生成血红色 $Fe(SCN)_3$。

由上述分析可知:(1) 指示剂选择 KSCN 溶液,滴定到终点时现象是溶液从紫色变为血红色,静置半分钟不褪色。

(2) ① $TiO_2+H_2SO_4 = TiOSO_4+H_2O$。

② $Al+6H^++3TiO^{2+} = 3Ti^{3+}+Al^{3+}+3H_2O$。

③ $Fe^{3+}+Ti^{3+}+H_2O = Fe^{2+}+TiO^{2+}+2H^+$。

17. 孔雀石和石青是自然界存在的两种碳酸盐类铜矿,它们的化学组成可表示为 $xCuCO_3 \cdot yCu(OH)_2$(x、y 为正整数且 $x\leqslant 2$,$y\leqslant 2$)。

(1) 孔雀石和石青分别与过量盐酸反应时,孔雀石耗用的盐酸的物质的量与生成的 CO_2 的物质的量之比为 4 : 1;石青则为 3 : 1。请推算它们的化学组成。

孔雀石:________________。石青:________________。

(2) 现有孔雀石和石青混合样品,取两份等质量的样品,在一份中加入过量盐酸,生成 3.36 L CO_2(标准状况下);加热另一份样品使其完全分解,得到 20 g CuO。试通过计算确定该混合物中孔雀石和石青的物质的量之比。

解析　(1) 设孔雀石的化学式为 $xCuCO_3 \cdot yCu(OH)_2$,依题意有

$$\frac{x}{2x+2y}=\frac{1}{4},\quad \frac{x}{y}=\frac{1}{1}$$

则孔雀石的化学式为 $CuCO_3 \cdot Cu(OH)_2$。

又设石青的化学式为 $xCuCO_3 \cdot yCu(OH)_2$,依题意有

$$\frac{x}{2x+2y}=\frac{1}{3},\quad \frac{x}{y}=\frac{2}{1}$$

则石青的化学式为 $2CuCO_3 \cdot Cu(OH)_2$。

(2) 设该样品中孔雀石的物质的量为 a mol,石青的物质的量为 b mol,由于生成的 CO_2 的物质的量为 0.15 mol,CuO 的物质的量为 0.25 mol,则有

$$a+2b=0.15 \qquad ①$$

$$2a+3b=0.25 \qquad ②$$

由式①、式②解得 $a=0.05$,$b=0.05$,则孔雀石与石青的物质的量之比为 1 : 1。

18. 铜在自然界存在于多种矿石中,如表 3.2 所示。

表 3.2

矿石名称	黄铜矿	斑铜矿	辉铜矿	孔雀石
主要成分	$CuFeS_2$	Cu_5FeS_4	Cu_2S	$CuCO_3 \cdot Cu(OH)_2$

请回答下列问题:

(1) 表 3.2 所列铜化合物中,铜的质量百分含量最高的是________。

(2) 工业上以黄铜矿为原料,采用火法熔炼工艺生产铜。该工艺的中间过程会发生反应:$2Cu_2O+Cu_2S \xlongequal{高温} 6Cu+SO_2\uparrow$,则反应的氧化剂是________。

(3) SO_2 尾气直接排放到大气中造成环境污染的后果是________________;处理该尾气可得到有价值的化学品,写出其中 1 种酸和 1 种盐的名称:________________。

(4) 黄铜矿熔炼后得到的粗铜含少量 Fe、Ag、Au 等金属杂质,需进一步采用电解法精

制。请简述粗铜电解得到大批量精铜的原理：________________。

(5) 表 3.3 中，对陈述Ⅰ、Ⅱ的正确性及其有无因果关系的判断都正确的是________(填字母)。

表 3.3

选项	陈述Ⅰ	陈述Ⅱ	判断
A	铜绿的主要成分是碱式碳酸铜	可用稀盐酸除铜器表面的铜绿	Ⅰ对；Ⅱ对；有
B	铜表面易形成致密的氧化膜	铜容器可以盛放浓硫酸	Ⅰ对；Ⅱ对；有
C	铁比铜活泼	立在铜板上的铁钉在潮湿空气中不易生锈	Ⅰ对；Ⅱ对；有
D	蓝色硫酸铜晶体受热转化为白色硫酸铜粉末是物理变化	硫酸铜溶液可用作游泳池的消毒剂	Ⅰ错；Ⅱ对；无

解析 (1) 表 3.2 所列铜化合物中，铜的质量百分含量最高的是 Cu_2S。其中，$CuFeS_2$ 为 34.8%、Cu_5FeS_4 为 63.5%、Cu_2S 为 80%、$CuCO_3\cdot Cu(OH)_2$ 为 57.6%。

(2) 反应的氧化剂是 Cu_2O、Cu_2S。其中，Cu_2O、Cu_2S 的 Cu 由 +1 价被还原为 0 价，作氧化剂；Cu_2S 的 S 由 −2 价被氧化为 +4 价，作还原剂。

(3) SO_2 尾气直接排放到大气中造成环境污染的后果是形成酸雨。处理该尾气可得到有价值的化学品，其中，1 种酸和 1 种盐的名称分别为硫酸和硫酸铵。

解释：处理 SO_2 尾气一般为循环制备硫酸，可用 $Ca(OH)_2$ 或氨水吸收，可得到 $CaSO_4$ 和 $(NH_4)_2SO_4$ 等有价值的化学品。

(4) 电解池中，粗铜作阳极，精铜作阴极，电解质为硫酸铜溶液。阳极上发生氧化反应，Cu 失去电子，使 Cu 单质变为 Cu^{2+} 进入溶液中：$Cu-2e^-\longrightarrow Cu^{2+}$；阴极上发生还原反应，$Cu^{2+}$ 得到电子，在阴极上析出 Cu 单质：$Cu^{2+}+2e^-\longrightarrow Cu$，从而达到精制 Cu 的目的。

(5) 稀盐酸可以与 $Cu(OH)_2$ 和 $CuCO_3$ 反应，而不能与 Cu 反应。所以稀盐酸可以除铜器表面的铜绿($CuCO_3\cdot Cu(OH)_2$)，A 正确。

铜表面不能形成致密氧化膜；铜和浓硫酸在常温下是反应的，生成硫酸铜、SO_2 和水，反应很慢，反应过程中放热，随着反应的进行，速率会越来越快，所以不能用铜制容器装浓硫酸，B 错误。

因为 Fe 比 Cu 活泼，所以 Fe-Cu 形成的原电池中，Fe 作负极，更容易被氧化生锈，C 错误。

蓝色硫酸铜晶体受热转化为白色硫酸铜粉末，只有旧键的断裂，没有新键的形成($CuSO_4\cdot 5H_2O$ 中，H_2O 与 Cu^{2+} 有配位键)，故不属于化学变化，只有物理变化；$CuSO_4$ 可用作消毒剂，但与前者没有因果关系，D 正确。

综上所述，答案为 A、D。

19. 18 世纪，巴西人在瑞典小岛发现了第一块矿石透锂长石，当把它扔到火里时会发出浓的深红色火焰，这就是锂的焰色反应。

(1) 请写出该元素在元素周期表中的位置。

(2) 在水溶液中，碱金属失去电子变成水合离子倾向的大小可以由电极反应

$$M(s)\longrightarrow M^+(aq)+e^-$$

的反应热 $\Delta_f H^{\ominus}$ 来表示。设计如图 3.9 所示电极反应的热化学循环，根据表 3.4 中给出的相关数据(单位：$kJ \cdot mol^{-1}$)，分别计算 Li 和 Na 的 $\Delta_f H^{\ominus}$。

表 3.4

金属	$\Delta_f H_s^{\ominus}$	I_1	$\Delta_f H_h^{\ominus}$
Li	161	520	−522
Na	109	496	−406

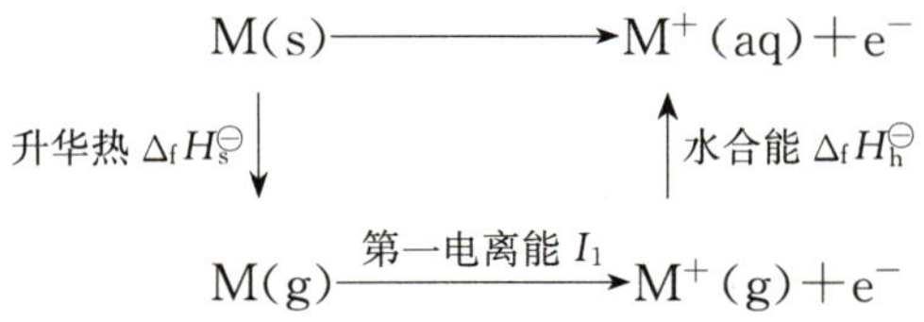

图 3.9

(3) 根据(2)中的计算结果，在水溶液中，Li 的还原性________Na(请填入“大于”或“小于”)。

(4) 锂电池与锂离子电池都是以锂元素为基础发展的高效化学电池。Li/$SOCl_2$ 电池是目前世界上实际应用的电池系列中能量密度最高的一种电池，其正极是多孔的碳材料，$SOCl_2$ 既是溶剂，也是正极的活性物质。电池反应为 $4Li + 2SOCl_2 = 4LiCl + S + SO_2$。写出正、负极的反应方程式。

(5) 1990 年日本索尼公司最先成功开发了锂离子电池，将 Li^+ 嵌入焦炭或石墨中形成负极，正极材料通常是 $LiCoO_2$，充、放电时的反应式为 $LiCoO_2 + C \rightleftharpoons Li_{1-x}CoO_2 + Li_xC$(正反应充电)。写出充电时阴、阳极的反应方程式。

解析　(1) 第二周期ⅠA 族。

(2) 根据 $\Delta_f H^{\ominus} = \Delta_f H_s^{\ominus} + I_1 + \Delta_f H_h^{\ominus}$，可以求出 Li 与 Na 的 $\Delta_f H^{\ominus}$ 分别为 159 $kJ \cdot mol^{-1}$ 和 199 $kJ \cdot mol^{-1}$。

(3) 大于。$\Delta_f H^{\ominus}$ 越小，反应越容易自发进行。

(4) 负极：$4Li - 4e^- \longrightarrow 4Li^+$；正极：$2SOCl_2 + 4e^- \longrightarrow 4Cl^- + S + SO_2\uparrow$。

(5) 阴极：$xLi^+ + C + xe^- \longrightarrow Li_xC$；阳极：$LiCoO_2 - xe^- \longrightarrow Li_{1-x}CoO_2 + xLi^+$。

20. 回答下列问题：

(1) 配平方程式：

$$Na_2B_4O_7 + Na + H_2 + SiO_2 \longrightarrow Na_2SiO_3 + NaBH_4$$

(2) 写出 $NaBH_4$ 与水反应的离子方程式。

(3) 很多因素可以影响 $NaBH_4$ 与水的反应速率，如温度、pH 等。请问 pH 是怎样影响这个反应速率的？

(4) $NaBH_4$ 是一种常用的还原剂，可以将很多金属离子还原成单质。请写出 Ru^{3+} 与 $NaBH_4$ 反应的离子方程式。

解析　(1) $Na_2B_4O_7 + 16Na + 8H_2 + 7SiO_2 = 4NaBH_4 + 7Na_2SiO_3$。

(2) $BH_4^- + 2H_2O = BO_2^- + 4H_2\uparrow$。

(3) 溶液的 pH 越大(越小),和水反应的速率越小(越大)。

(4) $NaBH_4$可以将许多金属离子还原成金属,并使得到的金属沉积在金属、玻璃、陶瓷、塑料上,从而有广泛的应用场合。例如,它把镍沉积在玻璃上,形成极薄的镍膜,用于太阳能电池;把金或铜沉积在塑料板上,形成印刷板电路;还原废液中的贵重金属。

$$8Ru^{3+}+3BH_4^-+24OH^- = 3BO_2^-+8Ru+18H_2O$$

21. 已知碱金属元素在化学反应中通常以 0 价和+1 价出现,而碱土金属元素在化学反应中通常以 0 价和+2 价出现。对角线规则指的是一种元素的周期数、族数各增加 1,新的元素与原来的元素有许多相似性。请根据以上信息,回答下列问题:

(1) 已知 Na 可以还原 $NaNO_2$生成较稳定的氧化物和一种无色无味的气体,请写出其化学方程式。

(2) 已知一种锂锰电池的总反应为 $Li+MnO_2 = LiMnO_2$,请写出该电池的负极反应方程式,并指明生成物中 Mn 的价态。

(3) 已知 Li 能与 NH_3反应生成 $LiNH_2$和一种无色无味的气体,请写出该反应的化学方程式。

(4) 已知 Li_3N 能水解生成两种碱性物质,请写出化学方程式。

(5) 请写出 Be_2C 水解的化学方程式。

(6) 已知 Al 和 Be 满足对角线规则,其化学性质存在一定的相似性,并且 $AlCl_3$能以氯桥的形式形成双聚体,请写出该双聚体的结构式,并写出 Al 元素的杂化方式。

(7) 已知某温度、压强下,CsF 的生成焓为 $\Delta_f H=-510\ kJ\cdot mol^{-1}$,$CsF_2$的生成焓为 $\Delta_f H=-125\ kJ\cdot mol^{-1}$,请通过计算说明在此状态下 CsF_2能否稳定存在。

解析 (1) $6Na+2NaNO_2 = 4Na_2O+N_2\uparrow$。

(2) 负极反应:$Li-e^- \longrightarrow Li^+$;Mn 的价态为+3 价。

(3) $2Li+2NH_3 = 2LiNH_2+H_2\uparrow$。

(4) $Li_3N+3H_2O = 3LiOH+NH_3\uparrow$。

(5) $Be_2C+4H_2O = 2Be(OH)_2+CH_4\uparrow$。

(6) Al 的杂化方式为 sp^3,$AlCl_3$形成双聚体 Al_2Cl_6的结构为

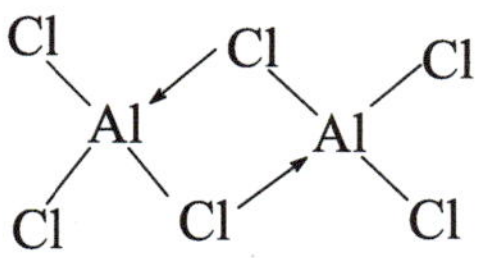

形成 4 根以 Al 为中心的正四面体展开的键。

(7) 生成焓的定义是由稳定单质产生 1 mol 该物质所产生的焓变,可以写出

$$Cs(s)+0.5F_2(g) = CsF(s),\quad \Delta H_1=-510\ kJ\cdot mol^{-1}$$

$$Cs(s)+F_2(g) = CsF_2(s),\quad \Delta H_2=-125\ kJ\cdot mol^{-1}$$

得

$$CsF_2(s) = CsF(s)+0.5F_2(g),\quad \Delta H=-385\ kJ\cdot mol^{-1}$$

这个反应产生气体,所以 $\Delta S>0$,根据 $\Delta G=\Delta H-T\Delta S$,$\Delta G<0$,在任何温度下这个反应都是自发进行的。因此,$CsF_2$不能稳定存在,容易分解。

模拟训练

一、选择题(只有一个正确答案)

1. 在搪瓷和陶瓷器皿表面的釉质中都含有少量的 Pb、Cd、Sb 等有毒金属盐类,为防止中毒,下列物质中不能长期盛放在其中的是　(　　)

A. 酱油　　B. 食醋

C. 蔗糖　　D. 食盐

2. 海水中蕴藏了大量的铀(总量约 45 亿吨),各国科学家拟提取这些铀加以利用。下列使铀富集的方法不正确的是　(　　)

A. 用钛酸作吸附剂吸附铀　　B. 繁殖单细胞绿藻吸附铀

C. 选择适当的萃取剂萃取铀　　D. 利用太阳能浓缩海水使铀富集

3. "拟晶"(quasicrystal)是一种具有凸多面体规则外形但不同于晶体的固态物质。$Al_{65}Cu_{23}Fe_{12}$是 20 世纪发现的几百种拟晶之一,具有合金的某些优良物理性能。下列有关这种拟晶的说法错误的是　(　　)

A. $Al_{65}Cu_{23}Fe_{12}$的硬度比金属 Al、Cu、Fe 都大

B. $Al_{65}Cu_{23}Fe_{12}$中 3 种金属的化合价均可视作 0

C. $Al_{65}Cu_{23}Fe_{12}$不可用作长期浸泡在海水中的材料

D. 1 mol $Al_{65}Cu_{23}Fe_{12}$溶于过量的硝酸时共失去 265 mol 电子

4. 关于食品质量安全的报道中不断有①甲醛、②苏丹红、③碘酸钾、④谷氨酸钠、⑤三聚氰胺等化学名词出现。上述化学名词所提到的物质中,食品加工中允许限量使用而不会引起中毒事故的是　(　　)

A. ②③④⑤　　B. ②③

C. ③④　　D. ①③⑤

5. m g 的铁与 n g 一定浓度的硝酸恰好完全反应,$m:n=1:2.7$,则硝酸被还原的产物是　(　　)

A. N_2　　B. NH_4NO_3

C. NO　　D. NO_2

6. 将 4.6 g Na 和 2.7 g Al 同时加入足量的水中充分反应,将反应后的溶液稀释、定容为 500 mL。则下列说法正确的是　(　　)

A. 所得溶液中阳离子和阴离子的物质的量之比为 2∶1

B. 反应中消耗的水的质量是加入的 Al 的质量的 2 倍

C. 所得溶液中 Na^+ 和 Al^{3+} 的物质的量之比为 2∶1

D. 反应中放出的气体在标准状况下的体积为 2.24 L

二、简答题

7. 日本某一材料研究所的科学家发明了一种"碳纳米管温度计",这种温度计被认定为世界上最小的温度计。研究人员在长为 10^{-6} m、直径为 10^{-7} m 的碳纳米管中充入液态的金属镓。当温度升高时,管中的镓就会膨胀,通过电子显微镜就能读取温度值。这种温度计测

量的范围为 18～490 ℃，精确度较高，所以它可用于检查电子线路是否异常、测定毛细血管的温度等。分析原因及金属镓的特性。

8. 向 Na_2HPO_4溶液中滴加 $AgNO_3$，生成黄色沉淀。已知 Ag_3PO_4和 Ag_2HPO_4沉淀均为黄色，试用（普通）实验方法检验出沉淀的成分。

三、填空题

9. 汞与次氯酸（物质的量之比为 1∶1）发生反应，得到 2 种反应产物，其一是水。该反应的方程式为________________________；反应得到的含汞产物的中文名称为________。

10. 表 3.5 是某种常见金属的部分性质。

表 3.5

颜色状态	硬度	密度	熔点	导电性	导热性	延展性
银白色固体	较软	$2.70\ g \cdot cm^{-3}$	660.4 ℃	良好	良好	良好

将该金属投入冷水中无变化，投入稀盐酸中可产生大量的无色气体。试回答：

(1) 推断该金属可能的一种用途：__________________，该金属的活动性比铜________（填“强”或“弱”）。

(2) 请自选试剂，设计不同的实验探究该金属与铁的活动性强弱，并完成表 3.6。

表 3.6

猜想	验证方法	预测实验现象
该金属活动性比铁强		
该金属活动性比铁弱		

四、推断题

11. 次磷酸 H_3PO_2是一种强还原剂，将它加入 $CuSO_4$水溶液，加热到 40～50 ℃，析出一种红棕色的难溶物 A。经鉴定：反应后的溶液是磷酸和硫酸的混合物；X 射线衍射证实 A 是一种六方晶体，结构类同于纤维锌矿（ZnS），组成稳定。A 的主要化学性质如下：

① 温度超过 60 ℃，会分解成金属铜和一种气体。

② 在氯气中会着火。

③ 与盐酸反应,放出气体。

回答如下问题:

(1) A的化学式是什么?

(2) A的生成反应方程式是什么?

(3) A与氯气反应的化学方程式是什么?

(4) A与盐酸反应的化学方程式是什么?

12. 铬的化合物丰富多彩,实验结果出人意料。将过量的30% H_2O_2加入$(NH_4)_2CrO_4$的氨水溶液,加热至50 ℃后冷却至0 ℃,发生氧化还原反应,析出暗棕红色晶体A。元素分析报告显示:A含Cr 31.1%、N 25.1%、H 5.4%。在极性溶剂中A不导电。红外图谱证实A有N—H,且与游离氨分子键能相差不太大,还证实A中的铬原子周围有7个配位原子提供孤对电子与铬原子形成配位键,呈五角双锥型。

(1) 以上信息表明A的化学式为______________;A可能的结构为______________。

(2) A中铬的氧化数为________。

(3) 预期A最特别的化学性质为________________。

(4) 写出生成晶体A的氧化还原反应方程式:________________________。

13. 硬磁铁氧体是一种常见的磁铁,其工业生产步骤分为两部分:① 烧结铁氧体:预烧料的制备、成型、烧结;② 黏结铁氧体:黏结料的制备、成型、黏结。其工艺的主要难题是得到合适粒径尺度的氧化铁。早期工艺是用七水合硫酸亚铁高温分解,得到氧化铁和铁红颜料。改进后一般用晶核氧化法生产的氧化铁,即将一定量的硫酸亚铁溶液(5%)与过量氢氧化钠溶液反应(要求碱过量0.04~0.08 g/mL),在常温下通入空气,使之全部变为红棕色的氢氧化铁胶体溶液,作为沉积氧化铁的晶核。以上述晶核为载体,以硫酸亚铁为介质,通入空气,在75~85 ℃,以及金属铁存在下,硫酸亚铁与空气中的氧气反应生成三氧化二铁(即铁红)沉积在晶核上,溶液中的硫酸又与金属铁反应重新生成硫酸亚铁,硫酸亚铁再被空气氧化成铁红继续沉积,这样循环至整个过程结束,生成氧化铁红。此外也有用三氯化铁水解法得到氧化铁红的。

目前,经典的工业工艺是喷雾焙烧法(Ruthner法),它是以铁的氯化物($FeCl_2$)为原料加铁屑耗酸,溶液经净化后进行高温喷雾焙烧。氯化亚铁溶液在高温条件下水解、氧化生成氯化氢和氧化铁。氯化氢以盐酸形式回收,返回酸洗钢材车间重复使用。

科学研究表明，铁氧体是由 Fe^{2+}、Fe^{3+}、O^{2-} 通过离子键而组成的复杂离子晶体。该排列方式中存在两种类型的由 O^{2-} 组成的空隙。其中，有一半的 Fe^{3+} 填充在正四面体空隙中，另一半由 Fe^{3+} 和 Fe^{2+} 等量均匀地填充在正八面体空隙中。

回答下列问题：

(1) 书写反应涉及的化学方程式。

① 早期工艺流程；

② 改进工艺流程；

③ 喷雾焙烧法。

(2) 在铁氧体中，$n(Fe^{3+}):n(Fe^{2+}):n(O)$ 为多少？由此可知其为 X，若一个晶胞含有 8 个 X，且铁氧体的密度约为 4.9 g/cm^3，那么一个晶胞的体积约为多少？

(3) 有人把铁氧体 X 与铝粉混合进行铝热反应，结果刚好反应。他把反应后的产物丢进足量盐酸中，量取产生的气体体积为 V_1；他又按照相同配方配制一份混合物，不同的是，这次直接把它丢进足量氢氧化钠中，而不进行铝热反应，量取产生的气体体积为 V_2。那么当 $V_1:V_2$ 为多少时，说明制备铁氧体 X 是比较成功的？

(4) 某人取 0.203 4 g 铁氧体，在 pH=2 条件下，将铁元素用 H_2O_2 氧化到+3 价后，用 0.109 7 mol/L 的 EDTA 滴定(指示剂为磺基水杨酸)，消耗溶液 23.97 mL，问：制得的物质如果以 Fe_nO 的形式表示，其 n 值为多少？

第4章　元素及其化合物(二)

4.1　稀有气体

稀有气体都是单原子分子，在通常条件下，它们都是气体，也称为惰性气体。氦是所有气体中最难液化的气体。由于稀有气体的最外电子层都有相对饱和的结构，这种电子结构是非常稳定的，其电子亲和能都接近于零，而且都有很高的电离能，因此它们在化学性质上表现为惰性。

英国化学家巴特列(Bartlett)将 PtF_6 的蒸气与等物质的量的氙混合，在室温下制得了 $XePtF_6$，推翻了持续了近70年之久的关于稀有气体完全化学惰性的说法。下面我们主要讨论氙的氟化物和氧化物。

1. 氙的氟化物(XeF_2、XeF_4、XeF_6)

为什么 Xe 与 F_2 混合如此容易化合但60多年间却没能合成出 Xe 的化合物？主要有这几方面的原因：当时拥有的 Xe 的量太少；绝对干燥的玻璃仪器不能获得；实验技术落后；更重要的是思想上有限制。

(1) 氙的氟化物都与水发生反应

$$2XeF_2(s)+2H_2O(l)=\!=\!=2Xe(g)+4HF(l)+O_2(g)$$

$$XeF_6(s)+H_2O(l)=\!=\!=XeOF_4(l)+2HF(l)$$

$$XeF_4(l)+2H_2O(l)=\!=\!=Xe(g)+4HF(l)+O_2(g)$$

(2) 氙的氟化物都是强氧化剂

可以使 $HCl\rightarrow Cl_2$，$Ce(\text{Ⅲ})\rightarrow Ce(\text{Ⅳ})$，$NH_3\rightarrow N_2$。例如：

$$XeF_6(g)+8NH_3(g)=\!=\!=Xe(g)+N_2(g)+6NH_4F(s)$$

XeF_6化学性质非常活泼，甚至可与石英反应：

$$2XeF_6(g)+SiO_2(s)=\!=\!=2XeOF_4(l)+SiF_4(g)$$

XeF_6在碱性条件下也能发生歧化反应：

$$4XeF_6+18Ba(OH)_2=\!=\!=3Ba_2XeO_6+Xe+12BaF_2+18H_2O$$

(3) 氙的氟化物都是良好的氟化剂

$$RbF(s)+XeF_6(s)=\!=\!=RbXeF_7(s)$$

$$XeF_2(s)+SbF_5(l)=\!=\!=[XeF][SbF_6](s)$$

2. 氙的氧化物(XeO_3、XeO_4)

(1) XeO_3及其制备

无色无味的$XeO_3(s)$中含有XeO_3分子。XeO_3为无色固体,在水中以分子形式稳定存在,但在潮湿空气中易发生爆炸。它在碱性溶液中形成$HXeO_4^-$离子,此离子发生缓慢歧化,得到XeO_6^{4-}:

$$XeO_3(s)+OH^-(aq)=\!=\!=HXeO_4^-(aq)$$

$$2HXeO_4^-(aq)+2OH^-(aq)=\!=\!=XeO_6^{4-}(aq)+Xe(g)+O_2(g)+2H_2O(l)$$

(2) XeO_4及其制备

XeF_6在$Ba(OH)_2$中歧化可制得高氙酸钡(Ba_2XeO_6),高氙酸钡再与硫酸反应制得XeO_4:

$$Ba_2XeO_6(s)+2H_2SO_4(aq)=\!=\!=2BaSO_4(s)+XeO_4(g)+2H_2O(l)$$

XeO_4常温下是气体,为正四面体几何构型,可自发分解成XeO_3和O_2,当XeO_4为固态时,即使在室温下仍然会发生爆炸。

$$XeO_4(g)=\!=\!=Xe(g)+2O_2(g)$$

4.2 碳族元素

4.2.1 碳及其化合物

1. 碳单质

碳可采取sp、sp^2、sp^3杂化,其最大配位数为4。在第二周期中,氟、氧和氮都以双原子分子(F_2、O_2和N_2)的形式存在,而碳存在于多聚物中,这主要是由于O_2和N_2的多重键要比σ单键(均键)强得多。

(1) 金刚石

近来已发明一种低压生产金刚石的方法:把金刚石晶种放在气态碳氢化合物(如甲烷)中,温度升高到1000 ℃,可以得到金刚石粉末。

例1 C—C的键能特别大,所以C—C非常稳定。碳单质中C—C的键能为374 $kJ \cdot mol^{-1}$,N_2分子中N—N的键能为250 $kJ \cdot mol^{-1}$。解释从碳到氮单键键能突减的原因。

解析 分析两种单质的结构可以得出结论:从碳到氮单键键能突减是由于N_2分子中氮原子之间非键电子对排斥。

(2) C_{60}

C_{60}由12个正五边形和20个正六边形组成,每个碳原子以sp^2杂化轨道与相邻的3个碳原子相连,键角小于120°而大于109°28′,形成曲面,剩余的p轨道在C_{60}球壳的外围和内腔形成球面π键,从而具有芳香性。C_{60}的五边形和六边形的面数可由欧拉方程求出,即

$$面数(F)+顶点数(V)=棱数(E)+2$$

C_{60}将是 21 世纪的重要材料,可以合成 $C_{60}F_n$,作为超级润滑剂。C_{60}笼内可以填入金属原子而形成超原子分子,作为新型催化剂或催化剂载体,具有超导性。C_{60}晶体有金属光泽,其微晶体粉末呈黄色,易溶于苯,其苯溶液呈紫红色。C_{60}分子特别稳定,进行化学反应时,C_{60}始终是一个整体。

2. 碳的化合物

(1) 碳化物

碳化物易发生水解:

$$Al_4C_3+12H_2O=\!=\!=4Al(OH)_3+3CH_4\uparrow$$
$$CaC_2+2H_2O=\!=\!=Ca(OH)_2+C_2H_2\uparrow$$

(2) $COCl_2$

$COCl_2$ 剧毒,易水解:

$$COCl_2+H_2O=\!=\!=CO_2+2HCl$$

$COCl_2$的制备:

$$CO+Cl_2=\!=\!=COCl_2$$

(3) 碳酸盐

正盐中除碱金属(不包括 Li^+)、铵及 Tl^+ 盐外,都难溶于水,许多金属的酸式盐的溶解度大于正盐,但 $s_{NaHCO_3}<s_{Na_2CO_3}$。这是由于在 $NaHCO_3$溶液中HCO_3^- 由氢键相连成二聚离子,降低了 $NaHCO_3$ 的溶解度:

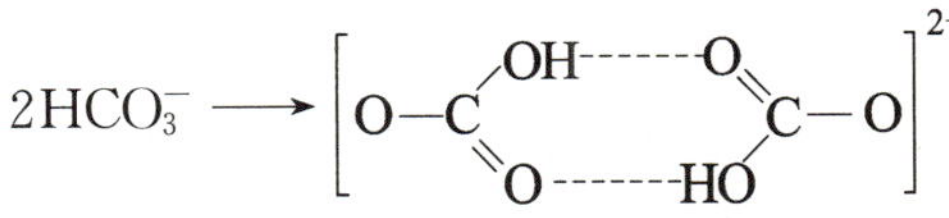

通常碳酸盐的热稳定性高于碳酸氢盐。

(4) CO

CO 的结构式为 C≡O。在有机化学中,—COOH 被氧化生成 CO:

$$HCOOH\xrightarrow[\triangle]{浓\ H_2SO_4}CO\uparrow+H_2O$$

CO 可作为还原剂,制备贵金属:

$$CO+PdCl_2+H_2O=\!=\!=Pd+CO_2+2HCl$$

4.2.2　硅及其化合物

1. 硅单质

由于 Si 的原子半径大、电离能低、电子亲和能和极化率高,因此 Si 在化学性质上与碳有许多不同之处。例如 Si 和 Si 之间基本上不形成 pπ-pπ 键,换而言之,Si 的 sp-或 sp^2 杂化不稳定。

在通常情况下,硅显惰性,但加热时可与许多非金属单质化合,还能与某些金属反应:

$$2Mg+Si=\!=\!=Mg_2Si$$

硅遇到氧化性的酸发生钝化反应,它可溶于 HF-HNO_3的混合酸中:

$$3Si+4HNO_3+18HF=\!=\!=3H_2SiF_6+4NO+8H_2O$$

硅与氢氟酸反应:

$$Si+4HF=\!=\!=SiF_4+2H_2$$

$$SiF_4+2HF=\!=\!=H_2SiF_6$$

2. 硅烷

硅烷的化学式可表示为 Si_nH_{2n+2},其中,n 可高达 15。最具代表性的是 SiH_4(甲硅烷),可由硅化镁制备而成:

$$Mg_2Si+2H_2SO_4\xlongequal{H_2O}SiH_4+MgSO_4$$

$$Mg_2Si+4NH_4Br\xlongequal{NH_3(l)}SiH_4+2MgBr_2+4NH_3$$

SiH_4 在溶液中可与氧化剂发生反应:

$$SiH_4+2KMnO_4=\!=\!=2MnO_2\downarrow+K_2SiO_3+H_2O+H_2\uparrow$$

SiH_4在纯水和微酸性溶液中不水解,但在微量碱作催化剂时,迅速水解:

$$SiH_4+(n+2)H_2O\xrightarrow{OH^-}SiO_2\cdot nH_2O+4H_2\uparrow$$

4.2.3 锗分族

1. 单质(Ge、Sn、Pb)

从 Ge 到 Pb,+2 氧化数稳定性增大;从 Pb 到 Ge,+4 氧化数稳定性增大。

锡制品长期处于低温会被毁坏,这是 β 锡转变为 α 锡的缘故,这一现象叫作"锡瘟"。β 锡低于 13.6 ℃转变为 α 锡,但转变速度极慢,温度降至 −48 ℃时,转变速度最快,α 锡本身就是这类反应的催化剂。α 锡与 β 锡随温度的转变如下:

$$\text{灰锡(α 锡)}\xrightleftharpoons{13.6\ ℃}\text{白锡(β 锡)}\xrightleftharpoons{161\ ℃}\text{脆锡}$$

Sn 是两性金属,既能与酸反应又能与碱反应:

$$Sn+2HCl=\!=\!=SnCl_2+H_2\uparrow$$

$$Sn+2OH^-+2H_2O\xlongequal{\triangle}Sn(OH)_4^{2-}+H_2\uparrow$$

Pb 能与碱反应:

$$Pb+2H_2O+2KOH=\!=\!=K_2[Pb(OH)_4]+H_2\uparrow$$

Sn 与 Pb 均能与氧化性酸反应,其中,Pb 与任何浓度的硝酸反应都得到 $Pb(NO_3)_2$,而 Sn 与浓 HNO_3 反应得到 Sn(Ⅳ),与稀 HNO_3反应得到 Sn(Ⅱ):

$$3Sn+8HNO_3(\text{稀})=\!=\!=3Sn(NO_3)_2+2NO+4H_2O$$

$$Sn+4HNO_3(\text{浓})=\!=\!=H_2SnO_3+4NO_2\uparrow+H_2O$$

2. 化合物

Pb 的氧化物有 PbO(黄色,俗称密陀僧)、Pb_2O_3($PbO\cdot PbO_2$,黄色)、Pb_3O_4($2PbO\cdot PbO_2$,红色,俗称铅丹)、PbO_2(黑色)。其中,Pb_2O_3、Pb_3O_4、PbO_2都具有强氧化性:

$$5PbO_2+2Mn^{2+}+4H^+=\!=\!=5Pb^{2+}+2MnO_4^-+2H_2O$$

$$PbO_2+4HCl=\!=\!=PbCl_2+Cl_2\uparrow+2H_2O$$

$PbCrO_4$ 与 $PbCr_2O_7$ 在酸性和碱性介质中可发生如下转变：

$$PbCrO_4(\text{黄色}) \underset{OH^-}{\overset{H^+}{\rightleftharpoons}} PbCr_2O_7(\text{可溶})$$

四乙基铅是铅的有机化合物，在常温下能稳定存在。$Pb(C_2H_5)_4$ 可作为汽油抗震剂使用，但汽油燃烧后的废气中含有铅的化合物，会污染环境，现已开发出不含铅的抗震剂，称为无铅汽油。四乙基铅可由钠铅合金制备：

$$Na_4Pb(\text{钠铅合金}) + 4C_2H_5Cl = Pb(C_2H_5)_4 + 4NaCl$$

4.3　氮族元素

4.3.1　氮及其化合物

1. N_2

N_2的分子轨道表示式为 $KK(\sigma_{2s})^2(\sigma_{2s}^*)^2(\pi_{2py})^2(\pi_{2pz})^2(\pi_{2px})^2$，其键级为 3，显得格外稳定。当 $T=3000$ ℃时，N_2的离解度仅为 0.1%。但植物根瘤上生活的一些固氮细菌能够在常温常压下把空气中的 N_2变成氮化物。

2. NH_3

NH_3可发生自偶电离：

$$2NH_3 \rightleftharpoons NH_4^+ + NH_2^-$$

NH_4Cl、NH_4NO_3在液氨中为强酸，KNH_2、$Ba(NH_2)_2$在液氨中为强碱。

液氨能溶解碱金属和碱土金属(Na、K、Ca)生成蓝色溶液，这是由氨合电子的存在引起的蓝色。

$$Na + (x+y)NH_3 \rightleftharpoons Na(NH_3)_x^+ + (NH_3)_y^-$$

3. 肼

肼为二元弱碱，可分步水解：

$$N_2H_4 + H_2O \rightleftharpoons N_2H_5^+ + OH^-$$

$$N_2H_5^+ + H_2O \rightleftharpoons N_2H_6^{2+} + OH^-$$

它与空气混合，可燃烧并放出大量的热，$(CH_3)_2NNH_2$(偏二甲肼)可用作火箭燃料。

4. 叠氮酸及其盐

HN_3是一种易爆炸的油状物，在水中稳定，显弱酸性：

$$HN_3 + H_2O \rightleftharpoons H_3O^+ + N_3^-$$

HN_3的氧化性与 HNO_3相似：

$$Cu + 3HN_3 = Cu(N_3)_2 + N_2\uparrow + NH_3\uparrow$$

$$HN_3 + H_2O \xlongequal{Pt} NH_2OH + N_2\uparrow$$

4.3.2 磷及其化合物

磷的性质与氮有很大的差别，主要是由于磷原子有3d轨道。例如，NF_3不水解，而PF_3水解；NF_3不与过渡金属形成配合物，而PF_3可以与许多过渡元素形成配合物。这主要是由于P除了能形成σ配位键外，还有空的3d轨道，可以接受过渡金属反馈回来的电子对，形成反馈π键，所以配位能力加强。

PH_3的配位能力比NH_3强，这是由于配合物中的中心离子可以向PH_3配体中的磷原子的3d空轨道反馈电子，形成反馈π键。

1. 次磷酸

H_3PO_2是一元酸，结构为

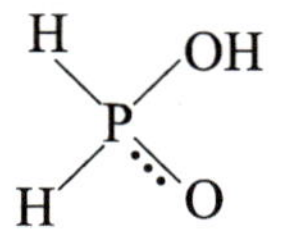

2. 亚磷酸

H_3PO_3是二元酸，结构为

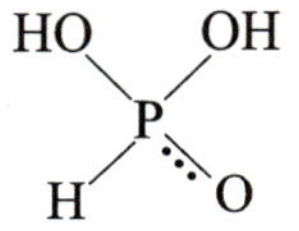

4.3.3 砷分族

砷(As)、锑(Sb)、铋(Bi)的氧化数一般为−3、+3和+5，由于$6s^2$惰性电子对效应，所以铋的特征氧化数为+3。在自然界中存在的矿石有雌黄(As_2S_3)、雄黄(As_4S_6)和辉锑矿(Sb_2S_3)。

1. 单质(As、Sb、Bi)

在通常条件下，金属态的砷、锑、铋在空气和水中稳定，排在金属活动顺序表中氢的后面，但与氧化性酸反应。浓HNO_3使Bi发生钝化。

$$3As + 5HNO_3 + 2H_2O = 3H_3AsO_4 + 5NO\uparrow$$

$$3Sb + 5HNO_3 = 3HSbO_3 + 5NO\uparrow + H_2O$$

$$Bi + 4HNO_3 = Bi(NO)_3 + NO\uparrow + 2H_2O$$

2. 氢化物(AsH_3、SbH_3、BiH_3)

AsH_3、SbH_3、BiH_3都有刺激性气味，有毒(特别是AsH_3)。AsH_3在低温下可与HI反应：

$$AsH_3 + HI \xlongequal{\text{低温}} AsH_4I$$

AsH_3在空气中不稳定，易发生自燃：

$$2AsH_3 + 3O_2 = As_2O_3 + 3H_2O$$

在缺氧时，有

$$2AsH_3 \xrightarrow{300\ ℃} 2As + 3H_2$$

淀积在玻璃上的 As 单质有金属光泽，称为“砷镜”。利用砷镜反应能检出 0.007 mg 的砷，即马氏试砷法。

砷镜反应可用来鉴定砷，也可用钼砷酸铵黄色沉淀来鉴定砷：

$$AsO_4^{3-} + 3NH_4^+ + 12MoO_4^{2-} + 24H^+ = (NH_4)_3AsO_4 \cdot 12MoO_3 \cdot 6H_2O\downarrow + 6H_2O$$

Bi(Ⅲ)的鉴定：在碱性溶液中用 Sn(Ⅱ)还原 Bi(Ⅲ)生成 Bi 沉淀(黑色)，即

$$2Bi^{3+} + 3[Sn(OH)_3]^- + 9OH^- = 3[Sn(OH)_6]^{2-} + 2Bi\downarrow$$

Sb(Ⅲ)的鉴定：用鉴别 Bi(Ⅲ)的方法，若缓慢生成黑色沉淀，则为 Sb(Ⅲ)。

例 2　氰胺的结构简式为 NH_2CN，写出三聚氰胺的结构简式，并写出由尿素合成三聚氰胺的方程式。

解析

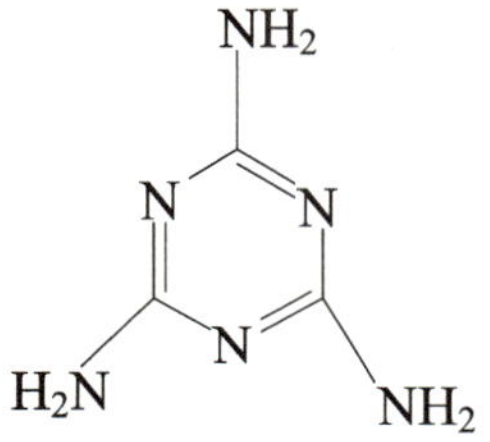

$$6CO(NH_2)_2 = C_3N_3(NH_2)_3 + 6NH_3\uparrow + 3CO_2\uparrow$$

4.4　氧族元素

4.4.1　氧及其化合物

除了氦(He)、氖(Ne)、氩(Ar)以外，氧能与所有元素化合，并且显氧化性；只有与氟化合时，才呈还原性，在与化合物 PtF_6 反应时，也呈还原性。

例 3　氧的单键离解能为 142 $kJ \cdot mol^{-1}$，而硫的单键离解能为 268 $kJ \cdot mol^{-1}$，试说明原因。

解析　由于氧的原子半径小，所以孤电子对之间有较大的排斥作用；氧原子没有空的 d 轨道，不能形成 $d\pi$-$p\pi$ 键，所以 O—O 较弱。对于 O_2 分子而言，除了 σ 键，还有 2 个 3 电子 π 键，导致 $O_2 \rightarrow 2O$ 比较困难，要求加热到 2000 ℃，且要求紫外光照射。

1. H_2O_2

H_2O_2 是极性分子，即两个氢原子不在同一个平面。它是一个极好的离子性溶剂，与水互溶，这是由于 H_2O_2 与水能形成新的氢键。在实验室中，常用的是 3%～30%的过氧化氢水溶液，称为双氧水。H_2O_2 是一种弱酸：

$$H_2O_2 + H_2O \rightleftharpoons H_3O^+ + HO_2^-$$

$$NH_3(l) + H_2O_2 = NH_4OOH\downarrow(白色)$$

利用 H_2O_2 的氧化性，可漂白毛、丝织物，作火箭燃料的氧化剂等。现有三种颜料：铅白（$2PbCO_3 \cdot Pb(OH)_2$）、锌白（ZnO）、钛白（TiO_2）。铅白的优点是覆盖性好，但不稳定，若空气中含 H_2S，就会变黑：

$$PbCO_3 \cdot Pb(OH)_2 + 2H_2S \xlongequal{} 2PbS + CO_2 + 3H_2O$$

几乎所有古代艺术家的油画都以铅白为底色，可利用 H_2O_2 把 PbS 转化为 $PbSO_4$：

$$4H_2O_2 + PbS \xlongequal{} PbSO_4 + 4H_2O$$

$PbSO_4$ 的白色和 $2PbCO_3 \cdot Pb(OH)_2$ 的白色几乎没有区别。

锌白的持久性好，但覆盖性不好，钛白的稳定性非常好，兼有铅白的覆盖性和锌白的持久性，是一种高级油画颜料，也可用作白色塑料和白色皮革添加剂。30％以上的 H_2O_2 会灼伤皮肤。

在重铬酸盐的酸性溶液中，加入少许乙醚和过氧化氢溶液并摇荡，乙醚层出现蓝色的 CrO_5，即

$$2H^+ + 4H_2O_2 + Cr_2O_7^{2-} \xlongequal{} 2CrO_5 + 5H_2O$$

此法可用来鉴别铬(Ⅵ)，同时可确认是 CrO_4^{2-} 还是 $Cr_2O_7^{2-}$。

2. 臭氧

臭氧（O_3）是一种非常毒的蓝色气体，有特殊的腥臭味。少量 O_3 可以净化空气，大量 O_3 对人体有害。液态 O_3 是深蓝色的，固态 O_3 是暗紫色的，由于 O_3 的极化作用与极化率都大于 O_2，所以其熔点、沸点比 O_2 高，比 O_2 易溶于水，有颜色。

$$3O_2 \xlongequal[\text{或 } h\nu]{\text{放电}} 2O_3 \quad \text{（在高空约 25 km 处有一臭氧层）}$$

臭氧氧化能力大于 O_2，臭氧可氧化 CN^- 而解毒：

$$O_3 + CN^- \xlongequal{} OCN^- + O_2$$

$$2OCN^- + O_3 + H_2O \xlongequal{} 2CO_2 + N_2 + 2OH^-$$

故常用来治理电镀工业中的含氰废水，不会引起二次污染。

臭氧能氧化有机物，可把烯烃氧化并确定双键的位置：

$$CH_3CH_2CH{=}CH_2 \xrightarrow{O_3} CH_3CH_2CHO + HCHO$$

$$CH_3CH{=}CHCH_3 \xrightarrow{O_3} 2CH_3CHO$$

4.4.2 硫及其化合物

1. 单质硫

在自然界中存在天然的单质硫，主要在火山区，这是因为

$$2H_2S + SO_2 \xlongequal{} 3S\downarrow + 2H_2O$$

$$2H_2S + O_2 \xlongequal{} 2S\downarrow + 2H_2O$$

反应物中的 H_2S 来自地下硫化物矿床与高温水蒸气的反应。S_8 是硫单质中最稳定的形式，分子呈环状或皇冠状，它有两种形式：斜方硫呈黄色，单斜硫呈浅黄色。

2. 硫的含氧化合物

硫代硫酸盐可由沸腾温度下的亚硫酸钠溶液与 S 粉混合制备：

$$SO_3^{2-} + S \longrightarrow S_2O_3^{2-}$$

或者

$$2Na_2S + Na_2CO_3 + 4SO_2 = 3Na_2S_2O_3 + CO_2$$

硫代硫酸钠是一种还原剂,也是一种络合剂:

$$2Na_2S_2O_3 + I_2 = Na_2S_4O_6 + 2NaI$$

$$AgBr + 2Na_2S_2O_3 = Na_3[Ag(S_2O_3)_2] + NaBr$$

当 SO_3 溶于浓 H_2SO_4 时,产生多硫酸 $H_2SO_4 \cdot nSO_3$,其中,最重要的是 $H_2S_2O_7$(焦硫酸)。H_2SO_4、$H_2S_2O_7$、$H_2S_3O_{10}$、$H_2S_4O_{13}$ 的混合物称为发烟硫酸。

$$H_2SO_4 \cdot nSO_3 + nH_2O = (n+1)H_2SO_4$$

4.4.3 硒分族(Se、Te、Po)

Se 不与水、稀酸反应,Te 和 Po 可以与水、稀酸发生反应:

$$Te + 2H_2O = TeO_2 + 2H_2\uparrow$$

$$Po + 2HCl = PoCl_2 + H_2\uparrow$$

Se 与 Te 可被 HNO_3 氧化:

$$3Se + 4HNO_3 + H_2O = 3H_2SeO_3 + 4NO\uparrow$$

H_2Se 和 H_2Te 的酸性与还原性大小:

酸性:$H_2Te > H_2Se > H_2S$;

还原性:$H_2Te > H_2Se > H_2S$。

4.5 卤 素

4.5.1 氟及其化合物

氟(F)的电负性为 4.0,是电负性最大的元素。氟的化合物在人体中主要存在于牙和骨头中,在自然界中以萤石(CaF_2)、冰晶石(Na_3AlF_6)的形式存在。

F_2 的化学性质非常活泼的原因是:氟原子半径小,F_2 中孤电子对之间有较大的排斥力,加之氟原子的价轨道中不存在 d 轨道,它们之间不能形成 d-pπ 键,所以 F—F 较弱,易断裂。在氟化物中,氟与其他元素形成的化学键非常强,而且与氟原子反应的活化能相对较大,所以有 F_2 参加的反应不论在热力学还是在动力学上都是有利的。

低温电解液态 HF 制备单质 F_2,电解液中加有 KF 以传导电流。液态 HF 会发生自偶电离:

$$2HF \rightleftharpoons HF_2^- + H_2F^+$$

4.5.2 氯及其化合物

通常条件下，Cl_2是一种黄绿色气体，以 2∶1 的体积比溶解于水中。氯水冷却得到晶体，组成为$Cl_2 \cdot 6H_2O$和 $Cl_2 \cdot 8H_2O$，称为笼形(包含)物，是具有笼形的包含化合物。

AgCl、CuCl、AuCl、TlCl 和 $PbCl_2$均难溶于水，$PbCl_2$加热时溶解度增大。

ClO^-、ClO_2^-、ClO_3^-、ClO_4^- 序列的稳定性、氧化性以及相应酸的酸性有明显的变化规律：

(1) 从 ClO^-到 ClO_4^- 稳定性增加，这是由于从 Cl(Ⅰ)到 Cl(Ⅶ)，成键电子数增加以及对称性加强，而且 d-pπ 键作用加强。

(2) 从 ClO^-到 ClO_4^- 氧化性减弱。例如，与 I^- 的反应：ClO_4^- 不论在酸性或碱性溶液中，几乎不显示任何氧化活性。在碱性或中性条件下，ClO_3^- 不与 I^- 反应，只在酸性条件下 ClO_3^- 与 I^- 反应：

$$ClO_3^- + 6I^- + 6H^+ \longrightarrow Cl^- + 3I_2 + 3H_2O$$

在熔融的 NaOH 条件下，ClO_3^- 显示强氧化性：

$$KClO_3 + 3MnO_2 + 6NaOH \xlongequal{\text{熔融}} KCl + 3Na_2MnO_4 + 3H_2O$$

(3) 从 ClO^-到 ClO_4^- 酸性增强。这是由于随着酸根中氧原子数目的增加，H—O 的强度减弱。

4.5.3 溴分族(Br、I、At)

溴(Br)、碘(I)存在于海水中，砹(At)需要人工合成。离解能随 Z(原子序数)的增大而减小，这是由于原子半径随 Z 的增加而增大，核对外层电子(成键电子对)的吸引力减弱，电子云重叠小，所以离解能减小。$Br_2(l)$、$I_2(s)$、$At_2(s)$的熔点、沸点依次升高，这是由于随原子半径的增大，极化率增强，分子间作用力增加。

卤酸盐都是强氧化剂，氧化能力的顺序为 $BrO_3^- > ClO_3^- > IO_3^-$。

卤酸稳定性的顺序为 $HIO_3 > HBrO_3 > HClO_3$。

$HClO_3$仅存在于溶液中，而 HIO_3有自由态，碘酸盐也比溴酸盐、氯酸盐稳定。

例 4 氯化亚砜是一种很重要的化学试剂，可以作为氯化剂和脱水剂使用，回答以下问题：

(1) 写出它的几何构型，中心原子采用什么杂化方式?

(2) 写出亚硫酸钙与五氯化磷共热，制备氯化亚砜的方程式。

(3) 写出氯化亚砜和乙醇的反应方程式。

解析 (1) 三角锥形；sp^3杂化。

(2) $5CaSO_3 + 2PCl_5 \longrightarrow Ca_3(PO_4)_2 + 5SOCl_2 + 2CaO$。

(3) $C_2H_6O + SOCl_2 \longrightarrow C_2H_5Cl + SO_2 + HCl$。

例 5 A 是 B 的氢化物，可由 B 金属与氢气直接反应生成，制取 B 可以用 B 的一种化合物 C 熔融，C 的水溶液电解得到 B 的另一种碱性化合物 D，向 D 中通入二氧化硫得到化合物 E，E 的沸水溶液中再加硫粉可得到 F，F 可作为工业上的脱氯剂和洗照片中的定影剂。

(1) 请分别写出 A～F 的化学式。

(2) 请写出 F 作为脱氯剂的化学方程式。

(3) 请写出 F 作为定影剂的化学方程式。

解析　本题在 2016 年的北大综合营考试中出现,在 2018 年的北大博雅笔试中又出现。硫代硫酸根离子络合作用比较强,可以结合 AgBr 中的 Ag^+。

分析可得:(1) A～F 的化学式分别为 NaH、Na、NaCl、NaOH、Na_2SO_3、$Na_2S_2O_3$。

(2) $5H_2O+S_2O_3^{2-}+4Cl_2 = 2SO_4^{2-}+8Cl^-+10H^+$。

(3) $AgBr+2S_2O_3^{2-} = [Ag(S_2O_3)_2]^{3-}+Br^-$。

真题解析

1. 设空气中 O_2 体积分数为 0.25,N_2 体积分数为 0.75。在有水存在的条件下,氮的氧化物和一定量空气混合恰好完全反应,反应后气体体积减小一半。则该氮的氧化物是 (　　)

A. NO　　B. NO_2

C. NO 和 NO_2 2∶1 混合物　　D. NO 和 NO_2 1∶1 混合物

解析　通过 $4NO+3O_2+2H_2O = 4HNO_3$ 得 4 体积的 NO、3 体积的氧气(12 体积的空气)与水能恰好反应,反应后气体体积为原来的 9/16;由 $4NO_2+O_2+2H_2O = 4HNO_3$ 得 4 体积的 NO_2、1 体积的氧气(4 体积的空气)与水能恰好反应,反应后气体体积为原来的 3/8。则反应后气体体积减小一半,NO 和 NO_2 的体积比为 1∶1。所以答案为 D。

2. 不慎被磷火烧伤时,应该用下列哪种溶液浸泡过的绷带处理? (　　)

A. 硼砂　　B. 硼酸　　C. 硫酸铜　　D. 硫酸钠

解析　$11P+15CuSO_4+24H_2O = 5Cu_3P+6H_3PO_4+15H_2SO_4$,所以答案为 C。

3. 下列方程式不正确的是 (　　)

A. 汽车气囊中的反应:$3NaN_3 = Na_3N+4N_2\uparrow$

B. 除去水中的重金属汞离子:$Hg^{2+}+S^{2-} = HgS\downarrow$

C. 铁发生吸氧腐蚀:$2Fe+O_2+2H_2O = 2Fe(OH)_2$

D. 乙烯通入溴水中:$CH_2=CH_2+Br_2 \longrightarrow BrCH_2CH_2Br$

解析　A 中叠氮化钠撞击下分解产生钠单质和氮气,钠单质和氮气不会生成氮化钠;用硫离子沉淀重金属离子是常用的净水方法,B 正确;铁的吸氧腐蚀生成二价铁,属于电化学腐蚀,C 正确;D 属于基本加成反应,正确。所以答案为 A。

4. 要用蒸馏法分离两种不共沸的液体,其沸点应至少相差 (　　)

A. 10 ℃　　B. 20 ℃　　C. 30 ℃　　D. 40 ℃

解析　30 ℃是蒸馏操作能够分离两个液相的条件。所以答案为 C。

5. 用滴管移取液体到试管中,下列操作正确的是 (　　)

A. 试管倾斜,滴管靠试管壁

B. 试管倾斜,滴管在试管口上方 0.5 cm 处

C. 试管竖直,滴管伸进试管口下方 0.5 cm 处

D. 试管竖直,滴管靠试管壁

解析　基本实验操作，滴管不可伸入容器中。所以答案为 B。

6. 如果要控制反应物在 $-15\sim-10$ ℃反应，应该用下列哪种方法？　(　　)

A. 冰-水浴　B. 冰-食盐浴　C. 丙酮-干冰浴　D. 乙醇-液氨浴

解析　常用降温手段与适用温度：冰-水混合物为 $0\sim5$ ℃；冰-食盐混合物为 $-18\sim-5$ ℃；冰-六水合氯化钙的混合物为 $-40\sim-20$ ℃；干冰-乙醇的混合物为 -72 ℃；干冰-乙醚、丙酮或氯仿的混合物为 -78 ℃；液氮为 -196 ℃。所以答案为 B。

7. 减压蒸馏完毕之后，下列步骤顺序正确的是　(　　)

A. 先停真空，再移走热源，最后关闭油泵

B. 先移走热源，再停真空，最后关闭油泵

C. 先关闭油泵，再停真空，最后移走热源

D. 先移走热源，再关闭油泵，最后停真空

解析　任何实验停止时，第一步都是停止加热；油泵必须最后关闭，否则，会造成装置内瞬间减压，可能导致玻璃仪器碎裂。所以答案为 B。

8. 已知碱金属元素在化学反应中通常以 0 价和 +1 价出现，而碱土金属元素在化学反应中通常以 0 价和 +2 价出现。对角线规则指的是当一种元素的周期数、族数各增加 1 时，新的元素与原来的元素有许多相似性。请根据以上信息，回答下列问题：

(1) 已知 Na 可以还原 $NaNO_2$ 生成较稳定的氧化物和一种无色气体，请写出化学方程式。

(2) 已知一种锂锰电池的总反应为 $Li+MnO_2 \longrightarrow LiMnO_2$，请写出该电池的负极反应方程式。

(3) 已知 Li 能与 NH_3 反应生成 $LiNH_2$ 和一种无色无味的气体，请写出该反应的化学方程式。

(4) 已知 Li_3N 能水解生成两种碱性物质，请写出化学方程式。

(5) 请写出 Be_2C 水解的化学方程式。

(6) 已知 Al 和 Be 满足对角线规则，其化学性质存在一定的相似性，并且 $AlCl_3$ 能以氢桥键的形式形成双聚体，请写出该双聚体的结构式，并写出 A 元素的杂化方式。

(7) 已知某温度、压强下，CsF 的生成焓为 $\Delta_r H=-510\ kJ\cdot mol^{-1}$，$CsF_2$ 的生成焓为 $\Delta H_1=-125\ kJ\cdot mol^{-1}$，请通过计算说明在此状态下，$CsF_2$ 能否稳定存在。

解析　(1) $4Na+2NaNO_2 \longrightarrow 4NaO+N_2\uparrow$。

(2) $Li-e^- \longrightarrow Li^+$。

(3) $2Li+2NH_3 \longrightarrow 2LiNH_2+H_2$。

(4) $Li_3N+3H_2O \longrightarrow 3LiOH+NH_3\uparrow$。

(5) $BeC_2+H_2O \longrightarrow Be(OH)_2+C_2H_2\uparrow$。

(6) Al 以 sp^3 杂化的方式，形成四根正四面体展开的键。

(7) 已知：
$$2Cs(s)+F_2(g) \longrightarrow 2CsF(s),\quad \Delta_r H=-1020\ kJ\cdot mol^{-1} \quad ①$$
$$Cs(s)+F_2(g) \longrightarrow CsF_2(s),\quad \Delta_r H=-125\ kJ\cdot mol^{-1} \quad ②$$

①$-2\times$②，得
$$2CsF_2(s) \longrightarrow 2CsF(s)+F_2(g),\quad \Delta_r H=-770\ kJ\cdot mol^{-1}$$

该反应为放热反应,同时也是一个产生气体的熵增反应,根据 $\Delta G=\Delta H-T\Delta S$,该反应为熵增焓减的反应,在任何温度下都会自发进行,所以 CsF_2 不能稳定存在,很容易分解。

9. $NaBH_4$ 与 H_2O 反应生成偏硼酸钠 $NaBO_2$ 和一种无色气体的反应方程式是________________,其中氧化产物是______________。

解析　$NaBH_4$ 中氢为-1 价,和水中$+1$ 价的氢会发生归中反应生成 H_2,氧化产物和还原产物都是 H_2。因此答案为 $NaBH_4+H_2O=NaBO_2+H_2\uparrow$;$H_2$。

10. 我国载人航天飞船的发射与返回均获得成功,它标志着我国航天事业已跻身世界前列。写出它的火箭燃料和燃烧的方程式。

解析　肼(N_2H_4)是常用的火箭燃料,四氧化氮(N_2O_4)为氧化剂,发生的化学反应是

$$2N_2H_4+N_2O_4=3N_2+4H_2O$$

推动火箭飞行的强大动力源于上述反应产生的气体。

11. 美国科学院 1992 年评出一种含氮的"明星小分子",写出它的分子式,并说出它的生物功能。

解析　"明星小分子"为 NO,NO 是巨噬细胞的有效武器,可以杀死病菌和癌细胞。20 世纪 80 年代后期,科学家陆续发现 NO 在信息传递、消化、血压调节、生殖、抗菌、学习和记忆等方面的重要作用。NO 可表现出强化学活性,易与别的分子结合,在大脑细胞间传递信息,充当神经传递介质。科学家发现,NO 参与人的学习和记忆活动,是大脑功能分子之一。NO 还具有使神经松弛、血管扩张的功能。还有人发现,癌细胞能利用 NO 来控制自身生长,当其开始产生 NO 时,它们就会停止生长,也可以通过一定途径刺激癌细胞产生 NO,以保护人体,防止癌症。

12. 写出 CO 中毒的原理。

解析　CO 比 O_2 更易与血红蛋白结合,使我们身体里的所有需氧组织因缺氧而处于瘫痪状态,即缺氧窒息而死。

13. 为什么常温下 F_2、Cl_2 为气体,Br_2 为液体,I_2 为固体?

解析　从 F_2 到 I_2,分子的半径越来越大,变形性也越来越大,色散力随之增强,故分子间的作用力依次增大。所以在常态下,从 F_2 到 I_2 的物态由气体变为液体再到固体。

14. 为什么说 CO_2 是一种温室气体?

解析　CO_2 不但能吸收来自太阳的红外辐射,而且也能隔热,使太阳辐射到地球上的热量无法向外层空间发散,就像棉被一样覆盖在地球表面,形成一种无形的玻璃罩,其结果是地球表面变热起来,使地球表面的能量平衡发生变化,造成地球表面的温度上升。

15. "夏天多雨,秋天丰收",解释其科学原理。

解析　空气中的氮气和氧气在放电条件下生成一氧化氮,一氧化氮再和氧气反应,生成二氧化氮,二氧化氮和水反应生成硝酸,硝酸与土壤中矿物质作用,可形成可溶性硝酸盐,成为氮肥,被植物吸收,所以有利于庄稼生长。

方程式为

$$N_2+O_2\xlongequal{\text{放电}}2NO$$

$$2NO+O_2=2NO_2$$

$$3NO_2+H_2O=2HNO_3+NO$$

16. 写出用 Cl_2 制漂白粉的离子方程式。

解析 石灰乳中通入 Cl_2 制漂白粉：

$$Ca(OH)_2 + Cl_2 = Ca^{2+} + Cl^- + ClO^- + H_2O$$

17. 已知 NH_4A（A 为酸根）受热分解使质子转移，若 A 为氧化性酸根，则分解时发生氧化还原反应。试写出 NH_4NO_2、$(NH_4)_2Cr_2O_7$、NH_4MnO_4 分解的化学方程式。

解析 都是氧化还原反应，都有氮气放出。

$$NH_4NO_2 \xlongequal{\triangle} N_2\uparrow + 2H_2O$$

$$(NH_4)_2Cr_2O_7 \xlongequal{\triangle} N_2\uparrow + Cr_2O_3 + 4H_2O$$

$$2NH_4MnO_4 \xlongequal{\triangle} 2MnO_2 + N_2\uparrow + 4H_2O$$

18. 为什么高浓度的 NaCl 可以用来保存食物？

解析 高浓度的 NaCl 可以使食物中的水渗析出来，蛋白质发生盐析，失去活性，使食物保存下来；另外，高浓度（15%以上）的食盐溶液可以阻止细菌继续发育。

19. 湿润的淀粉 KI 试纸放在 Cl_2 中，试纸会变蓝，一段时间后又会褪色，请解释原因。

解析 先生成碘单质，然后被继续氧化，方程式为

$$2I^- + Cl_2 = 2Cl^- + I_2$$

$$5Cl_2 + I_2 + 6H_2O = 10Cl^- + 2IO_3^- + 12H^+$$

20. 向 KI 溶液中滴加 $CuSO_4$ 溶液，请写出化学方程式并说明有什么现象。如果再加入过量的 $Na_2S_2O_3$ 溶液，发现上一步中产生的沉淀全部溶解，请写出这一步的化学方程式。

解析 根据题意，第一步反应的方程式为

$$2Cu^{2+} + 4I^- = 2CuI + I_2$$

现象是溶液中出现紫黑色固体和白色固体；第二步反应的方程式为

$$I_2 + 2S_2O_3^{2-} = S_4O_6^{2-} + 2I^-$$

$$CuI + 2S_2O_3^{2-} = [Cu(S_2O_3)_2]^{3-} + I^-$$

21. 写出 Na_2SO_3 溶液和 I_2 反应的离子方程式。

解析 亚硫酸根离子水解显碱性，用 OH^- 来配平：

$$I_2 + SO_3^{2-} + 2OH^- = SO_4^{2-} + 2I^- + H_2O$$

22. 向 Na_2S、Na_2CO_3 溶液中通入 SO_2 以制备 $Na_2S_2O_3 \cdot 5H_2O$：① 通入一段时间后，生成沉淀；② 继续通入 SO_2，沉淀逐渐消失直至溶液澄清；③ 再通入 SO_2，又生成沉淀，此时，加热浓缩，冷却结晶，过滤，得到 $Na_2S_2O_3 \cdot 5H_2O$。

（1）写出各步反应的方程式。

（2）原溶液中 Na_2S、Na_2CO_3 的物质的量之比为多少时，适合生成 $Na_2S_2O_3 \cdot 5H_2O$？

解析 （1）

$$Na_2CO_3 + SO_2 = Na_2SO_3 + CO_2$$

$$2S^{2-} + 4H^+ + SO_2 = 3S\downarrow + 2H_2O$$

$$Na_2SO_3 + S = Na_2S_2O_3$$

$$Na_2S_2O_3 + 5H_2O = Na_2S_2O_3 \cdot 5H_2O\downarrow$$

（2）1 mol Na_2CO_3 产生 1 mol Na_2SO_3，1 mol Na_2SO_3 和 1 mol S 反应。1 mol S 需

2/3 mol Na_2S，所以原溶液中 Na_2S、Na_2CO_3 的物质的量之比为 3∶2 时，适合生成 $Na_2S_2O_3 \cdot 5H_2O$。

23. 14 mg 黑色固体 A 与浓氢氧化钠溶液反应，在标准状况下生成 22.4 cm^3 的气体 B，其燃烧产物 C 与 HF 反应，生成无色、有毒、有刺激性气味的气体 D，D 与氢气反应生成有臭味的 A 的氢化物 E，E 的分解可以用来提纯 A。

(1) 写出 A～E 的化学式。

(2) 写出 A 与浓氢氧化钠反应的方程式。

解析　本题为中学常规题。

(1) A～E 的化学式分别为 Si、H_2、SiO_2、SiF_4、SiH_4。

(2) $2NaOH + Si + H_2O = Na_2SiO_3 + 2H_2\uparrow$。

24. N_2H_4 的生产工序如下：

① Cl_2 与 NaOH 反应。

② 将上一步中产物 A 与过量氨水和 NaOH 反应。

(1) 分别写出第一步反应和总反应方程式。

(2) 反应②会产生一种副产物 B，能够和 N_2H_4 反应，导致产率降低，写出 B 和 N_2H_4 的反应方程式。

(3) N_2H_4 具有强还原性，能将 CuO 还原为 Cu_2O，请写出该反应的化学方程式。

解析　(1)　$Cl_2 + 2NaOH = NaClO + NaCl + H_2O$

$Cl_2 + 2NH_3 \cdot H_2O + 2NaOH = N_2H_4 + 2NaCl + 4H_2O$

(2) A 是 NaClO，是直接将氨分子氧化为肼的氧化剂，可能得到 −1 价氯离子，也可能得到 0 价的氯气，所以方程式为

$$2Cl_2 + N_2H_4 = N_2 + 4HCl$$

(3) $4CuO + N_2H_4 = 2Cu_2O + N_2 + 2H_2O$。

25. 白磷的燃点约为 40 ℃，红磷的燃点约为 270 ℃。

(1) 白磷和红磷的关系是　(　　)

A. 同素异形体　　B. 同位素　　C. 同一物质　　D. 同分异构体

(2) 写出白磷和硫酸铜溶液反应生成红色沉淀和两种酸的化学方程式。

(3) 相同质量的白磷和红磷哪个具有的能量高？

解析　(1) 白磷和红磷是单质，是同素异形体，所以选 A。

(2) 可以判断出两种酸是磷酸和硫酸，再判断出红色沉淀为 Cu_3P，其方程式为

$$11P_4 + 60CuSO_4 + 96H_2O = 20Cu_3P + 24H_3PO_4 + 60H_2SO_4$$

(3) 白磷的燃点约为 40 ℃，能量高。

26. 随着化石燃料的长期消耗，人们越来越致力于新型能源的开发，其中氢能源作为一种最为清洁的能源备受关注。氨硼烷(NH_3BH_3)具有很高的质量储氢密度，有极佳的稳定性和环境友好性，是一种非常有潜力的储氢材料。

(1) 指出氨硼烷中 N、B、H 的化合价。

(2) 氨硼烷与乙烷(C_2H_6)是等电子体，但是物理性质差异很大：前者熔点为 113 ℃，在室温下为固体；后者熔点为 −181.3 ℃，在室温下为气体。请解释这种现象。

(3) 室温下，氨硼烷可以在短时间内水解，释放 3 分子的氢气，并生成一种铵盐。请写出氨硼烷水解的化学方程式。(提示：B 与 Al 同处ⅢA 族。)

(4) 科学家于 1955 年首次用 $LiBH_4$ 和 NH_4Cl 合成出了氨硼烷，这一反应过程中会放出 1 分子氢气。请写出合成氨硼烷的化学方程式。

(5) 氨硼烷固体受热分解出氢气，生成氮化硼，写出氨硼烷受热放出氢气反应的方程式，并计算其储氢密度。(以质量百分数表示，保留 3 位有效数字。)

解析 (1) N 的化合价为 −3，B 的化合价为 +3，H 的化合价为 +1 和 −1。

(2) 氨硼烷分子中与 N 相连的 H 为正电性，与 B 原子相连的 H 为负电性，正电性氢和负电性氢间存在的静电吸引作用被称作双氢键，以"N—H⋯H—B"表示。双氢键的吸引进一步稳定整个分子，升高了熔点、沸点，使之在常温常压下为固态。而乙烷分子中不存在这种作用，只有范德华力，所以为气体。

(3) $NH_3BH_3 + 2H_2O = NH_4BO_2 + 3H_2\uparrow$。

(4) $LiBH_4 + NH_4Cl = NH_3BH_3 + LiCl + H_2\uparrow$。

(5) $NH_3BH_3 \xlongequal{\triangle} NB + 3H_2\uparrow$。

储氢密度指的是能放出的氢气占总质量的比例，故

$$3\times2/30.8\approx19.5\%$$

模拟训练

一、选择题(只有一个正确答案)

1. 高空大气中 O_2 吸收紫外线后，可变成臭氧(O_3)，O_3 可按下式分解：

$$O_3 \longrightarrow O_2 + O$$

O_3 能和汽车尾气造成的大气污染物 NO 发生反应：

$$NO + O_3 \longrightarrow NO_2 + 2O$$

$$NO_2 + O \longrightarrow NO + O_2$$

根据反应过程和最终产物分析判断，NO 是 ( )

A. 氧化剂和还原产物　　B. 还原剂和氧化产物

C. 氧化剂和催化剂　　D. 还原剂和催化剂

2. 改善大气环境是一项十分重要的工作。你认为北京上空的主要污染成分是 ( )

A. CO_2、H_2O、酸雨　　B. 稀有气体、SO_3、雾

C. SO_2、NO_x、CO、烟尘　　D. Cl_2、H_2S、CO、粉尘

3. 高压电机、复印机工作时会产生臭氧，该气体有强氧化性。则下列叙述中不正确的是 ( )

A. 臭氧和氧气是氧的同素异形体

B. 臭氧可使湿润的淀粉 KI 试纸变蓝

C. 臭氧的存在对人体有益无害

D. 臭氧是很好的消毒剂和脱色剂

4. 碲元素及其化合物不可能具有的性质是 ( )

A. 碲的化合物有−2、+4、+6 价

B. 碲能与氢气直接化合，且 H_2Te 比 H_2Se 稳定

C. 碲的氧化物有 TeO_2 和 TeO_3

D. 单质碲为银白色、导电性比硒强的固体

5. 为了除去 NO、NO_2、N_2O_4 对大气的污染，常采用氢氧化钠溶液进行吸收处理(反应方程式：$2NO_2+2NaOH = NaNO_3+NaNO_2+H_2O$，$NO_2+NO+2NaOH = 2NaNO_2+H_2O$)。现有由 a mol NO、b mol NO_2、c mol N_2O_4 组成的混合气体恰好被 V L 氢氧化钠溶液吸收(无气体剩余)，则此氢氧化钠溶液的物质的量浓度最小为　(　　)

A. $\frac{a+b+c}{V}$ mol·L^{-1}　　B. $\frac{2(a+b+c)}{3V}$ mol·L^{-1}

C. $\frac{a+b+2c}{V}$ mol·L^{-1}　　D. $\frac{b+2c}{V}$ mol·L^{-1}

二、简答题

6. 比较 F、Cl、Br、I 的电子亲和势递变的顺序，并简述理由。

7. 写出从海水中提取 Br_2 的过程及反应方程式，注明反应条件。

8. 为何要在 HI 水溶液中加入少量的铜？

9. 为什么配制碘酒时要加入适量的 KI？

三、填空题

10. 用地壳中某主要元素生产的多种产品在现代高科技中占有重要地位，足见化学对

现代物质文明的重要作用。请回答：

（1）计算机的芯片的主要成分是________。

（2）光导纤维的主要成分是________。

（3）目前应用最多的太阳能电池的光电转化材料是________。

（4）用作吸附剂、干燥剂、催化剂或催化剂载体的人造分子筛大多是某类铝的化合物________（请填入该类别名称）。

（5）有一大类化合物，结构独特，兼备无机材料和有机材料双重性能，有耐温、电绝缘性好、难燃、憎水、耐腐蚀等特性，广泛用于航空航天、电子电气、建筑、运输等行业，用于密封、黏合、润滑、涂层、表面活性、防水、防潮等，已成为现代社会不可替代的新材料。这类材料在分子结构上的特点是________和________。

11. 在烧制砖瓦时，用黏土做成的坯经过烘烧后，铁的化合物转化成________而制成红色砖瓦。若烘烧后期从窑顶向下慢慢浇水，窑内会产生大量的________气体。它们把该红色物质还原成黑色的化合物是________，同时还有未烧的碳的颗粒，而制得了青色砖瓦。

12. 据报道，2002 年某市一辆满载砒霜的大货车翻下山坡，少量砒霜散落河水中。有关部门采取紧急措施。已知砒霜的化学式为 As_2O_3，剧毒，在低温下微溶于水，溶于水后生成亚砷酸，亚砷酸为三元弱酸。请回答下列问题：

（1）有关部门在采取措施时加入一种物质。这种物质是________（写名称），写出该物质与亚砷酸在水中反应的化学方程式：________________。

（2）古时确定人是否是砒霜中毒死亡，常用马氏试砷法。其原理是在含砒霜的物质中加入 Zn 和稀 H_2SO_4，得到一种气体 A。加热 A，在试管中得到砷镜。写出上述两个化学方程式：________________、________________。

（3）砒霜与面粉、淀粉、味精及小苏打极其相似，容易误食中毒，急救方法之一是立即将中毒者移离现场，灌服氢氧化铁胶体或悬浊液（12%硫酸亚铁溶液与 20%氧化镁等量混合）并进行催吐，写出制备氢氧化铁胶体或悬浊液的反应原理（用方程式表示）：________________。经过上述催吐后再进一步用药物处理，即可得救。

13. 水中氧的含量测定步骤如下：

步骤 1：水中的氧在碱性溶液中将 Mn^{2+} 氧化为 $MnO(OH)_2$。

步骤 2：加入碘离子将生成的 $MnO(OH)_2$ 再还原成 Mn^{2+}。

步骤 3：用硫代硫酸钠标准溶液滴定步骤 2 中生成的碘。

有关的测定数据：① $Na_2S_2O_3$ 溶液的标定，取 25.00 mL KIO_3 标准溶液（KIO_3 浓度：174.8 $mg \cdot L^{-1}$）与过量 KI 在酸性介质中反应，用 $Na_2S_2O_3$ 溶液滴定，消耗 12.45 mL。② 取 20.0 ℃下新鲜水样 103.5 mL，按上述测定步骤滴定，消耗 $Na_2S_2O_3$ 标准溶液 11.80 mL。已知该温度下水的饱和 O_2 含量为 9.08 $mg \cdot L^{-1}$。③ 在 20.0 ℃下取密闭放置 5 天的水样 102.2 mL，按上述测定步骤滴定，消耗硫代硫酸钠标准溶液 6.75 mL。

（1）写出上面步骤①～③中所涉及的化学反应方程式。

（2）计算标准溶液的浓度（单位：$mol \cdot L^{-1}$）。

（3）计算新鲜水样中氧的含量（单位：$mg \cdot L^{-1}$）。

（4）计算陈放水样中氧的含量（单位：$mg \cdot L^{-1}$）。

(5) 由以上测定结果说明水样具有什么性质。

14. 有一种白色固体 A,加入油状无色液体酸 B,可得紫黑色固体 C,C 微溶于水,加入 A 后 C 的溶解度增大,成棕色溶液 D,将 D 分成两份,一份加入无色溶液 E,另一份不断加入气体 F,两份都褪色成无色透明溶液,E 溶液遇酸有淡黄沉淀,将气体 F 通入溶液 E,在所得溶液中加入 $BaCl_2$ 溶液有白色沉淀,后者难溶于 HNO_3。推断出 A～F。

第5章　化学反应速率和化学平衡

5.1　化学反应速率

5.1.1　反应速率及其表示方法

在化学反应中，某物质的浓度（物质的量浓度）随时间的变化率称为反应速率。反应速率只能为正值，且并非矢量。

若将观察的时间间隔 Δt 缩短，它的极限是 $\Delta t \to 0$，此时的速率即为某一时刻的真实速率——瞬时速率。

$$v_{瞬时}=\lim_{\Delta t \to 0}\left(\pm\frac{\Delta c}{\Delta t}\right)=\pm\frac{\mathrm{d}c}{\mathrm{d}t}$$

瞬时速率可用实验作图法求得，即将已知浓度的反应物混合，在指定温度下，每隔一定时间，连续取样分析某一物质的浓度，然后作 c-t 图。求某一时刻曲线的切线斜率，即得该时刻的瞬时速率。

5.1.2　影响化学反应速率的因素

影响化学反应速率的因素很多，除了反应物的性质是主要因素外，外界因素也对反应速率有重要作用，如浓度、温度、压强及催化剂等。

1. 浓度对反应速率的影响

(1) 基元反应和非基元反应

能代表反应机理、由反应物微粒（可以是分子、原子、离子或自由基）一步直接实现的化学反应称为基元反应或基元步骤。

由反应物微粒经过两步或两步以上才能完成的化学反应称为非基元反应。

(2) 速率方程和速率常数

在恒温下，基元反应的速率与各种反应物浓度以反应分子数为幂的乘积成正比。对于一般反应（这里指基元反应），有

$$a\mathrm{A}+b\mathrm{B}\longrightarrow g\mathrm{G}+h\mathrm{H}$$

$$v=k\cdot[\mathrm{A}]^{a}\cdot[\mathrm{B}]^{b}$$

其中，v 的表达式即为该反应的速率方程，k 为速率常数，其意义是当各反应物浓度为 $1\ mol \cdot L^{-1}$时的反应速率。

对于速率常数 k，应注意以下几点：

① 速率常数 k 取决于反应的本性。当其他条件相同时，快反应通常有较大的速率常数，k 小的反应在相同条件下反应速率较慢。

② 速率常数 k 与浓度无关。

③ k 随温度而变化，温度升高，k 值通常增大。

④ k 是有单位的量，k 的单位随反应级数的不同而异。

(3) 反应级数

对于一般的化学反应：

$$aA+bB \longrightarrow gG+hH$$

其速率方程一般可表示为

$$v=k \cdot [A]^m \cdot [B]^n$$

式中，[A]、[B]分别表示反应物 A、B 的浓度，a、b 分别表示 A、B 在反应方程式中的计量数，m、n 分别表示速率方程中[A]和[B]的指数。

在速率方程中，反应物浓度的指数 m、n 分别称为反应物 A 和 B 的反应级数，各组分反应级数的代数和称为该反应的总反应级数：

$$总反应级数=m+n$$

① 零级反应

所谓零级反应是指反应速率与反应物浓度的零次方成正比(即与反应物的浓度无关)的反应。零级反应较少，一些发生在固体表面上的反应属于零级反应。如氨在钨、铁等催化剂表面上的分解反应就是零级反应。

$$NH_3(g) \xrightarrow[催化剂]{W} \frac{1}{2}N_2(g)+\frac{3}{2}H_2(g)$$

对任何一个零级反应：

$$A(g) \longrightarrow 产物$$

$$[A]_t=[A]_0-k_0t$$

当剩余反应物的浓度为起始浓度的一半，即$[A]_t=[A]_0/2$ 时，反应的时间 $t_{1/2}$称为半衰期。所以零级反应的半衰期与反应物的初始浓度成正比：

$$t_{1/2}=\frac{1}{k_0}\left([A]_0-\frac{1}{2}[A]_0\right)=\frac{[A]_0}{2k_0}$$

② 一级反应

一级反应就是反应速率与反应物浓度的一次方成正比的反应。一级反应比较普遍，常见的一级反应有大多数的放射性衰变、一般的热分解反应及分子重排反应等。

$$\ln[B]_t=\ln[B]_0-k_1t$$

一级反应的半衰期($t_{1/2}$)：

$$\ln[B]_0-\ln([B]_0/2)=k_1 \cdot t_{1/2}$$

$$t_{1/2}=\frac{\ln 2}{k_1}\approx\frac{0.693}{k_1}$$

即一级反应的半衰期 $t_{1/2}$ 是一个常数，它与反应物的初始浓度无关。

例 1 已知过氧化氢分解成水和氧气的反应是一级反应：$2H_2O_2(l) = 2H_2O(l) + O_2(g)$，反应速率常数为 0.0410 min^{-1}。问：① 若 $[H_2O_2]_0 = 0.500\ mol \cdot dm^{-3}$，10 min 后，$[H_2O_2]_{t=10\ min}$ 是多少？② H_2O_2 分解一半所需时间是多少？

解析 ① 由 $\ln \dfrac{[H_2O_2]_{t=10\ min}}{[H_2O_2]_0} = -k_1 t$ 得

$$[H_2O_2]_{t=10\ min} = [H_2O_2]_0 e^{-k_1 t} = 0.332\ (mol \cdot dm^{-3})$$

② $t_{1/2} = \dfrac{\ln 2}{k_1} \approx \dfrac{0.693}{0.0410} \approx 16.9\ (min)$。

③ 二级反应

二级反应的半衰期：

$$\frac{1}{[A]_0/2} = \frac{1}{[A]_0} + k_2 t_{1/2}$$

$$t_{1/2} = \frac{1}{k_2 [A]_0}$$

可见，二级反应的半衰期与起始浓度的一次方成反比，即反应物起始浓度越大，$t_{1/2}$ 越小。

2. 温度对反应速率的影响

温度对反应速率的影响主要体现在对速率常数 k 的影响上。阿伦尼乌斯(Arrhenius)总结了 k 与 T 关系的经验公式：

$$k = A e^{-\frac{E_a}{RT}}$$

取自然对数，得

$$\ln k = -\frac{E_a}{RT} + \ln A$$

常用对数表示：

$$\lg k = -\frac{E_a}{2.303RT} + \lg A$$

式中，k 为速率常数，E_a 为活化能，R 为气体常数，T 为绝对温度，e 为自然对数底（$e = 2.71828\cdots$，$\lg e = 0.4343 = 1/2.303$），A 为指前因子，单位同 k。

应用阿伦尼乌斯公式讨论问题，可以认为 E_a、A 不随温度变化。由于 T 在指数上，故对 k 的影响较大。

根据阿伦尼乌斯公式，知道了反应的 E_a、A 和某温度 T_1 时的 k_1，即可求出任意温度 T_2 时的 k_2。由对数式

$$\lg k_1 = -\frac{E_a}{2.303RT_1} + \lg A \quad ①$$

$$\lg k_2 = -\frac{E_a}{2.303RT_2} + \lg A \quad ②$$

②－①得

$$\lg \frac{k_2}{k_1} = \frac{E_a}{2.303R}\left(\frac{1}{T_1} - \frac{1}{T_2}\right)$$

5.2 化 学 平 衡

5.2.1 平衡常数

已知反应

$$aA+bB \rightleftharpoons dD+eE$$

在一定温度下达到平衡时，则

$$\frac{[D]^d[E]^e}{[A]^a[B]^b}=K_c$$

即在一定温度下，可逆反应达到平衡时，产物的浓度以反应方程式中计量数为指数的幂的乘积，与反应物浓度以反应方程式中计量数为指数的幂的乘积之比是一个常数。

书写平衡常数关系式必须注意：对于气相反应，平衡常数除可用如上所述的各物质平衡浓度表示外，也可用平衡时各物质的分压表示。如：

$$aA(g)+bB(g) \rightleftharpoons dD(g)+eE(g)$$

$$K_p=\frac{(p_D)^d\ (p_E)^e}{(p_A)^a\ (p_B)^b}$$

式中，实验平衡常数用 K_p 表示，以与前述 K_c 相区别。K_p 称为压强平衡常数，K_c 称为浓度平衡常数。同一反应的 K_p 与 K_c 有固定关系。若将各气体视为理想气体，则

$$K_p=K_c(RT)^{\Delta n}$$

式中，Δn 为生成物的总物质的量减去反应物的总物质的量。

5.2.2 标准平衡常数和等温方程式

1. 标准平衡常数

等温等压下，对理想气体反应：

$$dD+eE \rightleftharpoons fF+hH$$

设 p_D、p_E、p_F、p_H 分别为 D、E、F、H 的平衡分压，则

$$K_p^{\ominus}=\frac{\left(\frac{p_F}{p^{\ominus}}\right)^f\left(\frac{p_H}{p^{\ominus}}\right)^h}{\left(\frac{p_D}{p^{\ominus}}\right)^d\left(\frac{p_E}{p^{\ominus}}\right)^e}$$

式中，$K_p^{\ominus}$ 称为理想气体的热力学平衡常数——标准平衡常数。

用热力学可以证明，气相反应达到平衡时，标准吉布斯自由能增量 $\Delta_r G_m^{\ominus}$ 与 $K_p^{\ominus}$ 应有如下关系：

$$\Delta_r G_m^{\ominus}=-RT\ln K_p^{\ominus}$$

2. 化学反应的等温方程式

$$\Delta_r G_m = \Delta_r G_m^{\ominus} + RT\ln Q_p = -RT\ln K_p^{\ominus} + RT\ln Q_p$$

式中，Q_p 称作压力商。

若 $K_p^{\ominus} > Q_p$，则 $\Delta_r G_m < 0$，反应正向自发进行；

若 $K_p^{\ominus} = Q_p$，则 $\Delta_r G_m = 0$，体系已处于平衡状态；

若 $K_p^{\ominus} < Q_p$，则 $\Delta_r G_m > 0$，反应正向不能自发进行(逆向自发进行)。

对溶液中进行的反应，有

$$\Delta_r G_m = \Delta_r G_m^{\ominus} + RT\ln Q_c = -RT\ln K_c^{\ominus} + RT\ln Q_c$$

则有

$$K_c^{\ominus} = \frac{\left(\frac{c_F}{c^{\ominus}}\right)^f \left(\frac{c_H}{c^{\ominus}}\right)^h}{\left(\frac{c_D}{c^{\ominus}}\right)^d \left(\frac{c_E}{c^{\ominus}}\right)^e}, \quad Q_c = \frac{\left(\frac{c_F'}{c^{\ominus}}\right)^f \cdot \left(\frac{c_H'}{c^{\ominus}}\right)^h}{\left(\frac{c_D'}{c^{\ominus}}\right)^d \cdot \left(\frac{c_E'}{c^{\ominus}}\right)^e}$$

其中，c 为平衡浓度，c' 为任意浓度，$K_c^{\ominus}$ 为热力学平衡常数(标准平衡常数)，Q_c 为浓度商，$c^{\ominus}$ 为标准浓度，即在标准状态下 $c = 1\ \text{mol} \cdot \text{dm}^{-3}$。

对于纯固体或纯液体与气体间的反应(复相反应)，例如：

$$CaCO_3(s) \longrightarrow CaO(s) + CO_2(g)$$

这是一个多相反应，包含两种不同的纯固体和一种纯气体。由于化学平衡条件 $\Delta_r G_m = 0$ 适用于任何化学平衡，不论是均相的还是多相的，则

$$\Delta_r G_m = -RT\ln \frac{p_{CO_2}}{p^{\ominus}}$$

又因为

$$\Delta_r G_m = -RT\ln K_c$$

所以

$$K_c = \frac{p_{CO_2}}{p^{\ominus}} = K_p, \quad K_p = p_{CO_2}$$

其中，p_{CO_2} 是平衡反应体系中 CO_2 气体的压强，即 CO_2 的平衡分压。也就是说，在一定温度下，$CaCO_3(s)$ 上面的 CO_2 的平衡压强是恒定的，这个压强又称为 $CaCO_3(s)$ 的“分解压”。

注意：纯固体的分解压并不是任何时刻都等于 K_p。例如：

$$\frac{1}{2}CaCO_3(s) \longrightarrow \frac{1}{2}CaO(s) + \frac{1}{2}CO_2(g)$$

$K_p = p_{CO_2}^{1/2}$，而分解压为 p_{CO_2}。

若分解气体产物不止一种，则分解平衡时气体产物的总压称作分解压。例如：

$$NH_4HS(s) \longrightarrow NH_3(g) + H_2S(g)$$

当纯 $NH_4HS(s)$ 分解平衡时，$p_{NH_3} + p_{H_2S}$ 称作 $NH_4HS(s)$ 的“分解压”，则

$$K_p = p_{NH_3} \cdot p_{H_2S} = \left(\frac{p}{2}\right)^2 = \frac{p^2}{4}, \quad K_p^{\ominus} = \frac{p^2}{4}(p^{\ominus})^{-2}$$

而对纯固体或纯液体与气体间的多相反应，有

$$K_c^{\ominus} = K_p^{\ominus} = K_p(p^{\ominus})^{-\Delta\nu}$$

5.2.3　外界因素对化学平衡的影响

1. 浓度对平衡的影响

对于一个已达平衡的化学反应，若增加反应物的浓度，则会使 $Q(Q_p$ 或 $Q_c)$ 的数值因其分母的增大而减小，而 $K^{\ominus}(K_p^{\ominus}$ 或 $K_c^{\ominus})$ 却不随浓度改变而发生变化，于是 $Q<K^{\ominus}$，使原平衡破坏，反应正向进行。随着反应的进行，生成物浓度增大，反应物浓度减小，Q 值增大，直到 Q 与 $K^{\ominus}$ 再次相等，反应达到新的平衡。对于改变浓度的其他情况，亦可作类似分析。结论概括如下：

① 在其他条件不变的情况下，增加反应物的浓度或减少生成物的浓度，平衡向正反应方向移动。

② 在其他条件不变的情况下，增加生成物的浓度或减少反应物的浓度，平衡向着逆反应方向移动。

2. 压强对平衡的影响

体系(总)压强的变化对没有气体参加或生成的反应影响很小。对于有气体参加且反应前、后气体物质计量数有变化的反应，压强变化对平衡有影响。例如，合成氨反应：

$$N_2(g)+3H_2(g) \rightleftharpoons 2NH_3(g)$$

在某温度下达到平衡时有

$$K_p^{\ominus}=\frac{(p_{NH_3}/p^{\ominus})^2}{(p_{N_2}/p^{\ominus})(p_{H_2}/p^{\ominus})^3}$$

如果将体系的容积减少一半，使体系的总压强增加至原来的 2 倍，这时各组分的分压分别为原来的 2 倍，则反应商为

$$Q_p=\frac{(2p_{NH_3}/p^{\ominus})^2}{(2p_{N_2}/p^{\ominus})(2p_{H_2}/p^{\ominus})^3}=\frac{1}{4}K_p^{\ominus}$$

即

$$Q_p<K_p^{\ominus}$$

原平衡被破坏，反应正向进行。随着反应进行，p_{N_2}、p_{H_2} 不断下降，p_{NH_3} 不断增大，使 Q_p 值增大，直到 Q_p 再次与 K_p 相等，反应达到新的平衡。可见，增大体系的总压强，平衡向着气体计量数减小的方向移动。

类似分析，可得如下结论：

① 在等温下，增大总压强，平衡向气体计量数减小的方向移动。

② 减小总压强，平衡向气体计量数增加的方向移动。

③ 如果反应前后气体计量数相等，则压强的变化不会使平衡发生移动。

3. 温度对平衡的影响

温度对于反应商没有影响，却可以改变平衡常数。

由

$$\Delta_r G_m^{\ominus}=-RT\ln K^{\ominus},\quad \Delta_r G_m^{\ominus}=\Delta_r H_m^{\ominus}-T\Delta_r S_m^{\ominus}$$

得

$$-RT\ln K^{\ominus}=\Delta_r H_m^{\ominus}-T\Delta_r S_m^{\ominus}$$

$$\ln K^{\ominus}=-\frac{\Delta_r H_m^{\ominus}}{RT}+\frac{\Delta_r S_m^{\ominus}}{R}$$

近似认为 $\Delta_r S_m^{\ominus}$ 和 $\Delta_r H_m^{\ominus}$ 均不受温度影响时，两式相减得

$$\ln\frac{K_2^{\ominus}}{K_1^{\ominus}}=\frac{\Delta_r H_m^{\ominus}}{R}\left(\frac{1}{T_1}-\frac{1}{T_2}\right)$$

即

$$\ln\frac{K_2^{\ominus}}{K_1^{\ominus}}=\frac{\Delta_r H_m^{\ominus}}{R}\cdot\frac{T_2-T_1}{T_1T_2}$$

此式说明了平衡常数与温度的关系，称为范特霍夫(Van't Hoff)方程式。设 T_1时，标准平衡常数为 $K_1^{\ominus}$，T_2时，标准平衡常数为 $K_2^{\ominus}$，且 $T_2>T_1$，则

$$\ln K_1^{\ominus}=-\frac{\Delta_r H_{m,1}^{\ominus}}{RT_1}+\frac{\Delta_r S_{m,1}^{\ominus}}{R}$$

$$\ln K_2^{\ominus}=-\frac{\Delta_r H_{m,2}^{\ominus}}{RT_2}+\frac{\Delta_r S_{m,2}^{\ominus}}{R}$$

当温度变化范围不大时，升温使平衡向吸热方向移动，降温使平衡向放热方向移动。

各种外界条件对化学平衡的影响均符合勒夏特列概括的一条普遍规律：如果对平衡体系施加外力，平衡将向减少此外力影响的方向移动。这就是勒夏特列原理。

例 2　N_2O_5分解反应的实验数据如表 5.1 所示。

表 5.1

时间/min	0	1	2	3	4
浓度/(mol・L^{-1})	0.160	0.113	0.080	0.056	0.040

(1) 计算 1～3 min 的平均速率。

(2) 用浓度对时间作图，求 2 min 时的瞬时速率。

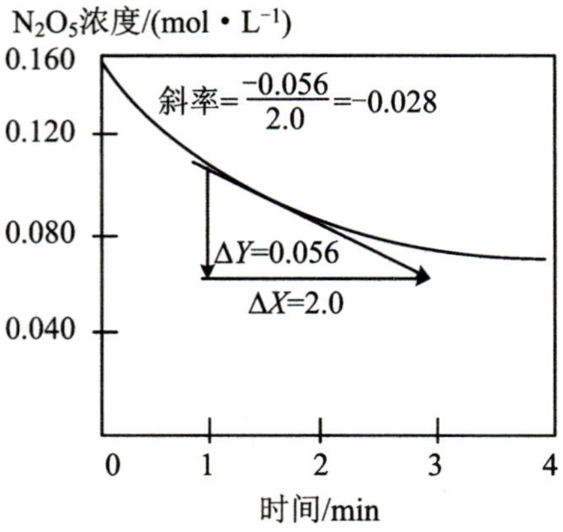

图 5.1　浓度随时间的变化关系图

解析　平均速率根据 1～3 min 的浓度的变化值即可求得。2 min 时的瞬时速率要用浓度对时间作图得 c-t 曲线，在曲线上 2 min 时的这一点作切线，其斜率的负值即为此时的瞬时速率。

(1) $$\bar{v}(N_2O_5)=\frac{-\Delta c(N_2O_5)}{\Delta t}=\frac{-(0.056-0.113)}{3-1}\approx 0.029\ (\text{mol}\cdot\text{L}^{-1}\cdot\text{min}^{-1})$$

(2) 用浓度对时间作图得 c-t 曲线，如图 5.1 所示。

反应进行 2 min 时，曲线的斜率等于-0.028。因此，这时的反应速率为

$$v(N_2O_5)=-(-0.028)=0.028\ (\text{mol}\cdot\text{L}^{-1}\cdot\text{min}^{-1})$$

例3　制备光气的反应按下式进行：

$$CO+Cl_2 \xlongequal{} COCl_2$$

实验测得的数据如表5.2所示。

表5.2

实验顺序	初浓度/($mol \cdot L^{-1}$)		初速率/($mol \cdot L^{-1} \cdot s^{-1}$)
	CO	Cl_2	
1	0.100	0.100	1.2×10^{-2}
2	0.100	0.050	4.26×10^{-3}
3	0.050	0.100	6.0×10^{-3}
4	0.050	0.050	2.13×10^{-3}

求该反应的速率常数、反应级数和速率方程。

解析　(1) 设速率方程为 $v=k\cdot[CO]^m\cdot[Cl_2]^n$。$m$、$n$ 可通过分别保持 Cl_2、CO 的浓度不变，再根据 Cl_2、CO 的对应浓度和速率而求得。求得 m、n 后代入具体数据即可得 k，速率方程的具体表达式也就确定了。

(2) 求反应级数。

反应速率方程为 $v=k\cdot[CO]^m\cdot[Cl_2]^n$。首先用实验1、2的数据，即保持CO的浓度不变，而使 Cl_2 的浓度由 0.100 $mol\cdot L^{-1}$ 变为 0.050 $mol\cdot L^{-1}$，相应的初速率由 1.2×10^{-2} $mol\cdot L^{-1}\cdot s^{-1}$ 变为 4.26×10^{-3} $mol\cdot L^{-1}\cdot s^{-1}$。根据速率方程

$$v_1=k\cdot[CO]^m\cdot[Cl_2]_1^n,\quad v_2=k\cdot[CO]^m\cdot[Cl_2]_2^n$$

得

$$\frac{v_1}{v_2}=\frac{[Cl_2]_1^n}{[Cl_2]_2^n}$$

两边取对数并移项，得

$$n=\frac{\lg\dfrac{v_1}{v_2}}{\lg\dfrac{[Cl_2]_1}{[Cl_2]_2}}$$

代入实验数据，得

$$n=\frac{\lg\dfrac{1.2\times10^{-2}}{4.26\times10^{-3}}}{\lg\dfrac{0.100}{0.050}}=\frac{0.45}{0.30}=1.5$$

同理可求出

$$m=\frac{\lg\dfrac{v_1}{v_3}}{\lg\dfrac{[CO]_1}{[CO]_3}}=\frac{\lg\dfrac{1.2\times10^{-2}}{6.0\times10^{-3}}}{\lg\dfrac{0.100}{0.050}}=1$$

故该反应对CO为1级反应，对 Cl_2 为1.5级反应，总反应级数为2.5级。

(3) 求速率常数。

$$k=\frac{v}{[CO]\cdot[Cl_2]^{3/2}}=\frac{1.2\times10^{-2}\ mol\cdot L^{-1}\cdot s^{-1}}{0.10\ mol\cdot L^{-1}\times(0.10\ mol\cdot L^{-1})^{3/2}}\approx3.8\ (L\cdot mol^{-1})^{3/2}\cdot s^{-1}$$

(4) 求速率方程。

该反应的速率方程式为 $v=k\cdot[CO]\cdot[Cl_2]^{3/2}$。

例 4 338 K 时 N_2O_5气相分解的速率常数为 0.292 min^{-1},活化能为 103.3 kJ·mol^{-1},求 353 K 时的速率常数 k_2 及半衰期 $t_{1/2}$。

解析 由阿伦尼乌斯公式 $\ln\frac{k_2}{k_1}=\frac{E_a}{R}\left(\frac{1}{T_1}-\frac{1}{T_2}\right)$,可求得 353 K 时的速率常数 k。另外,由速率常数的单位为 min^{-1},可知该反应为一级反应,代入一级反应的半衰期公式 $t_{1/2}=\frac{0.693}{k}$,可求得该温度下的半衰期。

(1) 求 353 K 时的速率常数。

由题意可知:$T_1=383$ K,$k_1=0.292\ min^{-1}$,$E_a=103.3$ kJ·mol^{-1},$T_2=353$ K。

根据公式

$$\ln\frac{k_2}{k_1}=\frac{E_a}{R}\left(\frac{1}{T_1}-\frac{1}{T_2}\right)$$

代入实验数值,得

$$\ln\frac{k_2}{0.292}=\frac{103.3\times10^3}{8.314}\times\left(\frac{1}{338}-\frac{1}{353}\right)$$

解得

$$k_2\approx1.392\ (min^{-1})$$

(2) 求 353 K 时的 $t_{1/2}$。

根据公式

$$t_{1/2}=\frac{0.693}{k}$$

代入 k_2的具体值,得

$$t_{1/2}=\frac{0.693}{1.392}\approx0.4978\ (min)$$

例 5 为了获得高纯氢气,一般需要将 H_2中含有的少量 O_2与 H_2发生反应而消除 O_2。半导体工业为了获得氧含量不大于 1×10^{-6}的高纯氢,在 298 K,101 kPa 下,让电解水制得的氢气(99.5% H_2,0.5% O_2)通过催化剂,发生 $2H_2(g)+O_2(g)=\!=\!=2H_2O(g)$的反应而消除氧。试问反应后氢气的纯度是否达到要求?(气态 H_2O 的标准摩尔生成吉布斯自由能为 −228.59 kJ·mol^{-1})

解析 由 $2H_2(g)+O_2(g)=\!=\!=2H_2O(g)$,得

$$\Delta G^{\ominus}=2\times(-228.59)=-457.18\ (kJ\cdot mol^{-1})$$

因此有

$$K_p^{\ominus}=e^{-\frac{\Delta G^{\ominus}}{RT}}=1.38\times10^{80}$$

假设每 100 mol 原料气中含 99.5 mol H_2、0.5 mol O_2,反应后达到平衡,O_2剩余 n mol,

则如表 5.3 所示。

表 5.3

物质的量/mol	H_2	O_2	H_2O
$n_{起始}$	99.5	0.5	0
$n_{完全反应}$	98.5	0	1
$n_{平衡态}$	$98.5+2n$	n	$1-2n$

$$n_{总}=99.5+n$$

$$p=p^{\ominus}$$

$$K_p^{\ominus}=\frac{x_{H_2O}^2}{x_{H_2}^2 x_{O_2}}=\frac{[(1-2n)/(99.5+n)]^2}{\left(\frac{98.5+2n}{99.5+n}\right)^2\left(\frac{n}{99.5+n}\right)}=\frac{(1-2n)^2(99.5+n)}{(98.5+2n)^2 n}$$

因为 n 值很小，所以

$$K_p^{\ominus}\approx\frac{1}{100n}=1.38\times10^{80}$$

解得 $n=7.3\times10^{-83}$，远小于 1×10^{-6}。

由此可见，氢气纯度完全达到要求，催化去氢是成功的。

真题解析

1. NO、CO 都是汽车尾气中的有害物质，直接排放易造成大气污染。为了消除污染，保护环境，科学家们正试图在汽车尾气排放管里填装特殊催化剂，使其发生反应：$2CO+2NO\xrightleftharpoons{催化剂}2CO_2+N_2$，$\Delta H<0$。则下列有关说法不正确的是　(　　)

A. 使用催化剂可以加快反应速率　　B. 改变压强对反应速率无影响

C. 增大压强可加快反应速率　　D. 升高温度反应速率加快

解析　升高温度能增大反应速率，而与该反应的热效应无关。对于有气体参加或生成的可逆反应，使用催化剂、增大压强、升高温度能加快反应速率。所以答案为 B。

2. 某密闭容器中进行如下反应：$X(g)+2Y(g)\rightleftharpoons 2Z(g)$。若要使平衡时反应物的总物质的量与生成物的物质的量相等，且用 X、Y 作反应物，则 X、Y 的初始物质的量之比的范围应满足　(　　)

A. $1<X/Y<3$　　B. $1/4<X/Y<2/3$

C. $3<X/Y<4$　　D. $1/4<X/Y<3/2$

解析　设起始反应物 X、Y 的物质的量分别为 X mol、Y mol，达到平衡时 X 反应了 a mol，则

$$X(g)\quad+\quad 2Y(g)\rightleftharpoons 2Z(g)$$

	X(g)	2Y(g)	2Z(g)
起始：	X	Y	
反应：	a	$2a$	$2a$
平衡：	$X-a$	$Y-2a$	$2a$

根据题意：

$$X-a+Y-2a=2a$$

得

$$a=(X+Y)/5$$

由 $X-a>0$ 得 $X/Y>1/4$；由 $Y-2a>0$ 得 $X/Y<3/2$。

综上所述，答案为 D。

3. 2.0 mol PCl_3 和 1.0 mol Cl_2 充入体积不变的密闭容器中，在一定条件下发生反应：

$$PCl_3(g)+Cl_2(g)\rightleftharpoons PCl_5(g)$$

达平衡时，PCl_5 为 0.40 mol。如果此时移走 1.0 mol PCl_3 和 0.50 mol Cl_2，在相同条件下再达平衡时，PCl_5 的物质的量是 (　　)

A. 0.40 mol　　B. 0.20 mol

C. 小于 0.20 mol　　D. 大于 0.20 mol，小于 0.40 mol

解析　根据等效平衡，相当于减小压强，平衡左移，故 PCl_5 的物质的量是之前平衡时的一半不到，即小于 0.20 mol，C 正确。

4. 在一个固定体积的密闭容器中，放入 3 L X(g) 和 2 L Y(g)，在一定条件下发生反应：$4X(g)+3Y(g)\rightleftharpoons 2Q(g)+nR(g)$。达到平衡后，容器内温度不变，混合气体的压强比原来增加 5%，X 的浓度减少 1/3，则该反应方程式中的 n 值是 (　　)

A. 3　　B. 4　　C. 5　　D. 6

解析　混合气体的压强比原来增加，对于反应来说，左边的系数之和一定小于右边的系数之和，所以只有 D 才符合要求。答案为 D。

5. 将固体 NH_4I 放入真空密闭容器中，加热至一定温度后恒温，发生下列反应：$NH_4I(s)=NH_3(g)+HI(g)$，$2HI(g)=H_2(g)+I_2(g)$。达到平衡后，测得总压为 5.0 kPa，其中，H_2 的分压为 0.5 kPa。则下列说法正确的是 (　　)

A. 固体 NH_4I 一定全部分解

B. 若开始放入固体 NH_4I 的量增大一倍，则平衡总压也会增大一倍

C. 平衡时 HI 的分解率为 40%

D. 平衡时 NH_3 的分压为 2.5 kPa

解析　可以计算出 $H_2(g)$ 占 10%，$I_2(g)$ 占 10%，$NH_3(g)$ 占 50%，HI(g) 占 30%，故正确答案为 CD。

6. 一定温度下，反应 $A+3B\rightleftharpoons 2C$ 的标准吉布斯自由能变($\Delta G^{\ominus}$)为 24.2 $kJ\cdot mol^{-1}$。若在一真空容器中，按化学计量比同时加入 A 和 B，则下列说法正确的是 (　　)

A. 反应向右进行　　B. A 和 B 不反应

C. 反应平衡位置靠近左边　　D. 反应平衡位置靠近右边

解析　化学反应都是可逆的，一开始生成物浓度为 0，因此反应向右进行，A 正确，B 错误。此反应 $\Delta G^{\ominus}>0$，是热力学上相对来说容易进行的反应。根据 $\Delta G=0$ 时 $K=1$，按化学计量比加入，反应进行 50% 的规律，此反应的 $K<1$，反应进度不超过 50%，因此最终平衡位置靠左。答案为 AC。

7. 在密闭容器中，于 900 ℃下加热 $CaCO_3$ 使其分解，当 $CaCO_3=CaO+CO_2$ 达平衡

时，对于该恒容平衡体系，改变如下条件，平衡向右移动的是（　　）

A. 加入少量 $CaCO_3$　　B. 加入少量 CaO

C. 恒容条件下，抽出少量 CO_2　　D. 恒容条件下，通入少量 CO_2

解析　C。

8. 在化学反应 $F_2(g)+2ClO_2(g) \longrightarrow 2FClO_2(g)$ 中，用 $F_2(g)$ 浓度变化表示的反应速率为 $0.026\ mol \cdot L^{-1} \cdot s^{-1}$，用 $ClO_2(g)$ 浓度变化表示的反应速率为（　　）

A. $0.026\ mol \cdot L^{-1} \cdot s^{-1}$　　B. $0.052\ mol \cdot L^{-1} \cdot s^{-1}$

C. $0.013\ mol \cdot L^{-1} \cdot s^{-1}$　　D. $0.078\ mol \cdot L^{-1} \cdot s^{-1}$

解析　B。

9.（北大自招）有如下反应：

A. $H_2(g)+I_2(g) \rightleftharpoons 2HI(g)$，$K=54$；

B. $2CO_2(g) \rightleftharpoons 2CO(g)+O_2(g)$，$K=3.1\times10^{-18}$；

C. $PCl_5(g) = PCl_3(g)+Cl_2(g)$，$K=97$；

D. $2O_3(g) = 3O_2(g)$，$K=5.9\times10^{33}$。

上述四个平衡体系中，主要是产物的是________，主要是原料的是________，既有产物又有原料，且它们的量相差不多的是________。

解析　D；B；C。

10.（北大自招）对于经典的合成氨反应：

$$N_2(g)+3H_2(g) = 2NH_3(g),\quad \Delta H=-91.8\ kJ \cdot mol^{-1}$$

下列说法中不正确的是（　　）

A. 在恒温恒容、物料比一定的条件下，向体系中加入惰性气体不会影响化学平衡

B. 在恒温恒压的条件下，向平衡体系中加入 N_2，产物的平衡浓度增大

C. 在恒温恒压的条件下，反应按化学计量比投料时，产物的平衡浓度最大

D. 在恒容恒压的条件下，升高反应温度对反应不利

解析　B。

11. 对于恒温恒容的三个容器 1、2、3，向 1 中充入 3 mol H_2、1 mol N_2，向 2 中充入 2 mol NH_3，向 3 中充入 4 mol NH_3。在三个容器均达到反应平衡后，用 p 表示各个容器的压强，α 表示各个容器中反应物的转化率。则下列选项正确的是（　　）

A. $p_1=p_2>p_3$　　B. $\alpha_1<\alpha_2$

C. $\alpha_1+\alpha_2<1$　　D. $\alpha_1+\alpha_3>1$

解析　中学常规题。根据平衡移动原理可得出答案为 C。

12. 对于反应 $N_2O_4(g) \rightleftharpoons 2NO_2(g)$，已知 $\Delta H>0$，则下列说法正确的是（　　）

A. 已知 T_1 温度下的反应速率比 T_2 温度下更大，则 T_1 下的平衡常数比 T_2 下的小

B. 提高温度、增大压强都有利于平衡右移

C. 恒压条件下提高温度，相比于恒容条件下提高温度，平衡移动更小

D. 恒压条件下提高温度，相比于恒容条件下提高温度，反应速率提高更小

解析　本题为高考难度题目，根据平衡移动原理可得出答案为 D。

13.（清华领军）甲醇能通过水蒸气重整（反应 1：$CH_3OH+H_2O = CO_2+3H_2$）或分解

(反应 2：$CH_3OH \longrightarrow CO+2H_2$)制备氢气，该反应可作为一种燃料电池汽车的制氢技术，图 5.2 为常压下甲醇的平衡转化率随温度的变化曲线。则下列说法正确的是　　(　　)

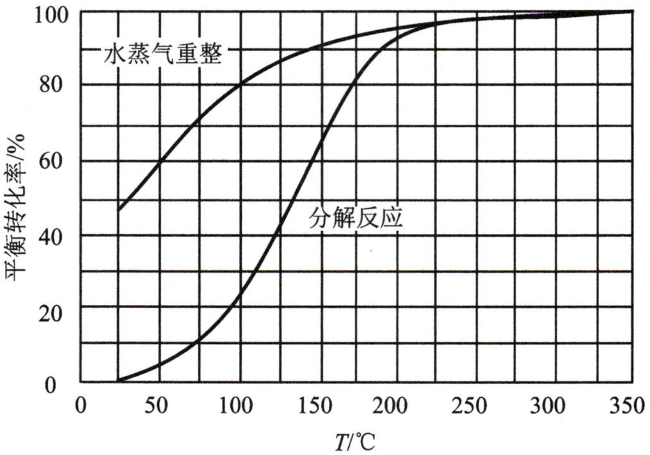

图 5.2

A. 反应 1 的 $\Delta H(1)$大于反应 2 的 $\Delta H(2)$

B. 100 ℃时反应 1 的速率大于反应 2 的

C. 降低压力，反应 2 受到的影响更大

D. 实现甲醇低温分解(<100 ℃)制氢的关键在于开发出高活性催化剂

解析　根据图像，低温下水蒸气重整更有利，高于 200 ℃时两者相同，升温更有利于分解，所以分解反应的吸热量要比重整反应的吸热量更多，故 A 正确；图像是最终平衡的结果，没有表明达到平衡的时间，B 无法判断；两者的气分子数增量(Δn)均为 2，无法判断降低压力对反应 1 有影响，C 错误；合适的催化剂有助于提高反应的选择性，D 正确。答案为 AD。

14. 在一个恒容密闭容器中发生可逆反应：$FeO(s)+CO(g) \rightleftharpoons CO_2(g)+Fe(s)$。已知初始时 CO 和 CO_2的浓度分别为 0.05 $mol \cdot L^{-1}$和 0.01 $mol \cdot L^{-1}$，在某温度下的平衡常数为 $K=0.5$，请回答以下问题：

(1) 求平衡时 CO、CO_2 的浓度。

(2) 求 CO 的转化率。

(3) 向平衡体系中加入 FeO，将会对平衡带来怎样的影响？

解析　本题为高考难度题目，计算过程不难，分析可知答案为：

(1) CO、CO_2的浓度分别为 0.04 $mol \cdot L^{-1}$和 0.02 $mol \cdot L^{-1}$。

(2) CO 的转化率为 20%。

(3) 平衡不移动。

15. 由范特霍夫方程得出“无论在什么条件下，只要是吸热反应，升温总利于反应正向进行；只要是放热反应，升温不利于反应正向进行”的结论是否正确？

解析　这是错误的，只有在特定的条件下才是正确的，如加热可能使催化剂中毒，从而影响到反应正常进行，当是放热反应时，通过提高温度也可以增大反应速率，故也是有利的。

16. 压强的变化对不同类型的气相反应平衡移动产生什么影响？若充以惰性气体又

如何?

解析　对于反应前、后气态分子数不变的反应,总压强的增大或减小对该气相反应平衡移动无影响;对于反应前、后气态分子数变化的反应,总压强增大,气相反应平衡向物质的量减小的方向移动。相反,总压强减小,气相反应平衡向物质的量增大的方向移动。充入惰性气体,虽然容器内的压强增大,但参加反应的各物质的压强之和不变,各气体的分压没有改变,平衡不移动。对于恒容体系,加入的惰性气体分得了部分体积,那么参加反应的体系压强增大,平衡向分子数减小的方向移动。

17. 温度如何影响平衡常数?

解析　不论浓度、压强还是体积变化,它们对化学平衡的影响都是通过改变 Q 而得以实现的,温度对化学平衡的影响却是通过改变平衡常数而产生的,平衡常数与温度的关系为

$$\ln(K_2^\ominus/K_1^\ominus)=\Delta_r H_m^\ominus(T_2-T_1)/(RT_1T_2)$$

对于吸热反应,$\Delta_r H_m^\ominus>0$,当 $T_2>T_1$ 时,$K_2^\ominus>K_1^\ominus$,即平衡常数随温度的升高而增大,升高温度,平衡向正反应方向移动;反之,当 $T_2<T_1$ 时,$K_2^\ominus<K_1^\ominus$,平衡向逆反应方向移动。对于放热反应,$\Delta_r H_m^\ominus<0$,当 $T_2>T_1$ 时,$K_2^\ominus<K_1^\ominus$,即平衡常数随温度的升高而减小,升高温度,平衡向逆反应方向移动;反之,当 $T_2<T_1$ 时,$K_2^\ominus>K_1^\ominus$,平衡向正反应方向移动。

18. 节日之夜的荧光棒连续发光时间在 8～12 h,如果在发光中途,把它放入冰箱的冷冻室中,发光便会停止或基本停止。把荧光棒从冷冻室中取出静止一会儿,它又会连续发光,原因是什么?

解析　低温使氧化反应变得十分缓慢,恢复常温时反应又加速进行。

19. 用黄铜矿炼铜,按反应物和生成物可将总反应写成

$$CuFeS_2+SiO_2+O_2\longrightarrow Cu+FeSiO_3+SO_2$$

事实上,冶炼反应是分步进行的:① 黄铜矿在氧气作用下生成硫化亚铜和硫化亚铁;② 硫化亚铁在氧气作用下生成氧化亚铁,并与二氧化硅反应生成矿渣;③ 硫化亚铜与氧气反应生成氧化亚铜;④ 硫化亚铜与氧化亚铜反应生成铜。

(1) 写出上述各个分步反应(①②③④)的化学方程式。

(2) 有一种叫氧化亚铁硫杆菌(*Thiobacillus ferrooxidans*)的细菌在氧气存在下可以将黄铜矿氧化成硫酸盐。反应是在酸性溶液中发生的。试写出配平的化学方程式。

解析　(1) 题目没有指出生成物中硫的形态,根据中学化学知识,可以猜想它是 SO_2。

$$2CuFeS_2+O_2=\!=\!=Cu_2S+2FeS+SO_2$$

$$2FeS+3O_2=\!=\!=2FeO+2SO_2$$

$$FeO+SiO_2=\!=\!=FeSiO_3$$

$$2Cu_2S+3O_2=\!=\!=2Cu_2O+2SO_2$$

$$Cu_2S+2Cu_2O=\!=\!=6Cu+SO_2\uparrow$$

(2) 根据给出的信息,不难首先得出这样的结论:反应得到的溶液由 $CuSO_4$ 和 $Fe_2(SO_4)_3$ 组成。因为有氧气参加反应,铜和铁均应成水溶液中的稳定高价。

$$4CuFeS_2+2H_2SO_4+17O_2=\!=\!=4CuSO_4+2Fe_2(SO_4)_3+2H_2O$$

20. 以精 $CuFeS_2$ 矿为原料在沸腾炉中和 O_2(空气)反应,生成物冷却后经溶解、除铁、结晶,得到 $CuSO_4\cdot5H_2O$,成本降低了许多。实验结果如表 5.4 所示。

表 5.4

沸腾炉温度/℃		560	580	600	620	640	660
生成物	水溶性 Cu/%	90.12	91.24	93.50	92.38	89.96	84.23
	酸溶性 Cu/%	92.00	93.60	97.08	97.82	98.16	98.19
	酸溶性 Fe/%	8.56	6.72	3.46	2.78	2.37	2.28

回答如下问题：

(1) 写出 $CuFeS_2$ 和 O_2 的主要反应方程式。

(2) 实际生产过程的沸腾炉温度为 600～620 ℃。控制反应温度的方法是什么？

(3) 说明温度高于 600～620 ℃时生成物中水溶性 Cu(%)下降的原因。

解析　表格中水溶性铜、酸溶性铜和酸溶性铁的信息表明，沸腾炉里的含铁产物肯定不是铁的硫酸盐，因为并没有说明有水溶性铁，所以可以得出结论：燃烧产物中的铁是以氧化物的形式存在的。

(1) $2CuFeS_2+7O_2\xlongequal{高温}CuSO_4+CuO+Fe_2O_3+3SO_2$。

(2) 控制加入 $CuFeS_2$ 的速度，因为 $CuFeS_2$ 与 O_2 反应放热。

(3) $CuSO_4\xlongequal{\quad}CuO+SO_3$。

模拟训练

一、选择题(只有一个正确答案)

1. 已知 HF 气体中存在下列平衡：

$$2(HF)_3\rightleftharpoons3(HF)_2,\quad (HF)_2\rightleftharpoons2HF$$

若反应达到平衡时，混合气体的平均摩尔质量为 $42\ g\cdot mol^{-1}$，则$(HF)_3$的体积分数　(　　)

A. <10%　　B. =10%　　C. >10%　　D. ≥10%

2. 对于简单反应 $aA(g)+bB(g)\rightleftharpoons cC(g)$($a$、$b$、$c$ 为系数)，有如下化学反应速率特征：

$$v_{正}=k_1[A]^a[B]^b,\quad v_{逆}=k_2[C]^c$$

其中，k_1 和 k_2 为只与温度有关的常数。如果反应混合气体体积缩小到原来的一半，则正反应速率增加到原来的　(　　)

A. a 倍　　B. b 倍　　C. 2^b倍　　D. 2^{a+b}倍

3. 浓度为 $c\ mol\cdot L^{-1}$的 NH_4Cl 稀溶液中，由于 NH_4^+ 水解，$[NH_4^+]$实际值略小于 c。已知溶液中$[NH_4^+]$、$[NH_3\cdot H_2O]$、$[OH^-]$三者间存在关系：$[NH_4^+][OH^-]=K[NH_3\cdot H_2O]$，其中，$K$ 在温度恒定时是一个常数。请用 c、$[H^+]$、K 及 K_w 表示溶液中平衡时的$[NH_4^+]$　(　　)

A. $\dfrac{K\cdot c[H^+]}{K[H^+]+K_w}$　　B. $\dfrac{K\cdot[H^+]+K_w}{K\cdot c[H^+]}$

C. $\dfrac{K\cdot c[H^+]^2}{K[H^+]+K_w}$　　D. $\dfrac{K+K_w}{K\cdot c}$

4. 在 t ℃，向体积固定的一容器中投入 2 mol SO_2 和 2 mol SO_3，发生反应：$2SO_2(g)+O_2(g) \rightleftharpoons 2SO_3(g)$。反应达平衡时，$SO_3$ 为 W mol，相同温度下，按下列配比在相同体积的容器中反应，平衡后 SO_3 的物质的量大于 W mol 的是　(　　)

A. 2 mol SO_2、1 mol O_2　　B. 4 mol SO_2、1 mol O_2

C. 2 mol SO_2、1 mol O_2、2 mol SO_3　　D. 3 mol SO_2、1 mol SO_3

5. 某化学科研小组研究在其他条件不变时，改变某一条件对反应 $A_2(g)+3B_2(g) \rightleftharpoons 2AB_3(g)$ 化学平衡状态的影响，得到如图 5.3 所示的变化规律(图中 T 表示温度，n 表示物质的量)。根据图 5.3 可得出的正确结论是　(　　)

A. 正反应一定是放热反应

B. 达到平衡时 A_2 的转化率大小为 a>b>c

C. 正反应一定是吸热反应，且 $T_2>T_1$

D. b 点时，平衡体系中 A、B 原子数之比接近 1∶3

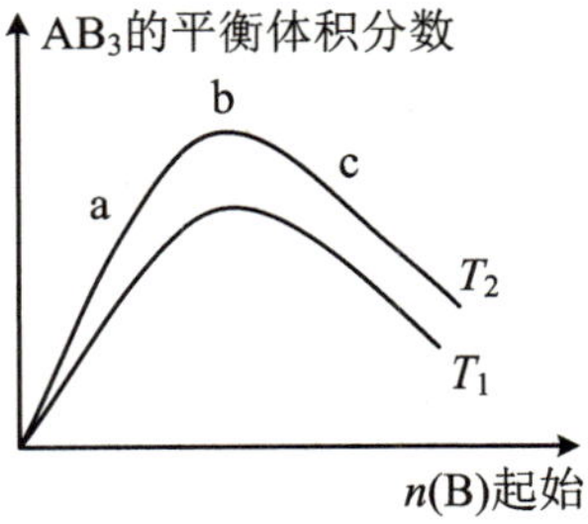

图 5.3

二、简答题

6. 如果平衡向正反应方向移动，反应物转化率一定会增大吗？

7. 讨论 ΔG 与 $\Delta G^{\ominus}$ 之间的区别、联系和应用。

8. 如何选择合理的生产条件？

9. 科学家在美国夏威夷的莫纳罗亚山顶设置了高精度气体分析器，对大气中二氧化碳的含量（二氧化碳在空气中所占的体积分数，以百万分比计）进行了连续测量，图 5.4 描述的是 1958～1994 年间的测量结果。请你根据该图分析：

(1) 莫纳罗亚山顶空气中二氧化碳的含量是怎样变化的？

(2) 可能是什么原因导致了这样的变化？

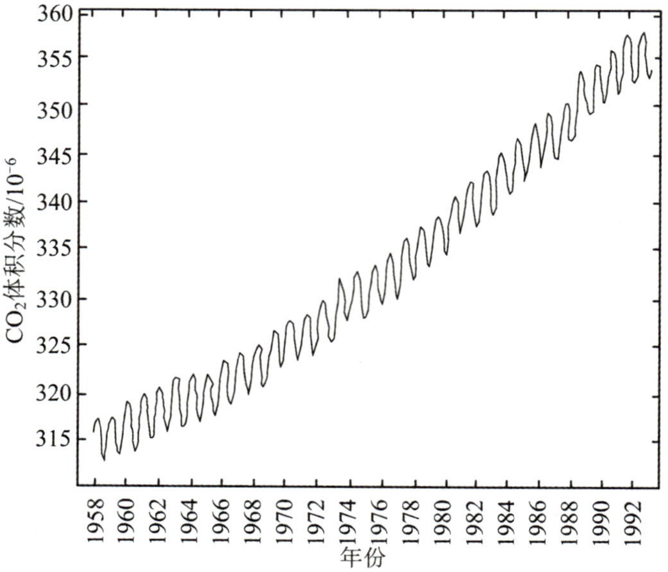

图 5.4

10. 某抗生素在人体血液中呈现简单级数的反应，若给病人在上午 8 时注射一针抗生素，然后在不同时刻 t 测定抗生素在血液中的浓度 c（以 $mg \cdot (100\ cm^3)^{-1}$ 为单位），得到表 5.5 中的数据。

表 5.5

t/h	4	8	12	16
$c/(mg \cdot (100\ cm^3)^{-1})$	0.480	0.326	0.222	0.151

(1) 确定反应级数。

(2) 求反应的速率常数 k 和半衰期 $t_{1/2}$。

(3) 若抗生素在血液中的浓度不低于 $0.37\ mg \cdot (100\ cm^3)^{-1}$ 才有效，问大约何时注射第二针？

第6章　电　化　学

6.1　电极电位(电极电势)

6.1.1　原电池

电池符号:

$$(-)Zn|ZnSO_4(c_1)||CuSO_4(c_2)|Cu(+)$$

其中,负极放在左边,正极放在右边,"|"表示相的界面,"‖"表示两种不同的溶液或两种不同浓度的同种溶液间用盐桥连接,c 表示溶液的浓度。

6.1.2　电极电势的产生

1. 电极与电解质溶液界面间电位差的形成

把任何一种金属片(M)插入水中,由于极性很大的水分子与构成晶格的金属离子相吸引而发生水合作用,结果一部分金属离子与金属中的其他金属离子之间的键力减弱,甚至可以离开金属而进入与金属表面接近的水层之中。金属因失去金属离子而带负电荷,溶液因金属离子的进入而带正电荷,这两种相反电荷彼此又相互吸引,以致大多数金属离子聚集在金属片附近的水层中,对金属离子有排斥作用,阻碍金属的继续溶解。当 $v_{溶解}=v_{沉淀}$ 时,达到一种动态平衡,这样在金属与溶液之间,由于电荷的不均等,便产生了电位差。

金属不仅浸在纯水中产生电位差,即使浸入含有该金属的离子的盐溶液中,也会发生相同的作用。由于溶液中已经存在该金属的离子,所以离子从溶液中析出,即沉积到金属上的过程加快,因而使金属在另一电势下建立平衡。如果金属离子很容易进入溶液,则金属在溶液中仍带负电荷,只是比在纯水中时所带的负电荷要少;如果金属离子不易进入溶液,溶液中已经存在的正离子起初向金属沉积的速率可能超过正离子由金属进入溶液的速率,因而可使金属带正电荷。

2. 电极电势

金属的电极电势为

$$E=E_{金属}(金属表面的电势)-E_{溶液}(溶液本身的电势)$$

3. 影响金属电势的因素

影响金属电势的因素有金属的种类、原本存在于溶液中的金属离子的浓度以及温度。

6.1.3 标准还原电势

在 25 ℃ 时，金属同该金属离子浓度为 1 mol · L^{-1}（实际上用离子活度代替浓度）的溶液接触的电势称为金属的标准还原电势。若是有气体参加的电极反应，则该气体的压强为 $p^{\ominus}$。

1. 标准氢电极

将附有一层海绵状铂黑的铂片（或镀有铂黑的铂片）置于氢离子浓度为 1 mol · L^{-1} 的硫酸溶液中，然后不断地通入压强为 1.013×10^5 Pa 的纯氢气，使铂黑吸附氢气达到饱和，形成一个氢电极。在这个电极的周围发生如下平衡：

$$H_2(p^{\ominus}) \longrightarrow 2H^+(1.0\ mol\cdot L^{-1}) + 2e^-$$

这时，产生在标准氢电极和硫酸溶液之间的电势称为氢的标准电极电势。将它作为电极电势的相对标准，令其为零：$E^{\ominus}(H^+/H_2)=0.00$ V。在任何温度下都规定标准氢电极的电极电势为零（实际上电极电势同温度有关）。实际上，很难制得上述标准溶液，它只是一种理想溶液。

2. 标准还原电位

用标准氢电极与其他各种标准状态下的电极组成原电池，测得这些电极与标准氢电极之间的电动势，从而计算各种电极的标准还原电位。

例如，锌-氢原电池中锌电极反应为 $Zn^{2+}+2e^- \longrightarrow Zn$。

$$(-)Zn\,|\,ZnSO_4(1.0\ mol\cdot L^{-1})\,||\,H^+(1.0\ mol\cdot L^{-1})\,|\,H_2(p)\,|\,Pt(+)$$

$$E^{\ominus}=E^{\ominus}(H^+/H_2)-E^{\ominus}(Zn^{2+}/Zn)=0.763\ V$$

$$E^{\ominus}(Zn^{2+}/Zn)=-0.763\ V$$

铜-氢原电池：

$$(-)Pt\,|\,H_2(p^{\ominus})\,|\,HCl(1\ mol\cdot L^{-1})\,||\,CuSO_4(1\ mol\cdot L^{-1})\,|\,Cu(+)$$

$$E^{\ominus}=E^{\ominus}(Cu^{2+}/Cu)-E^{\ominus}(H^+/H_2)=0.34\ V$$

$$E^{\ominus}(Cu^{2+}/Cu)=+0.34\ V$$

这样就可以测得一系列金属的标准还原电位。

$E^{\ominus}$ 的代数值大小表示电对中氧化型物质得电子能力（或还原型物质失电子能力）的强弱，代数值越正，氧化型物质得电子的能力越强；代数值越负，还原型物质失电子的能力越强。

3. 电池电动势（E）与电池化学反应的自由能变化（$\Delta_r G_m$）之间的关系

（1）在标准状况下，电池化学反应的自由能变化为

$$\Delta_r G_m^{\ominus} = -nFE^{\ominus}$$

（2）根据原电池的热力学平衡常数（$K^{\ominus}$），有

$$\Delta_r G_m^{\ominus} = -RT\ln K^{\ominus}$$

将 $\Delta_r G_m^{\ominus} = -nFE^{\ominus}$ 与该式联立，得

$$-nFE^{\ominus}=-RT\ln K^{\ominus}=-2.303RT\lg K^{\ominus}$$

将 $T=298.15$ K 代入，得

$$\lg K^{\ominus}=\frac{nFE^{\ominus}}{2.303RT}=\frac{nE^{\ominus}}{0.0592}$$

(3) 任何电极在非标准状态条件下的还原电位可用下式计算：

$$E=E^{\ominus}+\frac{0.059\ \text{V}}{n}\lg\frac{[\text{氧化型}]}{[\text{还原型}]}$$

这个方程就叫作能斯特方程。

6.2 电位的应用

6.2.1 判断反应进行的方向

(1) 当 E 为负值时，$\Delta_r G_m>0$，正反应非自发。

(2) 当 E 为正值时，$\Delta_r G_m<0$，正反应能自发。

例 1 试判断电池反应：$Pb^{2+}(1\ \text{mol}\cdot\text{L}^{-1})+Sn(s)\rightleftharpoons Pb(s)+Sn^{2+}(1\ \text{mol}\cdot\text{L}^{-1})$是否能按正反应方向进行。若把 Pb^{2+} 浓度减少到 0.1 $\text{mol}\cdot\text{L}^{-1}$，而 Sn^{2+} 浓度维持在 1 $\text{mol}\cdot\text{L}^{-1}$，则反应是否能按上述正反应方向进行？

解析 已知 $E^{\ominus}(Sn^{2+}/Sn)=-0.136$ V，$E^{\ominus}(Pb^{2+}/Pb)=-0.126$ V，则

$$\begin{aligned}E^{\ominus}&=E^{\ominus}_{正}-E^{\ominus}_{负}=E^{\ominus}(Pb^{2+}/Pb)-E^{\ominus}(Sn^{2+}/Sn)\\&=-0.126-(-0.136)\\&=+0.01\ (\text{V})>0\end{aligned}$$

因此，反应能向正反应方向进行。

$$E=E_{正}-E_{负}$$

$$\begin{aligned}E_{正}&=E^{\ominus}(Pb^{2+}/Pb)+\frac{0.0592}{2}\lg[Pb^{2+}]\\&=-0.126+(-0.0296)\\&\approx-0.156\ (\text{V})\end{aligned}$$

$$E^{\ominus}_{负}=E^{\ominus}(Sn^{2+}/Sn)$$

$$\begin{aligned}E&=-0.156-(-0.136)\\&=-0.02\ (\text{V})<0\end{aligned}$$

因此，在此条件下，反应不能朝正反应方向进行。

6.2.2 判断反应进行的程度

在反应平衡时，有

$$\Delta_r G_m = 0$$

由 $\Delta_r G_m = -nFE$，得

$$E = 0$$

因此，$E_{正} = E_{负}$。

6.2.3 判断反应进行的次序，选择合适的氧化剂或还原剂

例如，工业上常通过将 Cl_2 通入盐卤中，将溴离子和碘离子置换出来，以制取 Br_2 和 I_2。当 Cl_2 通入 Br^-(aq)和 I^-(aq)的混合液中时，如何知道哪一种离子先被氧化呢？

由题意知：$E^\ominus(Cl_2/Cl^-) = +1.36\ V$，$E^\ominus(Br_2/Br^-) = +1.065\ V$，$E^\ominus(I_2/I^-) = +0.536\ (V)$。

则有

$$E_1^\ominus = E^\ominus(Cl_2/Cl^-) - E^\ominus(Br_2/Br^-) = +1.36 - 1.065 = 0.295\ (V)$$

$$E_2^\ominus = E^\ominus(Cl_2/Cl^-) - E^\ominus(I_2/I^-) = +1.36 - 0.536 = +0.824\ (V)$$

由于 $E_2^\ominus > E_1^\ominus$，因此在 I^- 与 Br^- 浓度相近时，Cl_2 首先氧化 I^-。

6.3 标准还原电位图及其应用

6.3.1 标准还原电位图

把不同氧化数间的标准电极电位按照氧化数依次降低的顺序排列成图，该图称为元素的电极电势图。它是某元素各种氧化数之间标准电极电位的变化图解。例如：

$$V^{5+} \overset{+1.00\ V}{\longleftrightarrow} V^{4+} \overset{+0.31\ V}{\longleftrightarrow} V^{3+} \overset{-0.20\ V}{\longleftrightarrow} V^{2+} \overset{-0.15\ V}{\longleftrightarrow} V$$

6.3.2 元素电极电位图的应用

1. 判断某元素中间氧化数是否发生歧化反应

$$(Ox)_1 \xrightarrow{E^\ominus((Ox)_1/(Ox)_2)} (Ox)_2 \xrightarrow{E^\ominus((Ox)_2/(Ox)_3)} (Ox)_3$$

$$\xrightarrow{\qquad\qquad\qquad\qquad} \text{氧化数降低}$$

当 $E^\ominus((Ox)_1/(Ox)_2) > E^\ominus((Ox)_2/(Ox)_3)$ 时，$(Ox)_1 + (Ox)_3 \longrightarrow (Ox)_2$，发生归中反应。

当 $E^\ominus((Ox)_1/(Ox)_2) < E^\ominus((Ox)_2/(Ox)_3)$ 时，$(Ox)_2 + (Ox)_2 \longrightarrow (Ox)_1 + (Ox)_3$，发生歧化反应。

例如：$IO^- \xrightarrow{+0.43\ V} I_2 \xrightarrow{+0.54\ V} I^-$。

$+0.54 > +0.43$，即 $E^{\ominus}_{右} > E^{\ominus}_{左}$，说明 I_2 能发生歧化反应，生成 IO^- 和 I^-。

2. 从还原电位图中已知电对的电极电位，求还原电位图中未知的电极电位

假设有下列元素的标准还原电位：

$$A \xleftrightarrow[n_1]{E_1^{\ominus}} B \xleftrightarrow[n_2]{E_2^{\ominus}} C \xleftrightarrow[n_3]{E_3^{\ominus}} D$$

氧化数从小到大排列，则 $E^{\ominus}(A/D)$ 的值可求解如下：

$$\Delta_1 G_m^{\ominus} = -n_1 F E_1^{\ominus}, \quad \Delta_2 G_m^{\ominus} = -n_2 F E_2^{\ominus}, \quad \Delta_3 G_m^{\ominus} = -n_3 F E_3^{\ominus}$$

又因为

$$\Delta_r G_m^{\ominus}(A \rightarrow D) = \Delta_1 G_m^{\ominus} + \Delta_2 G_m^{\ominus} + \Delta_3 G_m^{\ominus} \quad \text{（状态函数性质）}$$

所以

$$-(n_1 + n_2 + n_3) F E^{\ominus}(A/D) = -(n_1 F E_1^{\ominus} + n_2 F E_2^{\ominus} + n_3 F E_3^{\ominus})$$

解得

$$E^{\ominus}(A/D) = \frac{n_1 E_1^{\ominus} + n_2 E_2^{\ominus} + n_3 E_3^{\ominus}}{n_1 + n_2 + n_3}$$

6.4　还原电位-pH 图及其应用

以 pH 为横坐标，还原电位 E 为纵坐标，绘出 E 随 pH 变化的关系图，这种关系图称为还原电位-pH 图（图 6.1）。

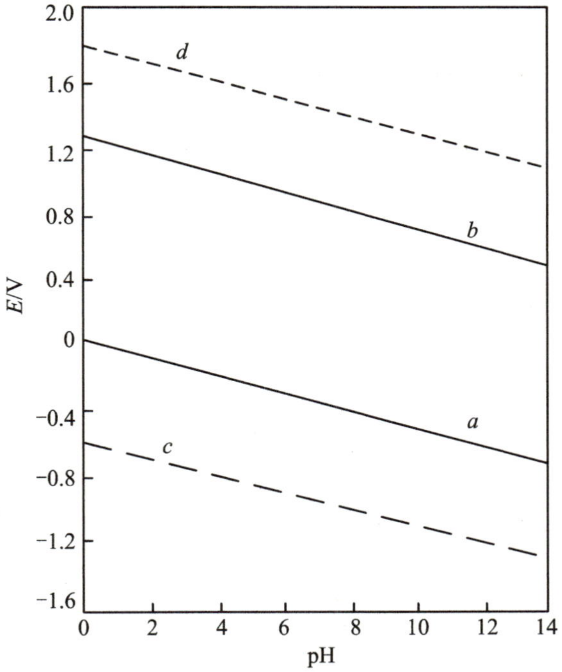

图 6.1

水本身既具有氧化性，又具有还原性，水的还原电位-pH图如图6.1所示。

在酸性介质中：$H_2O-2e^- \longrightarrow 2H^+ + \frac{1}{2}O_2$，$2H^+ + 2e^- \longrightarrow H_2$。

在碱性介质中：$2OH^- - 2e^- \longrightarrow H_2O + \frac{1}{2}O_2$，$2H_2O + 2e^- \longrightarrow H_2 + 2OH^-$。

当pH=0时，$E^\ominus(H^+/H_2) = 0.00\ V$，$E^\ominus(O_2/H_2O) = +1.23\ V$。

若 $p(H_2) = p(O_2) = p^\ominus$，则 $E(H^+/H_2) = 0.0592\lg[H^+] = -0.0592pH$。

当pH=14时，有

$$
\begin{aligned}
E^\ominus(OH^-/H_2) &= E^\ominus(H^+/H_2) + \frac{0.0592}{2}\lg[H^+]^2 \\
&= 0.00 + 0.0592\lg[H^+] \\
&= 0.0592 \times (-14) \approx -0.829\ (V)
\end{aligned}
$$

$$
\begin{aligned}
E^\ominus(O_2/OH^-) &= E^\ominus(O_2/H_2O) + \frac{0.0592}{4}\lg[H^+]^4 \\
&= +1.23 + 0.0592 \times (-14) \approx +0.401\ (V)
\end{aligned}
$$

从理论上讲，任何一种氧化剂在某pH的电极电位高于 b 线时，该氧化剂就会把水氧化，放出氧气；当任何一种还原剂在某pH的电极电位低于 a 线时，该还原剂就会把水还原，放出氢气。若电极电位在两线之间，那么水既不被氧化剂氧化，也不被还原剂还原，所以实线之内是稳定区。

对于反应

$$MnO_4^- + 8H^+ + 5e^- \longrightarrow Mn^{2+} + 4H_2O$$

$$E^\ominus(MnO_4^-/Mn^{2+})(+1.5\ V) > E^\ominus(O_2/H_2O)(+1.23\ V)$$

从理论上讲，MnO_4^- 在水中不能稳定存在，这样 $KMnO_4$ 似乎在水溶液中不能作为氧化剂而加以利用，但实际上情况并非如此。理论作用线与实际作用线不一样，实际作用线为各自从理论作用线向外伸展约0.5 V，即在图中虚线之内为水的稳定区。有了水的 E-pH图，就很容易看出某一物质在水溶液中究竟在多少pH范围内是稳定的。

例2 已知反应 $O_2 + 4H^+ + 4e^- = 2H_2O$，$E^\ominus(O_2/H_2O) = +1.229\ V$，求氧气压强降为1 kPa时的电极电势。

解析 由于 H_2O 为纯液体，浓度为常数，通常不列入，当作1，对于氧气，用气体物质的相对压强 $p/p^\ominus$ 表示，即

$$
\begin{aligned}
E(O_2/H_2O) &= E^\ominus(O_2/H_2O) + \frac{0.0592}{4}\lg\frac{[H^+]^4 \cdot \frac{p[O_2]}{p^\ominus}}{1} \\
&= +1.229 + \frac{0.0592}{4}\lg\frac{1}{100} \approx 1.199\ (V)
\end{aligned}
$$

例3 最近报道了一种新型可逆电池。该电池的负极为金属铝，正极为 $C_n[AlCl_4]$，式中 C_n 表示石墨，电解质为烃基取代咪唑阳离子(R^+)和阴离子 $[AlCl_4]^-$ 组成的离子液体。电池放电时，在负极附近形成双核配合物。充、放电过程中，离子液体中的阳离子始终不变。

(1) 写出电池放电时，正极、负极以及电池反应的方程式。

(2) 该电池所用石墨按如下方法制得：甲烷在大量氢气存在下热解，所得碳沉积在泡沫

状镍模板表面。写出甲烷热解反应的方程式。泡沫状镍的作用何在？简述理由。

(3) 写出制得石墨后除去镍的反应方程式。

(4) 该电池的电解质是将无水三氯化铝溶入烃代咪唑氯化物离子液体中制得的，写出方程式。

解析 (1) 正极：$C_n[AlCl_4]+e^- = C_n+[AlCl_4]^-$。

负极：$Al-3e^-+7[AlCl_4]^- = 4[Al_2Cl_7]^-$。

总：$Al+3C_n[AlCl_4]+4[AlCl_4]^- = 4[Al_2Cl_7]^-+3C_n$。

(2) $CH_4 = C+2H_2$；吸附 H_2。

(3) $2HCl+Ni = NiCl_2+H_2\uparrow$。

(4) $RCl+AlCl_3 = R[AlCl_4]$。

例 4 将氢气通过电弧或者进行低压放电后得到的气流通向金属表面，可产生 4273 K 的高温，科学研究中可利用此反应来焊接高熔点金属，解释可达 4273 K 高温的原因，并写出有关反应的方程式。

解析 一般的化学方法很难使温度高达 4273 K，题中告知这种温度能产生，结合题中信息，应该联想到形成氢气分子中 H—H 能提供较多的能量，就是说产生了 H 原子气流，气流中 H 原子相互结合成氢气分子，放出热量，升高了温度。

所以，4273 K 高温的气流是氢气通过电弧或者进行低压放电后得到的，氢原子在金属表面又结合生成 H_2，放出大量的热量：$2H = H_2+Q$，从而达到 4273 K 高温。

例 5 以石墨作阴极，铜作阳极，电解饱和 NaCl 溶液，电解开始约 30 s，阳极附近略显白色浑浊，然后开始出现橙黄色浑浊，进而生成较多的橙黄色沉淀。则下列说法正确的是 ( )

A. 阳极：$Cu-2e^- = Cu^{2+}$

B. 水被电解后析出白色浑浊物 NaCl

C. 橙黄色浑浊物是 CuCl

D. 橙黄色沉淀可以用氨水溶解

解析 依据电解过程中出现白色沉淀的现象，可知阳极开始发生的反应为 $Cu^++Cl^- = CuCl\downarrow$；由于阴极放出氢气，所以必然同时生成 OH^-，因而由白色沉淀变为橙黄色沉淀可猜测为 $CuCl+OH^- \longrightarrow Cl^-+CuOH\downarrow$，该沉淀在氨水中可以被络合生成 $[Cu(NH_3)_2]^+$，$[Cu(NH_3)_2]^+$ 易被空气中氧气氧化生成 $[Cu(NH_3)_4]^{2+}$，故应选 D。

真题解析

1. 电解 100 mL 含 $[H^+]=0.30\ mol\cdot L^{-1}$ 的下列溶液，当电路中通过 0.04 mol 电子时，理论上析出金属质量最大的是 ( )

A. $0.10\ mol\cdot L^{-1}\ Ag^+$

B. $0.02\ mol\cdot L^{-1}\ Zn^{2+}$

C. $0.20\ mol\cdot L^{-1}\ Cu^{2+}$

D. $0.20\ mol\cdot L^{-1}\ Pb^{2+}$

解析 根据离子的放电顺序可知，当电路中通过 0.04 mol 电子时，能析出金属的只有选项 A 和 C，根据 $Ag^++e^- \longrightarrow Ag$ 和 $Cu^{2+}+2e^- \longrightarrow Cu$ 可知，析出的金属的物质的量分别为 0.04 mol 和 0.02 mol，质量分别为 4.32 g 和 1.28 g。所以答案为 A。

2. 通以相等的电量，分别电解等浓度的硝酸银和硝酸亚汞(亚汞的化合价为+1)溶液。

若被还原的硝酸银和硝酸亚汞的物质的量之比 $n_{硝酸银}:n_{硝酸亚汞}=2:1$，则下列表述正确的是 （　　）

A. 在两个阴极上得到的银和汞的物质的量之比 $n_{Ag}:n_{Hg}=2:1$

B. 在两个阳极上得到的产物的物质的量不相等

C. 硝酸亚汞的分子式为 $HgNO_3$

D. 硝酸亚汞的分子式为 $Hg_2(NO_3)_2$

解析 通以相等的电量即是通过相同的电子数，银和亚汞都是+1 价，因此，得到的单质银和汞的物质的量也应相等；又因电解的 $n_{硝酸银}:n_{硝酸亚汞}=2:1$，硝酸银的化学式为 $AgNO_3$，故硝酸亚汞的化学式不可能为 $HgNO_3$，只能为 $Hg_2(NO_3)_2$。所以，正确选项为 D。

3. 高铁电池是一种新型可充电电池，与普通高能电池相比，该电池长时间保持稳定的放电电压。高铁电池的总反应为 $3Zn+2K_2FeO_4+8H_2O \underset{充电}{\overset{放电}{\rightleftharpoons}} 3Zn(OH)_2+2Fe(OH)_3+4KOH$，下列叙述不正确的是 （　　）

A. 放电时负极反应为 $Zn-2e^-+2OH^- \longrightarrow Zn(OH)_2$

B. 充电时阳极反应为 $Fe(OH)_3-3e^-+5OH^- \longrightarrow FeO_4^{2-}+4H_2O$

C. 放电时每转移 3 mol 电子，正极有 1 mol K_2FeO_4 被氧化

D. 放电时正极附近溶液的碱性增强

解析 本题主要考查原电池与电解池的反应原理，放电时负极发生氧化反应：$Zn-2e^-+2OH^- \longrightarrow Zn(OH)_2$，正极发生还原反应：$FeO_4^{2-}+3e^-+4H_2O \longrightarrow Fe(OH)_3+5OH^-$，电极附近溶液碱性增强，D 正确，C 不正确。在充电时阳极发生反应：$Fe(OH)_3-3e^-+5OH^- \longrightarrow FeO_4^{2-}+4H_2O$，B 正确。选 C。

4. 为什么镀锌铁板比马口铁（镀锡铁板）耐腐蚀？

解析 镀锌铁板在潮湿的环境中形成原电池，锌比铁活泼，锌作负极，被腐蚀；而镀锡铁板中，铁比锡活泼，铁作负极，被腐蚀。

5. 电解熔融 LiCl，得到 Li 和 Cl_2。将 1 $mol\cdot L^{-1}$ 的 LiCl 溶液加热蒸干，得到固体，电解熔融固体，阳极析出的并不是 Cl_2，为什么？

解析 LiCl 溶液在加热蒸干时会发生水解：$LiCl+H_2O \xlongequal{\triangle} LiOH+HCl$（气体）。所以加热蒸干生成的固体是 LiOH，电解熔融固体 LiOH，产生无色无味的气体是氧气，电解的时候：$4OH^--4e^- \xlongequal{} O_2\uparrow+2H_2O$。

6. 如何测定标准电极电势？

解析 待测电对所组成的电极与标准氢电极组成原电池，测定原电池电动势，即可求得电对的电极电势。

7. 写出两种用电解原理制金属钠的方程式。

解析 （1）电解熔融的 NaCl 制金属 Na：$2NaCl \xlongequal{电解} 2Na+Cl_2\uparrow$；（2）电解熔融的 NaOH 制金属 Na：$4NaOH \xlongequal{电解} 4Na+2H_2O+O_2\uparrow$（其中 Na 为阴极区产物，而 H_2O 和 O_2 则为阳极区产物）。

8. 写出铅蓄电池的放电反应。

解析 铅蓄电池的充、放电反应为 $Pb+PbO_2+2H_2SO_4 \underset{充电}{\overset{放电}{\rightleftharpoons}} 2PbSO_4+2H_2O$，放电时 Pb 作负极：$Pb-2e^-+SO_4^{2-} \longrightarrow PbSO_4$，在正极上：$PbO_2+2e^-+4H^++SO_4^{2-} \longrightarrow PbSO_4+2H_2O$。

9. 有一种新型的 $Li\text{-}I_2$ 电池，可用于心脏起搏器而埋入人体内，说出它的特点。

解析 该电池负极是锂，所以功率大，使用寿命长，其工作时的化学反应为 $2Li+I_2 \longrightarrow 2LiI$。电池的负极反应是 $Li-e^- \longrightarrow Li^+$，正极反应是 $I_2+2e^- \longrightarrow 2I^-$。该电池只能在无水的条件下正常工作。

10. 工业电解 $NaCl\text{-}AlCl_3$ 体系制铝工艺如下：用氧化铝或铝硅酸盐为原料，制得 $AlCl_3$，再以 $AlCl_3$ 为原料，制备 $AlCl_3$ 离子型液体（$AlCl_3\text{-}MCl$，M 为碱金属或有机阳离子），对此 $AlCl_3$ 离子型溶液进行电解。

（1）实验证明：在阳极发生的电解反应是 $[AlCl_4]^-$ 失去电子生成离子 Q，该离子中 Al 有一种环境，Cl 有两种环境，经质谱检验，其质荷比 $\frac{m}{z}=302.5$。试画出该离子 Q 的结构式并写出生成 Q 的电极反应式。

（2）生成的 Q 离子移动到阴极，并在阴极得电子生成单质 Al，试写出电极反应式。

解析 （1）阳极被氧化的元素必为氯元素，氧化后生成氯气，由于 $[AlCl_4]^-$ 的质荷比只有 168.8，所以 $[AlCl_4]^-$ 失去氯离子后生成的 Q 离子必为多聚离子，而多聚离子一定通过氯桥基连接在一起，依据 Cl 有两种环境以及质荷比，可推出 Q 离子为

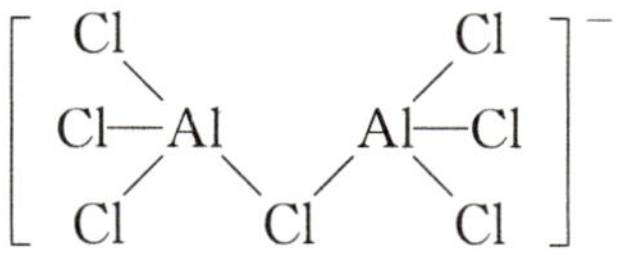

阳极反应式为

$$4[AlCl_4]^- -2e^- \longrightarrow 2[Al_2Cl_7]^- +Cl_2$$

（2）阴极反应式为

$$4[Al_2Cl_7]^- +3e^- \longrightarrow 7[AlCl_4]^- +Al$$

11. 某远洋船只的船壳浸水面积为 4500 m^2，与锌块相连，以此来保护船壳。锌块额定电流密度为 15 $mA \cdot m^{-2}$，预定保护期限 2 年，可选择的锌块有 2 种，每块的质量分别为 15.7 kg和 25.9 kg，通过每块锌块的电流强度分别为 0.92 A 和 1.2 A。计算说明：为达到上述保护船体的目的，最少各需几块锌块？用哪种锌块更合理？为什么？

解析 2 年时间共有

$$2\times365\times24\times60\times60\approx6.307\times10^7\,(s)$$

船壳的总电流为

$$0.0150\times4500=67.5\,(A)$$

体系的总电量为

$$67.5\times6.307\times10^7\approx4.257\times10^9\,(C)$$

总电子的物质的量为

$$4.257\times10^9/(9.65\times10^4)\approx4.411\times10^4\,(mol)$$

总共需要锌块的质量为

$$4.411\times10^4\times65.4/(2\times10^3)\approx1.44\times10^3\,(\text{kg})$$

则需质量为 15.7 kg 的锌块数为

$$1.44\times10^3/15.7\approx91.7$$

即需要取 92 块。

电流强度为 92×0.92=85(A),大于 67.5A,则电流强度可以达到要求。

需质量为 25.9 kg 的锌块数为

$$1.44\times10^3/25.9\approx55.6$$

则需要取 56 块。

电流强度为 56×1.2=67.2 (A),小于 67.5 A,电流强度达不到要求,应当加 1 块,则

$$57\times1.2=68.4\,(\text{A})$$

这样电流强度可以达到要求。

根据计算,较重的锌块的电流强度较小,更为合理,可以保证使用 2 年。而较轻的锌块因电流强度太大,造成较快损耗,使用不到 2 年。

12. 电解水:$2H_2O \xlongequal{\text{通电}} 2H_2\uparrow + O_2\uparrow$ 时,在阳极得氧气,阴极得氢气,从理论上讲,阴、阳极生成气体的体积比为 2∶1。现在将某条件下电解(1)NaOH、(2)H_2SO_4溶液的实验结果列于表 6.2 中。

表 6.2

	时间/min	1	2	3	4	5	6	7	8	9	10
1	阴极生成气体体积/mL	6	12	20	29	39	49	55	65	75	85
	阳极生成气体体积/mL	2	4	7	11	16	21	26	31	36	41
2	阴极生成气体体积/mL	6	12	19	26	34	42	50	58	66	74
	阳极生成气体体积/mL	1	2	4	7	10	13	16	19	22	25

相对于阴、阳极生成气体体积比为 2∶1 的理论值,(1)、(2)实验的偏差既相似又不同,请你根据表 6.2 中数据具体分析并解释其原因。

解析 表 6.2 中所列出的是每分钟所得气体的总体积,为了便于分析,转化为每个时间段(1 min)产生气体的体积。电解 NaOH 溶液时(设 $x=V_{H_2}/V_{O_2}$),0~1 min 和 1~2 min 两个时间段,$x=3$;2~3 min,$x=2.7$;3~4 min,$x=2.25$;后续各个时间段内,$x=2$。综合以上分析结果,前 4 个时间段内 x 值逐渐减小,后 6 个时间段内 x 值都等于理论值 2。从中可得出:电解反应产生的 H_2和 O_2的体积比 $x=2$,电解开始的几分钟内 $x>2$ 与电解反应无关。考虑到气体在水溶液中的溶解性,可得出以下结论:开始电解生成的 H_2 和 O_2 要溶解于电解液中,因为 O_2 的溶解度大于 H_2,所以开始几分钟内 O_2 的体积显得少些,几分钟后,气体在水中达到饱和状态,此后生成的气体体积比保持 2∶1。

电解硫酸溶液时,0~1 min 和 1~2 min 两个时间段,$x=6$;2~3 min,$x=3.5$;3~4 min,$x=2.3$;后续各个时间段,$x=2.7$。综合以上分析结果(3~4 min 较特殊,可忽略),前几个时间段内 x 值逐渐减小,后几个时间段内 x 值都等于一个定值(这一点与电解氢氧化钠溶液不同)。所以在电解 H_2SO_4 溶液过程中,特别注意,产生的 H_2与 O_2的体积比偏离理论值除

了与气体的溶解度有关外，必定与电解反应有关，所以可得出以下结论：除气体的溶解外，必定还发生了副反应，可能生成 O_3、$H_2S_2O_8$ 等。

模拟训练

一、选择题(只有一个正确答案)

1. 电池虽小，污染却大，废电池应该进行集中处理，主要原因是 ( )

A. 回收其中的石墨电极

B. 回收利用电池外壳的金属材料

C. 不使电池中渗漏的电解液腐蚀其他物质

D. 防止电池中的汞、镉和铅等重金属离子对土壤和水源的污染

2. 液态锂离子电池是指 Li^+ 嵌入化合物为正、负电极的二次电池。正极采用锂化合物 $LiCoO_2$，负极采用碳电极，充电后生成锂-碳层间化合物 Li_xC_6($0<x\leqslant1$)，电解质为溶解有 $LiPF_6$、$LiAsF_6$ 等锂盐的有机溶液。则下列有关说法不正确的是 ( )

A. 将 $LiCoO_2$ 改写为氧化物的形式为 $Li_2O \cdot Co_2O_3$

B. 该电池的电解液必须使用有机溶剂主要是由于有机溶剂有良好的导电性

C. Li 是 3 号元素，是最轻的金属之一，这类电池质能比高

D. 在电池放电时，Li^+ 在两个电极之间往返嵌入和脱嵌。该电池的充放电反应方程式为 $LiCoO_2 + 6C \underset{放电}{\overset{充电}{\rightleftharpoons}} Li_{1-x}CoO_2 + Li_xC_6$

3. 用惰性电极电解一定浓度的硫酸铜溶液，通电一段时间后，向所得的溶液中加入 0.1 mol $Cu(OH)_2$ 后恰好恢复到电解前的浓度和 pH。则电解过程中转移的电子数为 ( )

A. 0.1 mol　　B. 0.2 mol　　C. 0.3 mol　　D. 0.4 mol

4. 用惰性电极电解 $M(NO_3)_x$ 的水溶液，当阴极上增重 a g 时，在阳极上同时产生 b L 氧气(标准状况)，从而可知 M 的原子量为 ( )

A. $22.4ax/b$　　B. $11.2ax/b$　　C. $5.6ax/b$　　D. $2.5ax/b$

5. 科学家研究的锌电池可能取代目前使用广泛的铅蓄电池，它具有容量大的优点，其电池反应为 $2Zn + O_2 \longrightarrow 2ZnO$，其原料为锌、电解液和空气。则下列叙述正确的是 ( )

A. 锌为正极，空气进入负极反应　　B. 负极反应为 $Zn - 2e^- \longrightarrow Zn^{2+}$

C. 正极发生氧化反应　　D. 电解液肯定是强酸

6. 用惰性电极电解硫酸铜和盐酸的混合溶液，则阴、阳两极产生的气体成分及体积比不可能是 ( )

A. 阳极为纯净气体，阴、阳两极产生的气体体积比$\leqslant 1:1$

B. 阳极为纯净气体，阴、阳两极产生的气体体积比$\geqslant 1:1$

C. 阳极为混合气体，阴、阳两极产生的气体体积比$\leqslant 1:1$

D. 阳极为混合气体，阴、阳两极产生的气体体积比$\geqslant 1:1$

二、简答题

7. 标准电极电势是什么?

8. 金属的电化学保护有几种方法?

9. 固体电解质有什么特点?

三、综合题

10. 燃料电池:一个电极通入空气,另一个电极通入汽油蒸气,电池的电解质是掺杂了 Y_2O_3 的 ZrO_2 晶体,它在高温下能传导 O^{2-},以丁烷代表汽油。

(1) 写出这个电池放电时发生的电极化学反应及总的化学方程式。

(2) 回答下列问题:① 你认为人们追求在燃料电池中氧化汽油而不在内燃机里燃烧汽油产生动力的主要原因是什么? ② 你认为在 ZrO_2 晶体里掺杂 Y_2O_3,用 Y^{3+} 代替晶体里部分的 Zr^{4+} 对提高固体电解质的导电能力会起什么作用? 其可能的原因是什么?

第 7 章　电解质溶液

7.1　酸碱质子理论

7.1.1　酸碱的定义

酸碱质子理论认为：凡能给出质子(H^+)的物质都是酸；凡能接受质子的物质都是碱。如 HCl、NH_4^+、HSO_4^-、$H_2PO_4^-$ 等都是酸，因为它们都能给出质子；CN^-、NH_3、HSO_4^-、SO_4^{2-} 都是碱，因为它们都能接受质子。

酸碱质子理论中的酸碱不限于电中性的分子，也可以是带电的阴阳离子。若某物质既能给出质子，又能接受质子，就既是酸又是碱，可称为酸碱两性物质，如 HCO_3^- 等，通常称为酸式酸根离子。

7.1.2　酸碱的共轭关系

质子酸、碱不是孤立的，它们通过质子相互联系，质子酸释放质子转化为它的共轭碱，质子碱得到质子转化为它的共轭酸。这种关系称为酸碱共轭关系。可用通式表示为

$$\text{酸} \rightleftharpoons \text{碱} + \text{质子}$$

此式中的酸、碱称为共轭酸碱对。例如，NH_3 是 NH_4^+ 的共轭碱；反之，NH_4^+ 是 NH_3 的共轭酸。又如，对于酸碱两性物质，HCO_3^- 的共轭酸是 H_2CO_3，HCO_3^- 的共轭碱是 CO_3^{2-}。换言之，H_2CO_3 和 HCO_3^- 是一对共轭酸碱对，HCO_3^- 和 CO_3^{2-} 是另一对共轭酸碱对。

7.1.3　酸和碱的反应

酸碱反应是两对共轭酸碱对之间传递质子的反应，通式为

$$\text{酸}_1 + \text{碱}_2 \rightleftharpoons \text{碱}_1 + \text{酸}_2$$

例如：

$$HCl + NH_3 \rightleftharpoons Cl^- + NH_4^+, \quad H_2O + NH_3 \rightleftharpoons OH^- + NH_4^+$$

$$HAc + H_2O \rightleftharpoons Ac^- + H_3O^+, \quad H_2S + H_2O \rightleftharpoons HS^- + H_3O^+$$

这就是说，单独一对共轭酸碱对是不能发生酸碱反应的，因而我们也可以把通式

$$酸 \rightleftharpoons 碱 + H^+$$

称为酸碱半反应。酸碱质子反应是两对共轭酸碱对交换质子的反应。在酸碱质子理论中，根本没有盐的内涵。

7.2 弱电解质的电离平衡

7.2.1 弱酸和弱碱的电离平衡

1. 一元弱酸和弱碱的电离平衡

将醋酸的分子式简写成 HAc，用 Ac^- 代表醋酸根，则醋酸的电离平衡可以表示成

$$HAc \rightleftharpoons H^+ + Ac^-$$

用 K_a 表示酸式电离的电离平衡常数。对于醋酸有

$$K_a = \frac{[H^+][Ac^-]}{[HAc^-]}, \quad K_a = 1.8 \times 10^{-5}$$

氨水($NH_3 \cdot H_2O$)是典型的弱碱，用 K_b 表示碱式电离的电离平衡常数，则有

$$NH_3 \cdot H_2O \rightleftharpoons NH_4^+ + OH^-, \quad K_b = \frac{[NH_4^+][OH^-]}{[NH_3 \cdot H_2O]} = 1.8 \times 10^{-5}$$

2. 多元弱酸的电离平衡

多元弱酸的电离是分步进行的，对应每一步电离，各有其电离常数。以 H_2S 为例。

第一步：

$$H_2S \rightleftharpoons H^+ + HS^-, \quad K_1 = \frac{[H^+][HS^-]}{[H_2S]} = 1.3 \times 10^{-7}$$

第二步：

$$HS^- \rightleftharpoons H^+ + S^{2-}, \quad K_2 = \frac{[H^+][S^{2-}]}{[HS^-]} = 7.1 \times 10^{-15}$$

显然，$K_1 \gg K_2$。说明多元弱酸的电离以第一步电离为主。

将第一步和第二步的两个方程式相加，得

$$H_2S \rightleftharpoons 2H^+ + S^{2-}, \quad K = \frac{[H^+]^2[S^{2-}]}{[H_2S]} = K_1 \cdot K_2 = 9.2 \times 10^{-22}$$

平衡常数表示处于平衡状态的几种物质的浓度关系，确切地说是活度的关系。但是在我们的计算中，近似地认为活度系数 $f=1$，即用浓度代替活度。K_a、K_b 的大小可以表示弱酸和弱碱的离解程度，K 的值越大，弱酸和弱碱的电离程度越大。

7.2.2 缓冲溶液

1. 同离子效应

$HAc \rightleftharpoons H^+ + Ac^-$ 达到平衡时，向溶液中加入固体 NaAc(强电解质完全电离：NaAc

$\text{——}Na^+ + Ac^-$)，由于 Ac^- 的引入，破坏了已建立的弱电解质的电离平衡：

$$HAc \rightleftharpoons H^+ + Ac^-$$

Ac^- 增多，平衡左移，使 HAc 的电离度减小。

在弱电解质的溶液中，加入具有与其相同离子的强电解质，从而使电离平衡左移，降低弱电解质的电离度，这种现象称为同离子效应。

2. 缓冲溶液

能够抵抗外来少量酸、碱的影响和较多水的稀释的影响，保持体系 pH 变化不大的溶液称为缓冲溶液。如向 1 L 0.10 mol · L^{-1} HCN 和 0.10 mol · L^{-1} NaCN 的混合溶液(pH=9.40)中，加入 0.010 mol HCl 时，pH 变为 9.31；加入 0.010 mol NaOH 时，pH 变为 9.49；用水稀释，体积扩大 10 倍时，pH 基本不变。可以认为 0.10 mol · L^{-1} HCN 和 0.10 mol · L^{-1} NaCN 的混合溶液是一种缓冲溶液，可以维持体系的 pH 为 9.40 左右。

缓冲溶液之所以具有缓冲作用，是因为溶液中含有一定量的抗酸成分和抗碱成分。当外加少量酸(或碱)时，它与抗酸(或抗碱)成分作用，使比值 $c_{弱酸}/c_{弱酸盐}$(或 $c_{弱碱}/c_{弱碱盐}$)基本不变，从而使溶液 pH 基本不变。适量水稀释时，由于弱酸与弱酸盐(或弱碱与弱碱盐)以同等倍数被稀释，其浓度比值亦不变。

缓冲溶液一般是由弱酸及其盐(如 HAc 与 NaAc)或弱碱及其盐(如 NH_3 与 NH_4^+ 盐)，以及多元弱酸及其次级酸式盐或酸式盐及其次级盐(如 H_2CO_3 与 $NaHCO_3$，$NaHCO_3$ 与 Na_2CO_3)组成的。这类缓冲溶液的 pH 计算可概括为如下两种形式：

(1) 弱酸及其盐

$$[H^+]=K_a \cdot \frac{c_{酸}}{c_{盐}},\quad pH=pK_a+\lg\frac{c_{酸}}{c_{盐}}$$

(2) 弱碱及其盐

$$[OH^-]=K_b \cdot \frac{c_{碱}}{c_{盐}},\quad pOH=pK_b+\lg\frac{c_{盐}}{c_{碱}}$$

缓冲溶液中的弱酸及其盐(或弱碱及其盐)称为缓冲对。缓冲对的浓度愈大，它抵制外加酸、碱影响的能力愈强，通常称缓冲容量愈大。缓冲对的浓度比也是影响缓冲容量的重要因素，浓度比为 1 时，缓冲容量最大。一般浓度比在 10 到 0.1 之间，因此缓冲溶液的 pH(或 pOH)在 $pK_a \pm 1$(或 $pK_b \pm 1$) 范围内。配制缓冲溶液时，首先选择缓冲对的 pK_a(或 pK_b)最靠近欲达到的溶液 pH(或 pOH)，然后调整缓冲对的浓度比，以得到所需的 pH。上述计算未考虑离子间相互作用的影响，因此最后还应以 pH 计测定的值为准。

7.2.3　酸碱指示剂

1. 指示剂的变色原理

能通过颜色变化指示溶液的酸碱性的物质，如石蕊、酚酞、甲基橙等，称为酸碱指示剂。酸碱指示剂一般是弱的有机酸。现以甲基橙为例，说明指示剂的变色原理。甲基橙的电离平衡表示如下：

$$HIn \rightleftharpoons In^- + H^+,\quad K_a=4\times10^{-4}$$

分子态 HIn 显红色，而酸根离子 In^- 显黄色。当体系中 H^+ 的浓度增大时，平衡左移，以分子态形式居多，显红色；当体系中 OH^- 的浓度增大时，平衡右移，以离子态形式居多，显黄色。究竟 pH 为多大时指示剂的颜色会发生变化，这与弱酸 HIn 的电离平衡常数 K_a 的大小有关。

2. 变色点和变色范围

仍以甲基橙为例：

$$HIn \rightleftharpoons In^- + H^+, \quad K_a = 4\times10^{-4}$$

当$[In^-]=[HIn]$时，$[H^+]=K_a=4\times10^{-4}$，$pH=pK_a=3.4$，显橙色，介于红色和黄色之间。当 $pH<3.4$，HIn 占优势时，红色成分大；当 $pH>3.4$，In^- 占优势时，黄色成分大。

故 $pH=pK_a$ 称为指示剂的理论变色点。甲基橙的理论变色点为 pH=3.4，酚酞的理论变色点为 pH=9.1。距离理论变色点很近时，显色并不明显，因为一种物质的优势还不够大。当$[HIn]=10[In^-]$时，显红色；当$[In^-]=10[HIn]$时，显黄色。

这时有关系式 $pH=pK_a\pm1$，这是指示剂的变色范围。各种颜色互相掩盖的能力并不相同。红色易显色，对甲基橙，当$[HIn]=2[In^-]$时，即可显红色；而当$[In^-]=10[HIn]$时，才显黄色。故甲基橙的实际变色范围为 pH=3.1～4.4，酚酞为 pH=8.0～10.0。选用指示剂时，可以从手册中查找其变色点和实际变色范围。

7.3 盐类的水解

盐电离出来的离子与 H_2O 电离出的 H^+ 或 OH^- 结合成弱电解质的过程，称为盐类的水解。

7.3.1 弱酸强碱盐

以 NaAc 为例讨论。NaAc 是强电解质，在溶液中完全电离，产生 Na^+ 和 Ac^-：

$$NaAc = Na^+ + Ac^-$$

Ac^- 会与 H_2O 电离出的 H^+ 结合为弱电解质 HAc，使水的电离平衡向右移动：

$$H_2O \rightleftharpoons H^+ + OH^-, \quad K_w$$

$$Ac^- + H^+ \rightleftharpoons HAc, \quad 1/K_a$$

总反应为

$$Ac^- + H_2O \rightleftharpoons HAc + OH^-, \quad K_h = K_w/K_a$$

其中，K_h 是水解平衡常数。K_h 一般都很小（如 Ac^- 的 $K_h=1.0\times10^{-14}/(1.8\times10^{-5})=5.6\times10^{-10}$），故计算中常采用近似法处理。即当 $cK_h\geqslant20K_w$，$c/K_h>500$ 时，$[OH^-]=\sqrt{K_h\cdot c}$（$c=c_{盐}$）。

盐类水解程度常用水解度 h 表示：

$$h=\frac{[OH^-]}{c}=\sqrt{\frac{K_h}{c}}$$

7.3.2　强酸弱碱盐

以 NH_4Cl 为例讨论。NH_4Cl 在溶液中完全电离：

$$NH_4Cl = NH_4^+ + Cl^-$$

产生的 NH_4^+ 在溶液中发生水解反应：

$$H_2O \rightleftharpoons H^+ + OH^-,\quad K_w \qquad ①$$

$$NH_4^+ + OH^- \rightleftharpoons NH_3 \cdot H_2O,\quad 1/K_b \qquad ②$$

①+②得

$$NH_4^+ + H_2O \rightleftharpoons NH_3 + H_3O^+,\quad K_h = K_w/K_b$$

$$[H^+] = \sqrt{K_h \cdot c}$$

$$h=\frac{[H^+]}{c}=\sqrt{\frac{K_h}{c}}$$

7.3.3　弱酸弱碱盐

以 NH_4Ac 为例讨论。NH_4Ac 在溶液中完全电离：

$$NH_4Ac = NH_4^+ + Ac^-$$

NH_4^+ 与 Ac^- 在溶液中发生水解反应：

$$H_2O \rightleftharpoons H^+ + OH^-,\quad K_w \qquad ①$$

$$NH_4^+ + OH^- \rightleftharpoons NH_3 \cdot H_2O,\quad 1/K_b \qquad ②$$

$$Ac^- + H^+ \rightleftharpoons HAc,\quad 1/K_a \qquad ③$$

①+②+③得

$$NH_4^+ + Ac^- + H_2O \rightleftharpoons NH_3 \cdot H_2O + HAc,\quad K_h = K_w/(K_aK_b)$$

此类水解称为双水解，它的水解常数比相应的单水解常数大得多（如 NH_4Ac 的 $1/K_h = 1.0\times10^{-14}/(1.8\times10^{-5}\times1.8\times10^{-5})\approx3.1\times10^{-5}$），水解后溶液呈现的酸碱性不能从水解反应看出，必须推导求出溶液$[H^+]$的算式。

7.3.4　多元弱酸强碱盐

多元弱酸有正盐、酸式盐之分。正盐以 Na_2CO_3 为例，酸式盐以 $NaHCO_3$ 为例讨论。Na_2CO_3 的水解是分步进行的，每步各有相应的水解常数：

$$Na_2CO_3 = 2Na^+ + CO_3^{2-}$$

$$CO_3^{2-} + H_2O \rightleftharpoons HCO_3^- + OH^-,\quad K_{h1} = K_w/K_{a2} \qquad ①$$

$$HCO_3^- + H_2O \rightleftharpoons H_2CO_3 + OH^-,\quad K_{h2} = K_w/K_{a1} \qquad ②$$

由于 $K_{a2} \ll K_{a1}$，所以 $K_{h1} \gg K_{h2}$。多元弱酸盐水解以第一步水解为主，计算溶液 pH 时，只考虑第一步水解即可。$cK_{h1} \gg 20K_w$，$c/K_{h1} > 500$，故$[OH^-] = \sqrt{K_{h1}c}$。

在 $NaHCO_3$ 溶液中，HCO_3^- 有两种变化：

$$HCO_3^- \rightleftharpoons H^+ + CO_3^{2-}, \quad K_{a2}$$

$$HCO_3^- + H_2O \rightleftharpoons H_2CO_3 + OH^-, \quad K_{h2} = K_w/K_{a1}$$

$K_{h2} = 1.0 \times 10^{-14}/(4.3 \times 10^{-7}) \approx 2.3 \times 10^{-8} \gg K_{a2} = 5.6 \times 10^{-11}$，故$[OH^-] > [H^+]$，溶液显碱性。

溶液中还有水的电离平衡：

$$H_2O \rightleftharpoons H^+ + OH^-$$

根据电荷平衡，有

$$[Na^+] + [H^+] = [HCO_3^-] + [OH^-] + 2[CO_3^{2-}]$$

$[Na^+]$应等于 $NaHCO_3$ 的原始浓度 c，有

$$c + [H^+] = [HCO_3^-] + [OH^-] + 2[CO_3^{2-}] \quad ①$$

根据物料平衡，有

$$c = [H_2CO_3] + [HCO_3^-] + [CO_3^{2-}] \quad ②$$

将②式代入①式，有

$$[H^+] = [CO_3^{2-}] + [OH^-] - [H_2CO_3] \quad ③$$

③式右边各项以$[H^+]$、$[HCO_3^-]$及相应电离常数表示，则有

$$[CO_3^{2-}] = K_{a2}[HCO_3^-]/[H^+]$$

$$[OH^-] = K_w/[H^+]$$

$$[H_2CO_3] = [H^+][HCO_3^-]/K_{a1}$$

代入③式后，得

$$[H^+] = \frac{K_{a2}[HCO_3^-]}{[H^+]} + \frac{K_w}{[H^+]} - \frac{[H^+][HCO_3^-]}{K_{a1}}$$

整理后，得

$$[H^+] = \sqrt{\frac{K_{a1}(K_{a2}[HCO_3^-] + K_w)}{K_{a1} + [HCO_3^-]}}$$

由于 K_{a2}、K_{h2}都很小，HCO_3^- 发生电离和水解的部分都很少，故$[HCO_3^-] \approx c$，代入上式有

$$[H^+] = \sqrt{\frac{K_{a1}(K_{a2} \cdot c + K_w)}{K_{a1} + c}}$$

通常 $K_{a2}c \gg K_w$，$c \gg K_{a1}$，则上式变为

$$[H^+] = \sqrt{K_{a1}K_{a2}}$$

上式是计算多元酸的酸式盐溶液$[H^+]$的近似公式。此式在 c 不是很小($c/K_{a1} > 10$)且水的离解可以忽略的情况下应用。

7.4　沉淀溶解平衡

7.4.1　溶度积规则

沉淀在溶液中达到沉淀溶解平衡状态时，各离子浓度保持不变，其离子浓度幂的乘积为一个常数，这个常数称为溶度积常数，用 K_{sp} 表示。

比较 K_{sp} 和 Q 的大小，可以判断反应进行的方向。例如：

$$AgCl(s) \rightleftharpoons Ag^+(aq) + Cl^-(aq)$$

某时刻有 $Q=[Ag^+][Cl^-]$，这里的反应商也是乘积形式，故 Q 在这里又称为离子积。当 $Q>K_{sp}$ 时，平衡左移，生成沉淀；当 $Q=K_{sp}$ 时，保持平衡状态，溶液饱和；当 $Q<K_{sp}$ 时，平衡右移，沉淀溶解。

上述结论有时称为溶度积规则，据此可以判断沉淀的生成与溶解。

7.4.2　沉淀溶解平衡的移动

1. 沉淀的生成

根据溶度积规则，当 $Q>K_{sp}$ 时，将有沉淀生成。但是在配制溶液和进行化学反应过程中，有时 $Q>K_{sp}$，却没有观察到沉淀物生成。其原因有以下三个方面：

(1) 盐效应的影响

事实证明，在 AgCl 饱和溶液中加入 KNO_3 溶液，会使 AgCl 的溶解度增大，且加入的 KNO_3 溶液浓度越大，AgCl 的溶解度增大的越多。这种因加入易溶强电解质而使难溶电解质溶解度增大的现象称为盐效应。盐效应可用平衡移动观点定性解释：

$$AgCl(s) \rightleftharpoons Ag^+(aq) + Cl^-(aq)$$

KNO_3 溶液加入后，并不起任何化学反应，但溶液中增加了 K^+ 和 NO_3^-，它们与溶液中的 Ag^+ 和 Cl^- 有相互“牵制”作用，使 Ag^+ 和 Cl^- 的自由运动受到阻碍，于是它们回到固体表面的速率减小了，即沉淀速率<溶解速率，平衡向右移动，AgCl 的溶解度增大。

注意，当加入含共同离子的强电解质时，也有盐效应。只是盐效应对溶解度影响较小，一般不改变溶解度的数量级，而同离子效应却可以使溶解度变化几个数量级，因此在一般计算中，特别是较稀溶液中，不必考虑盐效应。

(2) 过饱和现象

虽然 $[Ag^+][Cl^-]$ 略大于 K_{sp}，但是由于体系内无结晶中心，即晶核的存在，沉淀亦不能生成，而是形成过饱和溶液，故观察不到沉淀物。若向过饱和溶液中加入晶种（非常微小的晶体，甚至是灰尘微粒），或用玻璃棒摩擦容器壁，立刻析晶甚至引起暴沸现象。

(3) 沉淀的量

前两种情况中，并没有生成沉淀。实际上即使有沉淀生成，若其量过小，也可能观察不到。对于正常的视力，当沉淀的量达到 10^{-5} g·mL^{-1}时，可以看出溶液浑浊。

2. 沉淀的溶解

根据溶度积规则，使沉淀溶解的必要条件是 $Q<K_{sp}$，因此创造条件使溶液中有关离子的浓度降低，就能达到此目的。降低溶液中离子的浓度有如下几种途径：

(1) 使相关离子生成弱电解质

要使 ZnS 溶解，可以加 HCl，这是我们熟知的。H^+ 和 ZnS 中溶解下来的 S^{2-} 相结合，形成弱电解质 HS^- 和 H_2S，于是 ZnS 继续溶解。所以只要 HCl 的量能满足需要，ZnS 就能不断溶解。

下面讨论 0.01 mol 的 ZnS 溶于 1.0 L 盐酸中，所需盐酸的最低浓度。

查表知

$$K_{sp,ZnS}=2.0\times10^{-24},\quad K_{a1}=1.3\times10^{-7},\quad K_{a2}=7\times10^{-15}$$

溶液中存在下述平衡：

$$ZnS(s)\rightleftharpoons Zn^{2+}+S^{2-},\quad K_{sp}$$

$$H^++S^{2-}\rightleftharpoons HS^-,\quad 1/K_{a2}$$

$$H^++HS^-\rightleftharpoons H_2S,\quad 1/K_{a1}$$

总反应：

$$ZnS(s)+2H^+\rightleftharpoons Zn^{2+}+H_2S$$

平衡浓度/(mol·L^{-1})　　x　　0.010　　0.010

$$\frac{K_{sp}}{K_{a1}K_{a2}}=\frac{0.010^2}{x^2}$$

代入数据得

$$\frac{2.0\times10^{-24}}{1.3\times10^{-7}\times7\times10^{-15}}=\frac{0.010^2}{x^2}$$

解得

$$x\approx0.21$$

即平衡时的维持酸度最低应为 0.21 mol·L^{-1}。考虑到使 ZnS 全部溶解，尚需消耗$[H^+]=$ 0.020 mol·L^{-1}，因此所需 HCl 的最低浓度为

$$0.21+0.020=0.23\ (mol\cdot L^{-1})$$

上述解题过程中假定溶解 ZnS 产生的 S^{2-} 全部转变成 H_2S。实际上应是

$$[H_2S]+[HS^-]+[S^{2-}]=0.010\ (mol\cdot L^{-1})$$

大家可以自行验算，当维持酸度$[H^+]=0.21$ mol·L^{-1}时，$[HS^-]$、$[S^{2-}]$与$[H_2S]$相比，可以忽略不计，$[H_2S]\approx0.010$ mol·L^{-1}的近似处理是完全合理的。

同理，可以求出 0.01 mol 的 CuS 溶于 1.0 L 盐酸中，所需盐酸的最低浓度约是 1.0×10^9 mol·L^{-1}。这种浓度过大，根本不可能存在。反应

$$CuS+2H^+=\!=\!=Cu^{2+}+H_2S$$

的平衡常数为

$$K=\frac{K_{sp}}{K_{a1}K_{a2}}=\frac{8.5\times10^{-45}}{1.3\times10^{-7}\times7.1\times10^{-15}}\approx9.2\times10^{-24}$$

平衡常数过小。结论是 CuS 不能溶于盐酸。

(2) 使相关离子被氧化

使相关离子生成弱电解质，即用盐酸作为溶剂的方法，不能使 CuS 溶解。反应的平衡常数过小。实验事实表明，CuS 在 HNO_3 中可以溶解，原因是 S^{2-} 被氧化，使得反应 $CuS(s) \rightleftharpoons Cu^{2+}(aq)+S^{2-}(aq)$ 的平衡右移，CuS 溶解。反应的方程式为

$$3CuS+2HNO_3+6H^+ \xlongequal{} 3Cu^{2+}+2NO+3S+4H_2O$$

该反应的平衡常数较大。

(3) 使相关离子被络合

AgCl 沉淀可以溶于氨水，原因是 Ag^+ 被 NH_3 络合生成 $[Ag(NH_3)_2]^+$，使反应 $AgCl(s) \rightleftharpoons Ag^+(aq)+Cl^-(aq)$ 的平衡右移，AgCl 溶解。反应的方程式为

$$AgCl+2NH_3 \xlongequal{} [Ag(NH_3)_2]^+ + Cl^-$$

这类反应将在配合物一节中学习和讨论。

3. 分步沉淀

若一种沉淀剂可使溶液中多种离子产生沉淀，则可以控制条件，使这些离子先后分别沉淀，这种现象称为分步沉淀。

4. 沉淀的转化

由一种沉淀转化为另一种沉淀称为沉淀的转化。如向 $BaCO_3$ 沉淀中加入 Na_2CrO_4 溶液，将会发现白色的 $BaCO_3$ 沉淀逐渐转化成黄色的 $BaCrO_4$ 沉淀。为什么会产生这种现象呢？

可根据溶度积规则分析。当加入少量 CrO_4^{2-} 时，$[Ba^{2+}][CrO_4^{2-}]<K_{sp}$，这时不生成 $BaCrO_4$ 沉淀。继续加入 CrO_4^{2-}，必将有一时刻刚好达到 $Q=K_{sp}$，即 $[Ba^{2+}][CrO_4^{2-}]=K_{sp}$。这时，体系中同时存在两种平衡：

$$BaCO_3 \rightleftharpoons Ba^{2+}+CO_3^{2-},\quad K_{sp}=[Ba^{2+}][CO_3^{2-}]=2.58\times10^{-9} \qquad ①$$

$$BaCrO_4 \rightleftharpoons Ba^{2+}+CrO_4^{2-},\quad K_{sp}=[Ba^{2+}][CrO_4^{2-}]=1.6\times10^{-10} \qquad ②$$

①－②得

$$BaCO_3(s)+CrO_4^{2-} \rightleftharpoons BaCrO_4(s)+CO_3^{2-} \qquad ③$$

方程式③所表示的就是白色的 $BaCO_3$ 转化成黄色的 $BaCrO_4$ 的反应。其平衡常数为

$$K_3=\frac{[CO_3^{2-}]}{[CrO_4^{2-}]}=\frac{K_{sp,BaCO_3}}{K_{sp,BaCrO_4}}=\frac{2.58\times10^{-9}}{1.6\times10^{-10}}\approx16$$

再如分析化学中常将难溶的强酸盐(如 $BaSO_4$)转化为难溶的弱酸盐(如 $BaCO_3$)，然后再用酸溶解使正离子(Ba^{2+})进入溶液。$BaSO_4$ 沉淀转化为 $BaCO_3$ 沉淀的反应为

$$BaSO_4(s)+CO_3^{2-} \xlongequal{} BaCO_3(s)+SO_4^{2-}$$

$$K=\frac{[SO_4^{2-}]}{[CO_3^{2-}]}=\frac{K_{sp,BaSO_4}}{K_{sp,BaCO_3}}=\frac{1.07\times10^{-10}}{2.58\times10^{-9}}\approx\frac{1}{24}$$

虽然平衡常数小，转化不彻底，但只要 $[CO_3^{2-}]$ 比 $[SO_4^{2-}]$ 大 24 倍以上，经多次转化，即能将 $BaSO_4$ 转化为 $BaCO_3$。

溶解度大的沉淀转化成溶解度小的沉淀，反应的平衡常数大；溶解度小的沉淀转化成溶解度大的沉淀，反应的平衡常数小。

例 1 将含 13.90 g $FeSO_4 \cdot 7H_2O$ 和 1.58 g $KMnO_4$ 的混合物用适量蒸馏水溶解，并加入适量硫酸酸化，再稀释成 1 L 溶液。如果要使此溶液中的 Fe^{3+} 全部沉淀，而 Mn^{2+} 不沉淀，溶液的 pH 应控制在什么范围？（说明：(1) 溶液中离子浓度小于 10^{-6} mol·L^{-1}时认为沉淀完全；(2) 假定试剂不影响原溶液的体积；(3) $K_{sp,Fe(OH)_3}=1.1\times10^{-36}$，$K_{sp,Mn(OH)_2}=4.0\times10^{-14}$，$FeSO_4 \cdot 7H_2O$ 的式量为 278，$KMnO_4$ 的式量为 158。）

解析 由题意可知

$$n(FeSO_4 \cdot 7H_2O)=0.05\ \text{mol},\quad n(KMnO_4)=0.01\ \text{mol}$$

$$5Fe^{2+}+MnO_4^-+8H^+ = 5Fe^{3+}+Mn^{2+}+4H_2O$$

生成的 Fe^{3+} 和 Mn^{2+} 的物质的量浓度分别为 $[Fe^{3+}]=0.05$ mol·L^{-1}，$[Mn^{2+}]=0.01$ mol·L^{-1}，要使 Fe^{3+} 沉淀完全，必须 $[Fe^{3+}]\leqslant10^{-6}$ mol·L^{-1}。

根据 K_{sp} 得 $c(OH^-)\geqslant1.0\times10^{-10}$，所以 pH>4.0；欲使 Mn^{2+} 不沉淀，根据 K_{sp} 得 $[OH^-]\leqslant2.0\times10^{-7}$，即 pH≤7+lg 2，所以 pH<7.3。故所求的 pH 范围为 4.0<pH<7.3。

例 2 人体血浆中正常的 pH 为 7.35～7.42，如果 pH 高于 7.50 或低于 7.20，则分别表现出代谢性碱中毒或酸中毒。为纠正酸碱失调，临床上一般给患者补给化学药物（既可口服又可静脉注射）来纠正。试分别指出补给的药物名称及纠正的过程。

解析 纠正酸中毒，补给 $NaHCO_3$，过程如下：

$$HCO_3^-+H^+ \longrightarrow H_2CO_3$$

$$H_2CO_3 \longrightarrow CO_2\uparrow+H_2O \quad (CO_2\ \text{呼出体外})$$

纠正碱中毒，补给 NH_4Cl，反应过程如下：

$$2NH_4Cl+CO_2 \longrightarrow (NH_2)_2CO+2HCl+H_2O$$

产物在肝脏作用下转化，最后排出体外。

例 3 人体的血液 pH 在 7.4 左右，这一 pH 最适合细胞代谢及整个机体的生存。人体进行新陈代谢所产生的酸或碱进入血液并不能显著改变血液 pH，因为人体的血液是缓冲溶液，在血液中存在许多缓冲对，主要有 H_2CO_3-$NaHCO_3$、NaH_2PO_4-Na_2HPO_4、血浆蛋白-血浆蛋白盐、血红蛋白-血红蛋白盐等。其中，H_2CO_3-$NaHCO_3$ 缓冲对起主要缓冲作用。若 H_2CO_3 的 $K_{a1}=4.30\times10^{-7}$，则血液中 $[HCO_3^-]/[H_2CO_3]$ 应维持在多少？

解析 由题意可知 pH=7.4，则 $[H^+]=10^{-7.4}=4.0\times10^{-8}$(mol·$L^{-1}$)。

因为

$$K_{a1}=[H^+][HCO_3^-]/[H_2CO_3]=4.30\times10^{-7}$$

所以

$$[HCO_3^-]/[H_2CO_3]=4.30\times10^{-7}/(4.0\times10^{-8})=10.75$$

例 4 25 ℃时，草酸的电离平衡常数 K_1 与 K_2 分别是 5.0×10^{-2} 和 5.4×10^{-5}，向 5 mL 浓度为 0.01 mol·L^{-1}的草酸氢钾溶液中滴加体积为 V mL 的同浓度的氢氧化钠溶液，则下列说法正确的是 （ ）

A. 当 $V<5$ 时，可能有 $[Na^+]=[HC_2O_4^-]+2[C_2O_4^{2-}]$

B. 当 $V=5$ 时，有 $[Na^+]>[H^+]>[C_2O_4^{2-}]>[HC_2O_4^-]$

C. 当 $V>5$ 时，有 $[Na^+]=[H_2C_2O_4]+[HC_2O_4^-]+[C_2O_4^{2-}]$

D. 以上选项都不正确

解析　本题是高中难度的题目，容易得出答案 D。

例 5　铁的存在是血红蛋白具有载氧功能的主要原因，血红蛋白（Hb）的每个亚基由一条肽链和一个血红素分子构成，肽链在生理条件下会盘绕折叠成球形，把血红素分子包在里面。血红素的结构是：它的中心是 Fe^{2+}，除了卟啉环的 4 个氮原子外，在 Fe^{2+} 的轴向上还有另一血红蛋白分子中组氨酸的氮原子和一分子 H_2O 与之配位。在肺部血液中血红蛋白分子摄取氧气分子，氧分子取代水分子与 Fe^{2+} 配位。结合了氧气的血红蛋白（HbO_2）到身体需氧部位后释放氧气，重新与水分子结合，起到输送氧气的作用。请从化学的角度，简述一氧化碳使血红蛋白失活的机理，并解释一氧化碳中毒的病人需要在高压氧舱治疗的原因。

解析　CO 也会与血红蛋白结合，从而形成 HbCO，而且 CO 与 Hb 的结合能力比 O_2 更强，可以认为这个反应（$CO+HbO_2 \rightleftharpoons HbCO+O_2$）的平衡常数特别大，所以很容易向正方向进行，导致血红蛋白与 CO 结合，从而失去运载氧气的能力。对于 CO 中毒的患者，在高压氧舱中可以通过增加 O_2 的气压（浓度），使得上述平衡向逆方向移动，让血红蛋白重新结合氧气分子，恢复载氧能力。

例 6　氟磷灰石是自然界存在的一种磷灰石矿物，也是目前生产磷单质的主要原料。将磷灰石与二氧化硅、焦炭共热，即可得到磷单质（P_4），请完成这一反应的方程式：

$$\underline{\qquad}Ca_3(PO_4)_2+\underline{\qquad}C+\underline{\qquad}SiO_2 = \underline{\qquad}+\underline{\qquad}+\underline{\qquad}P_4$$

解析　$2Ca_3(PO_4)_2+5C+6SiO_2 = 6CaSiO_3+5CO_2+P_4$。

例 7　将氮气和氧气的混合气体共 5 mol 通入 0.5 L 的 $Cu(NH_3)_2Cl$ 与 $NH_3\cdot H_2O$ 的混合溶液中，溶液从基本无色逐渐变成深蓝色。假设所有的铜和氧气都恰好发生了转化且溶液体积不变，最后溶液中铜的物质的量浓度为 2 mol·L^{-1}，请写出离子方程式并计算混合气体中氧气的摩尔分数。

解析　$[Cu(NH_3)_2]^+$ 是无色的，$[Cu(NH_3)_4]^{2+}$ 是深蓝色的，所以得出氧气在碱性条件下将 +1 价亚铜离子氧化为 +2 价铜离子，反应方程式为

$$4[Cu(NH_3)_2]^+ +O_2+8NH_3\cdot H_2O = 4[Cu(NH_3)_4]^{2+}+4OH^-+6H_2O$$

铜的物质的量为 $2\times0.5=1$ (mol)，根据反应方程式，氧气共有 $1\times0.25=0.25$ (mol)，占所有气体的 $0.25\div5=5\%$。

真题解析

1. 以 KCl、$NaNO_3$、H_2O 为原料制取 KNO_3，合理的操作步骤为　（　　）

A. 称量、溶解、蒸发、冷却、过滤、干燥

B. 称量、溶解、萃取、分液、蒸馏、干燥

C. 称量、溶解、蒸发、过滤、冷却、过滤、干燥

D. 称量、溶解、蒸发、冷却、萃取、分液、干燥

解析　根据溶解度不同提纯，选 C。

2. 已知 H_2CO_3 的二级电离常数为 K_2，a mol·L^{-1} $NaHCO_3$ 溶液（pH=8.3）中 CO_3^{2-}

的浓度为　（　　）

A. $10^{-8.3}aK_2$ mol · L^{-1}　　B. $10^{8.3}aK_2$ mol · L^{-1}

C. $10^{-8.3}a/K_2$ mol · L^{-1}　　D. $10^{8.3}a/K_2$ mol · L^{-1}

解析　因为 $K_2=[H^+][CO_3^{2-}]/[HCO_3^-]$，所以 $[CO_3^{2-}]=K_2[HCO_3^-]/[H^+]=10^{8.3}aK_2$ mol · L^{-1}，故选 B。

3. 证明某溶液中 CO_3^{2-}、HCO_3^- 大量共存，可采用的试剂及操作为　（　　）

A. $CaCl_2$，沉淀、过滤、加热　　B. $Ca(OH)_2$，沉淀、过滤、加热

C. HCl，浓硫酸干燥、碱石灰干燥　　D. NaOH，滴定

解析　首先加入 $CaCl_2$ 和 CO_3^{2-} 生成 $CaCO_3$ 沉淀，$CaCl_2$ 与 HCO_3^- 反应无现象，生成的 $Ca(HCO_3)_2$ 受热分解产成气体，所以 A 正确。

4. 10 ℃时 KNO_3 的溶解度为 20 g/(100 g H_2O)，80 ℃时为 169 g/(100 g H_2O)。80 ℃的 KNO_3 饱和溶液 104 g，蒸发掉 20 g 水并冷却到 10 ℃，则析出的 KNO_3 晶体质量为　（　　）

A. 56 g　　B. 61.6 g　　C. 88 g　　D. 100 g

解析　可分为两步：104 g 饱和溶液先从 80 ℃冷却到 10 ℃，析出的 KNO_3 晶体质量为

$$(169-20)\times104/(169+100)\approx57.6\ (g)$$

其次，10 ℃的饱和溶液蒸发 20 g 水，析出的 KNO_3 晶体质量为 4 g，共析出

$$57.6+4=61.6\ (g)$$

所以 B 正确。

5. 设化学式量：NaOH＝40.0，$Al(OH)_3$＝78.0，$Mg(OH)_2$＝58.0。含0.100 mol Al^{3+} 和 0.100 mol Mg^{2+} 的酸性溶液中加入 NaOH，产生沉淀 4.524 g，则沉淀所消耗的 NaOH 的质量至少为　（　　）

A. 6.24 g　　B. 6.60 g　　C. 6.80 g　　D. 6.96 g

解析　NaOH 与 Al^{3+}、Mg^{2+} 反应，产生 $Mg(OH)_2$ 和 $Al(OH)_3$。当沉淀溶解平衡时，$Mg(OH)_2$ 的溶度积常数远大于 $Al(OH)_3$ 的。故 4.524 g 沉淀全部为 $Al(OH)_3$，需 NaOH 最少为 $40\times3\times4.524/78.0=6.96$(g)，所以 D 正确。

6. 某溶液中含有 Fe^{3+}、Al^{3+}、Ca^{2+}、Mg^{2+}，测定前两者的总浓度(用 EDTA 检测)，最简便的方法是　（　　）

A. 沉淀分离　　B. 酸度控制　　C. 络合屏蔽　　D. 氧化还原

解析　利用这些金属离子完全沉淀的 pH 差异，可以控制前两者被稳定地滴定。所以答案为 B。

7. 在一定温度下，Cl_2 通入 KOH 水溶液中，存在以下两个竞争反应：

$$Cl_2+2KOH=\!=\!=KCl+KClO+H_2O$$

$$3Cl_2+6KOH=\!=\!=5KCl+KClO_3+3H_2O$$

已知共消耗了 KOH x mol，请选择下列选项中错误的一项　（　　）

A. 消耗了 Cl_2 共 $\frac{x}{2}$ mol

B. 生成 KCl 的量为 $\frac{x}{2}\sim\frac{5x}{6}$ mol

C. 转移的电子数目可能达到 10^{24} 个以上

D. 由于发生以上化学反应，水的量可能增加 $8x$ g

解析　用极限法。分别假设 x mol 的 KOH 全部发生第一个反应或全部发生第二个反应，对应计算出各个待求物理量的范围即可。A、B、C 选项均正确，D 选项中生成的水一定是 $9x$ g。所以选 D。

8. 下列物质中，在 1000 ℃下不产生 O_2 的是　(　　)

A. $CaCO_3$　　B. $KClO_4$　　C. $KClO_3$　　D. N_2O

解析　本题简单，主要考查物质的热分解反应。答案为 A。

9. 用沉淀法将 Mg^{2+} 与 Ca^{2+} 分离，应选用试剂　(　　)

A. NaOH　　B. NH_3　　C. NaCl　　D. $NaNO_3$

解析　用碱性试剂使两种离子沉淀，NaOH 可以使两者都沉淀，故用弱碱。故答案为 B。

10. 在 NaCl 的溶液里有 Mg^{2+}（NaOH）、SO_4^{2-}（$BaCl_2$）、Ca^{2+}（Na_2CO_3）等杂质离子，括号中是除杂的试剂，加入试剂的顺序是什么？

解析　除杂的试剂应该过量，才能把杂质除尽，所以加入试剂的顺序为 $BaCl_2$、Na_2CO_3、NaOH。

11. CH_3COOH 在下列哪个体系中电离程度最大？　(　　)

A. $CH_3NH_3^+$　　B. NH_4^+　　C. Cl^-　　D. CO_3^{2-}

解析　CH_3COOH 为弱酸，溶液碱性越强电离程度越大，D 的碱性最强，所以 D 中的电离程度最大。答案为 D。

12. $NaHSO_3$ 溶液在不同温度下均可被过量 KIO_3 氧化，当 $NaHSO_3$ 完全消耗后即有 I_2 析出，依据 I_2 析出所需时间可以求得 $NaHSO_3$ 的反应速率。将浓度均为 0.020 mol・L^{-1} 的 $NaHSO_3$ 溶液（含少量淀粉）10.0 mL 与 KIO_3（过量）酸性溶液 40.0 mL 混合，记录 10～55 ℃间溶液变蓝的时间，55 ℃时未观察到溶液变蓝，实验结果如图 7.1 所示。据图分析，下列判断不正确的是　(　　)

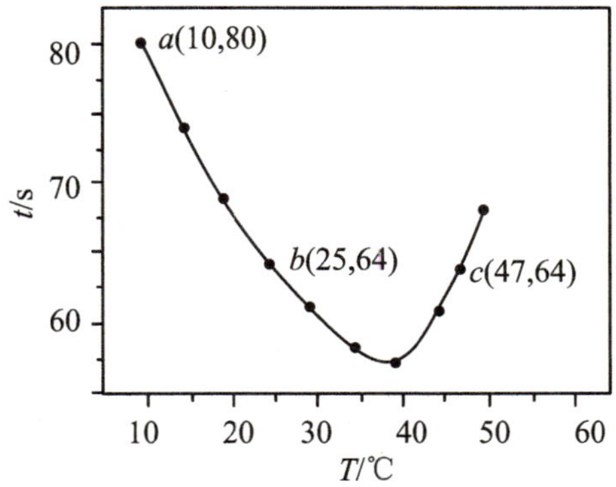

图 7.1

A. 40 ℃之前与 40 ℃之后溶液变蓝的时间与温度的变化趋势相反

B. 图中 b、c 两点对应的 $NaHSO_3$ 反应速率相等

C. 图中 a 点对应的 $NaHSO_3$ 反应速率为 5.0×10^{-3} mol・L^{-1}・s^{-1}

D. 温度高于 40 ℃时，淀粉不宜用作该实验的指示剂

解析 原理：(起始)$3HSO_3+IO_3^- \longrightarrow 3SO_4^{2-}+3H^+$；(后面)$5I^-+IO_3^-+6H \longrightarrow 3I_2+3H_2O$(从而产生碘单质显色)。

C 选项中在计算时，初始总体积为 10＋40＝50(mL)。“淀粉遇碘变蓝”实际上是淀粉和碘形成“包合物”，即淀粉高分子的螺旋中央空穴恰能容下碘分子，通过范德华力，两者形成一种蓝黑色包合物。当温度过高时，范德华力减弱，形成的包合物在此条件下容易被破坏，所以 40 ℃以上的碘单质产生速度更快，但是显色过程却减缓了。答案为 B。

13. 60 ℃时纯水的 $K_w=1.0\times10^{-13}$，1.0×10^{-6} mol/L 的 HCl 水溶液在 60 ℃时的 pH 为 ( )

A. 6.50　　B. 6.0　　C. 5.96　　D. 5.9

解析 设水电离出氢离子和氢氧根的浓度均为 x，解方程$(10^{-6}+x)x=10^{-13}$(注意这时酸太稀了不能忽略 x)得 x，从而算出 pH。答案为 C。

14. 在下列几种羧酸中，酸性最强的是 ( )

A. $ClCH_2CH_2COOH$　　B. $CH_3CHFCOOH$

C. CH_3CHF_2COOH　　D. $CH_3CHClCOOH$

解析 羧基 α-C 上的取代基吸电子能力越强，羧酸根的稳定性越高，H 越容易电离出去，羧酸的酸性就越强。F 原子的诱导吸电子能力强于 C 原子的，取代的 F 原子越多，诱导吸电子能力越强，所以 C 的酸性最强。答案为 C。

15. 在下列物质中，可以抑制 HCOOH 电离的是 ( )

A. NaOH　　B. Na_2CO_3　　C. HCOONa　　D. NH_4Cl

解析 在酸性溶液中可以抑制 HCOOH 的电离，A、B 都为碱性物质，D 为酸性物质，HCOONa 具有同离子效应，所以 CD 正确。

16. 欲配制 pH＝5.1 的缓冲溶液，最好选择 ( )

A. 一氯乙酸($pK_a=2.86$)　　B. 六次甲基四胺($pK_b=8.85$)

C. 甲酸($pK_a=3.74$)　　D. 氨基乙酸($pK_{a_1}=2.95$，$pK_{a_2}=5.41$)

解析 缓冲溶液由弱酸与其共轭碱组成，选择共轭酸 pK_a 与目标 pH 接近，如果是共轭碱，则共轭酸 $pK_a=14-pK_b$，二元酸 pH 在$\frac{1}{2}(pK_{a_1}+pK_{a_2})$附近，故选项 B 正确。

17. 因为 Zn 比 Fe 活泼，所以 Zn 被置于轮船外壳可以防止铁制品外壳生锈，请判断对错。

解析 本题是高考难度的题目。在轮船铁质外壳上安装锌块可以组成锌铁原电池，其中，锌为负极，失去电子；铁为正极，得到电子，被保护不会被氧化。锌比铁的还原电势低，更容易失去电子转化成 Zn^{2+} 离子。因此本题正确。

18. 液态 SO_2 是一种似水溶剂，它能按下式发生微弱的电离：$2SO_2 \rightleftharpoons SO^{2+}+SO_3^{2-}$。问：纯液态 SO_2 的导电性能如何？为什么？

许多在水溶液中进行的化学反应也可以在液态 SO_2 体系中完成，在液态 SO_2 中视氯化亚硫酰($SOCl_2$)为酸，Cs_2SO_3 为碱。试写出两者在 SO_2 体系中发生酸碱反应的化学方程式。

解析 导电性较差。因为电离程度较微弱，离子浓度较低，所以导电性能差。两者反应

的化学方程式为 $SOCl_2 + Cs_2SO_3 = 2SO_2 + 2CsCl$。

19. 已知同浓度 CHCOOH、$NH_3 \cdot H_2O$ 的电离度相同。取少量 $Al(OH)_3$ 分别放入 $2\ mol \cdot L^{-1}$ CH_3COOH、$2\ mol \cdot L^{-1}$ $NH_3 \cdot H_2O$ 的水溶液中。$Al(OH)_3$ 在 CH_3COOH 中全溶，而未能全溶于 $NH_3 \cdot H_2O$。由此可知 $Al(OH)_3$ 的什么性质？

解析　$Al(OH)_3$ 是两性氢氧化物，在水溶液中，碱式电离出 OH^-，酸式电离出 H^+。同浓度 CH_3COOH、$NH_3 \cdot H_2O$ 的电离度相同，OH^- 的浓度和 H^+ 的浓度相同，$Al(OH)_3$ 在 CH_3COOH 中全溶，而未能全溶于 $NH_3 \cdot H_2O$，说明 $Al(OH)_3$ 是两性氢氧化物，在水溶液中，碱式电离大于酸式电离。

20. 已知苯酚、苯甲酸、乙酸、亚硝酸的电离平衡常数分别为 1.3×10^{-10}、6.5×10^{-5}、1.8×10^{-5}、4.5×10^{-4}，它们对应的钠盐中碱性最强的是________（请写出其化学式）。

解析　一元酸电离平衡常数越小说明酸性越弱，对应的钠盐的碱性就越强。答案为 C_6H_5ONa。

21. 将足量的 Zn 加入 $1\ mol \cdot L^{-1}$ 的 HCl 和 HAc 溶液中。试解释释放氢气的速率不同，而释放氢气的量相同的原因。

解析　HCl 为强酸，在水中完全电离，HAc 为弱酸，在水中部分电离，所以 Zn 与 HCl 反应时释放氢气的速率大于 Zn 与 HAc 反应时释放氢气的速率。由于 HCl 和 HAc 溶液的浓度和体积相同，所以释放氢气的量相同。

22. 浓酸、浓碱、具有强氧化性的溶液该如何过滤？

解析　用玻璃砂芯漏斗过滤（不能使用滤纸，因为滤纸会被氧化或腐蚀）。

23. 请简要说明氟化铵溶液、氢氧化钠溶液、硝酸银溶液、汞单质分别应该如何保存。

解析　氟化铵：塑料瓶盛放，防止水解产生的氢氟酸腐蚀玻璃。氢氧化钠：密封保存于用橡胶塞或软木塞（不可用玻璃塞）的玻璃瓶中，防止与玻璃中的二氧化硅反应，久置后使用需除去碳酸钠。硝酸银：棕色瓶盛放，防止分解。汞单质：密封保存，可加水液封，防止挥发。

24. 为了准确测定 HCl 的浓度，往往用 NaOH 溶液在酚酞的指示下进行中和滴定。

(1) 怎样准确地配制一定浓度的 NaOH 溶液？

(2) 可以用来进行滴定分析的反应一般要有什么特性？

解析　(1) 首先准确称量一定量的 NaOH 固体，溶解于适量水后，全部转入容量瓶中，定容，然后根据称取的 NaOH 质量和容量瓶的体积，算出该标准溶液的准确浓度。

(2) 对滴定反应的要求：① 反应要按一定的化学方程式进行，即有确定的化学计量关系；② 反应必须定量进行——反应接近完全（$>99.9\%$）；③ 反应速率要快——有时可通过加热或加入催化剂的方法来加快反应速率；④ 必须有适当的方法确定滴定终点——简便可靠的方法：合适的指示剂。

25. 25 mL 的 KI 溶液用稀 HCl 处理后，再与 10 mL $0.05\ mol \cdot L^{-1}$ 的 KIO_3 溶液反应。将所得的溶液煮沸，除去生成的 I_2，之后再把剩下的 KIO_3 与 KI 溶液反应，得到的 I_2 可以与 21.44 mL $0.1008\ mol \cdot L^{-1}$ 的 $Na_2S_2O_3$ 溶液恰好完全滴定。

(1) 求最初的 KI 溶液的浓度。

(2) 为什么不把第一次反应之后的碘直接用硫代硫酸钠溶液滴定？说说本方法的好处。

解析　(1) 根据方程式：

$$IO_3^- + 5I^- + 6H^+ \!=\!=\!= 3I_2 + 3H_2O$$

$$I_2 + 2S_2O_3^{2-} \!=\!=\!= 2I^- + S_4O_6^{2-}$$

可求出最初的 KI 溶液的浓度为 0.02796 mol · L^{-1}。

(2) 不直接用硫代硫酸钠滴定可以减少它的用量，得到的 I_2 如果用 21.44 mL 的 $Na_2S_2O_3$ 滴定，用量小于滴定管的容量 50 mL，这样减少了误差，同样也节约了试剂。

26. 钙是体内骨骼和牙齿等部位中羟基磷灰石($Ca_{10}(OH)_2(PO_4)_6$)的组成成分，羟基磷灰石的 $K_{sp}=6.8\times10^{-37}$，为了预防龋齿发生，人们常使用加氟牙膏，其中的氟化物可使羟基磷灰石转化为氟磷灰石($Ca_{10}(PO_4)_6F_2$，$K_{sp}=1.0\times10^{-60}$)，从而增强牙齿的抗龋能力。请写出羟基磷灰石转化为氟磷灰石的离子方程式，并计算该转化反应的平衡常数。

解析 这是一道比较常规的题目，涉及离子方程式的书写，因为已知反应物和生成物，所以比较简单：

$$Ca_{10}(OH)_2(PO_4)_6 + 2F^- \!=\!=\!= Ca_{10}(PO_4)_6F_2 + 2OH^-$$

平衡常数的计算只要掌握平衡常数的性质就比较简单：

$$K = K_{sp,羟基磷灰石}/K_{sp,氟磷灰石} = 6.8\times10^{-37}/(1.0\times10^{-60}) = 6.8\times10^{23}$$

27. 电解酸性硫酸铜溶液可用来估算阿伏伽德罗常数，铜片为阴极，铂片为阳极，120 mA的电流通电 1600 s，铜片质量增加 0.0635 g，求 N_A 的估计值。(Cu 的相对原子质量取 63.5，元电荷取 1.60×10^{-19} C。)

解析 每析出 1 mol 铜将有 2 mol 电子通过电路，根据下列公式就可以计算 N_A 的值：

$$It/(eN_A) = 2m/M$$

将实验中的电流 I、时间 t、元电荷 e，以及铜的质量与摩尔质量代入，计算得到阿伏伽德罗常数的值为 6.00×10^{23}(保留三位有效数字)。

28. S_8 单质是环状分子，其键长为 L_1 nm，键能为 E_1 kJ · mol^{-1}，标准生成焓为 H_1 kJ · mol^{-1}，其可分解为 S_2 分子，键长为 L_2 nm，标准生成焓为 H_2 kJ · mol^{-1}。

(1) 请解释为什么上述两个分子的键长不一样。

(2) S 单质在浓氢氧化钠溶液中发生歧化反应，请写出反应的化学方程式。

(3) 请计算 1 mol S_8 分子完全分解为 S 原子的反应热，并计算 S_2 分子的键能。

解析 (1) S_8 是硫单质最稳定的形式，呈环状或皇冠状，其中键型为 S—S；S_2 和氧气分子结构相似，为 S═S。

(2) $3S + 6NaOH \!=\!=\!= Na_2SO_3 + 2Na_2S + 3H_2O$。

(3) 标准生成焓的定义：用各元素最稳定的单质生成 1 mol 该物质时化学反应的焓变。

$$8S(s) \!=\!=\!= S_8(s),\quad \Delta H = -H_1 \qquad ①$$

$$2S(s) \!=\!=\!= S_2(s),\quad \Delta H = -H_2 \qquad ②$$

根据赫斯定律，②×4−①得

$$S_8(s) \!=\!=\!= 4S_2(s),\quad \Delta H = -4H_2 + H_1$$

又因为

反应物的键能之和−生成物的键能之和=焓变

则

$$8E_1 - 4E_2 = -4H_2 + H_1$$

解得

$$E_2=(8E_1+4H_2-H_1)/4\ (\text{kJ}\cdot\text{mol}^{-1})$$

所以 S_2 的键能为 $(8E_1+4H_2-H_1)/4\ \text{kJ}\cdot\text{mol}^{-1}$。

模拟训练

一、选择题(只有一个正确答案)

1. 将 KSCN、NH_4HCO_3、$BaCl_2$、C_6H_5OH、NaOH 等五种无色溶液鉴别出来的最佳方法是（　　）

A. 不加任何试剂,将溶液两两混合　　B. 不加任何试剂,将溶液分别加热

C. 加入一种试剂　　D. 加入两种试剂

2. 青霉素试验针用的是青霉素的稀溶液(200 国际单位青霉素/mL)。现有 1 小瓶 20 万国际单位青霉素、1.0 mL 注射器(分刻度为 0.1 mL)、注射用水和几个干净小瓶。先吸取 1.0 mL注射用水,注入第 1 小瓶内,溶解青霉素;然后吸取 0.1 mL 溶液,在第 2 小瓶中用水稀释成1.0 mL;再吸取 0.1 mL 溶液,在第 3 小瓶中稀释成 1.0 mL;依次操作。则在第几小瓶中青霉素浓度为 200 国际单位/mL?（　　）

A. 3　　B. 4　　C. 5　　D. 6

3. 在含有 Fe^{3+}、Zn^{2+}、Mg^{2+}、Ag^+ 的混合溶液中,为了将 Fe^{3+} 沉淀下来,应加入（　　）

A. HNO_3　　B. $NH_3\cdot H_2O$

C. HCl　　D. $NH_3\cdot H_2O$ 和 NH_4Cl

4. 能抵抗外加的少量酸、碱,而本身的 pH 几乎不发生变化的溶液叫作缓冲溶液。则下列溶液中不属于缓冲溶液的是（　　）

A. 碳酸钠和碳酸氢钠的混合溶液　　B. 甲酸和甲酸钾的混合溶液

C. 碳酸氢钠溶液　　D. 氨水和氯化铵的混合溶液

5. 分别配制 H_3PO_4、KOH 的乙醇溶液,取 10 mL 磷酸溶液,在不断振荡下,滴加 KOH 溶液,立即产生白色沉淀,并不断增多,继而又逐渐减少至消失,然后又逐渐增多到一定量且不再消失。以上事实说明（　　）

A. K_2HPO_4 不溶于无水乙醇　　B. KH_2PO_4、K_3PO_4 溶于无水乙醇

C. KH_2PO_4、K_2HPO_4 不溶于无水乙醇　　D. K_2HPO_4 溶于无水乙醇

6. 现有 100 g 3.4%的氨水,欲使其质量分数增大 1 倍,可采用的正确方法是（　　）

A. 使溶液再溶解 0.2 mol NH_3　　B. 加入 20.4%的浓氨水 25 g

C. 加热蒸发掉一半水　　D. 加热蒸发掉 50 g H_2O

二、简答题

7. 我国南方某些地区的井水取来久置后,有少量棕红色絮状沉淀积于缸底,水面浮着一层“锈皮”,问:它的成分是什么?写出用化学方法鉴别该井水的步骤和用化学方法鉴别经明矾处理后的水的步骤。

8. (1) 根据酸碱质子理论，硫酸和硝酸的混合溶液中，硝酸酸性不如硫酸强，又知硫酸的一水合物是一种稳定的物质，写出 N_2O_3 与发烟硫酸反应的化学方程式。

(2) 将铜溶于 N_2O_4 的乙酸乙酯溶液中可制得无水硝酸铜，同时生成一种气体，写出这个制备反应的化学方程式。

9. 铊的一价化合物有剧毒，其毒性远高于铅和汞。Tl^+ 与 K^+ 性质很相似，在生物体内会与 K^+ 发生竞争，影响有 K^+ 参与的生理活动。普鲁士蓝（$Fe_4[Fe(CN)_6]_3$）可以作为铊的解毒剂，请写出普鲁士蓝解毒的离子方程式。

10. 厨房里有纯碱、食醋、明矾、植物油等四种物质。

(1) 写出所有的两种物质（此外，还可以用水）间反应的方程式和现象。

(2) 写出上述反应中各种产物（不包括可溶性产物和水）与（上述四种物质中）某种物质（还可以加水）反应的方程式。

11. 难溶化合物的饱和溶液存在溶解平衡，例如：

$$AgCl(s) \rightleftharpoons Ag^+(aq) + Cl^-(aq), \quad Ag_2CrO_4(s) \rightleftharpoons 2Ag^+(aq) + CrO_4^{2-}(aq)$$

在一定温度下，难溶化合物饱和溶液的离子浓度的乘积为一常数，这个常数用 K_{sp} 表示。

已知：$K_{sp}(AgCl) = [Ag^+][Cl^-] = 1.8 \times 10^{-10}$，$K_{sp}(Ag_2CrO_4) = [Ag^+]^2[CrO_4^{2-}] = 1.9 \times 10^{-12}$。

现用 $0.001\ mol \cdot L^{-1}$ 的 $AgNO_3$ 溶液滴定 $0.001\ mol \cdot L^{-1}$ 的 KCl 和 $0.001\ mol \cdot L^{-1}$ 的 K_2CrO_4 的混合溶液，试通过计算回答：

(1) Cl^- 和 CrO_4^{2-} 中哪种离子先沉淀？

(2) 当 CrO_4^{2-} 以 Ag_2CrO_4 形式沉淀时，溶液中的 Cl^- 浓度是多少？CrO_4^{2-} 与 Cl^- 能否实

现有效的分离？（当一种离子开始沉淀时，另一种离子浓度小于 10^{-5} mol·L^{-1}，则认为可以实现有效分离。）

12. 烟草的有害成分是尼古丁（实验式为 C_5H_7N），今将 496 mg 尼古丁溶于 10.0 g 水中，所得溶液的沸点是 100.17 ℃。求尼古丁的摩尔质量（水的 K_b＝0.512 K·kg·mol^{-1}）。

13. 将 5.0 g 马的血红素溶于 1 kg 水中，假设溶解后溶液体积几乎不变，在 198 K 时测得溶液的渗透压为 182 Pa，求马的血红素分子量。

14. 25 ℃时，水的饱和蒸气压为 3.166 kPa，求在相同温度下 5.0％的尿素水溶液的饱和蒸气压。

15. 凯氏定氮法由丹麦化学家凯道尔于 1883 年建立，是分析有机化合物含氮量的常用方法，它的理论基础是蛋白质中的含氮量通常占总质量的 12％～19％。因此，通过测定物质的含氮量便可估算出物质中总蛋白质的含量（假设氮的含量全部来自蛋白质）。

操作步骤为：

① 用浓硫酸将样品中的有机氮转化为铵盐。

② 浓缩铵盐，在碱性条件下将铵盐转化为氮，随着水蒸气蒸出，并用硼酸吸收。

③ 用标准盐酸滴定。

④ 计算蛋白质含量。

回答下列问题：

(1) 书写第②、③步的反应方程式。

(2) 在消化样品时，有时会往浓硫酸中同时加入硫酸钾和硫酸铜。已知浓硫酸的沸点为 340 ℃，而混有少量硫酸钾的浓硫酸沸点可达 400～450 ℃。

① 如果加入硫酸钾过多或过少，会分别有什么后果？

② 待测食品一般不溶于硫酸，随着消化过程的进展，有机物被破坏而溶解，液体会变黄，影响判断。据此猜想硫酸铜的作用是什么？

(3) 在计算蛋白质含量时，为了简便计算，检测人员直接把得到的含氮量乘以 6 即得到蛋白质含量。这种做法合理吗？为什么？

(4) 准确称取某奶粉试样 1.000 g 置于烧瓶中，消化浓缩吸收后全部转移至 100 mL 容量瓶中定容。量取容量瓶中溶液 10.00 mL，用 0.01000 $mol \cdot L^{-1}$ 的 HCl 标准溶液滴定至终点，消耗盐酸标准液 15.50 mL，则该奶粉中蛋白质的含量范围是多少？

(5) 凯氏定氮法可能的优点和缺点是什么？

第 8 章　物质结构与性质、配合物

8.1　物质结构与性质

8.1.1　路易斯结构理论

美国化学家路易斯(G. C. Lewis)于 1916 年提出了化学键的电子对理论。他认为，原子相互化合形成化学键的过程可以简单地归结为未成对电子的配对活动。A 原子的一个未成对电子和 B 原子的一个未成对电子配成一对被双方共用的电子对，就形成一个化学键，这种化学键称为共价键。

这样，就可以把表示化学键的“—”改成“:”，以表示一对电子。这种化学符号就是共价键的电子结构式。

路易斯结构式通常是指如下所示的化学符号：

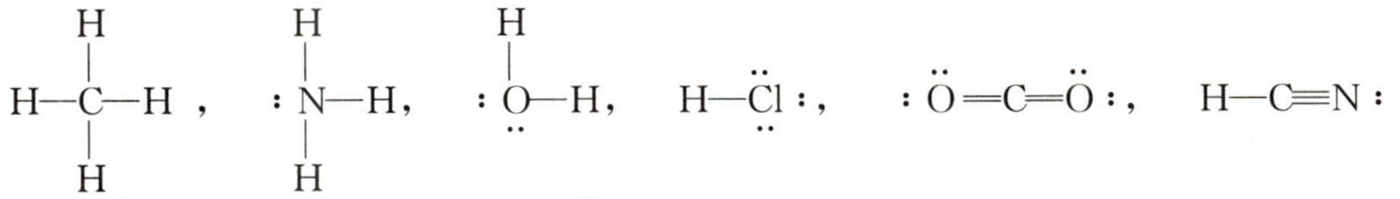

在路易斯结构式中，线段的意义如前所述，代表共用电子对，仍称单键、双键和三键(分别代表 1、2、3 对共用电子对)。成对的小黑点则代表未用来形成化学键的价层电子对，非共用电子叫作孤对电子对。

8.1.2　分子轨道理论简介

1. 价键理论的局限性

(1) H_2^+ 的键能为 269 kJ · mol^{-1}，但单电子不能配对，为什么存在共价键的键能？

(2) B_2、O_2分子是顺磁性的，即 B_2、O_2分子中有单电子，但用电子配对法不能说明 B_2和 O_2分子中存在单电子。物质的顺磁性与单电子数的关系：

$$\mu=\sqrt{n(n+2)}\mu_B$$

式中，μ_B为磁矩单位，称为玻尔磁子。测出磁矩 μ，可推算出单电子数 n。

(3) 不能解释 CO_2、BF_3、C_6H_6等复杂分子中的离域 π 键。

2. 分子轨道理论

我们可通过求解的方式精确求出氢原子核外电子的波函数(φ)和能量(E)。因为用分子轨道法来表示分子成键，所以分子轨道波函数用 ψ，而原子轨道波函数改写为 φ，以区别原子轨道与分子轨道。因为薛定谔方程能精确求解单电子体系，对于 H_2^+ 这样的单电子分子离子体系，薛定谔方程可以精确求解，求得波函数 ψ 为分子轨道波函数，能量 E 为分子轨道能量，$|\psi|^2$表示电子在分子空间出现的概率密度。

分子轨道是由原子轨道线性组合而成的。例如：如图 8.1 所示，从 H_2^+ 分子离子来看，一个电子围绕着 $H_{(a)}$ 和 $H_{(b)}$ 原子核运动，当这个电子离 a 核近时，其运动符合 $\varphi_{1s(a)}$；当这个电子离 b 核近时，其运动符合 $\varphi_{1s(b)}$，则分子轨道分为两部分：① $\psi_{1s}=c_1[\varphi_{1s(a)}+\varphi_{1s(b)}]$，把 ψ_{1s} 代入薛定谔方程中，可求得 $E_{\psi_{1s}}<E_{\varphi_{1s}}$，所以 ψ_{1s} 称为成键分子轨道，用 σ_{1s} 表示；② $\psi_{1s}^*=c_2[\varphi_{1s(a)}-\varphi_{1s(b)}]$，把 ψ_{1s}^* 代入薛定谔方程中，可求得 $E_{\psi_{1s}^*}>E_{\varphi_{1s}}$，所以 ψ_{1s}^* 称为反键分子轨道，用 σ_{1s}^* 表示。

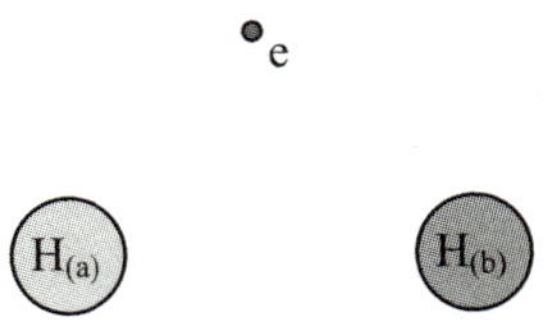

图 8.1

因此，由原子轨道线性组合成分子轨道时，有一半是成键分子轨道，另一半是反键分子轨道，如表 8.1 所示。

表 8.1

	H_2^+	H_2	He_2^+	He_2
电子构型	$(\sigma_{1s})^1$	$(\sigma_{1s})^2$	$(\sigma_{1s})^2\ (\sigma_{1s}^*)^1$	$(\sigma_{1s})^2\ (\sigma_{1s}^*)^2$
键级	1/2	1	1/2	0
键型	单电子 σ 键	σ 键	三电子 σ 键	—

键级＝(成键轨道电子数－反键轨道电子数)÷2

分子轨道的电子排布也遵循多电子原子核外电子的排布规则。

3. 同核双原子分子的分子轨道能级图

对于双原子分子，可将各种分子轨道按照能量不同由低到高排序，则组成该分子的轨道能级顺序。第二周期元素的同核双原子分子由 Li_2 到 N_2 的分子轨道能级顺序为

$$\sigma_{1s}<\sigma_{1s}^*<\sigma_{2s}<\sigma_{2s}^*<\pi_{2px}=\pi_{2py}<\sigma_{2pz}<\pi_{2px}^*=\pi_{2py}^*<\sigma_{2pz}^*$$

O_2 与 F_2 的分子轨道能级顺序为

$$\sigma_{1s}<\sigma_{1s}^*<\sigma_{2s}<\sigma_{2s}^*<\sigma_{2pz}<\pi_{2px}=\pi_{2py}<\pi_{2px}^*=\pi_{2py}^*<\sigma_{2pz}^*$$

依照分子轨道能级顺序画出分子轨道能级示意图，如图 8.2 所示。

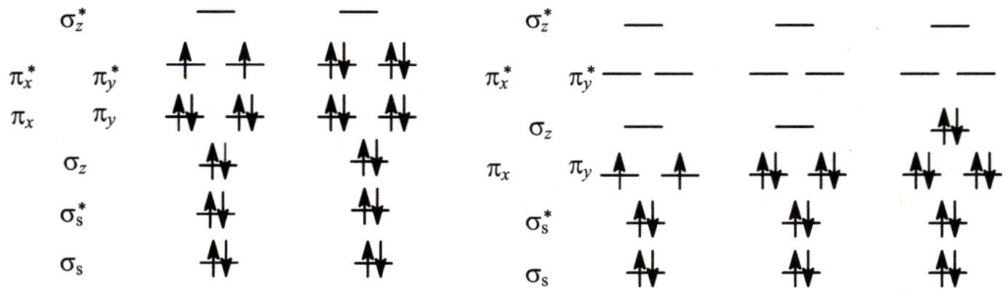

(a) O_2、F_2分子轨道能级图　　(b) B_2、C_2、N_2分子轨道能级图

图 8.2

O_2分子的键级＝(6－2)/2＝2，键型为一个 σ 键、两个三电子 π 键，有两个单电子，所以是顺磁性的。C_2分子的键级＝(4－0)/2＝2，键型为两个 π 键，没有单电子，所以是反磁性的。在 O_2、F_2 分子中，$E_{\sigma_{2p}} < E_{\pi_{2p}}$，在 B_2、C_2、N_2 分子中，$E_{\sigma_{2p}} > E_{\pi_{2p}}$。

O_2分子的分子轨道表示式为

$$(\sigma_{1s})^2\ (\sigma_{1s}^*)^2\ (\sigma_{2s})^2\ (\sigma_{2s}^*)^2\ (\sigma_{2p})^2\ (\pi_{2p})^4\ (\pi_{2p}^*)^2$$

或者

$$KK(\sigma_{2s})^2(\sigma_{2s}^*)^2(\sigma_{2p})^2(\pi_{2p})^4(\pi_{2p}^*)^2$$

8.1.3　氢键

当氢与电负性很大、半径很小的原子 X(X 可以是 F、O、N 等高电负性元素)形成共价键时，共用电子对强烈偏向 X 原子，因而氢原子几乎成为半径很小、只带正电荷的裸露的质子。这个几乎裸露的质子能与电负性很大的其他原子(Y)相互吸引，也可以和另一个 X 原子相互吸引，形成氢键。

1. 氢键的形成条件

(1) 氢原子与电负性很大的原子 X 形成共价键。

(2) 有另一个电负性很大且具有孤对电子的原子 X(或 Y)；一般在 X—H…X(Y)中，把“…”称作氢键。

易形成氢键的元素有 F、O、N、Cl、S。

这些元素的电负性愈大，氢键愈强；原子半径愈小，氢键也愈强。

氢键的强弱与这些元素的电负性大小、原子半径大小有关，氢键的强弱顺序为

F—H…F＞O—H…O＞N—H…N＞O—H…N＞O—H…Cl＞O—H…S

2. 氢键的特点

氢键的键能一般在 40 $kJ \cdot mol^{-1}$以下，比化学键的键能小得多，而和范德华力处于同一数量级。

氢键具有饱和性和方向性。

氢键的饱和性表示一个 X—H 只能和一个 Y 形成氢键。

氢键的方向性是指 Y 原子与 X—H 形成氢键时，其方向尽可能与 X—H 键轴在同一方向，即 X—H…Y 尽可能保持 180°。这样成键可使 X 与 Y 距离最远，两原子的电子云斥力最小，形成稳定的氢键。

3. 氢键的分类

(1) 分子间氢键

HF、HCOOH 等分子可以形成分子间氢键。

(2) 分子内氢键

HNO_3分子以及苯酚(当其邻位上有$-NO_2$、$-COOH$、$-CHO$、$-CONH_2$ 等基团时)都可以形成分子内氢键。分子内氢键由于分子结构通常不能保持直线形状。如下：

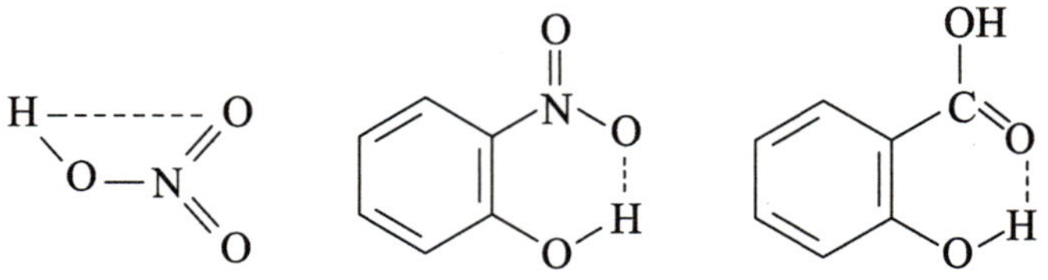

（3）非常规氢键

在常规氢键X—H…Y中，Y 是一个电负性大、原子半径小、有孤对电子的原子，但如果换成 π 键或离域 π 键体系，就是一种非常规氢键。

4. 氢键对物质物理性质的影响

分子间形成氢键时，分子间结合力增强，使化合物的熔点、沸点、熔化热、汽化热、黏度等增大，蒸气压则减小。例如，HF 的熔点、沸点比 HCl 高，H_2O 的熔点、沸点比 H_2S 高，分子间氢键是分子缔合的主要原因。

因为冰有氢键，必须吸收大量的热才能使其断裂，所以其熔点大于同族的 H_2S。

分子内氢键的形成一般使化合物的熔点、沸点、熔化热、汽化热、升华热减小。

5. 氢键对化合物溶解度的影响

当溶质和溶剂分子间形成氢键时，溶质的溶解度增大；当溶质分子间形成氢键时，在极性溶剂中的溶解度下降，而在非极性溶剂中的溶解度增大。

当溶质形成分子内氢键时，在极性溶剂中的溶解度下降，而在非极性溶剂中的溶解度增大。例如：邻硝基苯酚易形成分子内氢键，其比间、对硝基苯酚在水中的溶解度更小，更易溶于苯中。

6. 氢键在动植物的生理、生化过程中的作用

氢键在生物大分子如蛋白质、DNA、RNA 及糖类等中有重要作用。蛋白质分子的 α-螺旋结构就是靠羰基（$-\overset{\text{O}}{\overset{\|}{\text{C}}}-$）上的 O 原子和氨基（$-NH_2$）上的 H 原子以氢键形式（C═O…H—N）结合而成的。

DNA 的双螺旋结构也是靠碱基之间的氢键连接在一起的。

例 1 氯仿在苯中的溶解度明显比 1,1,1-三氯乙烷大，请给出一种可能原因（含图示）。

解析 一般而言 C—H 不会形成氢键，$CHCl_3$ 分子中由于三个氯原子强烈地吸电子，大大降低了碳原子上电子云密度，碳原子吸电子能力大增，使得 C—H 共价键电子云向碳原子偏移，氢核外露加剧，电正性增强，可表示为

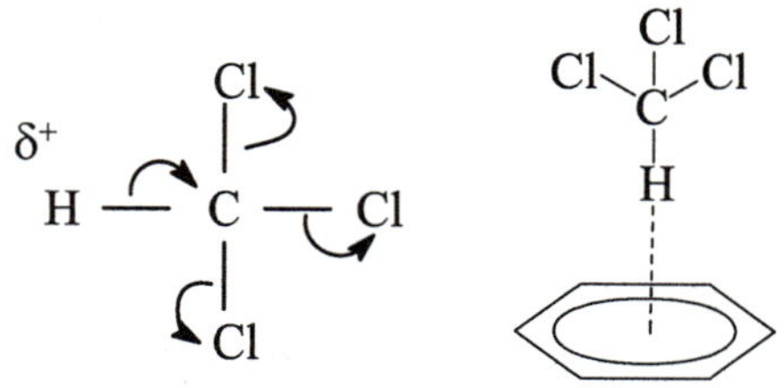

H 原子与苯环上的共轭 π 电子形成氢键。

8.1.4　离域大 π 键和共轭分子

1. CO_2 分子结构

如果按路易斯规则，CO_2 分子的电子式是 $:\ddot{O}::C::\ddot{O}:$，但是，这并不符合实际情况。在 CO_2 分子中，C、O 都采取 sp 杂化方式，碳原子的 sp 杂化轨道分别与两侧的氧原子的 sp 杂化轨道形成 σ 键，氧原子的另一个 sp 杂化轨道被孤对电子占据，位于分子的两端：3 个原子在 x 轴方向上呈直线排列。分子中的每个原子都有 2 个未杂化的 2p 轨道垂直于 x 轴，分别在 y 轴方向和 z 轴方向。碳原子的两个 2p 轨道中各有 1 个电子；氧原子的两个 2p 轨道中，一个被单电子占据，另一个被 2 个电子占据。如果中心的碳原子用 y 轴方向的 2p 轨道与左侧的氧原子 y 轴方向的单电子占据的 2p 轨道形成 π 键，此时，右侧氧原子也有 y 轴方向的 2p 轨道，只是已被两个电子占据，实际上由于条件允许，这 3 个轨道同时相互作用，形成了分布在 3 个原子之间的大 π 键。同理，在 z 轴方向也生成了分布在 3 个原子之间的大 π 键。因此，在 CO_2 分子中包含两个等价的三中心四电子 π 键，用 Π_3^4 表示。我们不能写出 CO_2 分子正确的电子式，就是由于分子中这种三中心键的存在。

2. 苯分子结构

苯分子里的每个碳原子为 sp^2 杂化，每个碳原子有 1 个未参加杂化的 p 轨道。由于苯分子是平面分子，因此 6 个未参加杂化的 p 轨道是互相平行的。所以苯分子里有 Π_6^6 大 π 键。

3. O_3 分子结构

O_3 分子是平面三角形（包括孤对电子对）结构。O_3 分子中的中心氧原子为 sp^2 杂化，有 1 个未参与杂化的 p 轨道，它垂直于分子平面，每个配位氧原子有一个 p 轨道，于是有相互平行的 3 个 p 轨道。因此分子里有一个 Π_3^4 大 π 键。

常见的还有：$HgCl_2$ 有两个 Π_3^4 键，CO_3^{2-}、NO_3^-、BF_3 有 Π_4^6 键。

例 2　(1) 画出 NH_3 和 NF_3 分子的空间构型，并用 δ^+ 和 δ^- 表示出键的极性。

(2) 比较这两个分子的极性大小并说明原因。

解析　(1)

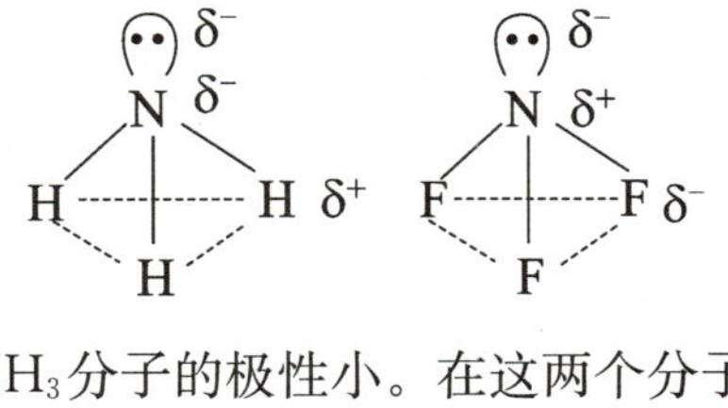

(2) NF_3 分子的极性比 NH_3 分子的极性小。在这两个分子中，都有一个 sp^3 杂化轨道被 N 原子的一对孤对电子所占据。对 NF_3 来说，N—F 的偶极矩指向 F 原子，而 N 原子中由于孤对电子产生的偶极矩指向孤对电子，方向正好与 N—F 产生的偶极矩相反，抵消了 N—F 产生的偶极矩，所以 NF_3 分子的极性较小；对 NH_3 来说，N—H 产生的偶极矩指向 N 原子，与 N 原子中由孤对电子产生的偶极矩的方向相同，使 N—H 的极性加强，所以 NH_3 分子的极性大。

8.2 配 合 物

8.2.1 配合物的基本知识

1. 配合物的定义

由中心离子(或原子)和几个配体分子(或离子)以配位键相结合而形成的复杂分子或离子通常称为配位单元。凡是含有配位单元的化合物都称作配位化合物,简称配合物,也叫络合物。

$[Co(NH_3)_6]^{3+}$、$[Cr(CN)_6]^{3-}$、$Ni(CO)_4$ 都是配位单元,分别称作配阳离子、配阴离子、配分子。

$[Co(NH_3)_6]Cl_3$、$K_3[Cr(CN)_6]$、$Ni(CO)_4$都是配位化合物。判断一个化合物是否是配合物的关键在于是否含有配位单元。

2. 配合物的组成

(1) 配合物的内界和外界

以$[Cu(NH_3)_4]SO_4$为例:$[Cu(NH_3)_4]^{2+}$为内界,SO_4^{2-}为外界。内界是配位单元,外界是简单离子。又如 $K_3[Cr(CN)_6]$之中,内界是$[Cr(CN)_6]^{3-}$,外界是 K^+。可以无外界,如 $Ni(CO)_4$,但不能没有内界。内、外界之间是完全电离的。

(2) 中心离子和配位体

中心离子:又称配合物的形成体,多为金属(过渡金属)离子,也可以是原子。如 Fe^{3+}、Fe^{2+}、Co^{2+}、Ni^{2+}、Cu^{2+}、Co 等,只要能提供接纳孤对电子的空轨道即可。

配位体:含有孤对电子的阴离子或分子。如 NH_3、H_2O、Cl^-、Br^-、I^-、CN^-、CNS^- 等。

(3) 配位原子和配位数

配体中给出孤对电子与中心离子直接形成配位键的原子叫配位原子。在配位单元中,中心离子周围与中心离子直接成键的配位原子的个数叫配位数。

配位化合物$[Cu(NH_3)_4]SO_4$的内界为$[Cu(NH_3)_4]^{2+}$,中心 Cu^{2+} 的周围有 4 个配体 NH_3,每个 NH_3中有 1 个 N 原子与 Cu^{2+}配位。N 是配位原子,Cu 的配位数为 4。(注意:配体的个数与配位数不是同一个概念。)

若中心离子的电荷高、半径大,则利于形成高配位数的配位单元;而配体的电荷高、半径大,则利于低配位数。

(4) 常见的配体

单齿配体:一个配体中只能提供一个配位原子与中心离子成键。如 H_2O、NH_3、CO 等。在单齿配体中,有些配体含有 2 个配位原子,称为两可配体。如$(SCN)^-$离子,结构为线性的。以 S 为配位原子时,—SCN^- 称硫氰酸根;以 N 为配位原子时,—NCS^- 称异硫氰酸根。

多齿配体:有多个配位原子的配体(又分双齿、三齿、四齿等)。如含氧酸根 SO_4^{2-}、

CO_4^{2-}、PO_4^{3-}、$C_2O_4^{2-}$等。

螯合配体：同一配体中 2 个或 2 个以上的配位原子直接与同一金属离子配合成环状结构的配体。螯合配体是多齿配体中最重要且应用最广的。如乙二胺($H_2N—CH_2—CH_2—NH_2$，表示为 en)，其中，两个氮原子经常和同一个中心离子配位。像这种有 2 个配位原子的配体通常称为双基配体(或双齿配体)。又如乙二胺四乙酸(EDTA)，其中，2 个 N 和 4 个—OH 中的 O 均可配位，称多基配体。其结构如下：

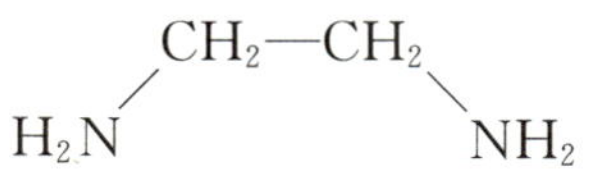

乙二胺(en)

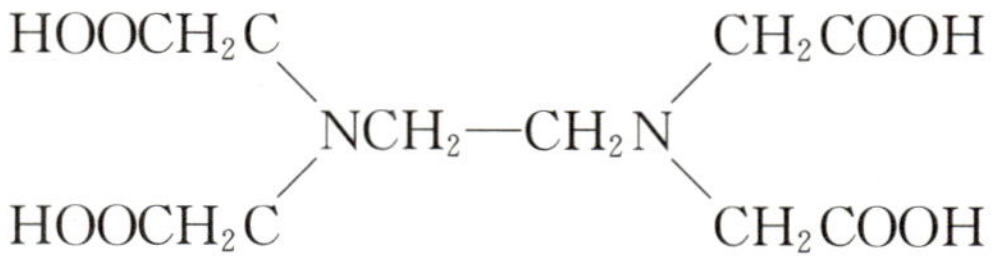

乙二胺四乙酸(EDTA)

3. 配合物的命名

配合物种类繁多，结构复杂，因此有必要对配合物进行系统命名。命名原则如下：

(1) 在配合物中，先阴离子，后阳离子，阴、阳离子之间加“化”字或“酸”字，配阴离子看成酸根。

(2) 在配位单元中，先配体后中心，配体与中心之间加“合”字；配体前面用“二、三、四……”表示该配体个数；几种不同的配体之间加“·”隔开；中心后面加“( )”，内写罗马数字，表示中心原子的价态。

(3) 配体的先后顺序

下述的每条规定均在其前一条的基础上：

① 先无机配体后有机配体。如 $PtCl_2(Ph_3P)_2$ 为二氯·二(三苯基膦)合铂(Ⅱ)。

② 先阴离子类配体，后阳离子类配体，最后分子类配体。如 $K[PtCl_3(NH_3)]$为三氯·氨合铂(Ⅱ)酸钾。

③ 在同类配体中，按配位原子的元素符号在英文字母表中的次序分出先后。如$[Co(NH_3)_5H_2O]Cl_3$为三氯化五氨·水合钴(Ⅲ)。

④ 配位原子相同，配体中原子个数少的在前。如$[Pt(Py)(NH_3)(NO_2)(NH_2OH)]Cl$为氯化硝基·氨·羟氨·吡啶合钴(Ⅱ)。

⑤ 配体中原子个数相同，则按和配位原子直接相连的配体中的其他原子的元素符号的英文字母表次序。如 NH_2^- 和 NO_2^-，则 NH_2^- 在前。

常见的配体及其化学式如表 8.2 所示。

表 8.2

配体名称	化学式	配体名称	化学式
氟离子	F^-	氨	NH_3
氢氧根	OH^-	氰根	CN^-
硝基	$—NO_2$	亚硝酸根	NO_2^-
硫酸根	SO_4^{2-}	氯离子	Cl^-

续表

配体名称	化学式	配体名称	化学式
吡啶(Py)		乙二胺(en)	$H_2N—CH_2—CH_2—NH_2$
三苯基膦	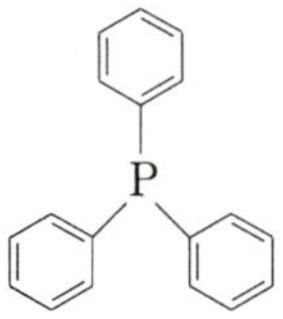	亚硝酰基	$—N{=}O$
羰基	$—C{=}O$	水	H_2O

8.2.2 配位化合物的价键理论

1. 配位键形成

中心离子和配位原子都是通过杂化的共价配位键(绝大多数是 σ 配位键)结合的;过渡金属与羰基、氰、链烯烃、环烯烃等含 π 电子的配体形成的配位化合物,经常有反馈 π 键形成。例如,$K[(CH_2{=}CH_2)PtCl_3]$(乙烯·三氯合铂(Ⅲ)酸钾或蔡斯盐)中 C_2H_4 的 π 电子与 Pt^{2+} 配位。

2. 配合物的构型与中心的杂化方式

配位单元的构型由中心空轨道的杂化方式决定,如表 8.3 所示。

表 8.3

配位数	空间构型	杂化轨道类型	实例
2	直线形	sp	$[Ag(NH_3)_2]^+$、$[Ag(CN)_2]^-$
3	平面三角形	sp^2	$[Cu(CN)_3]^{2-}$、$[HgI_3]^-$
4	正四面体	sp^3	$[Zn(NH_3)_4]^{2+}$、$[Cd(CN)_4]^{2-}$
4	四方形	dsp^2	$[Ni(CN)_4]^{2-}$
5	三角双锥	dsp^3	$[Ni(CN)_5]^{3-}$、$Fe(CO)_5$
5	四方锥	d^4s	$[TiF_5]^{2-}$
6	八面体	sp^3d^2	$[FeF_6]^{3-}$、$[AlF_6]^{3-}$、$[SiF_6]^{2-}$、$[PtCl_6]^{4-}$
6	八面体	d^2sp^3	$[Fe(CN)_6]^{3-}$、$Co(NH_3)_6$

3. 内、外轨型配合物及其能量问题

内轨型配合物:中心原子用部分内层轨道接纳配体电子。例如,$[Cr(H_2O)_6]^{3+}$ 为 d^2sp^3 杂化,八面体构型。

外轨型配合物:中心原子用外层轨道接纳配体电子。例如,$[FeF_6]^{3-}$ 为 sp^3d^2 杂化,八面

体构型。

内、外轨型取决于配位体场(主要因素)和中心原子(次要因素):

(1) 强场配体,如 CN^-、CO、NO_2^- 等,易形成内轨型;弱场配体,如 X^-、H_2O,易形成外轨型。

(2) 中心原子为 d^3 型,如 Cr^{3+},有空 $(n-1)$d 轨道,$(n-1)d^2nsnp^3$ 杂化,易形成内轨型;中心原子为 $d^8 \sim d^{10}$ 型,如 Fe^{2+}、Ni^{2+}、Zn^{2+}、Cd^{2+}、Cu^+,无空 $(n-1)$d 轨道,$nsnp^3nd^2$ 杂化,易形成外轨型。

内轨型配合物稳定,说明其键能 $E_内$ 大于 $E_外$,那么怎样解释有时会形成外轨型配合物呢? 其能量因素如何?

形成内轨型配合物时发生电子重排,使原来平行自旋的 d 电子进入成对状态,违反洪特规则,能量升高。成一个电子对,能量升高一个 E_P(成对能)。如$[Fe(CN)_6]^{3-}$中的 d 电子由(↑)(↑)(↑)(↑)(↑)变成(↑↓)(↑↓)(↑)○○,成 2 个电子对,能量要升高 $2E_P$。因此,有时形成内轨型配合物的能量要比形成外轨型的还高。

4. 价键理论的实验根据

化合物中成单电子数和宏观实验现象中的磁性有关。在磁天平上可以测出物质的磁矩 μ。μ 和单电子数 n 的关系为 $\mu=\sqrt{n(n+2)}\mu_B$,式中,μ_B 为磁矩单位(玻尔磁子)。测出磁矩,推算出单电子数 n。例如,若测得 $\mu=5\mu_B$,可以推出 n 约为 4。这对于分析配位化合物的成键情况有重要意义。NH_3 是一个中等强度的配体,在$[Co(NH_3)_6]^{3+}$中究竟发生重排还是不发生重排,可以通过磁矩实验进行分析,得出结论。

实验测得 $\mu=0$,推出 $n=0$,无单电子。Co^{3+} 为 $3d^6$ 型,若不重排,将有 4 个单电子:(↑↓)(↑)(↑)(↑)(↑)。只有发生重排时,才有 $n=0$:(↑↓)(↑↓)(↑↓)○○。故 NH_3 在此是强配体。杂化轨道是 d^2sp^3,正八面体,内轨型配合物。测得$[FeF_6]^{3-}$的 $\mu=5.88\mu_B$,推出 $n=5$,F^- 不使 Fe^{3+} 的 d 电子重排。所以磁矩是价键理论在实验上的依据。

8.2.3　配位化合物的异构现象

1. 结构异构(构造异构)

键联关系不同是结构异构的特点。

(1) 电离异构

内、外界之间是完全电离的。内、外界之间交换成分得到的配合物与原来的配合物互为电离异构。它们电离出的离子种类不同,如$[CoBr(NH_3)_5]SO_4$和$[CoSO_4(NH_3)_5]Br$,前者可以使 Ba^{2+} 沉淀,后者则使 Ag^+ 沉淀。

H_2O 经常作为配体,也经常在外界。由 H_2O 分子在内、外界不同造成的电离异构称为水合异构。如$[Cr(H_2O)_6]Cl_3$和$[CrCl(H_2O)_5]Cl_2 \cdot H_2O$。

(2) 配位异构

内界之间交换配体,得到配位异构。如$[Co(NH_3)_6][Cr(CN)_6]$和$[Cr(NH_3)_6][Co(CN)_6]$。

(3) 键合异构

组成相同，但配位原子不同的配体称为两可配体，如 NO_2^- 和 ONO^-。$[Co(NO_2)(NH_3)_5]Cl_2$和$[Co(ONO)(NH_3)_5]Cl_2$则互为键合异构。

2. 空间异构(立体异构)

键联关系相同，但配体相对位置不同是空间异构的特点。

(1) 几何异构(顺反异构)

① 在配位数为 4 的正方形配合物中，Mab_3(M 表示配位体中心原子或离子，a、b 表示配体)没有几何异构体，Ma_2b_2和 $Mabc_2$有两种几何异构体，Mabcd 有三种几何异构体，有顺反结构，它们性质不同。

例如，$[Pt(NH_3)_2]Cl_2$ 为平面四边形结构，有两种几何异构体，顺式称顺铂，是抗癌药物，反式则无药效。

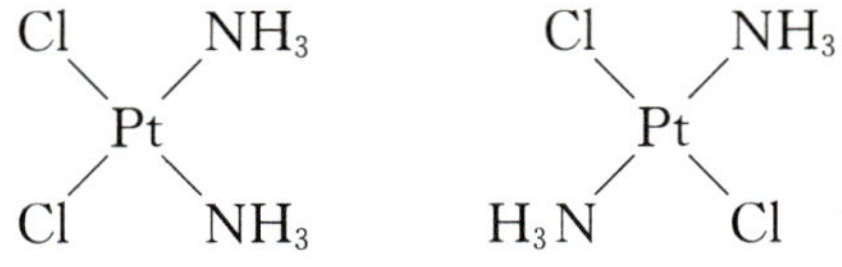

顺式　　反式

配位数为 4 的正四面体结构不会有顺反异构。

② 配位数为 6 的正八面体的配位单元，结构更复杂。例如：

在配合物 Ma_2b_4有两种几何异构体。

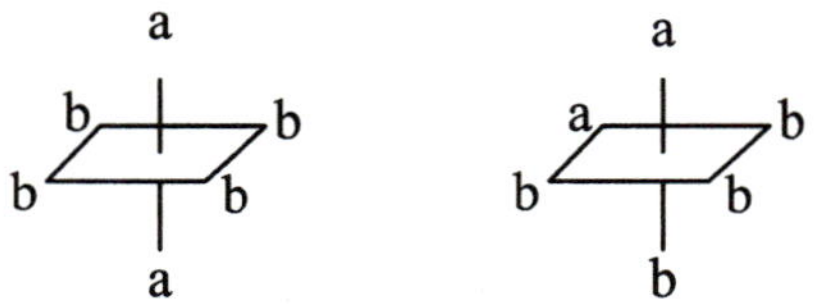

反式　　顺式

配合物 Ma_3b_3有两种几何异构体。

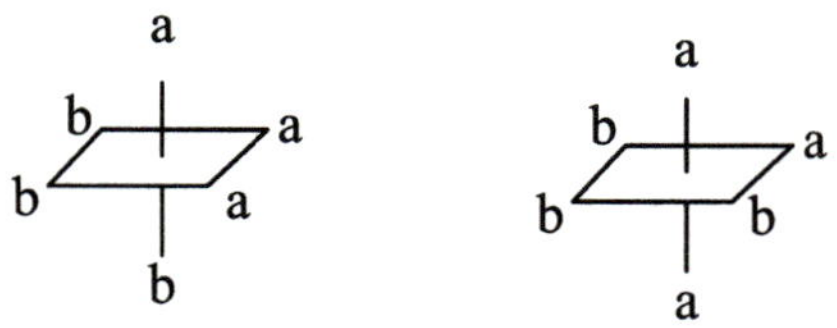

面式　　经式

配合物 Mab_2c_3有三种几何异构体：

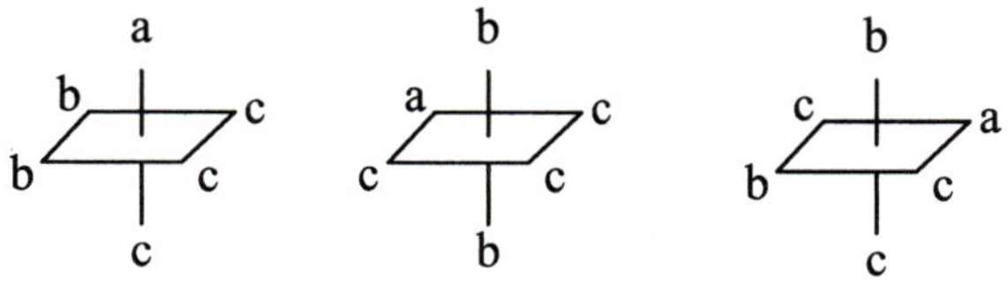

顺式　　顺式　　反式

配合物 $Ma_2b_2c_2$ 有五种几何异构体：

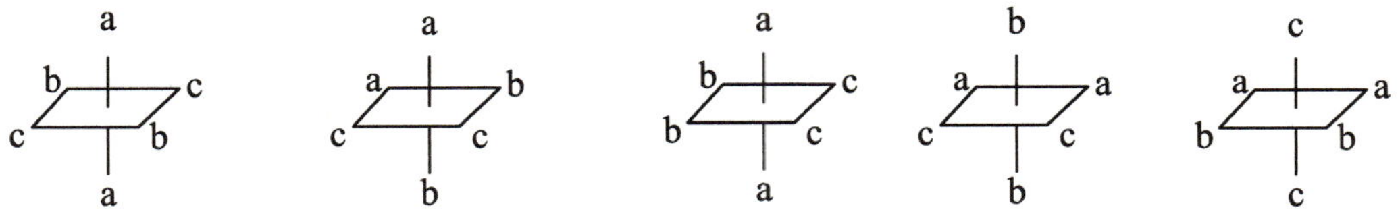

反式　顺式　顺式　顺式　反式

总之，配体数目越多，种类越多，异构现象则越复杂。

(2) 旋光异构

配体的相对位置关系不一致形成几何异构，当相对位置关系一致时，也可能不重合。比如人的两只手，互为镜像，各手指、手掌、手背的相对位置关系也一致，但不能重合。互为镜像的两个几何体可能重合，但只要能重合就是一种。若两者互为镜像但又不能重合，则互为旋光异构（也称对映异构）。旋光异构体的熔点相同，但光学性质不同。

互为旋光异构体的两种物质使偏振光偏转的方向不同。按一系列的规定，定义为左旋、右旋。不同的旋光异构体在生物体内的作用不同。例如：

在八面体结构的配合物 $Ma_2b_2c_2$ 的五种几何异构体中，顺式有旋光异构体：

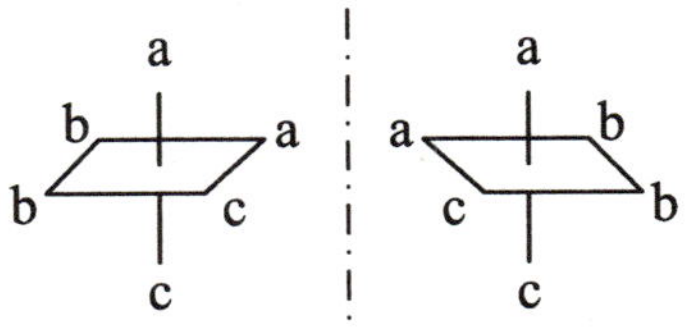

四配位的正四面体结构的配合物 Mabcd 尽管没有几何异构体，但有旋光异构体：

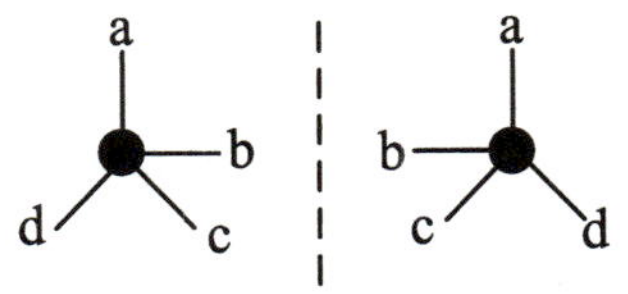

例 3　某配合物的摩尔质量为 260.6 $g \cdot mol^{-1}$，按质量百分比计，其中 Cr 占 20.0%，NH_3 占 39.2%，Cl 占 40.8%。取 25.0 mL 浓度为 0.052 $mol \cdot L^{-1}$ 的该配合物的水溶液，用 0.121 $mol \cdot L^{-1}$ 的 $AgNO_3$ 溶液滴定，达到终点时，耗去 $AgNO_3$ 溶液 32.5 mL，用 NaOH 使该化合物的溶液呈强碱性，未检出 NH_3 的逸出。问：该配合物的结构是怎样的？

解析　由 Cr、NH_3、Cl 的百分比之和为 100% 知该配合物不含其他元素；由 Cr、NH_3、Cl 的百分比可得它们的物质的量比为 $n_{Cr} : n_{NH_3} : n_{Cl} = 1 : 6 : 3$。由滴定消耗的 Ag^+ 的量可算出被 Ag^+ 沉淀的 Cl^- 是全部所含的 Cl^-。由该化合物溶液呈强碱性但不能释放出氨气可见，NH_3 被 Co^{3+} 牢牢结合住。综合以上信息，得出结论：结构为 $[Cr(NH_3)_6]Cl_3$；该配合物含有 $[Cr(NH_3)_6]^{3+}$ 配离子。

例 4　用氨水处理 $K_2[PtCl_4]$ 得到二氯二氨合铂 $Pt(NH_3)_2Cl_2$，该化合物易溶于极性溶剂，其水溶液加碱后转化为 $Pt(NH_3)_2(OH)_2$，后者跟草酸根离子反应生成草酸二氨合铂 $Pt(NH_3)_2C_2O_4$。问：$Pt(NH_3)_2Cl_2$ 的结构是怎样的？

解析　$Pt(NH_3)_2Cl_2$ 是平面四边形配合物，有顺式和反式之分：

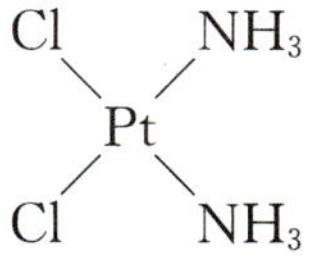

顺式

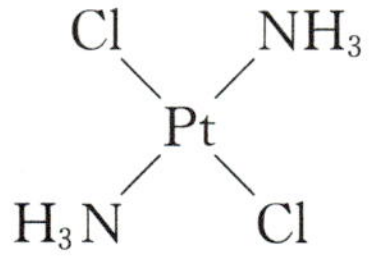

反式

反式异构体有对称中心，无极性，顺式异构体有极性。顺式的两个氯离子处于邻位，被羟基取代后为顺式 $Pt(NH_3)_2(OH)_2$，取代后的两个羟基处于邻位，可被双齿配体 $C_2O_4^{2-}$ 取代得到 $Pt(NH_3)_2C_2O_4$；反式则不可能发生此反应，因为 $C_2O_4^{2-}$ 的 C—C 键长有限，不可能跨过中心离子与它形成配位键。

真题解析

1. 硼的含氧酸的分子式不可能是 (　　)

A. H_2BO_4　　B. H_3BO_3　　C. HBO_2　　D. $H_2B_4O_7$

解析　硼原子最外层有 3 个电子，只能形成 3 对共用电子对，化合价应在 $-3\sim+3$ 之间，所以选项 A 不符合。

2. 在下列分子结构中，各原子的最外层电子都满足 8 电子稳定结构的是 (　　)

A. SF_6　　B. XeF_2　　C. CS_2　　D. CH_4

解析　由于 S 最外层有 6 个电子，再与 6 个 F 形成 6 对共价键，S 最外层含有 12 个电子，同理 Xe 最外层含有 10 个电子。CS_2 的中心原子 C 最外层有 4 个电子，都用来成键，C 提供 2 个电子，和每个 S 提供的 2 个电子形成 2 对共用电子对，一个 CS_2 分子有 4 对共用电子对。CH_4 中有 4 对共用电子对，而每个 H 原子最多只能容纳 2 个电子。所以本题选 C。

3. 已知碳有 3 种常见的同位素 ^{12}C、^{13}C、^{14}C，氧也有 3 种同位素 ^{16}O、^{17}O、^{18}O，由这 6 种微粒构成的二氧化碳分子中，其式量最多有 (　　)

A. 18 种　　B. 6 种　　C. 7 种　　D. 12 种

解析　由于 $^{12}C^{16}O_2\sim{}^{14}C^{18}O_2$ 的式量为 44～50，最多只有 7 种，所以选项 A、D 肯定不正确，因为有 ^{13}C，所以其中的式量都会存在。选 C。

4. 下列物质按沸点降低顺序排列正确的一组是 (　　)

A. CI_4、CBr_4、CCl_4、CF_4　　B. O_2、S、Se、Te

C. HF、HCl、HBr、HI　　D. F_2、Cl_2、Br_2、I_2

解析　根据分子晶体熔点、沸点的递变规律，结构相似的分子，相对分子质量越大，熔点、沸点越高。选 A。

5. 下列分子的中心原子有 d 轨道参与杂化的是 (　　)

A. I_3^-　　B. PCl_3　　C. NO_3^-　　D. H_2Se

解析　I_3^- 为 sp^3d 杂化，PCl_3 为 sp^3 杂化，NO_3^- 为 sp^2 杂化，H_2Se 为 sp 杂化。答案为 A。

6. (北大博雅)下列物质的键角是 120°的是 (　　)

A. 甲醛　　B. 甲烷　　C. 乙炔　　D. 乙烷

解析　甲醛为 sp^2 杂化，键角约为 120°。答案为 A。

7. (北大综合营)下列四种化合物中都含有极性键，其中极性键最强的是 (　　)

A. H_2O_2　　B. BCl_3　　C. CO_2　　D. H_2Se

解析　键的极性可以通过电负性的差值做简单的判断，H—O 的极性最大。答案为 A。

8. 下列分子极性最强的是　（　　）

A. H_2S　　B. HBr　　C. CO_2　　D. H_2Se

解析　CO_2 分子为非极性分子，H—Br 极性大于 H_2S 中的 H—S 极性，但 H—S 有两个，所以 H_2S 的极性大于 HBr。答案为 A。

9. 以下是非极性分子的是　（　　）

A. SO_3　　B. SO_2　　C. SF_4　　D. SF_6

解析　A 为 sp^3 杂化，平面三角形构型，正电中心和负电中心相互重合，分子为非极性分子，所以 A 为非极性分子，D 为正八面体结构，为非极性分子。答案为 AD。

10.（清华领军）在下列各组物质中，其中心原子杂化方式相同的是　（　　）

A. SO_2、SO_3 和 N_2O　　B. H_2CO_3、H_2SO_3 和 H_3PO_3

C. SF_2、SF_4 和 SF_6　　D. CCl_4、SiO_2 和 $Ni(CO)_4$

解析　在 A 选项中，中心原子均为 sp^2 杂化；在 B 选项中，H_2CO_3 中心原子为 sp^2 杂化，H_2SO_3 中心原子为 sp^3 杂化，H_3PO_3 中心原子为 sp^3 杂化；在 C 选项中，SF_2 中心原子为 sp^3 杂化，SF_4 中心原子为 sp^3d 杂化，SF_6 中心原子为 sp^3d^2 杂化；在 D 选项中，CCl_4 中心原子为 sp^3 杂化，SiO_2 为空间网状结构，Si 为 sp^3 杂化，$Ni(CO)_4$ 中 Ni 为 sp^3 杂化（外轨型）。答案为 AD。

11. 画出 CrO_5 和 H_3PO_2 的结构。

解析　CrO_5 中 Cr 的价电子都可以参与成键，它有 6 个价电子，又根据氧原子周围应形成 8 电子稳定结构，可推知 CrO_5 的结构为

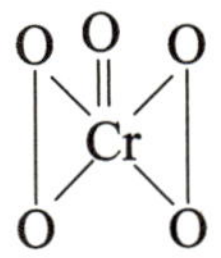

在 CrO_5 中，氧元素的化合价应该是 4/5 为 −1 价，1/5 为 −2 价。H_3PO_2 的结构为

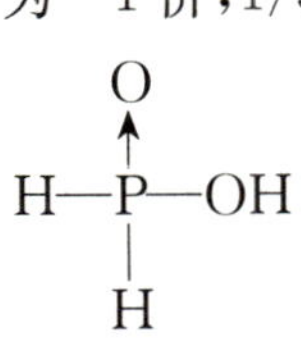

是一元弱酸，因为与 P 直接相连的 H 原子是不能被金属原子取代的。

12. 判断 H_2O_2 和 O_3 的极性，并给出理由。

解析　它们都是极性分子，因为 H_2O_2 分子中的 O 原子是采取不等性的 sp^3 杂化，两个 sp^3 杂化轨道中一个同 H 原子形成 H—Oσ 键，另一个同第二个 O 原子的 sp^3 杂化轨道形成 O—Oσ 键，其他两个杂化轨道则被两对孤电子对占据，每个 O 原子上的两对孤电子间的排斥作用使得两个 H—O 向 O—O 靠拢，整个分子不是直线形的，在分子中有一个过氧链—O—O—，O 的氧化数为 −1，每个 O 原子上各连着一个 H 原子，两个 H 原子位于像半展开的书的两页纸面上，两个 O 原子则处在书的夹缝位置上。

在O_3分子中，O原子采取sp^2杂化，顶角O原子除与另外两个O原子生成两个σ键外，还有一对孤电子对。另外2个O原子分别各有2对孤电子对。在3个O原子之间还存在一个垂直于分子平面的三中心四电子的离域π键（Π_3^4），这个离域π键是由顶角O原子提供2个π电子，另外2个O原子各提供1个π电子形成的。由于3个O原子上孤电子对相互排斥，使O_3分子呈等腰三角形状。结构如图8.3所示。

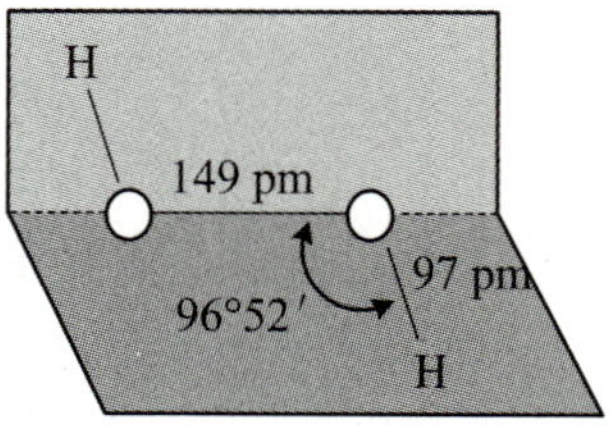

H_2O_2分子的结构

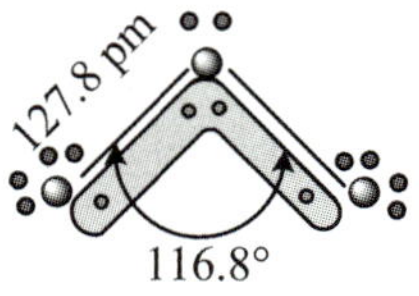

O_3分子的结构

图8.3

13. 为什么卤素（氯、溴、碘）可以显+1、+3、+5、+7价？

解析　Cl、Br、I原子中有与ns、np能级相近的nd轨道，只要供给一定的能量，其np甚至ns电子就会被激发到nd轨道上，从而呈现变价，而F原子电负性最大，且无d价电子轨道，故不呈现变价。

14. 从分子结构的角度说明O_2是一种活性强的分子，可以与卤素，以及除Au、Pt、Ag以外的金属直接作用生成相应的氧化物。

解析　根据分子轨道理论，O_2分子中，氧原子之间存在一个σ键$(\sigma 2p)^2$和两原子三电子π键$(\pi 2p)^2(\pi 2p^*)^1$。O_2分子具有顺磁性的电子结构。从结构看，π键不牢固，易断，从而易从其他原子中获得电子或形成电子对，生成相应的氧化物。

15. 写出H_2O的结构简式，以及有H_2O参与的两种不同类型反应的化学方程式。

解析　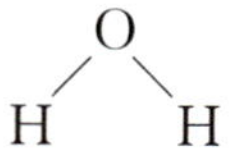

；$H_2O+CO_2 = H_2CO_3$，$2Na+H_2O = 2NaOH+H_2\uparrow$。

16. 试给出$[Cr(NH_3)_6]^{3+}$的杂化轨道类型，并判断中心离子Cr^{3+}是高自旋型还是低自旋型。

解析　该配离子的配位数为6，其空间构型应是正八面体，中心离子杂化轨道类型可能是内轨型d^2sp^3或外轨型sp^3d^2。Cr^{3+}的电子构型是$3d^3$，内层有空的3d轨道，因而形成内轨型的杂化轨道。对于八面体场（C. N. =6），只有当络离子的中心离子（或原子）的d电子数为4～7时，才可能有高自旋与低自旋之分。因Cr^{3+}只有3个d电子，故无高自旋与低自旋之分。

17. 假设有一个分子只含有H、N、B元素，其中原子数$N_H : N_N : N_B = 2 : 1 : 1$，它的分子量为80.4，且发现它是非极性抗磁性分子。

（1）此分子有两种可能构型A和B，其中A比B稳定。请画出它们的结构式，并说明为什么A比B稳定。

（2）说明A和B分子中化学键的类型。

（3）说明A和B分子为什么是非极性抗磁性分子。

（4）标明 A 分子中成键骨架原子的形式电荷，并简述理由。

解析　（1）A：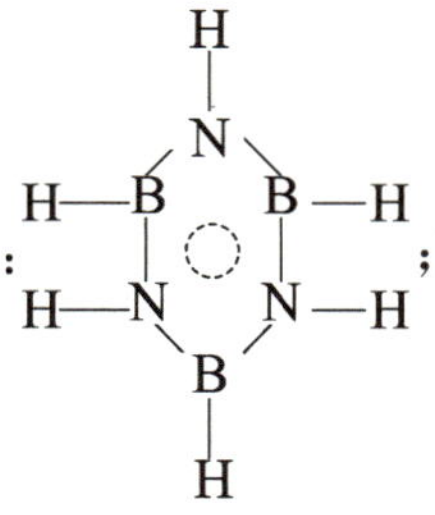；B：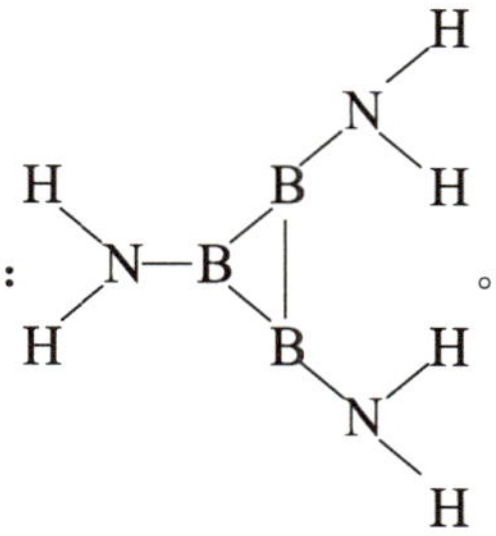。

从立体几何的角度看，A 式为六元环结构，比 B 式三元环结构稳定，三元环的张力太大；从纯化学的角度看，A 式中的 N、B 均以 sp^2 杂化轨道成键，在 A 中，3 个 N 原子的 p_z 轨道上 3 对孤对电子与 3 个 B 原子的空 p_z 轨道形成 6 中心、6 电子的离域 π 键，而 B 式却不能形成离域 π 键。所以 A 式比 B 式稳定。

（2）A：B、N 为 sp^2 杂化，一个 Π_6^6 键。B：B 为 sp^2 杂化、N 为 sp^3 杂化。

（3）在成键情况下，上面的两个式子中 B、N 都没有成单电子，所以都是抗磁性分子。

（4）A 式中的离域 π 键是由 N 原子将孤对电子提供给 B 原子（B 原子是缺电子原子）形成的，综合考虑，N 原子少电子，因此 N 原子显示正电荷，B 原子显示负电荷。如下所示：

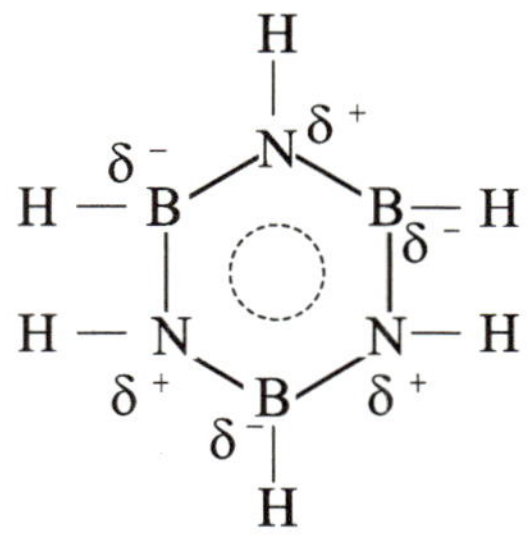

18. 写出 $Pt(NH_3)_2(OH)_2Cl_2$ 的异构体。

解析　八面体的 6 个顶点被 3 对不同的配体占据，只可能有 3 种形式：

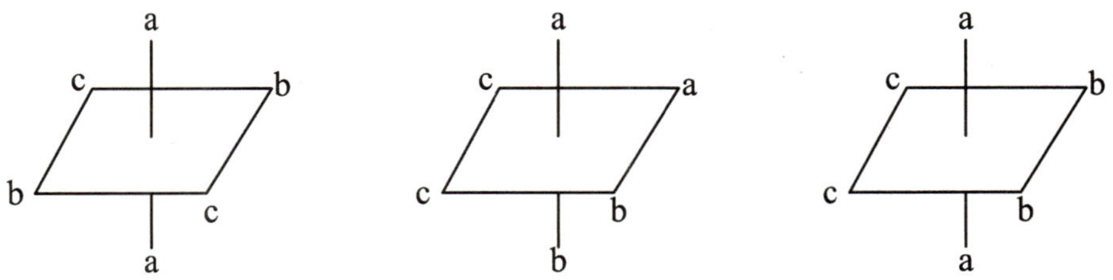

（1）　　（2）　　（3）

（1）式中 a、b、c 3 对配体均取对位，（2）式中 a、b、c 3 对配体均取邻位，（3）式为“一反二顺”式。对于（1）、（2）式，a、b、c 的空间关系是无区别的，而（3）式中 a 与 b、c 的空间关系有区别，当 a 分别为 OH^-、NH_3 和 Cl^- 时，便出现 3 种异构体。再者，（1）、（3）式分子内均有对称面，不可能出现对映异构体，而（2）式无对称面，存在 1 对对映异构体。

该化合物有 6 种异构体，结构如下：

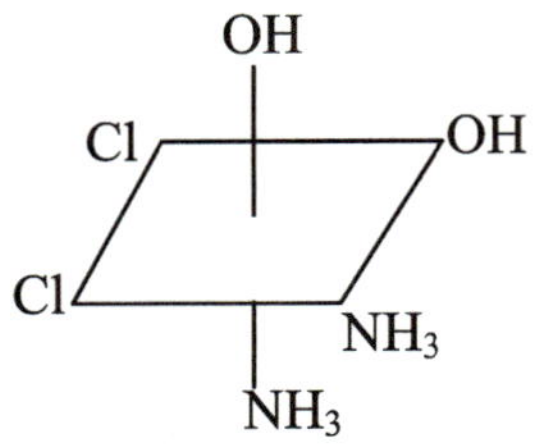

(1)

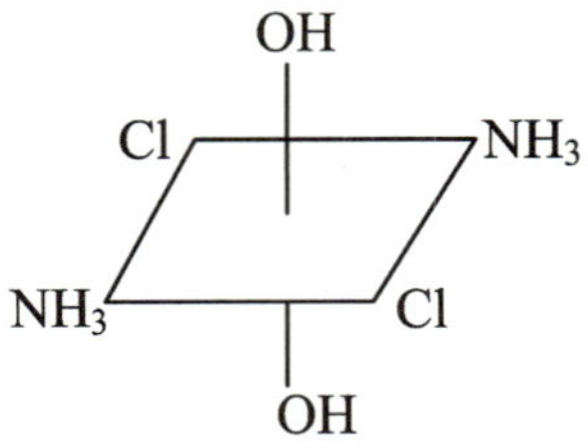

(2)

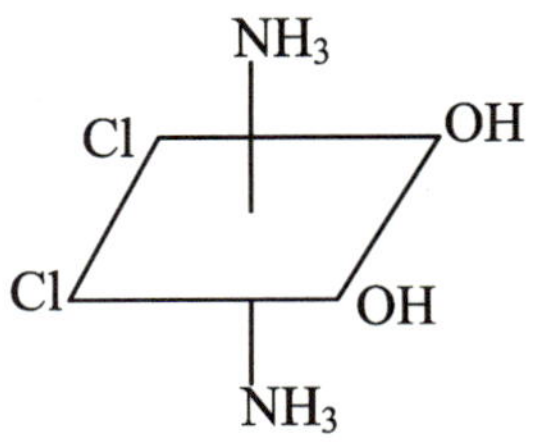

(3)

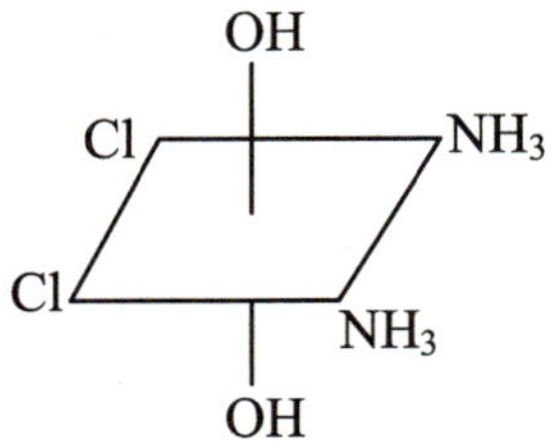

(4)

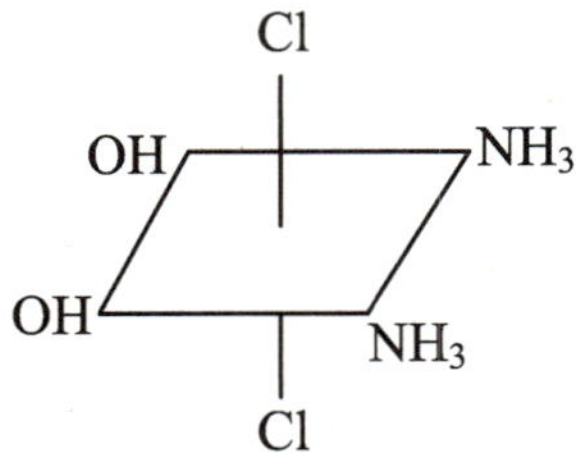

(5)

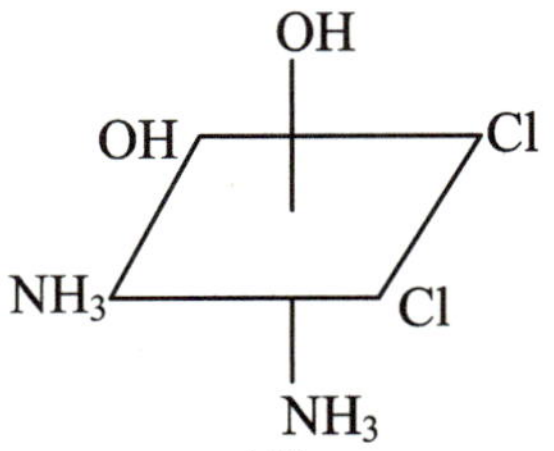

(6)

其中,(6)是(1)的对映体。

19. (清华自招)氟元素因其原子半径小、电负性高,可以与其他元素组成最高氧化态的化合物,如 MnF_7、SF_6、IF_7 等。OF_2 可由 F_2 和稀 NaOH 溶液反应制备,它可以与水缓慢反应。Cl_2O 也可与水反应。

(1) OF_2 的空间构型为______ ,Cl_2O 的中心原子杂化方式为________。

(2) OF_2 和 Cl_2O 分别与水反应的方程式为__________________________。

(3) O_2F_2 是一种强氧化剂,由 O_2 和 F_2 在低温下反应得到,分析分子结构,估计键角大小。

(4) 写出氧元素的所有氧化态,每种氧化态举一例物质。

解析 (1) OF_2 的空间构型为 V 型,Cl_2O 的中心原子杂化方式为 sp^3。

(2) OF_2 和 Cl_2O 分别与水反应的方程式为

$$OF_2+H_2O=\!=\!=O_2+2HF$$

$$Cl_2O+H_2O=\!=\!=2HClO$$

(3) O_2F_2 的分子结构与 H_2O_2 的分子结构相似,为极性分子,键角小于 97°。

(4) 氧元素的所有氧化态:+2 价的 OF_2;+1 价的 O_2F_2;0 价的 O_2;−2 价的 H_2O;−1 价的 H_2O_2;−1/2 价的 KO_2;−1/3 价 KO_3。

20. (北大夏令营)试比较 CH_3CH_2OH 与 CH_3CH_2SH 的沸点高低,并说明理由。

解析 CH_3CH_2OH 中可以形成氢键,导致熔、沸点显著升高。

21. 可燃冰是蕴藏在海底的甲烷在高压下形成的固体甲烷水合物。在可燃冰中,写出水分子与水分子之间的作用力和甲烷分子与水分子之间的作用力。某种可燃冰的化学式是 $8CH_4\cdot 64H_2O$,写出其燃烧的反应方程式。

解析 范德华力和氢键,范德华力;$8CH_4\cdot 64H_2O+16O_2=\!=\!=8CO_2+80H_2O$。

22. 在铜的催化下,F_2 与过量 NH_3 反应得到一种铵盐和 A。A 是三角锥型分子,键角为 102°,沸点为 −129 ℃。

(1) 写出制备 A 的化学方程式。

(2) 为什么 A 的键角比 NH_3(107.3°)小得多?

(3) 为什么 A 的沸点比 NH_3(−33 ℃)小得多?

(4) 用从正电中心指向负电中心的箭头来表示 A 和 NH_3 分子中成键电子对和孤对电子的极性。这两种分子哪个极性大? 为什么?

(5) A 和 NH_3 的碱性哪个强? 为什么?

(6) A 中 N—F 的键能为 180 $kJ \cdot mol^{-1}$,比 BF_3 中 B—F(646 $kJ \cdot mol^{-1}$)小,为什么?

(7) A 不易水解,NCl_3 却容易水解,为什么?

解析　(1) $3F_2 + 4NH_3 \xlongequal{} NH_4F + NF_3$(铜催化)。

(2) F 的电负性是最小的,电子被 F 原子吸引,N—F 的键长比 N—H 的键长长,导致 NF_3 的键角比 NH_3 的键角(107.3°)小得多。

(3) NH_3 中有氢键,导致沸点升高。

(4) NF_3 和 NH_3 中的 N 原子都为 sp^2 杂化,其中,都有一个轨道被一对孤对电子所占据,N—F 的极性比较大,而且偶极矩指向 F 原子,而在 N 原子中,孤对电子产生的偶极矩指向孤对电子,其方向正好与 N—F 产生的偶极矩相反,抵消了 N—F 产生的偶极矩,所以 NF_3 分子的极性较小。对于 NH_3 来说,N—H 产生的偶极矩指向 N 原子,与 N 原子中由孤对电子产生的偶极矩的方向相同,使 N—H 的极性加强,所以 NH_3 分子的极性大。

(5) NF_3 碱性弱,F 元素电负性大,对 N 原子上的孤对电子对的吸引力较强,N 原子提供电子对的能力减弱,所以碱性减弱。

(6) NF_3 的 N 原子上孤对电子对对 N—F 成键电子对排斥,导致 N—F 稳定性下降,键能降低。

(7) NF_3 中 sp 轨道都已经充满,无可利用的 d 轨道,所以难水解,而 NCl_3 的 Cl 原子有 d 空轨道,水解比较容易。

模拟训练

一、选择题(只有一个正确答案)

1. 在下列化合物中,既有离子键又有共价键的是　(　　)

A. CaO　　B. SiO_2　　C. H_2O　　D. Na_2O_2

2. 已知 Zn^{2+} 的 4s 轨道和 4p 轨道可以形成 sp^3 型杂化轨道,那么 $[ZnCl_4]^{2-}$ 的空间构型为　(　　)

A. 直线形　　B. 平面正方形　　C. 正四面体形　　D. 正八面体形

3. 下列物质有固定的熔点,且熔点逐渐降低的一组物质是　(　　)

A. HI、HBr、HCl、HF　　B. 石英、食盐、干冰、钾

C. 重油、柴油、煤油、汽油　　D. KI、I_2、Hg、O_2

4. X 射线研究表明,固态 PCl_5 由空间构型分别是正四面体和正八面体的两种离子构成。则下列关于 PCl_5 的说法正确的是　(　　)

A. 固态的 PCl_5 中存在离子键,但不能看作离子晶体

B. 固态的 PCl_5 全部是共价键,可看作原子晶体

C. 固态的 PCl_5 由$[PCl_4]^+$和$[PCl_6]^-$构成,且离子数目之比为 1∶1

D. 固态的 PCl_5 具有良好的导电性

5. 纳米材料的表面微粒数占微粒总数的比例极大,这是它有许多特殊性质的原因。假设某硼镁化合物的结构如图 8.4 所示,则这种纳米颗粒的表面微粒数占总微粒数的百分数为 ( )

A. 22% B. 70% C. 66.7% D. 33.3%

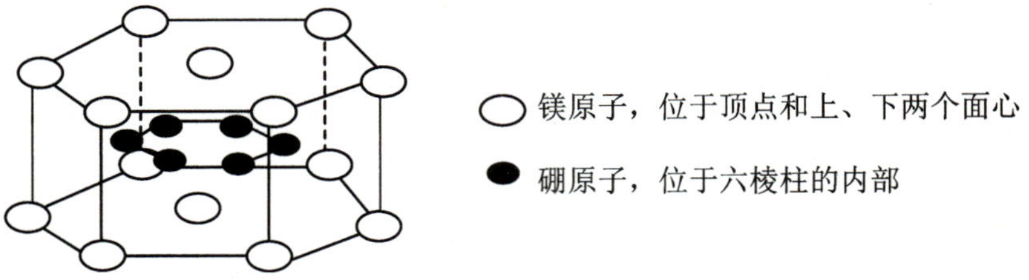

图 8.4

6. 近年来,科学家们发现由 100 个碳原子构成具有完美对称性的 C_{100} 原子团,每个碳原子可形成 4 个化学键,最内部是由 20 个碳原子构成的正十二面体,外层的 60 个碳原子形成 12 个分立的正五边形,处于中间层次的碳以单键方式将内外层碳原子连接在一起。当它与氟的单质反应形成分子时,其分子式应为 ( )

A. $C_{100}F_{60}$ B. $C_{100}F_{20}$ C. $C_{100}F_{12}$ D. $C_{100}F_{40}$

二、简答题

7. 画出亚磷酸(H_3PO_3)的结构式,并说明它是几元酸。

8. 画出五氧化二磷的结构并分析。

9. 已知 NO_3^-、CO_3^{2-} 互为等电子体，为什么这一组不包括 SiO_3^{2-}、PO_3^{3-}？

10. 四氨合铜(Ⅱ)离子在微酸性条件下，与二氧化硫反应生成一种沉淀物 A，该沉淀物中 Cu、N、S 的原子个数比为 1∶1∶1。结构分析证实：存在一种正四面体形和一种三角锥形的分子或离子，呈抗磁性。该沉淀物与硫酸混合，受热分解成纳米粒子 B、溶液 C 和气体 D。

(1) 试推断出沉淀物 A 的化学式。

(2) 写出生成 A 的离子方程式。

(3) 写出 A 与硫酸反应的方程式。

(4) 若在密闭容器中完成操作(3)，B 的最大理论产率为多少？

11. 最近，我国一留美化学家参与合成了一种新型炸药，它跟三硝基甘油一样抗打击、抗震，但一经引爆就发生激烈爆炸，是迄今最烈性的非核爆炸品。该炸药的化学式为 $C_8N_8O_{16}$，同种元素的原子在分子中是毫无区别的。

(1) 试画出它的结构式。

(2) 试写出它的爆炸反应方程式。

(3) 它具有强烈爆炸性的原因是什么？(注：只需给出要点即可。)

12. 请就 BF_3 的有关知识回答下列问题：

(1) 其几何构型及成键情况是怎样的？

(2) 分子是否有极性？

(3) 如果把 BF_3 与乙醚放在一起，BF_3 键长从 130 pm 增加到 141 pm，试问所成新化合物的成键情况及极性如何？

13. NO 的生物活性已引起科学家的高度重视。它与超氧离子(O_2^-)反应，该反应的产物在本题中用代号 A 表示。在生理 pH 条件下，A 的半衰期为 1～2 s。A 被认为是人生病，如炎症、中风、心脏病和风湿病等引起大量细胞和组织毁坏的原因。A 在巨噬细胞里受控生成却是巨噬细胞能够杀死癌细胞和入侵微生物的重要原因。科学家用生物拟态法探究了 A 的基本性质，如它与硝酸根的异构化反应等。他们发现，^{16}O 标记的 A 在 ^{18}O 标记的水中异构化得到的硝酸根有 11％的 ^{18}O，可见该反应历程复杂。请回答如下问题：

（1）写出 A 的化学式。写出 NO 跟超氧离子的反应。你认为 A 离子的可能结构是什么？试写出它的路易斯结构式（用短横表示化学键和用小黑点表示未成键电子的结构式）。

（2）A 离子和水中的 CO_2 迅速一对一地结合。试写出这种物质可能的路易斯结构式。

（3）含 Cu^+ 的酶的活化中心使亚硝酸根转化为 NO。写出 Cu^+ 和 NO_2^- 在水溶液中的反应。

（4）在常温下把 NO 气体压缩到 100 个大气压，在一个体积固定的容器里加热到 50 ℃，发现气体的压强迅速下降，压强降至略小于原压强的 2/3 就不再改变。已知其中一种产物是 N_2O，写出化学方程式，并解释为什么最后的气体总压强略小于原压强的 2/3。

14.（1）德国马克斯普朗克聚合物研究所的 Klaus Mullen 研究小组制备了一种六取代的苯，其拥有中性分子中目前已知的最大偶极矩，已经超过了离子化合物如溴化钾的偶极矩。该分子含氮 40.38％、氢 1.94％，摩尔质量在 200 g · mol^{-1} 左右。画出其结构简式________。

（2）化合物甲由四种元素组成，甲隔绝空气爆炸产生乙、丙、丁的数量关系如图 8.5 所示。

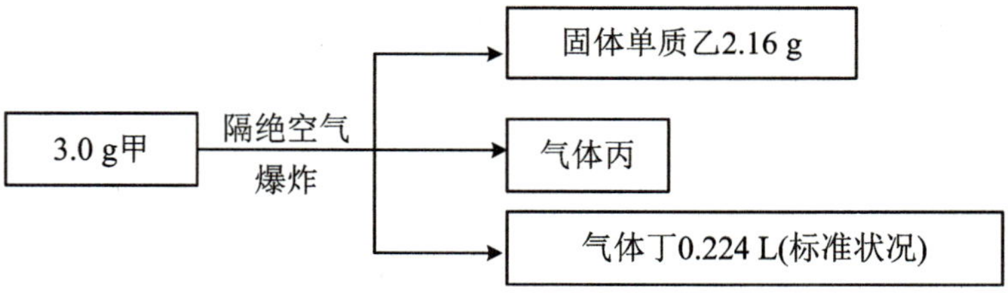

图 8.5

丙和丁是相对分子质量相同的常见气体，其中，丁是空气的主要成分之一，写出甲的化学式________。

（3）含铬配合物 X 由四种元素组成，元素分析结果如下：含氯 40.0％，含氧 36.0％，含氢 4.5％。将 1.066 g X 溶于 100 mL 水中，加入过量 HNO_3 使其溶解；再在溶液中加入过量硝酸银至沉淀完全，收集沉淀，将沉淀干燥，得 0.574 g 产物，将 1.066 g A 在干燥空气中缓慢加热至 100 ℃时有 0.144 g 水生成。

① 写出配合物 X 的化学式（写明内界和外界）________。

② 画出配合物 X 中阳离子的几何异构体________。

第 9 章　晶体类型与晶胞

9.1　晶体的特征

晶体的特征主要包括以下几个方面：

(1) 晶体的均匀性和各向异性。

(2) 晶体具有固定的确定的熔点。

(3) 自范性、对称性。

晶体在理想生长环境中能自发地形成规则的凸多面体外形，并满足欧拉定理：

$$F(\text{晶面数})+V(\text{顶点数})=E(\text{晶棱数})+2$$

晶体外形的对称性是晶体内部对称性的外在表现。

(4) 晶体的 X 射线衍射效应。

晶体的周期性结构使它成为天然的三维光栅，周期与 X 光波长相当，能够对 X 光产生衍射。

9.2　晶胞的参数和类型

晶体的最小重复单元为晶胞，通过晶胞在空间平移无隙地堆砌而成晶体。

9.2.1　晶胞具有平移性

晶胞是描述晶体微观结构的基本单位。分析一个晶胞中原子的排列，就等于分析了整个晶体。整个晶体可视作成千上万个晶胞“无隙并置”地堆积而成。所谓无隙，是指晶胞与晶胞总是共面、共顶角、共棱地比邻，晶胞间不留任何空隙；所谓并置，是指从一个晶胞到另一个晶胞，无须转动，是简单平移，或者说，晶体是由许许多多方向完全一致的晶胞在晶体微观空间的任何一个方向上平行地排列着的，晶体中不存在取向不同的晶胞。其实，“无隙并置”是晶胞本质特征“平移性”的另一表述而已。

晶胞具有平移性，因而，观察一个晶胞，绝对不能把它当作游离孤立的几何体，而需想象它的上下、左右、前后都有共面、共顶、共棱的完全等同的晶胞与之比邻。晶胞的平移性决定了晶胞的顶角、平行面、平行棱一定是等同的。由此就不难判断，图 9.1 中的实线小立方体不是 NaCl 晶胞和金刚石晶胞，十分明显，它们的顶角不等同；反之，其 8 倍体积的虚线大立方体才分别是氯化钠和金刚石的晶胞，其上下、左右、前后都有等同比邻晶胞。

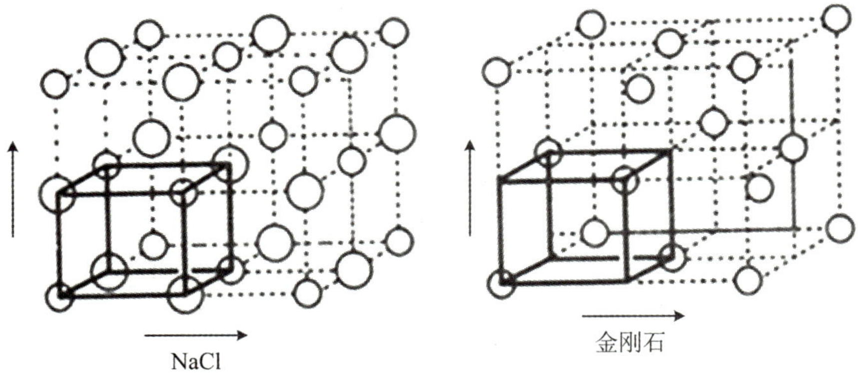

图 9.1

实际晶体与被看作简单平移无隙并置的晶胞堆积而成的理想模型是有差别的。实际晶体经常出现各种缺陷，例如，按理想模型该有原子的地方可能缺失了原子或被另一种原子替代了，而不该有原子的地方可能嵌入了某个原子，晶胞与晶胞也可能发生位错，并非完全并置，甚至近年还发现许多晶体中原子重复出现的周期并不单调而有涨落，称为非公度晶体。实际晶体的许多独特性质正是这些与理想模型偏离的结果。

9.2.2 晶胞中原子的参数

晶胞的大小与形状用晶胞参数 a、b、c、α、β、γ 表示，其中，a、b、c 为六面体边长，α、β、γ 分别是 bc，ca，ab 所组成的夹角。

晶胞的信息包括粒子的种类、数目及它在晶胞中的相对位置。

晶胞中原子 P 的位置用向量$\overrightarrow{OP}=xa+yb+zc$ 表示。x、y、z 就是分数坐标，它们永远不会大于 1。如图 9.2 所示，位于晶胞原点(顶角)的原子的坐标为(0,0,0)；位于晶胞体心的原子的坐标为(1/2,1/2,1/2)；位于 ab 面心的原子的坐标为(1/2,1/2,0)；位于 ac 面心的原子的坐标为(1/2,0,1/2)；等等。坐标三数组中数的绝对值的取值区间为 $1>|x(y,z)|\geqslant 0$。若取值为 1，相当于平移到另一个晶胞，与取值为 0 毫无差别，可形象地说成"1 即是 0"。因而，位于晶胞顶角的 8 个原子的坐标都是(0,0,0)，没有差别，它们中的每个原子均为相邻的 8 个晶胞所共用，平均每个晶胞只占 1/8。而且，只要 1 个顶角上有原子，其他 7 个顶角上也一定有相同的原子，否则就失去了平移性，就不是晶胞了。同样道理，坐标为(1/2,1/2,0)的原子是指两个平行的 ab 面的面心原子，而且有其一必有其二，否则也失去平移性，晶胞不复存在。反之，坐标不同的原子即使是同种原子，在几何上也不同，不能视为等同原子。例如，坐标为(1/2,1/2,0)的原子与坐标为(0,1/2,1/2)的原子是不同的。

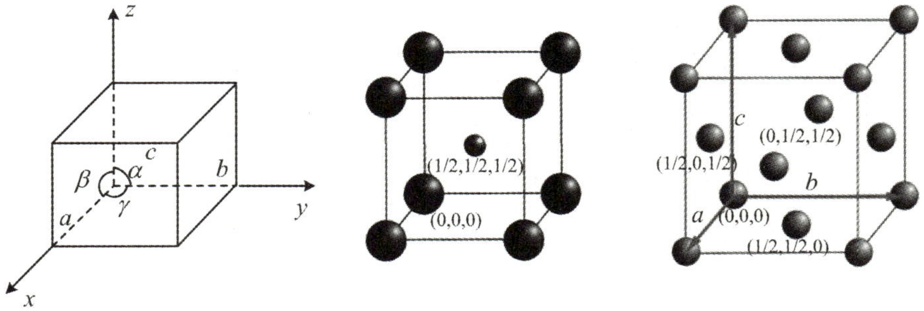

图 9.2

例如，NaCl 晶胞(图 9.3)中各原子的分数坐标如下：

结构基元为 A—B，A、B 与原子种类无关，每个晶胞中有 4 个结构基元。

A：(0,0,0)；(0,1/2,1/2)；(1/2,0,1/2)；(1/2,1/2,0)。

B：(1/2,0,0)；(0,1/2,0)；(0,0,1/2)；(1/2,1/2,1/2)。

立方 ZnS 晶胞(图 9.4)的原子坐标如下：

A：(0,0,0)；(0,1/2,1/2)；(1/2,0,1/2)；(1/2,1/2,0)。

B：(1/4,1/4,3/4)；(1/4,3/4,1/4)；(3/4,1/4,1/4)；(3/4,3/4,3/4)。

(注意：坐标与原点选择有关。)

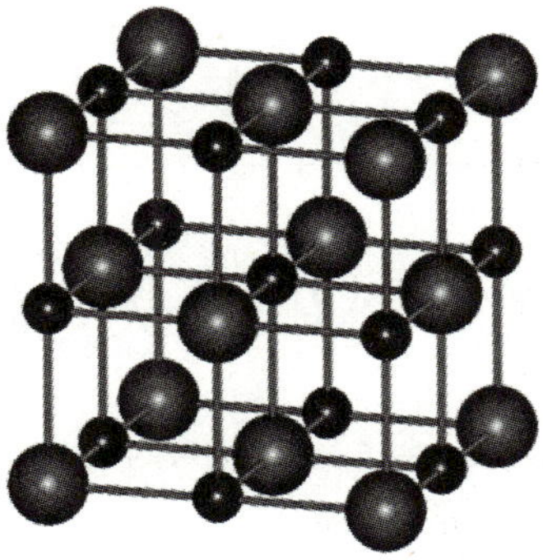

图 9.3

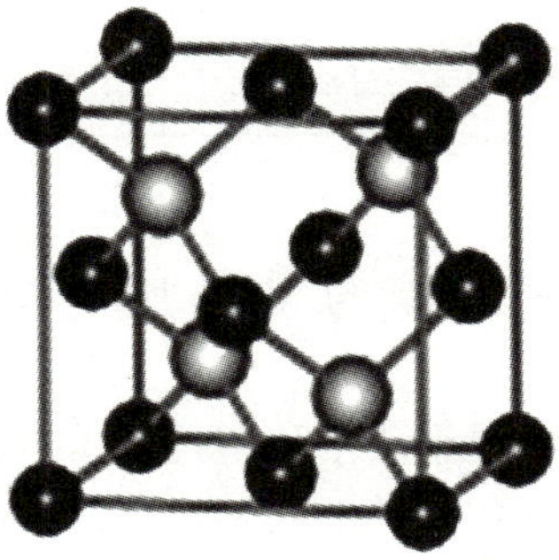

图 9.4

金刚石型晶体(图 9.5)的原子分数坐标如下：

顶点原子：(0,0,0)。

面心原子：(0,1/2,1/2)；(1/2,0,1/2)；(1/2,1/2,0)。

晶胞内原子：(1/4,1/4,3/4)；(1/4,3/4,1/4)；(3/4,1/4,1/4)；(3/4,3/4,3/4)。

晶胞内原子坐标与原点选择有关，结构基元为 2A；每个晶胞中有 4 个结构基元。

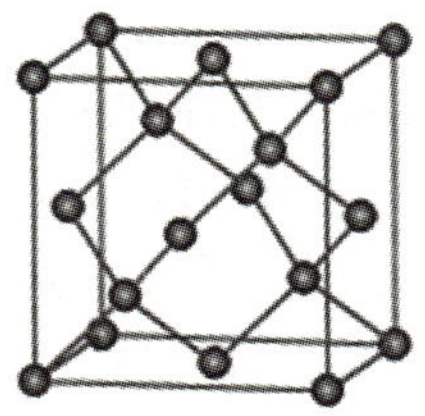

图 9.5

按照晶胞参数的差异将晶体分成 7 种晶系，如图 9.6 所示。按照带心型式分类，将 7 大晶系分为 14 种型式(表 9.1)。例如，立方晶系分为简单立方、体心立方和面心立方 3 种。

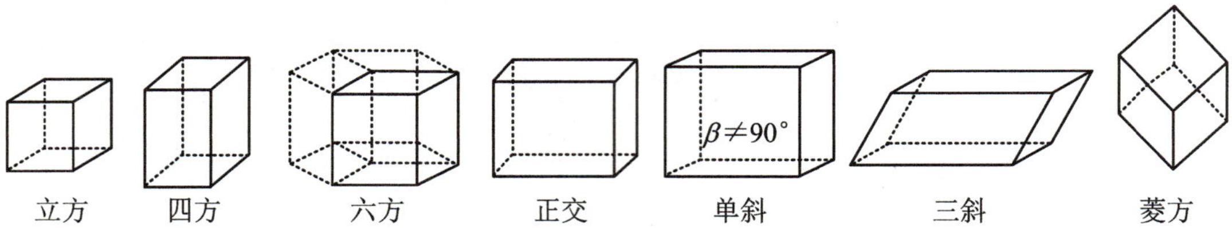

图 9.6

表 9.1

晶系	边长	夹角	晶体实例
立方晶系	$a=b=c$	$\alpha=\beta=\gamma=90^\circ$	简单立方：Mn，CsCl； 体心立方：Li，Na，K； 面心立方：Ni，Cu，Ag，Au，NaCl，金刚石
三方(菱方)晶系	$a=b=c$	$\alpha=\beta=\gamma\neq 90^\circ$	简单菱方：Al_2O_3
四方晶系	$a=b\neq c$	$\alpha=\beta=\gamma=90^\circ$	简单四方：金红石(TiO_2)；体心四方：SnO_2
六方晶系	$a=b\neq c$	$\alpha=\beta=90^\circ,\gamma=120^\circ$	简单六方：AgI，Mg
正交晶系	$a\neq b\neq c$	$\alpha=\beta=\gamma=90^\circ$	$HgCl_2$
单斜晶系	$a\neq b\neq c$	$\alpha=\beta=90^\circ,\gamma\neq 90^\circ$	$KClO_3$
三斜晶系	$a\neq b\neq c$	$\alpha\neq\beta\neq\gamma\neq 90^\circ$	$CuSO_4\cdot 5H_2O$

9.2.3　素晶胞与复晶胞(体心晶胞、面心晶胞和底心晶胞)

只有素晶胞才是最小平移单位，是不可能再小的晶胞，而且它的内容物，即晶胞内原子的集合是微观晶体周期性平移的最小单元，即结构基元；然而，人们有时并不用素晶胞来表达晶体结构，例如氯化钠晶体，其素晶胞是一个夹角为 60°的菱方晶胞，可是通常人们都用比这个素晶胞大得多的面心立方晶胞来表示氯化钠结构，后者是复晶胞，其内容物是素晶胞的 4 倍。为什么这样呢？原来，晶胞的取用首先必须反映晶体的微观对称性，然后人们才选取尽可能小的体积。这两个条件是分先后满足的，于是，如果选用素晶胞不能充分反映晶体的微观对称性，就不得不选用复晶胞。总之，复晶胞是素晶胞的多倍体，包括体心晶胞(2 倍体)、面心晶胞(4 倍体)和底心晶胞(2 倍体)三种。

体心晶胞的特征是可作体心平移；反之，不能作体心平移的晶胞不是体心晶胞。检验晶胞内的原子是否存在体心平移关系最简单的方法是：将晶胞的框架(围拢晶胞的多面体)的顶角移到原晶胞的体心位置(晶胞内、外原子的位置保持在原位不动)，考察移位的框架围拢的“新晶胞”里所有原子的位置是否与原晶胞里所有原子的位置一一对应地相等，如果相等，表明晶胞具有体心平移的特征，这种晶胞就是体心晶胞，如果不相等，这种晶胞就不是体心晶胞。在晶体学上，体心平移用+(1/2，1/2，1/2)来表示，意思是原晶胞中的半数原子与另半数原子的关系是在它们的坐标加上(1/2,1/2,1/2)的向量来发生“分数平移”的。例如,体心球是顶角球的坐标(0,0,0)+(1/2,1/2,1/2),即发生体心分数平移的产物。上面我们移动晶胞的框架得到的新晶胞中任一原子与原晶胞位置相同原子的关系正是这种分数平移关系。因此,体心晶胞中原子的数目等于结构基元的 2 倍。

例如,图 9.7 中哪个晶体的晶胞(用实线围起)是体心晶胞?金属钠(Na)的晶胞是体心晶胞,可作体心平移,所得用虚线围起的新晶胞与原晶胞中所有原子的坐标相同;氯化铯(CsCl)的晶胞不是体心晶胞,不能作体心平移,原晶胞的框架移动后,所得新晶胞(虚线围起)里的氯原子和铯原子的原子坐标与原晶胞不同。

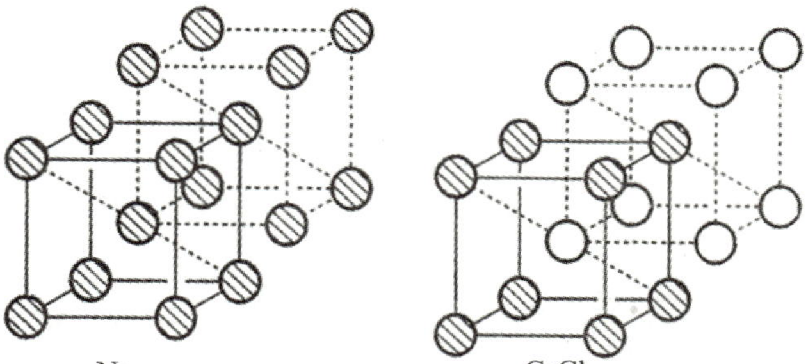

Na　　CsCl

图 9.7

图 9.8 的亚硝酸钠($NaNO_2$)是体心晶胞,金红石(TiO_2)是素晶胞。图 9.9 赤铜矿(Cu_2O)晶胞不是体心立方晶胞。若将体心氧原子改为晶胞原点,原晶胞的框架平移后得到的新晶胞中铜原子的坐标是(1/4,1/4,1/4),与原晶胞不同,因此不能作体心平移,该晶胞是素立方晶胞。

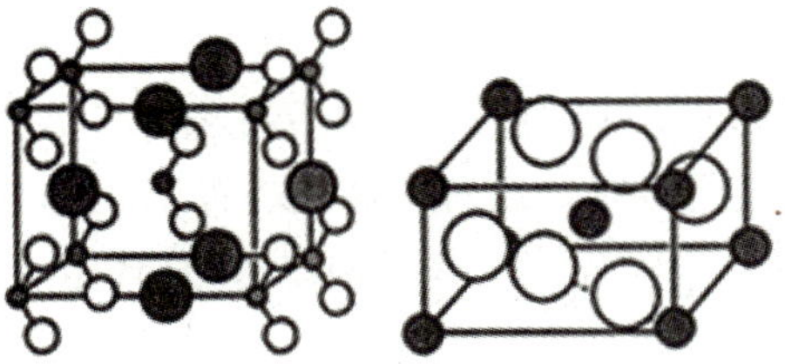

$NaNO_2$　　TiO_2

图 9.8

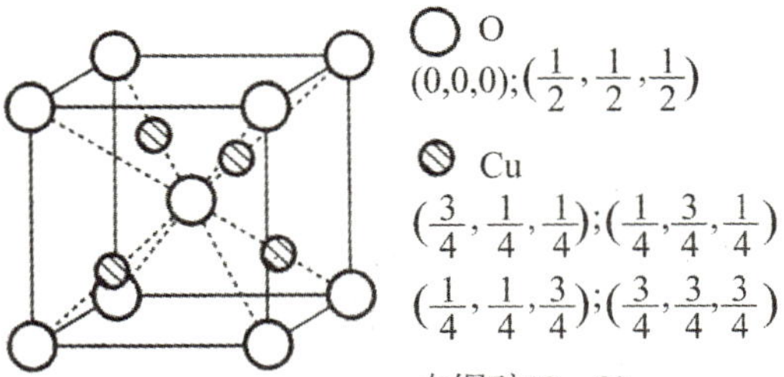

赤铜矿(Cu_2O)

图 9.9

面心晶胞的特征是可作面心平移,将原晶胞框架的顶角平移到原晶胞的任一面心位置得到的新晶胞与原晶胞无差别。说明原晶胞里的原子可以分成 4 等份,其中,3 份原子是第一份原子作面心平移的产物。因此,面心晶胞中的原子是结构基元的 4 倍。在晶体学上,面心平移的符号是+(1/2,1/2,0),(0,1/2,1/2),(1/2,0,1/2)。

9.3　晶体中原子的堆积方式(以金属为例)

金属单质晶体的结构比较简单,这与金属键密切相关:由于金属键没有方向性和饱和性,大多数金属元素按照等径圆球密堆积的几何方式构成金属单质晶体,主要有立方面心最密堆积、六方最密堆积和立方体心密堆积三种类型。

9.3.1　密堆积的基本知识

密置层的位置如图 9.10 所示。从一个密置层上,可以看出这样几点:

图 9.10

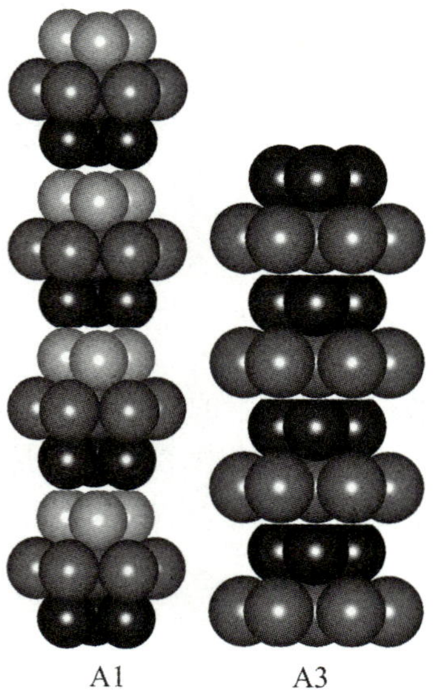

图 9.11

(1) 层上有 3 个特殊位置:球的顶部 A、上三角凹坑 B 和下三角凹坑 C。以该层为参照层,称为 A 层。

(2) 叠加到 A 层上的第二层各个球只能置于凹坑 B 或 C。由于上、下三角只是相对而言,故称第二层为 B 层。

(3) 第三层叠加到第二层 B 上时,只可能是 C 或 A 层。

(4) 无论叠加多少层,最多只有 A、B、C 三种,最少有 A、B 两种(因为相邻层不会同名)。

(5) 若以后各层均按此方式循环,每三层重复一次或每两层重复一次,就只会产生两种结构(图 9.11):

① …ABCABC…,即每三层重复一次,这种结构称为 A1 型,从中可以取出立方面心晶胞;② ABABAB…,即每两层重复一次,称为 A3 型,从中可取出六方晶胞。这两种最密堆积是金属单质晶体的典型结构。A3 最密堆积形成后,划分出六方晶胞,如图 9.12 所示。

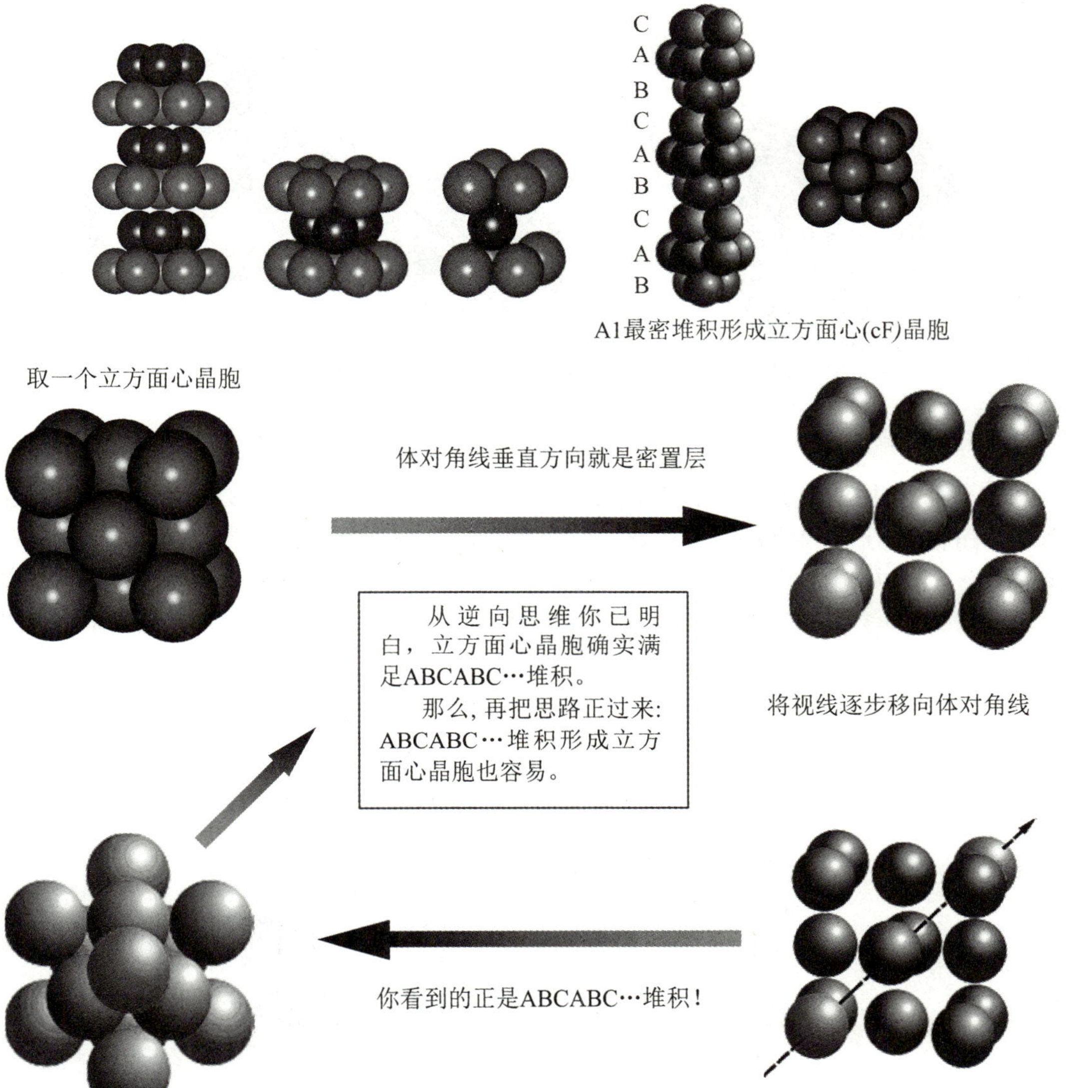

图 9.12

9.3.2　最密堆积结构中的空隙类型

如图 9.13 所示，在一个密置层中，有上三角形与下三角形两种空隙。从一个平行四边形正当格子可看出，球数∶上三角形空隙数∶下三角形空隙数＝1∶1∶1，或者球数∶三角形空隙数＝1∶2。

密置双层的晶胞中含 1 个正八面体空隙和 2 个正四面体空隙(图 9.14)，其中，正八面体空隙由 3A＋3B 构成，正四面体空隙由 3A＋1B 或 1A＋3B 构成。并且

球数∶正八面体空隙数∶正四面体空隙数＝2∶1∶2

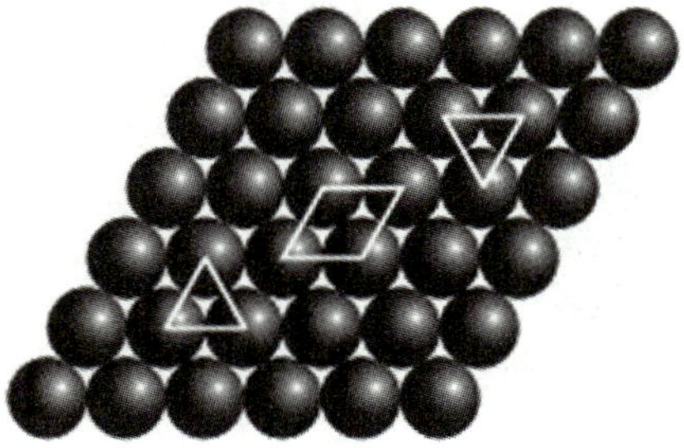

图 9.13

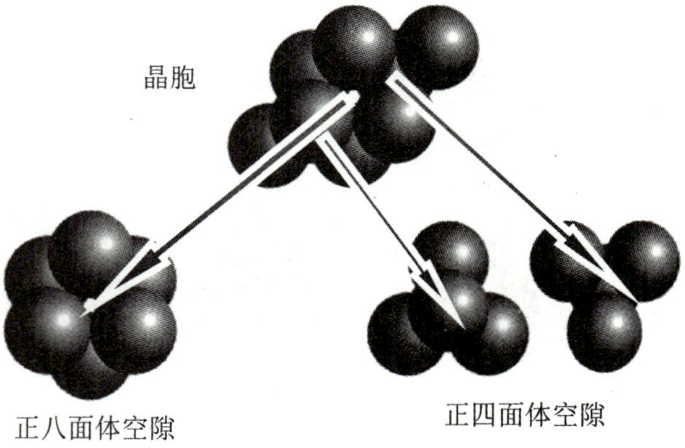

图 9.14

A1 和 A3 中也只有正八面体和正四面体空隙。为求出它们与球数的比例，原则上也是取一个晶胞，对于球和两种空隙计数。实际操作起来却不易明白。为此，换一种方法来理解：指定一个球（球数为 1），观察它参与形成正八面体空隙的次数，每参与一次，它就对应着 1/6 个正八面体空隙。对正四面体空隙也以此类推，只不过每参与一次对应着 1/4 个正四面体空隙（图 9.15）。

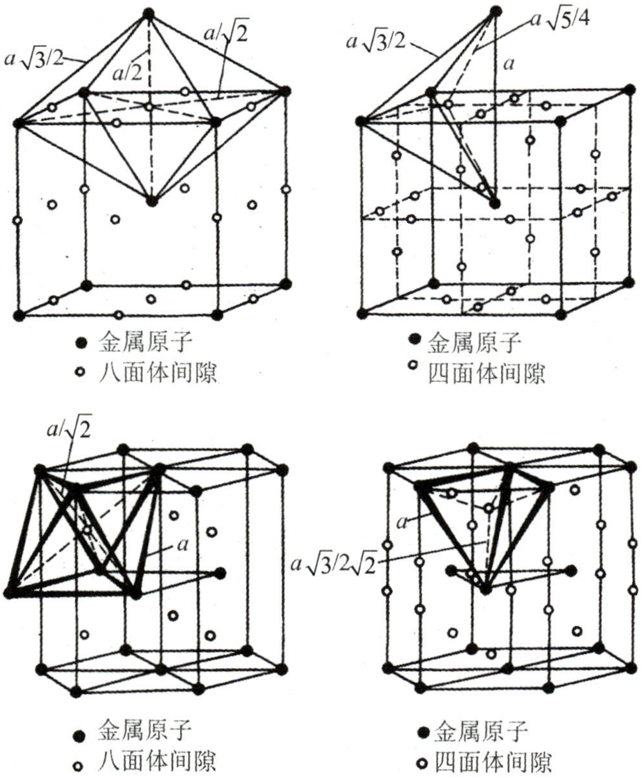

图 9.15

9.3.3　非最密堆积结构

非最密堆积方式中最重要的是立方体心堆积 A2，还有 A4 和少数的 A6、A7、A10、A11、A12 等。如图 9.16 所示，A4：中原子以四面体键相连，晶胞中虽然都是同种原子，但所处的环境不同（球棍图中用两色颜色来区分），一个浅色球与一个深色球共同构成一个结构基元。Si、Ge、Sn 等单质晶体也可以具有与金刚石类似的 A4 型结构，它们也都是共价键型晶体。

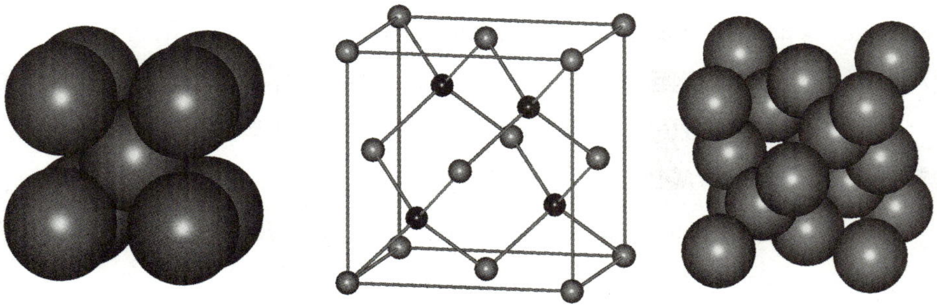

A2:立方体心密堆积　　　　A4:金刚石型结构

图 9.16

9.3.4　空间利用率

空间利用率为晶胞中原子总体积与晶胞体积之比。

1. A1 立方面心空间利用率的计算

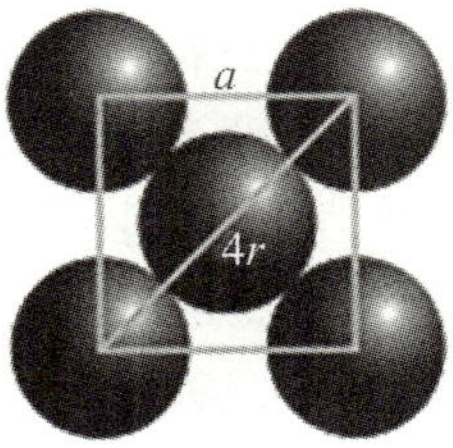

图 9.17

如图 9.17 所示，晶胞边长为 a，原子半径为 r，根据勾股定理，即

$$a^2+a^2=(4r)^2$$

解得 $a=2.83r$。

则每个面心立方晶胞含原子数目为 $8\times1/8+6\times1/2=4$。即 8 个顶点各 1 个原子，为 8 个晶胞共享；6 个面心各 1 个原子，为 2 个晶胞共享。则空间利用率为

$$4\times(4/3)\pi r^3/a^3\times100\%=[4\times(4/3)\pi r^3]/(2.83r)^3\times100\%\approx74\%$$

2. 体心立方堆积空间利用率的计算

晶胞含有的原子数为 $1+8\times1/8=2$。原子半径 r 与晶胞边长 a 的关系：

$2a^2$	$+$	a^2	$=$	$(4r)^2$
底面对角线平方		垂直边长平方		斜边平方

得

$$3a^2=16r^2$$

解得

$$r=\frac{\sqrt{3}}{4}a$$

则有

$$\frac{2\times\frac{4}{3}\pi r^3}{a^3}\times100\%=\frac{2\times\frac{4}{3}\pi\left(\frac{\sqrt{3}}{4}a\right)^3}{a^3}\times100\%\approx68\%$$

例 1 以堆积模型计算由同种原子构成的同体积的体心和面心立方晶体中的原子数目之比。

解析 设原子的半径为 R，体心立方晶胞的空间对角线为 $4R$，胞的边长为 $4R/\sqrt{3}$，晶胞的体积为 $(4R/\sqrt{3})^3$，1 个晶胞包含 2 个原子，1 个原子所占的体积为 $(4R/\sqrt{3})^3/2$，单位体积晶体中的原子数为 $2/(4R/\sqrt{3})^3$；面心立方晶胞的边长为 $4R/\sqrt{2}$，晶胞的体积为 $(4R/\sqrt{2})^3$，1 个晶胞包含 4 个原子，1 个原子所占的体积为 $(4R/\sqrt{2})^3/4$，单位体积晶体中的原子数为 $4/(4R/\sqrt{2})^3$。因此，同体积的体心和面心立方体晶体中原子数之比为 $(\sqrt{3/2})^3/2=0.909$。

图 9.18

例 2 计算石墨晶体的密度。

解析 石墨的 1 个晶胞如图 9.18 所示，2 个最紧邻碳原子之间的距离为 0.142 nm，层与层之间的距离为 0.339 nm，每个晶胞中含有 4 个碳原子。因此其密度为

$$\rho=\frac{\frac{4\times12.01}{6.022\times10^{23}}\times10^{-3}}{(2\times1.42\cdot\cos30^\circ)\cdot\sin60^\circ\times6.78\times10^{-30}}$$
$$=2.25\times10^3(\mathrm{kg\cdot m^{-3}})\approx2.25(\mathrm{g\cdot cm^{-3}})$$

例 3 当温度降到一定程度后，金属的电阻会突然消失变为 0，这种现象就是超导现象。随着高温超导和低温制冷技术的迅速发展，超导技术的应用步伐迅速加快。超导技术在电力、通信和军事装备等方面具有重要的战略意义。目前，研究的高温超导材料主要是 Y、Bi、Ti、Tl、Hg 家族，Y 家族以"钇钡铜氧"为主要结构，如图 9.19 所示。

Bi 家族结构非常繁多，近年来有许多发现。其通式为 $Bi_2Sr_2Ca_nCu_{n+1}O_y$，具有层型结构。其中，$n=0$，为 2201 相，$T=20$ K；$n=1$，为 2212 相，$T=85$ K；$n=2$，为 2223 相。实验室制备 2223 相时，常常加入 PbO 以降低反应温度，形成 $(Bi,Pb)_2Sr_2Ca_2Cu_3O_y$ 相，$T=110$ K。

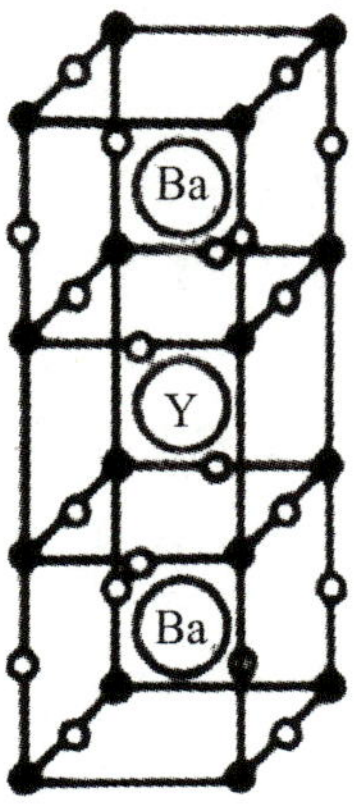

图 9.19

回答下列问题：

(1) 人类最早发现的超导材料是在哪年？是什么？最初科学家探索超导材料的思考方向是什么物质种类，但是进展缓慢？直到 1980 年以后，科学家开始在什么物质种类中寻找高温超导材料？

(2) 图 9.19 是一种经典的"钇钡铜氧"超导材料。

① 根据图示晶胞结构，推算晶体中 Y、Cu、Ba 和 O 原子的个数比，确定其化学式。

② 根据①所推出的化合物的组成(该化合物中各元素的化合价为 Y：+3，Ba：+2)，计算该物质中+2 价和+3 价的 Cu 的离子个数比是多少？

③ 该超导材料的密度为 4.4～5.3 $g \cdot cm^{-3}$，推测其晶胞体积。

(3) 取一种 Bi 家族的超导材料 3.0000 g，研磨成粉末，在足量浓硝酸中加热至完全溶解，得到浅蓝色溶液。缓慢中和过量硝酸，有白色浑浊产生。离心后取上层清液，通入 H_2S，得到黑色沉淀，过虑、洗涤、干燥，得黑色沉淀 0.6459 g。

① 白色浑浊是什么？

② 这种超导材料是什么？通过计算说明结论。

解析　(1) 人类最早发现的超导材料是在 1911 年，是汞。最初科学家探索超导材料的思考方向是金属和合金，但是进展缓慢，直到 1980 年以后，科学家开始在过渡金属氧化物中寻找高温超导材料。

(2) ① $YBa_2Cu_3O_7$；② 2∶1。

③ 计算得到 $YBa_2Cu_3O_7$ 为 666.2 $g \cdot mol^{-1}$，密度为 4.4～5.3 $g \cdot cm^{-3}$，因此 1 mol 是 125.7～151.4 cm^3，故 1 个晶胞体积是 2.09×10^{-22}～2.51×10^{-22} cm^3。

(3) 根据硝酸盐的性质，知能产生白色沉淀的一定是 $BiONO_3$，再由硫化物的性质得黑色沉淀为 CuS。

已知 0.6459 g CuS 的物质为量为 6.755×10^{-3} mol，则 3.0000 g 的 $Bi_2Sr_2CaCu_{n+1}O_y$ 中含 Cu 6.75×10^{-3} mol，则 $\frac{3.0000\ g}{M}\times(n+1)=6.755\times10^{-3}$ mol，代入相对原子质量得 $2.3n=1.436+0.108y$，讨论得 $n=1$，$y=8$。所以这种超导材料为 $Bi_2Sr_2CaCu_2O_8$(为 2212 相)。

真题解析

1. FeO 晶体具有 NaCl 型晶胞结构，但在自然界中部分 Fe(Ⅱ)被 Fe(Ⅲ)取代形成"浮士体"，Fe(Ⅲ)进入 O^{2-} 组成的四面体空隙，下列说法正确的是　(　　)

A. 若 FeO 中有 2/9 的 Fe(Ⅱ)被 Fe(Ⅲ)取代，则浮士体的化学式为 $Fe_{0.9}O$

B. 已知 FeO 中 Fe(Ⅱ)与最邻近 O^{2-} 间距为 $a$pm，则其密度为 $5.98\times10^{-7}a^{-3}$ $g \cdot cm^{-3}$

C. 该浮士体中 Fe(Ⅲ)—O 的键能比 FeO 中 Fe(Ⅱ)—O 的高，其中 O 的配位数为 4

D. 相同物质的量的 FeO 晶体与浮士体被还原为单质铁时，浮士体消耗更多的 CO

解析　根据电荷守恒，Fe(Ⅲ)和 Fe(Ⅱ)的物质的量之比为 2∶7，可以得出浮士体的化学式为 $Fe_{0.9}O$；晶胞参数为 $2a$ pm，$M=288$ $g \cdot mol^{-1}$，密度为 $M/(8a^3N_A)=5.98\times10^{-7}a^{-3}$ $g \cdot cm^{-3}$；电荷量更高，键长更短，所以键能更高，O 的配位数为 6；根据氧元素守恒，化合价升降总量并未改变，所以消耗的 CO 应该相同。答案为 AB。

2. NH_4Cl 是简单的立方体结构，已知氯化铵的相对分子质量为 M，N_A为阿伏伽德罗常数，NH_4^+ 与 Cl^- 的最近距离为 b，氯化铵晶体的密度 $\rho(g \cdot cm^{-3})$为多少？

解析　NH_4^+ 与 Cl^- 最近距离为体对角线的一半。该晶胞中只包含 1 个氯化铵，根据密度计算公式 $\rho=M/(a^3 \cdot N_A)$不难计算。

3. 根据物质结构的相关知识，判断下列熔点排序正确的是　(　　)

A. $F_2>Cl_2>Br_2>I_2$

B. $H_2O>H_2Te>H_2Se>H_2S$

C. $Al_2O_3>MgO>KBr>NaCl$

D. $BN>KI>K>SiCl_4$

解析 选项A中的物质结构相似，都是非极性的分子体，无氢键，范德华力随相对分子质量依次增大，熔点应该递增。选项B中冰中含有氢键，熔点最高。其他结构类似，范德华力随相对分子质量依次增大，熔点应该递增。(H_2O的熔点为0 ℃，H_2Te的熔点为−49 ℃，H_2Se的熔点为−66 ℃，H_2S的熔点为−86 ℃。)选项C中都是离子晶体，所带电荷量越多熔点越高，半径越小熔点越高。选项D中BN为原子晶体，熔点高；KI为离子晶体，熔点较高；K为金属晶体，熔点为63 ℃；SCl_4为分子晶体，熔点低，常温下为气体。答案为BD。

4. 物质的结构与其性质密切相关，根据物质结构的有关知识，判断下列各组物质熔点从低到高排序正确的是 ( )

A. $NaCl<KBr<KCl<CaO<Al_2O_3$

B. $He<Ne<Ar<Kr<Xe$

C. $Cl_2<NH_3<HCl<H_2O<C_6H_6$

D. $TiCl_4<S_8<KI<Fe<SiC$

解析 选项A中组都是离子晶体，所带电荷量越多熔点越高，半径越小熔点越高。因此NaCl(801 ℃)>KBr(730 ℃)。选项B中都是分子晶体，范德华力依次增大，熔点应该递增。选项C中NH_3中存在氢键，熔点比HCl高。选项D中SiC为原子晶体，熔点最高；Fe为金属晶体，熔点为1538 ℃；KI为离子晶体，熔点为681 ℃；S_8为分子晶体，熔点为13 ℃；$TiCl_4$为分子晶体，熔点为−5 ℃。答案为BD。

5. 下列有关说法不正确的是 ( )

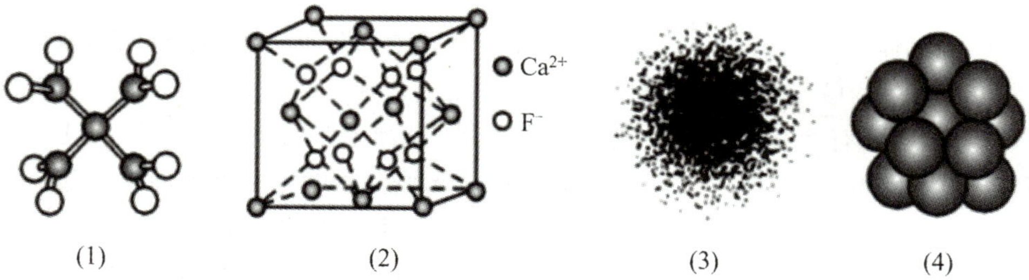

图9.20

A. 四水合铜离子的模型如图9.20(1)所示，1个四水合铜离子中有4个配位键

B. CaF_2晶体的晶胞如图9.20(2)所示，设Ca^{2+}、F^-的半径分别为r_1和r_2，晶胞边长为a，则有$\sqrt{3}a=4(r_1+r_2)$

C. H原子的电子云图如图9.20(3)所示，H原子核外大多数电子在原子核附近运动

D. 金属Cu中原子堆积模型如图9.20(4)所示，为最密堆积，Cu原子的配位数为12

解析 如图9.20(1)所示，1个铜离子与4个水分子结合成$[Cu(H_2O)_4]^{2+}$，Cu^{2+}与H_2O分子之间通过配位键相结合，所以1个水合铜离子中有4个配位键，A正确；CaF_2晶体为六

方最密堆积，设Ca^{2+}、F^-的半径分别为 r_1 和 r_2，晶胞边长为 a，晶胞体对角线上有 2 个 F^- 和 3 个Ca^{2+}，其中 2 个Ca^{2+}在顶点有一部分属于另一个晶胞，那么属于体对角线的就有 4 个F^-半径和 4 个 Ca^{2+}半径，则有$\sqrt{3}a=4(r_1+r_2)$，B 正确；H 原子核外只有 1 个电子，所以电子云图中，黑点不表示电子，只表示电子出现的机会大小，H 原子核外电子大多在原子核附近运动，C 不正确；金属 Cu 原子形成的金属晶体为最密堆积，每个 Cu 原子周围同一层有 6 个 Cu 原子，上、下层各有 3 个 Cu 原子，所以其配位数均为 12，D 正确。答案为 C。

模拟训练

1. 金红石主要成分是钛的氧化物，该氧化物的晶胞形状为长方体，边长分别为 a cm、a cm和 b cm，结构如图 9.21 所示，Ti 与距离最近的 O 构成的几何体是（　　）

A. 八面体　　B. 六面体

C. 四面体　　D. 三角形

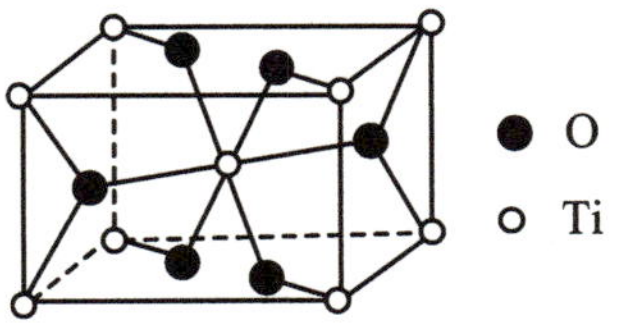

图 9.21

2. 氢气是重要而洁净的能源，要利用氢气作为能源，必须安全有效地储存氢气。有报道称某种合金材料有较大的储氢容量，其晶体结构的最小单元如图 9.22 所示。则这种合金的化学式为（　　）

A. $LaNi_6$　　B. $LaNi_{6.3}$

C. $LaNi_4$　　D. $LaNi_5$

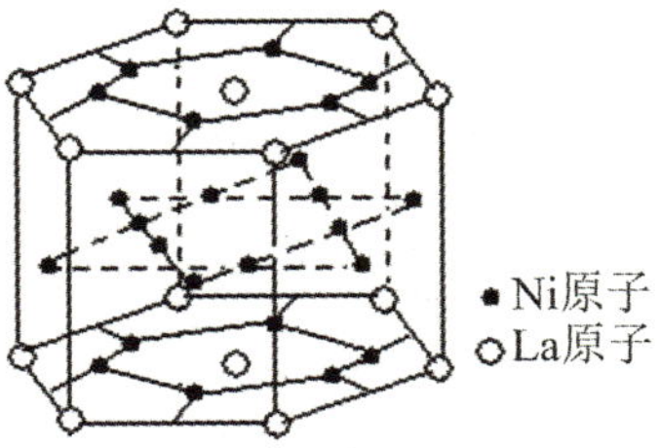

图 9.22

3. 纳米材料的表面原子数占总原子数的比例极大，这是它具有许多特殊性质的原因。假设某氯化钠纳米颗粒的大小和形状恰等于氯化钠晶胞的大小和形状，则这种纳米颗粒的表面原子占总原子数的百分比为________。

4. 原子簇化学是当前化学中饶有趣味而又极其活跃的领域之一。当前比较全面的定义是由徐光宪、江元生等人提出的：凡以 3 个或 3 个以上原子直接键合构成的多面体或笼为核心，连接外围原子或基团而形成的结构单元称为原子簇。分子式为 C_nH_n 的多面体碳烷是典型的主族簇合物。图 9.23 是已经报道的碳烷多面体，请归纳总键数为____________；若多面体的边数为 l，则总键数用 n 和 l 表示为______________________________。

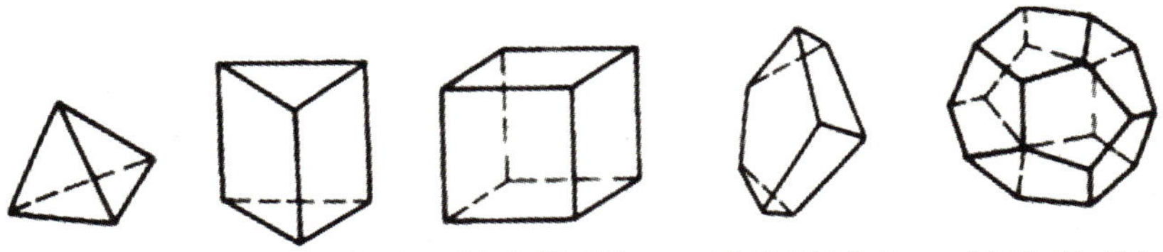

(a) $C_4H_4(T_d)$　(b) $C_6H_6(D_{3h})$　(c) $C_8H_8(O_h)$　(d) $C_8H_8(C_{2v})$　(e) $C_{20}H_{20}(I_h)$

图 9.23

5. 某离子晶体的晶胞结构如图 9.24 所示，●x 位于立方体的顶点，○y 位于立方体的中心。试分析：

(1) 晶体中每个 y 同时吸引多少个 x？每个 x 同时吸引多少个 y？该晶体的化学式是什么？

(2) 晶体中在每个 x 周围与它最接近且距离相等的 x 共有多少个？

(3) 晶体中距离最近的 2 个 x 与 1 个 y 形成的夹角$\angle xyx$ 为多少？

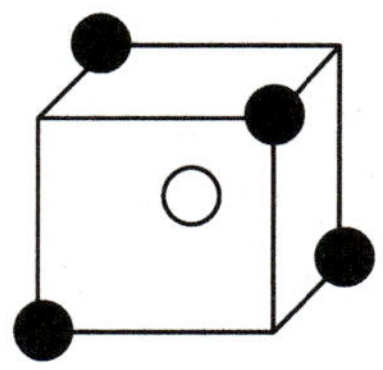

图 9.24

(4) 该晶体的摩尔质量为 $M\,\mathrm{g\cdot mol^{-1}}$，晶体密度为 $\rho\,\mathrm{g\cdot cm^{-3}}$，阿伏伽德罗常数为 N_A，则晶体中两个距离最近的 x 中心间的距离为多少？

6. 研究离子晶体，常考察以一个离子为中心时，其周围不同距离的离子对它的吸引或排斥的静电作用力。设氯化钠晶体中钠离子跟离它最近的氯离子之间的距离为 d。以钠离子为中心，则：

(1) 第二层离子有____个，离中心离子的距离为________，它们是________离子。

(2) 已知在晶体中 Na^+ 的半径为 116 pm，Cl^- 的半径为 167 pm，它们在晶体中是紧密接触的。求离子占据整个晶体空间的百分数。

(3) 假设某氯化钠颗粒形状为立方体，边长为氯化钠晶胞边长的 10 倍，试估算表面原子占总原子数的百分比。

7. 碳的第三种单质结构 C_{60} 的发现是国际化学界的大事之一。经测定 C_{60} 晶体为面心立方结构，晶胞参数 $a=1420$ pm。每个 C_{60} 平均孔径为 700 pm。C_{60} 与碱金属能生成盐，如 K_3C_{60}。人们发现 K_3C_{60} 具有超导性，超导临界温度为 18 K。K_3C_{60} 是离子化合物，在晶体中以 K^+ 和 C_{60}^{3-} 存在，它的晶体结构经测定也是面心立方，晶胞参数 $a=1424$ pm。阿伏伽德罗常数为 6.02×10^{23}，请回答：

(1) 计算相邻 C_{60} 球体的最近距离，为什么该距离大于 C_{60} 笼的孔直径？

(2) K_3C_{60} 晶体的晶胞中有多少个 K^+？它们位于晶胞中何处？

(3) 同一温度下，C_{60}的晶体密度为多少？K_3C_{60}的晶体密度比C_{60}的晶体密度增大了多少？

8. 长期以来，人们一直认为金刚石是最硬的物质，但这种说法现在正在被否定。1990年美国伯克利大学的 A. Y. Liu 和 M. L. Cohen 在国际著名期刊上发表论文，在理论上预言了一种自然界并不存在的物质β-C_3N_4，理论计算表明，这种C_3N_4物质比金刚石的硬度还大，不仅如此，这种物质还可用作蓝紫激光材料，并有可能是一种性能优异的非线性光学材料。这篇论文发表以后，在世界科学领域引起了很大的轰动，并引发了材料界争相合成β-C_3N_4的热潮，虽然大块的β-C_3N_4晶体至今尚未被合成出来，但含有β-C_3N_4晶粒的薄膜材料已经制备成功并验证了理论预测的正确性，这比材料本身更具重大意义。其晶体结构如图9.25和图 9.26 所示。

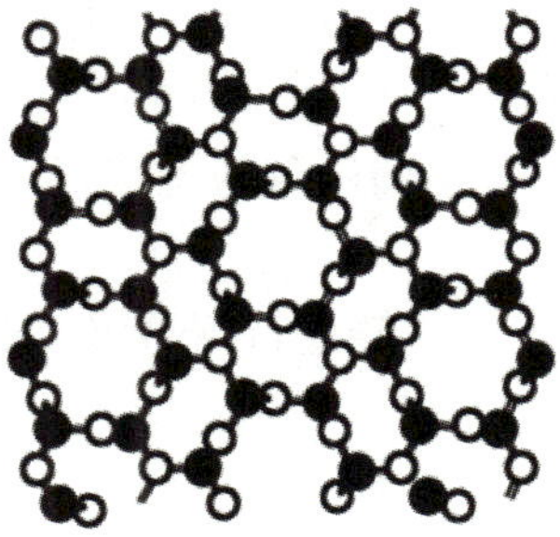

图 9.25

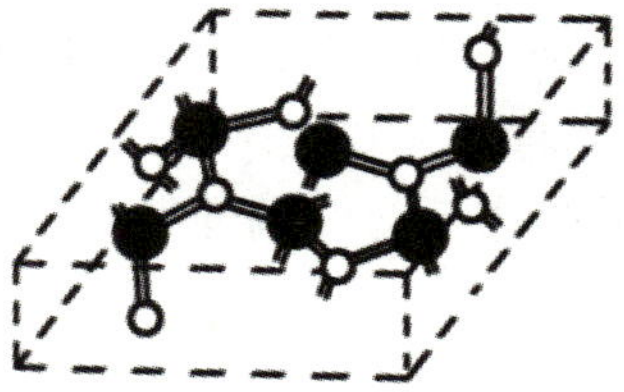

图 9.26

(1) 请分析β-C_3N_4晶体中，C 原子和 N 原子的杂化类型以及它们在晶体中的成键情况：________________________。

(2) 请结合图 9.25 中β-C_3N_4的一个结构基元，分析该结构基元包括____个碳原子和____个氮原子。

(3) 实验测试表明，β-C_3N_4晶体属于六方晶系，晶胞结构如图 9.26 所示(图示中原子都包含在晶胞内)，晶胞参数$a=0.64$ nm，$c=0.24$ nm，请列式计算其晶体密度$\rho=$________。

(4) 试简要分析β-C_3N_4比金刚石硬度大的原因(已知金刚石的密度为 3.51 g·cm^{-3})。

第 10 章　烃

10.1　有机化合物的命名

10.1.1　烷烃的命名

烷烃通常用系统命名法命名。

(1) 直链烷烃根据碳原子数称“某烷”，碳原子数由 1 到 10 用甲、乙、丙、丁、戊、己、庚、辛、壬、癸表示，如 $CH_3CH_2CH_2CH_3$ 叫丁烷，自 11 起用汉字表示，如 $C_{11}H_{24}$ 叫十一烷。

(2) 带有支链烷烃的命名原则：

① 选取主链，从烷烃构造式中，选取含碳原子数最多的碳链为主链，写出相当于这一碳链的直链烷烃的名称。

② 从最靠近取代基的一端开始，用 1，2，3，4，…对主链进行编号，使取代基编号“依次最小”。

③ 如果有几种取代基，应依“次序规则”排列。

④ 当具有相同长度的碳链可选作主链时，应选定具有支链数目最多的碳链为主链。

10.1.2　脂环烃的命名

脂环烃分为饱和脂环烃和不饱和脂环烃。饱和脂环烃称为环烷烃，不饱和脂环烃称环烯烃或环炔烃。它们的命名方法是在同碳原子数目的开链烃的名称之前加冠词“环”。例如：

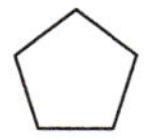

环戊烷

环戊二烯

对连有取代基的环烷烃，命名时使取代基的编号最小。例如：

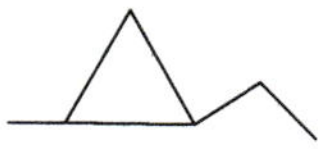

1-甲基-2-乙基环丙烷

对取代的不饱和环烃，要从重键开始编号，并使取代基有较小的位次。例如：

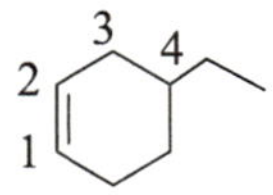

4-乙基环己烯

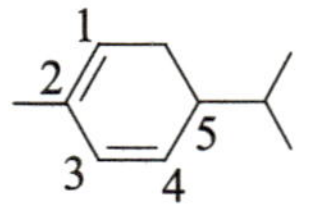

2-甲基-5-异丙基-1,3 环己二烯

环之间有共同碳原子的多环化合物叫多环烃。根据环中共用碳原子的不同，可分为螺环烃和桥环烃。

螺环烃分子中两个碳环共用一个碳原子。螺环烃的命名是根据成环碳原子的总数称为“螺某烷”，在螺字后面的方括号内，用阿拉伯数字标出两个碳环除了共用碳原子以外的碳原子数目，将小的数字排在前面，编号从较小环中与螺原子（共用碳原子）相邻的一个碳原子开始，经过共用碳原子到较大的环进行编号。在此编号规则基础上，使取代基及官能团编号较小。例如：

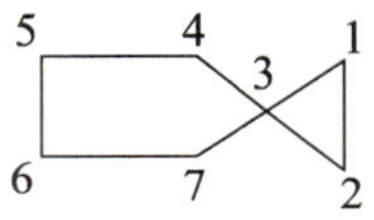

螺[2,4]庚烷

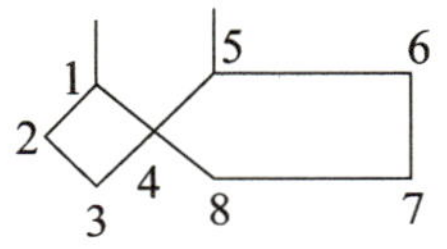

1,5-二甲基螺[3,4]辛烷

脂环烃分子中两个或两个以上碳环共用两个或两个以上碳原子的称为桥环烃。桥环烃中多个环共用的两个碳原子称为“桥头碳”，命名时先确定“桥”，并由桥头碳原子之一开始编号，其顺序是先经“大桥”再经“小桥”。方括号内标出各桥的碳原子数，环数大的写于前，最后写某烷。例如：

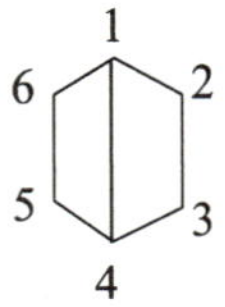

二环[2,2,0]己烷

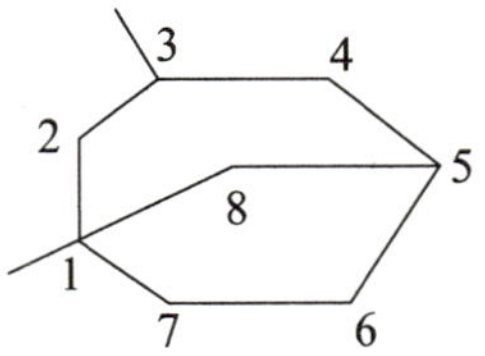

1,3-二甲基二环[3,2,1]辛烷

10.1.3 含单官能团化合物的命名

含单官能团化合物按下列步骤命名：

(1) 选择主链：选择含官能团的最长碳链为主链，作为母体，称“某烯”“某炔”“某醇”“某醛”“某酸”等（而卤素、硝基、烷氧基则只作取代基），并标明官能团的位置。

(2) 编号：从靠近官能团（或取代基）的一端开始编号。

(3) 词头次序：同支链烷烃按“次序规则”排列。例如：

$CH_3CH{=}CHCH_3$
2-丁烯

$(CH_3)_2CHCH_2CH_2OH$
3-甲基-1-丁醇

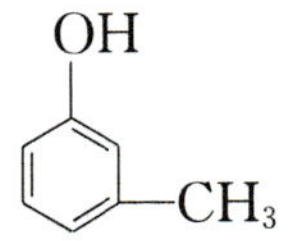

3-甲基苯酚(或称间甲基苯酚)

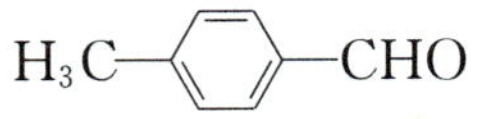

4-甲基-苯甲醛(或称对甲基苯甲醛)

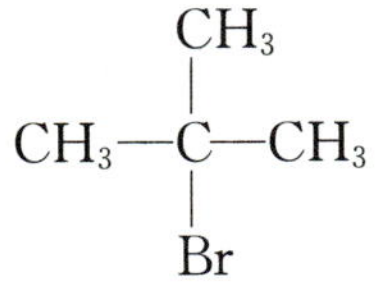

2-甲基-2-溴丙烷

10.1.4 含多官能团的化合物命名

含多官能团的化合物按下列步骤命名：

(1) 选择主链(或母体)：开链烃应选择含尽可能多官能团(尽量包含碳碳双键或碳碳三键)的最长碳链为主链(或母体)；碳环、芳环、杂环以环核为母体。按表 10.1 中的次序优先选择一个主要官能团作词尾，即列在前面的官能团优先选作词尾。

用作词尾和词头的官能团名称见表 10.1。

表 10.1

官能团	词尾	词头
$-\overset{\overset{\large O}{\|}}{C}-OH$	(某)酸	羧基
$-SO_3H$	(某)磺酸	磺基
$-\overset{\overset{\large O}{\|}}{C}-OR$	(某)酸(某)酯	酯基
$-\overset{\overset{\large O}{\|}}{C}-X$	(某)酰卤	卤甲酰基
$-\overset{\overset{\large O}{\|}}{C}-NH_2$	(某)酰胺	氨基甲酰基
$-CN$	(某)腈	氰基
$-\overset{\overset{\large O}{\|}}{C}-H$	(某)醛	甲酰基
$-\overset{\overset{\large O}{\|}}{C}-$	(某)酮	羰基
$-OH$	(某)醇(或酚)	羟基
$-SH$	(某)硫醇(或硫酚)	巯基

续表

官能团	词尾	词头
$—NH_2$	(某)胺	氨基
═NH	(某)亚胺	亚氨基
>C═C<	(某)烯	双键
—C≡C—	(某)炔	三键

(2) 开链烃编号从靠近主要官能团(选为词尾的官能团)的一端编起;碳环化合物、芳香环使主要官能团的编号最小。苯环上的 2 位、3 位和 4 位常分别用邻位、间位和对位表示。

(3) 不选作主要官能团的其他官能团以及取代基一律作词头。其次序按“次序规则”排列。例如:

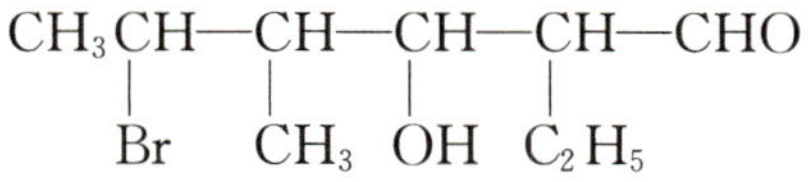

醛基(—CHO)在羟基(—OH)前,所以优先选择—CHO 为主要官能团作词尾,称“己醛”,$—CH_2CH_3$、—OH、$—CH_3$、—Br 作词头,根据“次序规则”,依次是甲基、乙基、羟基、溴。编号从主要官能团开始,并使取代基位次最小。所以命名为 4-甲基-2-乙基-3-羟基-5-溴己醛。又例如:

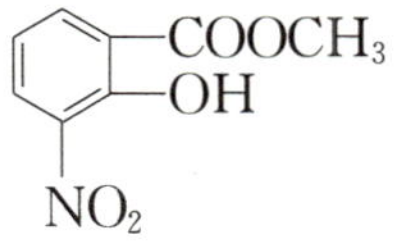

主要官能团是$—COOCH_3$,所以叫苯甲酸甲酯。—OH、$—NO_2$作词头,其次序是硝基、羟基。编号从主要官能团开始,并使取代基位次最小。所以命名为 3-硝基-2-羟基苯甲酸甲酯。

10.2　烷　　烃

10.2.1　烷烃的组成和结构

烷烃的通式为 C_nH_{2n+2},其分子中各元素原子间均以单键 σ 键相结合,其中的碳原子均为 sp^3 杂化形式。由于单键可以旋转,所以烷烃的异构有碳架异构和构象异构。

10.2.2　烷烃的物理性质

烷烃随着碳原子数的增加,其熔点、沸点均呈上升趋势,常温下甲烷至丁烷为气体,戊烷至十六烷为液体，十七烷及以上者为固体，但相同碳原子数的异构烷烃，其溶点、沸点往往也有很大区别。例如，含五个碳原子的开链烷烃的三个异构体戊烷、2-甲基丁烷、新戊烷，其沸点分别为 36.1 ℃、25 ℃、9 ℃，熔点分别为 −130 ℃、−160 ℃、−17 ℃。

10.2.3 烷烃的化学性质

从结构上看，烷烃没有官能团存在，因而在一般条件下它是很稳定的。只有在特殊条件下，例如，光照和强热情况下，烷烃才能发生变化。这些变化包括碳链上的氢原子被取代、碳碳键断裂、氧化或燃烧。

1. 取代反应

$$CH_4 + Cl_2 \xrightarrow{光} CH_3Cl + HCl$$

$$CH_3Cl + Cl_2 \xrightarrow{光} CH_2Cl_2 + HCl$$

$$CH_2Cl_2 + Cl_2 \xrightarrow{光} CHCl_3 + HCl$$

$$CHCl_3 + Cl_2 \xrightarrow{光} CCl_4 + HCl$$

卤素反应的活性次序为 $F_2 > Cl_2 > Br_2 > I_2$。

对于同一烷烃，不同级别的氢原子被取代的难易程度也是不相同的。大量的实验证明：叔氢原子最容易被取代，伯氢原子最难被取代。

卤代反应机理：实验证明，甲烷的卤代反应机理为游离基链反应，这种反应的特点是反应过程中形成一个活泼的原子或游离基。其反应过程如下：

（1）链引发：在光照或加热至 250～400 ℃时，氯分子吸收光能或热能而发生共价键的均裂，产生两个氯原子游离基，使反应引发。可表示为

$$Cl_2 \xrightarrow{h\nu} 2Cl\cdot$$

（2）链增长：氯原子游离基能量高，反应性能活泼。当它与体系中浓度很高的甲烷分子碰撞时，从甲烷分子中夺取一个氢原子，结果生成了氯化氢分子和一个新的游离基——甲基游离基。可表示为

$$Cl\cdot + CH_4 \longrightarrow HCl + CH_3\cdot$$

甲基游离基与体系中的氯分子碰撞，生成一氯甲烷和氯原子游离基。可表示为

$$CH_3\cdot + Cl_2 \longrightarrow CH_3Cl + Cl\cdot$$

反应一步又一步地传递下去，所以称为链反应。可表示为

$$CH_3Cl + Cl\cdot \longrightarrow CH_2Cl\cdot + HCl$$

$$CH_2Cl\cdot + Cl_2 \longrightarrow CH_2Cl_2 + Cl\cdot$$

（3）链终止：随着反应的进行，甲烷迅速消耗，游离基的浓度不断增加，游离基与游离基之间发生碰撞结合生成分子的机会就会增加。可表示为

$$Cl\cdot + Cl\cdot \longrightarrow Cl_2$$

$$CH_3\cdot + CH_3\cdot \longrightarrow CH_3CH_3$$

$$CH_3\cdot + Cl\cdot \longrightarrow CH_3Cl$$

2. 热裂解反应

$$CH_3CH_2CH_2CH_3 \xrightarrow{500\ ℃} \begin{cases} CH_4 + CH_2{=}CHCH_3 \\ CH_3CH_3 + CH_2{=}CH_2 \\ CH_2{=}CHCH_2CH_3 + H_2 \end{cases}$$

3. 异构化反应

$$CH_3CH_2CH_2CH_3 \xrightarrow[\text{加热、加压}]{AlCl_3} CH_3CH(CH_3)CH_3$$

4. 氧化反应

烷烃很容易燃烧，燃烧时发出光并放出大量的热，生成 CO_2 和 H_2O：

$$CH_4 + 2O_2 \xrightarrow{\text{点燃}} CO_2 + 2H_2O$$

10.3　烯　　烃

10.3.1　烯烃的物理性质

烯烃的物理性质基本上类似于烷烃，即不溶于水而易溶于非极性溶剂，密度小于水。一般来说，4 个碳原子以下的烯烃为气体，19 个碳原子以上者为固体。

10.3.2　烯烃的化学性质

烯烃与烷烃相比，分子中出现了双键官能团。由于双键中的 π 键重叠程度小，容易断裂，故烯烃的化学性质活泼。

1. 加成反应

(1) 催化加氢

在催化剂作用下，烯烃与氢气发生加成反应，生成相应的烷烃。

(2) 加卤素

将乙烯通入溴的四氯化碳溶液中，溴的颜色很快褪去，常用这个反应来检验烯烃。

(3) 加卤化氢

同一烯烃与不同的卤化氢加成时，加碘化氢最容易，加溴化氢次之，加氯化氢最难。例如：

$$CH_2{=}CH_2 + HI \xrightarrow{CCl_4} CH_3CH_2I$$

(4) 加硫酸(加水)

烯烃能与浓硫酸反应，生成硫酸氢烷酯。硫酸氢烷酯易溶于硫酸，用水稀释后水解生成醇。工业上用这种方法合成醇，称为烯烃间接水合法。其反应原理可表示为

$$CH_3CH{=}CH_2+H_2SO_4 \longrightarrow CH_3CH(OSO_3H)CH_3 \xrightarrow{\triangle} CH_3CH(OH)CH_3+H_2SO_4$$

(5) 加次卤酸

烯烃与次卤酸加成，生成β-卤代醇。由于次卤酸不稳定，常用烯烃与卤素的水溶液反应。例如：

$$CH_2{=}CH_2+HOCl \longrightarrow CH_2(OH)CH_2Cl$$

2. 氧化反应

(1) 燃烧反应

烯烃在氧气中完全燃烧生成二氧化碳和水。例如：

$$CH_2{=}CH_2+3O_2 \xrightarrow{点燃} 2CO_2+2H_2O$$

(2) 被高锰酸钾氧化

用碱性冷高锰酸钾稀溶液作氧化剂，反应结果是双键碳原子上各引入一个羟基，生成邻二醇：

$$3CH_2{=}CH_2+2KMnO_4+4H_2O \xrightarrow{碱性} 3CH_2(OH)CH_2(OH)+2MnO_2+2KOH$$

若用酸性高锰酸钾溶液氧化烯烃，则反应迅速发生，此时不仅π键打开，σ键也可断裂。双键断裂时，由于双键碳原子连接的烃基不同，氧化产物也不同。

$$5CH_2{=}CH_2+12KMnO_4+18H_2SO_4 \longrightarrow 10CO_2+12MnSO_4+6K_2SO_4+28H_2O$$

$$CH_3CH{=}CH_2+2KMnO_4+3H_2SO_4 \longrightarrow CH_3COOH+CO_2+2MnSO_4+K_2SO_4+4H_2O$$

$$5CH_3CH{=}CHCH_3+8KMnO_4+12H_2SO_4 \longrightarrow 10CH_3COOH+8MnSO_4+4K_2SO_4+12H_2O$$

$$5CH_3C(CH_3){=}CHCH_3+6KMnO_4+9H_2SO_4 \longrightarrow 5CH_3COOH+5CH_3COCH_3+6MnSO_4+3K_2SO_4+9H_2O$$

(3) 臭氧化

在低温时，将含有臭氧的氧气流通入液体烯烃或烯烃的四氯化碳溶液中，臭氧迅速与烯烃作用，生成黏稠状的臭氧化物，此反应称为臭氧化反应。例如：

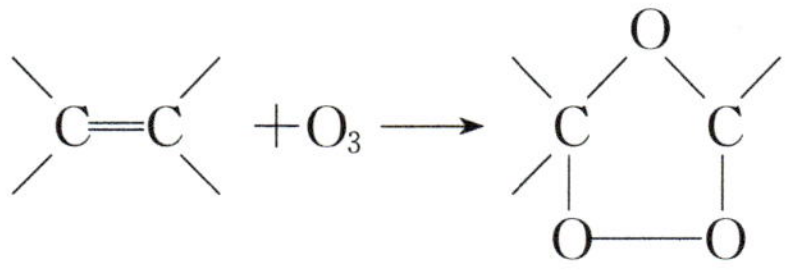

臭氧化物在还原剂存在的条件下水解，可得到醛或酮。例如：

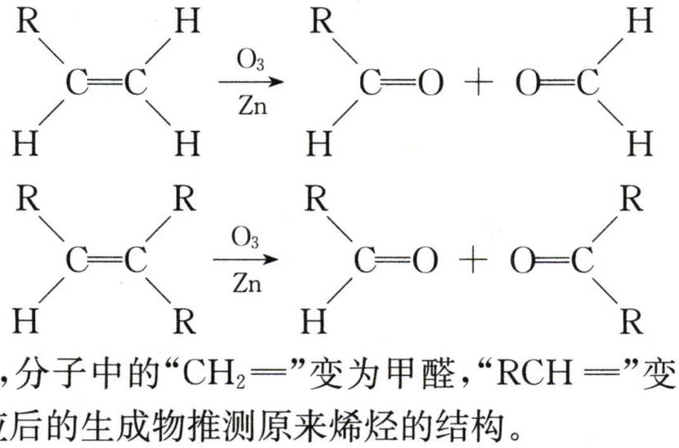

烯烃经臭氧化再水解，分子中的“$CH_2{=}$”变为甲醛，“$RCH{=}$”变成醛，“$R_2C{=}$”变成酮。这样，可通过测定反应后的生成物推测原来烯烃的结构。

3. 聚合反应

含有双键或三键的某些化合物在适当条件下发生加成或缩合等反应，使两个分子、三个分子或多个分子结合为一个分子的反应，称为聚合反应。

$$nCH_2=CH_2 \longrightarrow \left[CH_2CH_2 \right]_n$$

$$nCH_2=CHCH=CH_2+nCH_2=CHCH_3 \xrightarrow[\text{乳液}]{\text{共聚}} \left[CH_2CH=CHCH_2CH_2\underset{\displaystyle CH_3}{\underset{|}{CH}} \right]_n$$

4. α-H 的活性反应

双键是烯烃的官能团，与双键碳原子直接相连的碳原子上的氢因受双键的影响，表现出一定的活泼性，可以发生取代反应和氧化反应。例如，丙烯与氯气混合，在常温下发生加成反应，生成 1,2-二氯丙烷。而在 500 ℃的高温下，主要是丙烯碳上的氢被取代，生成 3-氯丙烯。其反应如下：

$$CH_3CH=CH_2+Cl_2 \xrightarrow{\text{常温}} CH_3CHClCH_2Cl$$

$$CH_3CH=CH_2+Cl_2 \xrightarrow{500\ ℃} CH_2ClCH=CH_2$$

10.3.3　烯烃加成反应的机理

1. 亲电加成反应机理

将乙烯通入含溴的氯化钠水溶液中，反应产物除了 $BrCH_2CH_2Br$ 外，还有少量 $BrCH_2CH_2Cl$ 生成，但没有 $ClCH_2CH_2Cl$：

$$CH_2=CH_2+Br_2 \xrightarrow[\text{水}]{NaCl} \begin{cases} CH_2BrCH_2Br \\ CH_2BrCH_2Cl \end{cases}$$

这一实验表明，乙烯与溴的加成反应，不是简单地将乙烯的双键打开，溴分子分成两个溴原子，同时加到两个碳原子上这样一步完成的。如果是这样，那么生成物应该只有 $BrCH_2CH_2Br$，不应该有 $BrCH_2CH_2Cl$，因为 Cl^- 是不能使 $BrCH_2CH_2Br$ 转变为 $BrCH_2CH_2Cl$ 的。由此可知，乙烯与溴的加成反应不是一步完成的，而是分步进行的。

当溴分子接近双键时，由于 π 电子的排斥，非极性的 Br—Br 发生极化，离 π 键近的溴原子带部分正电荷，另一溴原子带部分负电荷。带部分正电荷的溴原子对双键亲电进攻，生成一个缺电子的碳正离子。

而在碳正离子中，带正电荷的碳原子的空 p 轨道可与其邻位碳原子上的溴原子带有未共用电子对的 p 轨道相互重叠，形成一个环状的溴正离子。可用下式表示：

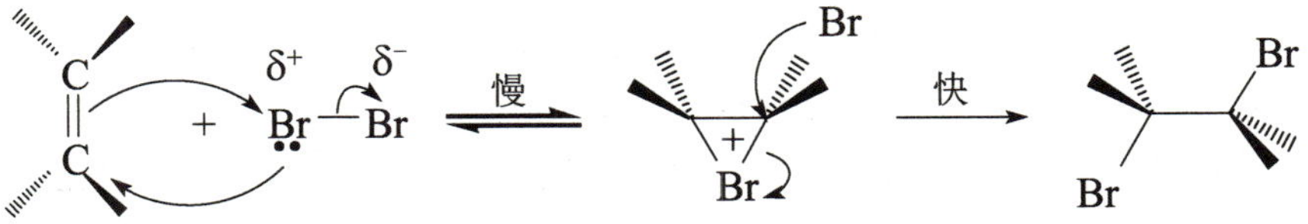

环正离子

接着溴负离子进攻溴正离子中的一个碳原子，得到加成产物。

从上述的反应过程可以看出：(1) 在这个有机反应过程中，有离子的生成及其变化，属于离子型反应。(2) 两个溴原子的加成是分步进行的，而首先进攻碳碳双键的是溴分子中带部分正电荷的溴原子。在整个反应中,这一步最慢,是决定反应速率的一步。所以这个反应称为亲电性离子型反应,溴在这个反应中作亲电试剂。(3) 两个溴原子先后分别加到双键的两侧,属于反式加成。

2. 马尔科夫尼科夫规则

当乙烯与卤化氢加成时,卤原子或氢原子不论加到哪个碳原子上,产物都是相同的,因为乙烯是对称分子。但丙烯与卤化氢加成时,情况就不同了,有可能生成两种加成产物:

$$CH_3CH=CH_2+HX\longrightarrow\begin{cases}CH_3CH_2CH_2X\\CH_3CHXCH_3\end{cases}$$

实验证明,丙烯与卤化氢加成时,主要产物是2-卤丙烷。即当不对称烯烃与卤化氢加成时,氢原子主要加到含氢较多的双键碳原子上,这一规律称为马尔科夫尼科夫(Markovnikov)规则,简称马氏规则。

马氏规则可用烯烃的亲电加成反应机理来解释。由于卤化氢是极性分子,带正电荷的氢离子先加到碳碳双键中的一个碳原子上,使碳碳双键中的另一个碳原子形成碳正离子,然后碳正离子再与卤素负离子结合形成卤代烷。其中,第一步是决定整个反应速率的一步,在这一步中,生成的碳正离子愈稳定,反应愈容易进行。

一个带电体系的稳定性取决于所带电荷的分布情况,电荷愈分散,体系愈稳定。碳正离子的稳定性也是如此,电荷愈分散,体系愈稳定。以下几种碳正离子的稳定性顺序为

$$CH_3^+<CH_3CH_2^+<(CH_3)_2CH^+<(CH_3)_3C^+$$

甲基与氢原子相比,前者是排斥电子的基团。当甲基与带正电荷的中心碳原子相连接时,共用电子对向中心碳原子方向移动,中和了中心碳原子上的部分正电荷,即使中心碳原子的正电荷分散,使碳正离子稳定性增加。与中心碳原子相连的甲基愈多,碳正离子的电荷愈分散,其稳定性愈高。因此,上述4个碳正离子的稳定性从左至右逐步增加。

10.4 炔 烃

10.4.1 炔烃的物理性质

简单炔烃的熔点、沸点以及密度一般比碳原子数相同的烷烃和烯烃高一些。这是由于炔烃分子较短小、细长,在液态和固体中分子可以彼此很靠近,分子间的范德华力很强。炔烃分子极性略比烯烃强。炔烃不易溶于水,而易溶于石油醚、乙醚、苯和四氯化碳。

10.4.2 炔烃的化学性质

1. 加成反应

虽然炔烃比烯烃更不饱和,但炔烃进行亲电加成却比烯烃难。这是由于 sp 杂化碳原子

的电负性比 sp^2 杂化碳原子的电负性强，因而电子与 sp 杂化碳原子结合更为紧密，不容易提供电子与亲电试剂结合，所以三键的亲电加成反应比双键慢。例如，烯烃可使溴的四氯化碳溶液很快褪色，而炔烃却需要 1～2 min 才能使之褪色。故当分子中同时存在双键和三键时，与溴的加成首先发生在双键上。

$$CH_2{=}CHC{\equiv}CH+Br_2 \longrightarrow CH_2BrCHBrC{\equiv}CH$$

在汞盐的催化作用下，乙炔与氯化氢在气相中发生加成反应，生成氯乙烯：

$$HC{\equiv}CH+HCl \xrightarrow{HgCl_2} CH_2{=}CHCl$$

在稀酸（10% H_2SO_4）中，炔烃比烯烃容易发生加成反应。例如，在 10% H_2SO_4 和 5% 硫酸汞溶液中，乙炔与水加成生成乙醛，此反应称为乙炔的水化反应，其中，汞盐是催化剂。其反应方程式为

$$HC{\equiv}CH+H_2O \xrightarrow{HgSO_4} CH_3CHO$$

其他的炔烃水化得到酮。例如：

$$CH_3CH_2C{\equiv}CH+H_2O \xrightarrow{HgSO_4} CH_3CH_2COCH_3$$

在碱性条件下，乙炔与乙醇发生加成反应，生成乙烯基乙醚：

$$HC{\equiv}CH+CH_3CH_2OH \xrightarrow{\text{碱}} CH_2{=}CHOCH_2CH_3$$

2. 氧化反应

炔烃被高锰酸钾或臭氧氧化时，生成羧酸或二氧化碳。例如：

$$RC{\equiv}CH+KMnO_4 \xrightarrow{\text{酸性}} RCOOH+CO_2$$

$$RC{\equiv}CR+O_3 \xrightarrow{\text{酸性}} RCOOH+RCOOH$$

3. 聚合反应

在不同的催化剂作用下，乙炔可以分别聚合成链状或环状化合物。与烯烃的聚合不同的是，炔烃一般不聚合成高分子化合物。例如，将乙炔通入氯化亚铜和氯化铵混合的强酸溶液中时，可发生二聚或三聚作用：

$$HC{\equiv}CH+HC{\equiv}CH \xrightarrow{CuCl} CH_2{=}CHC{\equiv}CH\text{（乙烯基乙炔）}$$

在高温下有

$$3HC{\equiv}CH \xrightarrow{300\ ℃} C_6H_6$$

4. 炔化物的生成

与三键碳原子直接相连的氢原子活泼性较大。因 sp 杂化的碳原子表现出较大的电负性，与三键碳原子直接相连的氢原子较之一般的碳原子上的氢显示出弱酸性，可与强碱、碱金属或某些重金属离子反应生成金属炔化物。

乙炔与熔融的钠反应，可生成乙炔钠和乙炔二钠：

$$CH{\equiv}CH \xrightarrow{Na} HC{\equiv}CNa \xrightarrow{Na} NaC{\equiv}CNa$$

丙炔或其他末端炔烃与氨基钠反应，生成炔化钠：

$$RC{\equiv}CH+NaNH_2 \xrightarrow{\text{液氨}} RC{\equiv}CNa+NH_3$$

炔化钠与卤代烃（一般为伯卤代烷）作用，可在炔烃分子中引入烷基，制得一系列炔烃同

系物。例如：

$$RC \equiv CNa + RX \xrightarrow{液氨} RC \equiv CR + NaX$$

末端炔烃与某些重金属离子反应，生成重金属炔化物。例如，将乙炔通入硝酸银的氨溶液或氯化亚铜的氨溶液时，分别生成白色的乙炔银沉淀和红棕色的乙炔亚铜沉淀：

$$HC \equiv CH + 2Ag(NH_3)_2NO_3 \longrightarrow AgC \equiv CAg + 2NH_4NO_3 + 2NH_3$$

$$HC \equiv CH + 2Cu(NH_3)_2Cl \longrightarrow CuC \equiv CCu + 2NH_4Cl + 2NH_3$$

上述反应很灵敏，现象也很明显，常用来鉴别分子中的末端炔烃。利用此反应，也可鉴别末端炔烃和三键在其他位置的炔烃。例如：

$$RC \equiv CR + Ag(NH_3)_2NO_3 \longrightarrow 不反应$$

10.5 二 烯 烃

10.5.1 二烯烃的组成和分类

分子中含有两个碳碳双键的不饱和烃称为二烯烃。二烯烃的通式为 C_nH_{2n-2}，故二烯烃与同碳原子数的炔烃互为同分异构体。

根据二烯烃中两个双键的相对位置的不同，可将二烯烃分为三类：

1. 累积二烯烃

两个双键与同一个碳原子相连接，即分子中含有 C═C═C 结构的二烯烃称为累积二烯烃。例如：丙二烯（$CH_2═C═CH_2$）。

2. 隔离二烯烃

两个双键被两个或两个以上的单键隔开，即分子骨架为 C═C—$(C)_n$—C═C 的二烯烃称为隔离二烯烃。例如：1，4-戊二烯（$CH_2═CH—CH_2—CH═CH_2$）。

3. 共轭二烯烃

两个双键被一个单键隔开，即分子骨架为 C═C—C═C 的二烯烃为共轭二烯烃。例如，1，3-丁二烯（$CH_2═CH—CH═CH_2$）。本节重点讨论的是共轭二烯烃。

10.5.2 共轭二烯烃的结构

在 1，3-丁二烯分子中，4 个碳原子都是 sp^2 杂化，它们彼此各以 1 个 sp^2 杂化轨道结合形成碳碳 σ 键，其余的 sp^2 杂化轨道分别与氢原子的 s 轨道重叠形成 6 个碳氢 σ 键。分子中所有 σ 键和全部碳原子、氢原子都在一个平面上。此外，每个碳原子还有 1 个未参加杂化的与分子平面垂直的 p 轨道，在形成碳碳 σ 键的同时，对称轴相互平行的 4 个 p 轨道可以侧面重叠形成一个包含 4 个碳原子的离域 π 键，也称大 π 键。像这样具有离域 π 键的体系称为共轭体系。在共轭体系中，由于原子间的相互影响，整个分子中电子云的分布趋于平均化的倾向称为共轭效应。由 π 电子离域而体现的共轭效应称为 π-π 共轭效应。

共轭效应与诱导效应是不相同的。诱导效应是由键的极性所引起的，可沿 σ 键传递下去，这种作用是短程的，一般在和作用中心直接相连的碳原子中表现得最明显，相隔一个原子，所受的作用力就很小了。而共轭效应是由 p 电子在整个分子轨道中的离域作用所引起的，其作用可沿共轭体系传递。

共轭效应不仅表现在使 1,3-丁二烯分子中的碳碳双键键长增加，碳碳单键键长缩短，单、双键趋向于平均化。电子离域使化合物的能量降低，稳定性增加，在参与化学反应时，也体现出与一般烯烃不同的性质。

10.5.3　1,3-丁二烯的性质

1. 亲电加成

共轭二烯烃与亲电试剂加成时，有两种不同的加成方式：1,2-加成和 1,4-加成。

共轭二烯烃能够发生 1,4-加成的原因是共轭体系中的 π 电子离域。当 1,3-丁二烯与溴化氢反应时，由于溴化氢极性的影响，不仅使一个双键极化，而且使分子整体产生交替极化。按照不饱和烃亲电加成反应机理，进攻试剂首先进攻交替极化后电子云密度较大的部位 C_1（1 号位碳原子）和 C_3（3 号位碳原子），但因进攻 C_1 后生成的碳正离子比较稳定，所以 H^+ 先进攻 C_1。

$$CH_2{=}CHCH{=}CH_2 + H^+ \begin{cases} CH_2{=}CHC\overset{+}{H}CH_3 & ① \\ \overset{+}{C}H_2CH_2CH{=}CH_2 & ② \end{cases}$$

当 H^+ 进攻 C_1 时，生成的碳正离子①中 C_2（2 号位碳原子）的 p 轨道与双键可发生共轭，称为 p-π 共轭。电子离域使 C_2 上的正电荷分散，这种烯丙基碳正离子是比较稳定的。而②中的碳正离子不能形成共轭体系，所以不如①中的碳正离子稳定。

在①中的碳正离子共轭体系中，由于 π 电子的离域，C_2 和 C_4（4 号位碳原子）都带上部分正电荷：

$$\underset{4}{\overset{\delta^+}{C}H_2}\text{┈}\underset{3}{CH}\text{┈}\underset{2}{\overset{\delta^+}{C}H}{-}\underset{1}{CH_3}$$

反应的第二步是带负电荷的试剂 Br^- 加到带正电荷的碳原子上，因 C_2 和 C_4 都带上部分正电荷，所以 Br^- 既可以加到 C_2 上，也可以加到 C_4 上，即发生 1,2-加成或 1,4-加成。

2. 双烯合成

共轭二烯烃与某些具有碳碳双键的不饱和化合物发生 1,4-加成反应生成环状化合物的反应称为双烯合成，也叫狄尔斯-阿尔德（Diels-Alder）反应。这是共轭二烯烃特有的反应，它将链状化合物转变成环状化合物，因此又叫环合反应。例如：

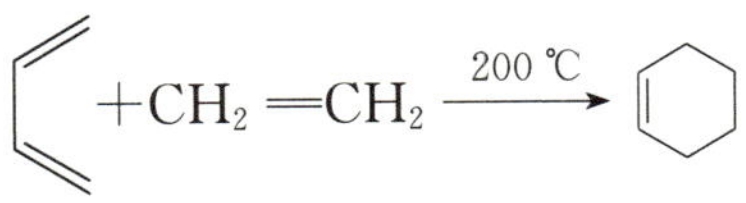

一般把进行双烯合成的共轭二烯烃称作双烯体，另一个不饱和的化合物称为亲双烯体。

实践证明，当亲双烯体的双键碳原子上连有一个吸电子基团时，反应易于进行。例如：

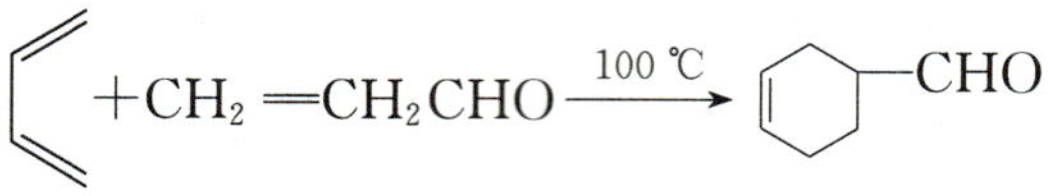

10.6 环 烷 烃

10.6.1 环烷烃的物理性质

环烷烃的熔点、沸点和相对密度均比相同碳原子数的链烃高。

10.6.2 环烷烃的化学性质

1. 卤代反应

在高温或紫外线作用下，环烃上的氢原子可以被卤素取代而生成卤代脂环烃。例如：

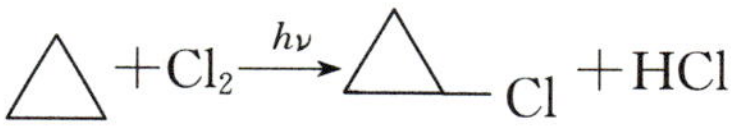

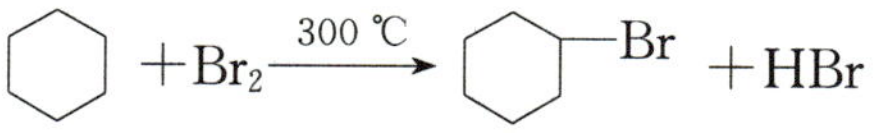

2. 氧化反应

不论是小环或大环，环烷烃都与烷烃相似，在通常条件下不易发生氧化反应，在室温下它不与高锰酸钾水溶液反应，因此这可作为环烷烃与烯烃、炔烃的鉴别反应。

环烯烃的化学性质与烯烃相同，很容易被氧化开环。例如：

3. 加成反应

小环（三元环、四元环）不稳定，易开环，能与氢气、卤素、卤化氢等发生类似于烯烃的加成反应。

（1）加氢

在催化剂作用下，环烷烃加一分子氢气生成烷烃。例如：

环烷烃加氢反应的活性不同，其活性强度为环丙烷>环丁烷>环戊烷。

（2）加卤素

在常温下可以与卤素发生加成反应。例如：

 $+Br_2 \xrightarrow{\triangle} BrCH_2CH_2CH_2CH_2Br$

(3) 加卤化氢

环丙烷及其衍生物很容易与卤化氢发生加成反应而开环。例如：

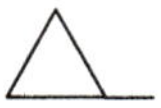 $CH_3 + HBr \xrightarrow{室温} CH_3CHBrCH_2CH_3$

10.7　芳　香　烃

10.7.1　芳香烃的分类

1. 单环芳烃

单环芳烃是分子中只含有一个苯环的芳烃。例如：

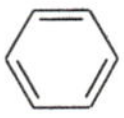
苯

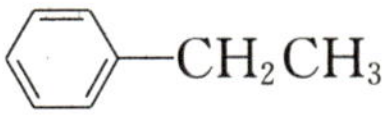
乙苯

2. 多环芳烃

多环芳烃是分子中含有两个或两个以上独立苯环的芳烃。例如：

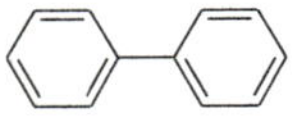
联苯

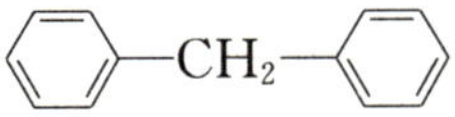
二苯基甲烷

3. 稠环芳烃

稠环芳烃是分子中含有两个或两个以上苯环,苯环之间共用相邻两个碳原子的芳烃。例如：

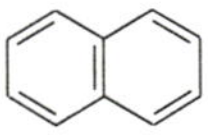
萘

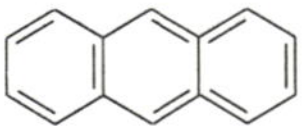
蒽

10.7.2　芳香烃的物理性质

苯及其同系物一般为无色透明、有特殊气味的液体,相对密度小于1,不溶于水而溶于有机溶剂。苯和甲苯都具有一定的毒性。烷基苯的沸点随着分子量的增大而升高。

10.7.3　芳香烃的化学性质

1. 傅-克反应

(1) 傅-克烷基化反应

傅瑞德尔(Friedel)-克拉夫茨(Crafts)反应简称傅-克反应。在无水三氯化铝催化下,苯与卤代烃反应，可以在苯环上引入一个烷基：

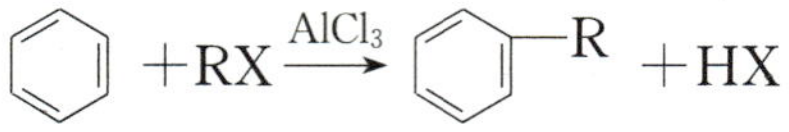

苯和1-氯丙烷的傅-克反应，产物比较复杂。因为在反应过程中，碳正离子的稳定性是从3号位至1号位逐渐减弱的，正丙基碳正离子发生重排形成较稳定的异丙基碳正离子，因而产物有两种：

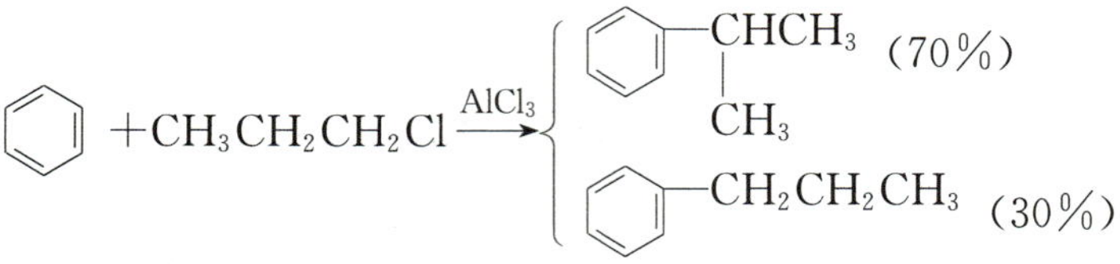

(2) 傅-克酰基化反应

在无水三氯化铝催化下，苯可以与酰卤或酸酐反应，在苯环上引入一个酰基而生成酮：

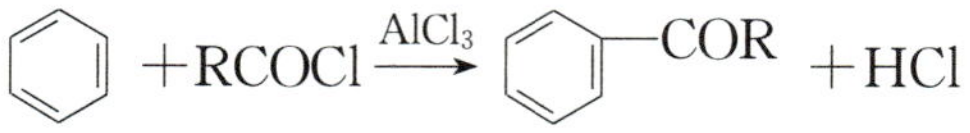

从上述反应可看出，反应是首先由正电基团或缺电子试剂进攻苯环引起的，这些试剂称为亲电试剂。与苯所发生的取代反应称为亲电取代反应。用下列通式表示其反应机理：

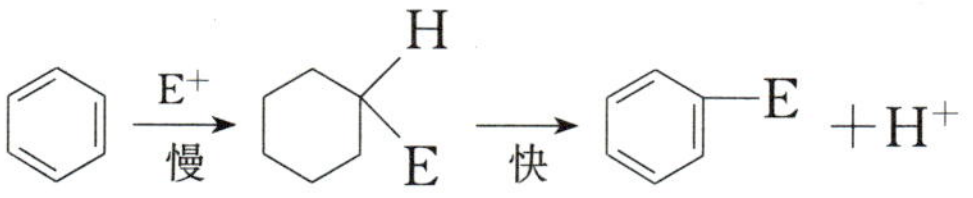

因为反应的第一步需要较高的能量，所以反应速率较慢，一旦形成中间体，只需很少能量就能反应，故第二步反应进行得很快。

2. 苯环侧链上的取代反应

甲苯在光照情况下与氯气的反应不是发生在苯环上而是发生在侧链上：

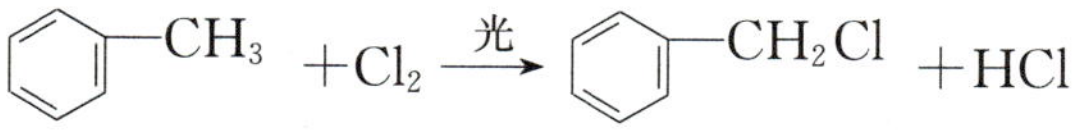

3. 亲电取代反应的定位规律

当苯环上引入第一个取代基时，由于苯环上6个氢原子所处的地位相同，所以取代哪个氢原子都不产生异构体。苯环上进入第一个取代基之后，再导入第二个取代基时，从理论上讲它可能有三种位置。

若按统计学处理，邻位产物为40%，间位产物为40%，对位产物为20%。事实上，反应不按此比例进行。大量的实验事实告诉我们：新的取代基引入时，有两种情况，一是主要进入原取代基的邻位或对位，次要进入间位；二是主要进入原取代基的间位，次要进入邻位或对位。新的取代基导入的位置受苯环上原有取代基的影响，苯环上的原有取代基称为定位基。也就是说，定位基分为两类：第一类定位基(邻、对位定位基)和第二类定位基(间位定位基)。

第一类定位基：能使苯环的亲电取代反应变得比苯容易，将苯环活化，把第二个取代基引入它的邻位、对位，常见的有—$NHCH_3$、—NH_2、—OH、—OCH_3、—$NHCOCH_3$、—R、—X等。

第二类定位基：能使苯环的亲电取代反应变得比苯困难，将苯环钝化，把第二个取代基引入它的间位，常见的有—$N(CH_3)_3$、—NO_2、—CN、—SO_3H、—CHO、—COOH 等。

10.7.4　稠环芳烃

1. 萘

萘是两个苯环通过共用两个相邻碳原子而形成的芳烃。其结构式为

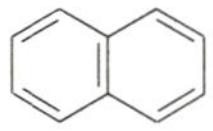

萘是白色的片状晶体，不溶于水而溶于有机溶剂，有特殊的难闻气味。萘有防虫作用，市场上出售的卫生球就是萘的粗制品。

萘分子中键长平均化程度没有苯高，因此稳定性也比苯差，而反应活性比苯高，不论是取代反应还是氧化反应，均比苯容易。

(1) 取代反应

萘的化学性质与苯相似，也能发生卤代、硝化和磺化反应等亲电取代反应。由于萘环上 α 位电子云密度比 β 位高，所以取代反应主要发生在 α 位。

在三氯化铁的催化下，萘能顺利地与氯气发生反应：

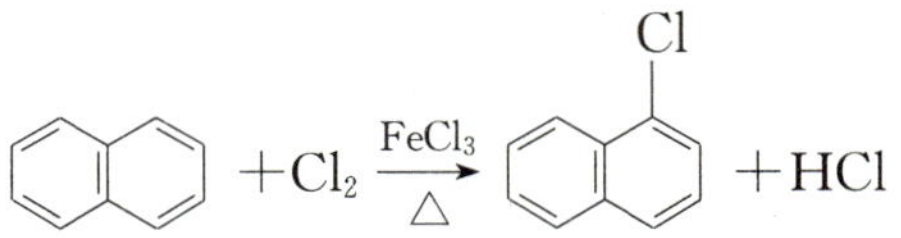

萘的硝化反应比苯容易，α 位比苯快 750 倍，β 位也比苯快 50 倍。因此萘的硝化在室温下也能顺利进行：

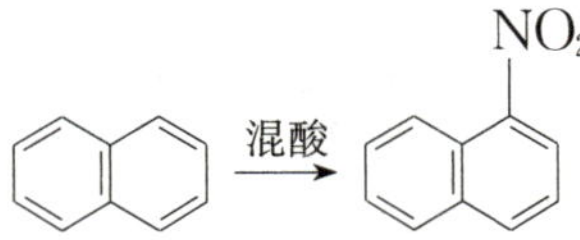

萘的磺化反应随反应温度不同，产物也不一样。低温产物主要为 α-萘磺酸，高温条件下主要产物为 β-萘磺酸：

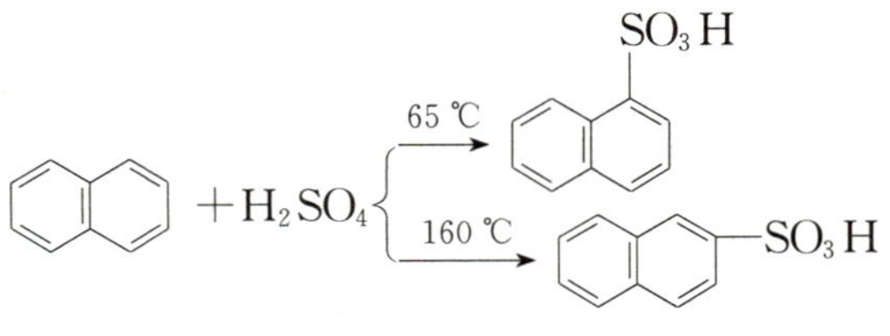

(2) 氧化反应

萘比苯易氧化，氧化反应发生在 α 位。在缓和条件下，萘氧化生成醌；在强烈条件下，萘氧化生成邻苯二甲酸酐：

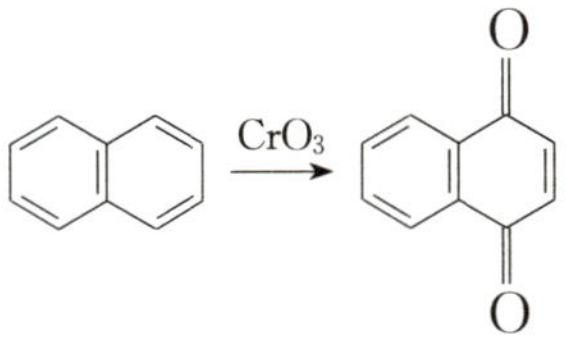

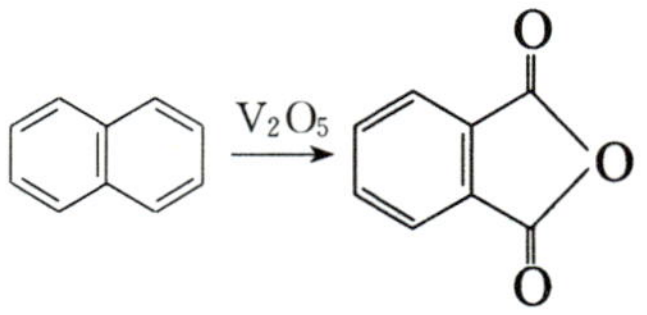

2. 蒽和菲

蒽的分子式为 $C_{14}H_{10}$，它是由三个苯环稠合而成的，且三个环在一条直线上。其结构式为

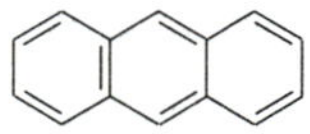

菲是白色片状、带有蓝色荧光的晶体，不溶于水，也不溶于乙醇和乙醚，但在苯中溶解度较大。菲的分子式也是 $C_{14}H_{10}$，与蒽互为同分异构体，它也是由三个苯环稠合而成的，但三个苯环不在一条直线上，其结构式为

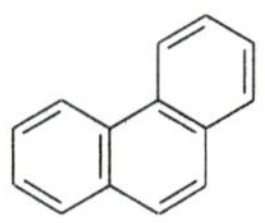

3. 休克尔规则

1931 年，休克尔（Hückel）从分子轨道理论角度提出了判断化合物是否具有芳香性的规则，这个规则强调了两点：① 在环状共轭多烯烃分子中，组成环的原子在同一平面上或接近同一平面；② 离域的 π 电子数为 $4n+2$ 时，该类化合物具有芳香性。这个规则称为休克尔规则，也叫 $4n+2$ 规则。

10.8 立体化学基础

1. 分子的对称性、手性与旋光性

（1）分子的对称性

分子的对称因素可以是一个点、一个轴或一个面。

对称中心：分子中任意原子或原子团与 P 点连线的延长线上等距离处仍是相同的原子或原子团时，P 点就称为对称中心。

对称轴：把分子沿一条直线折叠，直线两旁的部分能够完全重合，这条直线称为对称轴。

对称面：把分子分成互为实物和镜像关系的两半的假想平面称为对称面。

凡具有对称面、对称轴或对称中心任何一种对称因素的分子称为对称分子；凡不具有任何对称因素的分子称为不对称分子。

（2）分子的手性和旋光性

像人的两只手，由于五指的构型不同，左手和右手互为实物和镜像关系，但不能完全重叠，称为手性。

具有手性的分子称为手性分子或手征性分子。

判断一个化合物是不是手性分子，一般可考察它是否有对称面或对称中心等对称因素。而判断一个化合物是否有旋光性，则要看该化合物是否是手性分子。如果是手性分子，则该化合物一定有旋光性；如果是非手性分子，则没有旋光性。所以化合物分子的手性是产生旋光性的充分和必要的条件。

2. 含一个手性碳原子的化合物

当分子中只含一个手性碳原子时，这个分子就一定有手性。如乳酸分子，其第二个碳原子上连有—OH、—COOH、—CH_3和—H四个不相同原子或原子团，即含有手性碳原子，故乳酸有手性，其分子模型可表示如下：

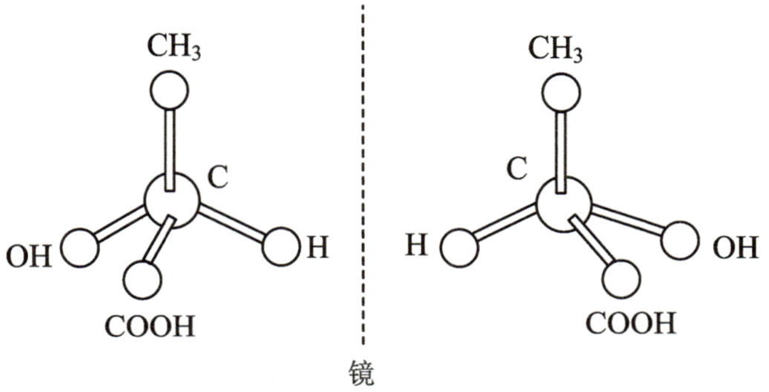

像乳酸分子这样，存在构造相同但构型不同，彼此互为实物和镜像关系，相互对映而不能完全重合的分子称为对映异构体。(+)-乳酸和(−)-乳酸是互为镜像关系的异构体，称对映异构体，简称对映体。因对映体的旋光性不同，因此又称为旋光异构体或光学异构体。

在实验室合成乳酸时，得到的是等量的左旋体和右旋体的混合物，这种由等量的对映体所组成的混合物称为外消旋体。因为这两种组分比旋光度相同，旋光方向相反，所以旋光性正好互相抵消，不显旋光性。

例1　下列反应按亲核加成-消去历程进行，请写出主要产物。

(1) 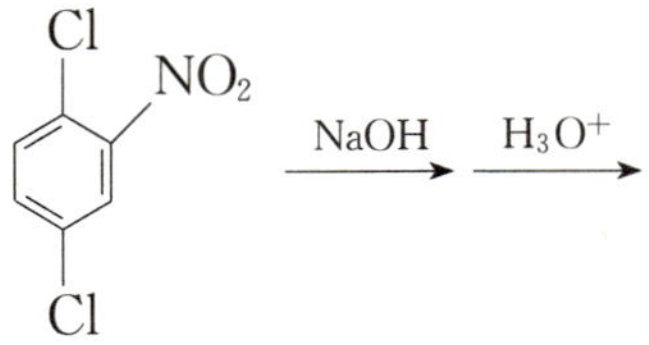

(2) 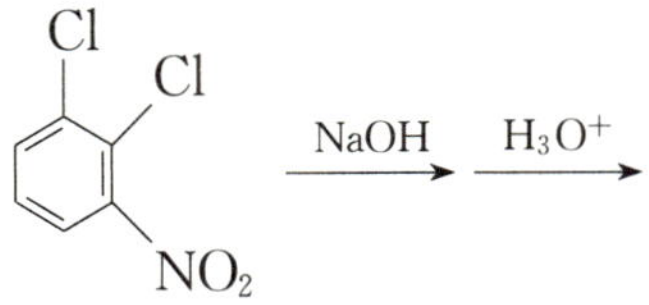

(3) 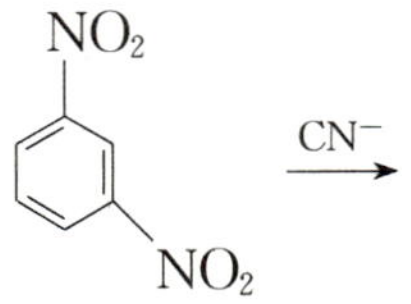

（4） 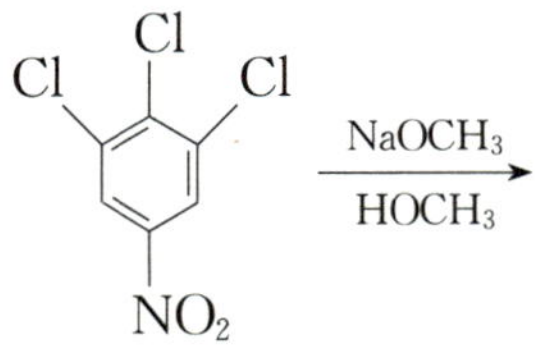

解析 芳环的亲核取代反应按加成-消去历程进行，在强吸电子基团存在时该反应总是发生在强吸电子基团的邻位、对位。(3)中形成苯负离子，—NO_2通过吸引电子及离域效应分散其负电荷，由于—CN体积较小，可插入两硝基间。由此可得

（1） 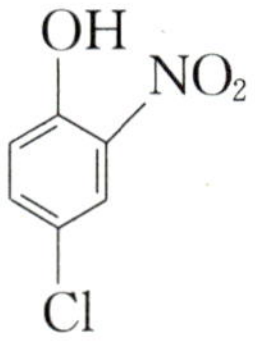 （2） 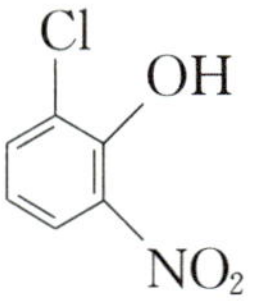 （3） 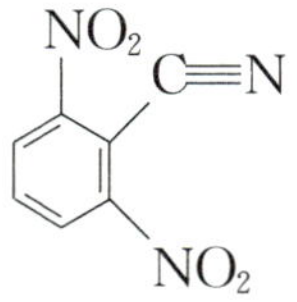 （4） 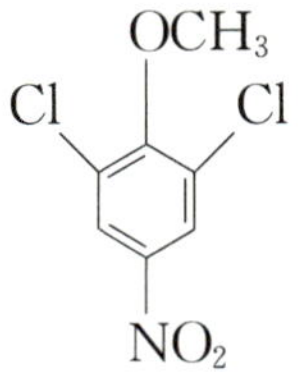

例 2 写出至少10种含有6个C原子的烃，可以含环和双键，要求有一定的稳定度。

解析 五元环、六元环是稳定的结构，三元环、四元环因为键的张力过大容易开环，所以是不太稳定的。在烯烃中，单、双键交替结构的共轭烯烃与独立烯烃相比稳定度较高，但是两个双键连在同一个C原子上的累积烯烃是非常不稳定的。

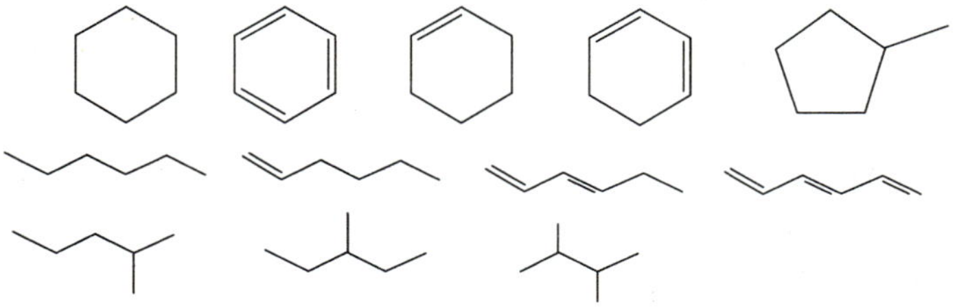

例 3 以下物质在溶液中会发生水合，请分析a、b、c三个羰基哪个最容易发生水合，并说明原因。

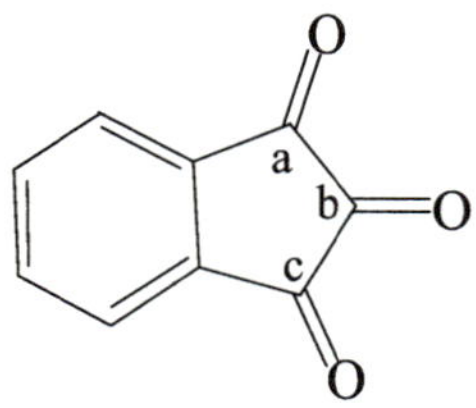

解析 羰基b最容易发生水合，因为b的正电性最强。由于苯环的给电子效应，a、b、c三个羰基都受影响，离苯环越远，受到苯环的给电子效应越弱，羰基的正电性就越强，其吸引带负电荷的原子的能力越强。水分子中氧原子带负电荷，被带正电荷的原子吸引，从而形成一种吸引力，所以羰基b容易发生水合。

例 4 下列有机物：① 邻羟基苯甲酸，② 对羟基苯甲酸，③ 间羟基苯甲酸，④ 苯甲酸，酸性大小排列正确的是 （ ）

A. ①>②>③>④

B. ①>④>②>③

C. ①>③>②>④

D. ①>③>④>②

解析　当羟基位于羧基邻位时，这个羟基中的 H 原子与羧基中的羰基 O 原子易形成氢键，导致羰基 O 的负电性被削弱，结合 H 的能力下降，导致羧基上的 H 容易电离，酸性增强，故①>④；羟基是一个给电子基团，当它和羧基对位时，主要体现的是给电子能力，导致羧基 C 的正电性被削弱，又引起 O 对质子 H 的吸引能力变强，酸性减弱，所以④>②；间位羟基的作用介于对位和邻位之间，间羟基苯甲酸与苯甲酸的酸性大小很接近，③略大于④。所以答案为 D。

真题解析

1. 烯烃 C_4H_8 混合气体经 O_3 氧化并水解后生成 0.60 mol 酮和 1.80 mol 醛(其中 HCHO 为 0.90 mol)。则在原混合气体中，2-丁烯的体积分数为　(　　)

A. 0.25　　B. 0.33　　C. 0.40　　D. 0.50

解析　烯烃 C_4H_8 的同分异构体有 $CH_3CH_2CH=CH_2$、$CH_3CH=CHCH_3$、$(CH_3)_2C=CH_2$，它们经 O_3 氧化并水解，$CH_3CH_2CH=CH_2$ 得到的产物是 CH_3CH_2CHO 和 HCHO；$CH_3CH=CHCH_3$ 得到的产物是 CH_3CHO；$(CH_3)_2C=CH_2$ 得到的产物是 $(CH_3)_2C=O$ 和 HCHO。据烯烃经 O_3 氧化并水解后生成的物质为相同的物质的量，可求出 2-丁烯的体积分数为 0.25，A 正确。

2. 主链为 4 个碳原子的某烷烃有 2 种同分异构体。则与这种烷烃具有相同的碳原子数、主链也为 4 个碳原子的单烯烃共有异构体　(　　)

A. 3 种　　B. 4 种　　C. 5 种　　D. 2 种

解析　主链为 4 个碳原子的某烷烃的 2 种同分异构体为

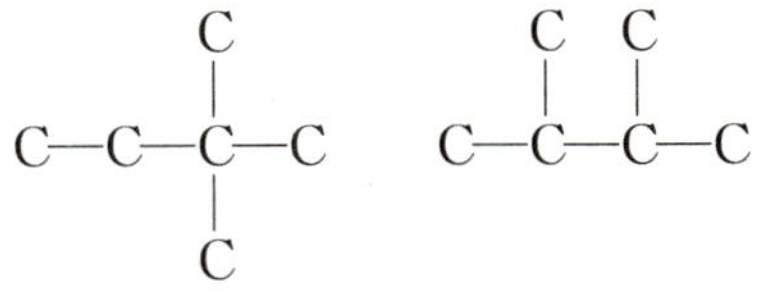

与这种烷烃具有相同的碳原子数、主链也为 4 个碳原子的单烯烃为

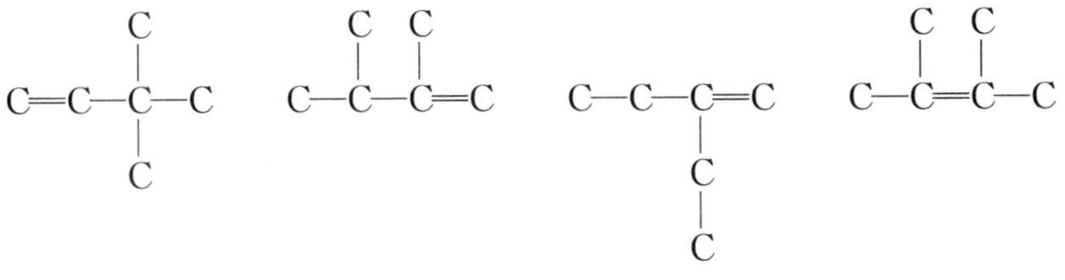

所以 B 正确。

3. 下列叙述正确的是　(　　)

A. 汽油、柴油和植物油都是碳氢化合物

B. 乙醇可以被氧化为乙酸,二者都能发生酯化反应

C. 甲烷、乙烯和苯在工业上都可通过石油分馏得到

D. 含 5 个碳原子的有机物,每个分子中最多可形成 4 个 C—C

解析 选项 A 中植物油是不饱和的高级脂肪酸甘油酯,其中还含有氧元素;选项 B 中乙醇氧化生成乙醛,乙醛氧化可以生成乙酸,羧酸与醇可以发生酯化反应;选项 C 中甲烷主要来自天然气,而不是通过石油的分馏得到;选项 D 中含有 5 个 C 的有机物,其中一个 C 原子最多可形成 4 个 C—C,而不是每个分子最多可形成 4 个 C—C。答案为 B。

4. 2008 年北京奥运会的“祥云”火炬所用燃料的主要成分是丙烷,下列有关丙烷的叙述不正确的是 ( )

A. 分子中的碳原子不在一条直线上　　B. 光照能够发生取代反应

C. 比丁烷更易液化　　D. 是石油分馏的一种产物

解析 丙烷的沸点比丁烷低,所以丁烷比丙烷更容易液化。答案为 C。

5. 在①丙烯、②氯乙烯、③苯、④甲苯四种有机化合物中,分子内所有原子均在同一平面的是 ( )

A. ①②　　B. ②③　　C. ③④　　D. ②④

解析 烯烃中与 C═C 相连的原子、与苯环相连的原子、与 C≡C 相连的原子均在同一平面内,丙烯、甲苯中的—CH_3 中的 C 与 H 原子、H 原子之间不可能同在一个平面内。所以答案为 B。

6. 分子式为 C_3H_{10} 且具有三元环的所有异构体共有(考虑立体异构) ( )

A. 3 个　　B. 4 个　　C. 5 个　　D. 6 个

解析 注意有一个对映异构体!

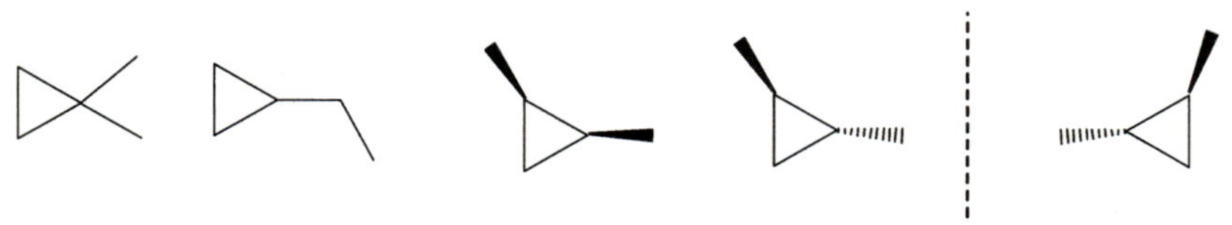

答案为 C。

7. 化合物 A 的分子式为 C_6H_{12},不能使酸性高锰酸钾溶液褪色,可以与 HI 作用得到 $C_6H_{13}I$,与氢气加成仅可得到 3-甲基戊烷,写出其结构式并写出相关的反应方程式。

解析 分子式为 C_6H_{12},不能使酸性高锰酸钾溶液褪色的化合物只能是环烷烃,与氢气加成仅可得到 3-甲基戊烷,它应是三甲基环丙烷。

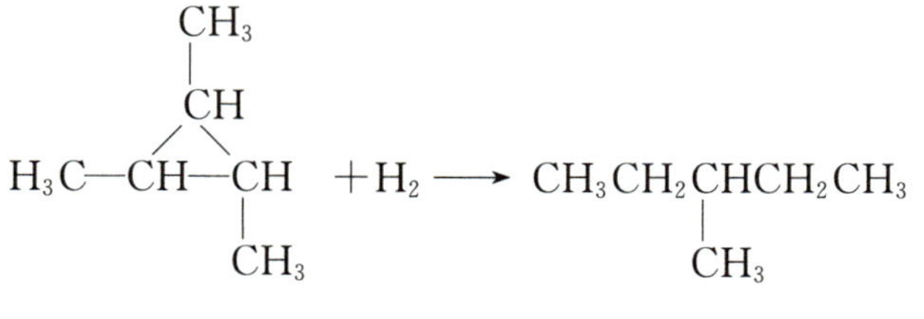

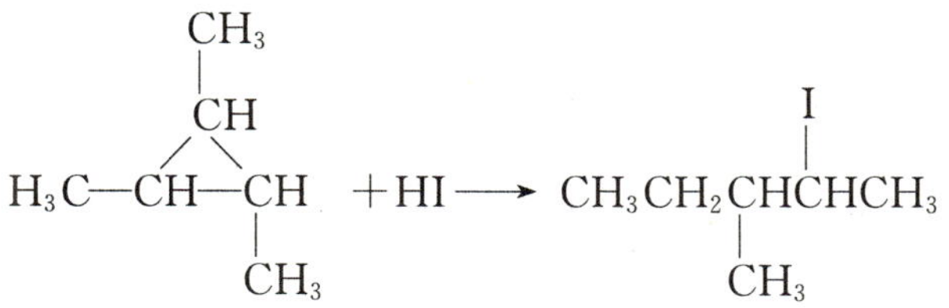

8. 环烯戊()的酸性很差，而环二烯()却可以和金属钠发生置换反应，产生氢气和环二烯钠。请问如何解释？

解析 环戊二烯中两个双键形成共轭大 π 键，丢掉一个 H^+ 后的碳负离子比较稳定，所以环二烯的酸性更强。

9. 4-氯-α-甲基苯乙稀的核磁共振一共有多少组峰？ ( )

A. 3 B. 4 C. 5 D. 6

解析 本题考查的是有机物的书写，以苯乙烯作为母体，在 4 号位上画上一个氯原子，在紧邻双键 C 原子旁画一个甲基：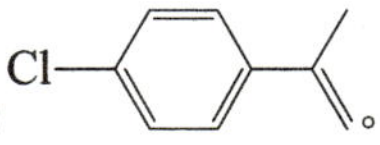。可见，其中有 4 种不同的 H 原子。答案为 B。

10. 写出下列物质的结构简式：

(1) 环丁烯。

(2) *N*-乙酰基对氨基苯酚。

(3) 氯甲基甲基醚。

解析 (1) 环丁烯：。

(2) *N*-乙酰基对氨基苯酚：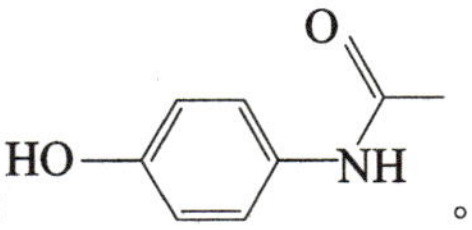。

(3) 氯甲基甲基醚：CH_3OCH_2Cl。

11. 目前，世界上已合成了几百种有机超导体，TCNQ 是其中之一。TCNQ 的分子结构如图 10.1 所示。说出关于 TCNQ 结构的两个特点。

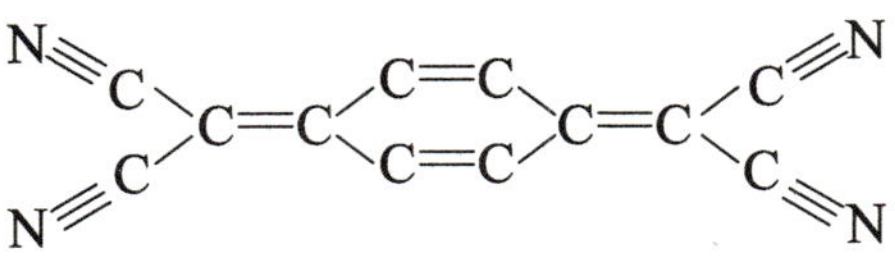

图 10.1

解析 从结构上分析它应有的特点：① TCNQ 分子中所有原子都在同一个平面上；② TCNQ是一种非极性分子；③ 1 mol TCNQ 在一定条件下最多可与 12 mol H_2反应。

12. 第二周期元素 A 与氢形成的如下化合物中 A—A 的键能如表 10.2 所示。

表 10.2

化合物	$CH_3—CH_3$	$H_2N—NH_2$	HO—OH
键能/(kJ·mol^{-1})	346	247	207

它们的键能为什么依次下降?

解析　乙烷中的碳原子没有孤对电子,肼中的氮原子有1对孤对电子,过氧化氢中的氧原子有2对孤对电子,使A—A的键能减小。

13. 如图10.2所示是十二面体烷的空间构型。

(1) 写出它的化学式:________。

(2) 它的一氯取代物的数目为________。

(3) 它的二氯取代物的数目为________。

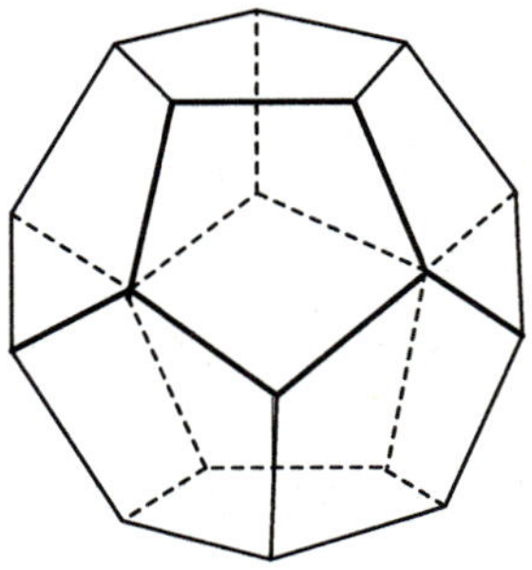

图 10.2

解析　(1) $C_{20}H_{20}$。

(2) 。从图形上分析,它是中心对称结构的分子,所有的碳是一样的,所以它的一氯取代物的数目为1。

(3) 5 一个碳上只有一个氢,只能发生一氯取代,取外围最大十元环可看出它的二氯取代物的数目为5。

14. 化合物A和B的元素分析数据均为C占比85.71%,H占比14.29%,质谱数据表明A和B的相对分子质量均为84,室温下A和B均能使溴水褪色,但均不能使高锰酸钾溶液褪色,A与HCl反应得2,3-二甲基-2-氯丁烷,A催化加氢得2,3-二甲基丁烷;B与HCl反应得2-甲基-3-氯戊烷,B催化加氢得2,3-二甲基丁烷。

(1) 写出A和B的结构简式。

(2) 写出所有与A、B具有相同碳环骨架的同分异构体,并写出其中一种异构体与HCl反应的产物。

解析　解题的关键是抓住A、B在室温下能使溴水褪色,而不能使高锰酸钾溶液褪色,可推知是三元环或四元环的环烷烃,再根据它们催化加氢和与HCl反应的产物,推知是三元环的环烷烃,然后根据题意写出同分异构体。

综合上述:

(1) A的结构简式:

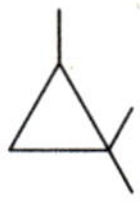

B的结构简式:

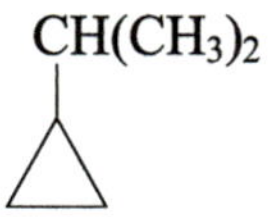

(2) 异构体的结构简式以及与HCl反应产物的结构简式:

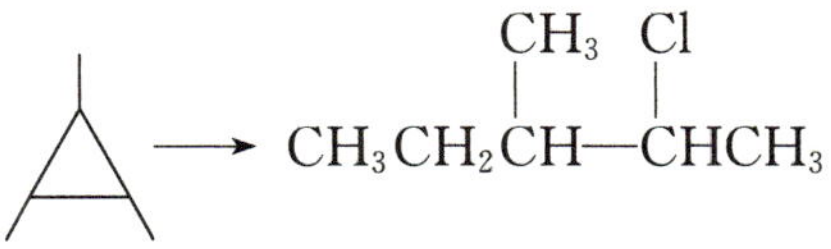

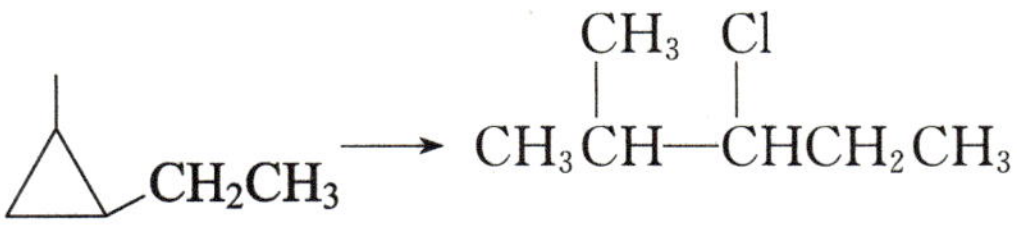

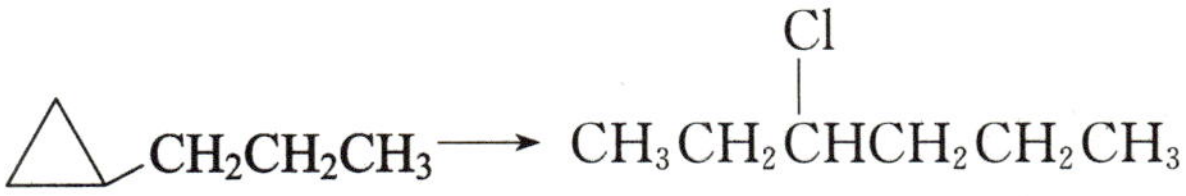

15. 分子式为 $C_5H_8O_2$，且满足① 可水解，② 与新制氢氧化铜反应生成砖红色沉淀这两个要求的同分异构体数目为多少种？（考虑环状结构）　　（　　）

A. 6　　B. 8　　C. 11　　D. 12

解析　根据题意，$C_5H_8O_2$应该为甲酸某酯，所以 $C_5H_8O_2$的结构是 $HCOO—C_4H_7$，只要写出$—C_4H_7$的同分异构体即可。如下：

$—CH═CH—CH_2—CH_3$　　$—CH_2—CH═CH—CH_3$

$—CH_2—CH_2—CH═CH_2$　　$—CH═C(CH_3)—CH_3$

$—CH_2—C(CH_3)═CH_2$

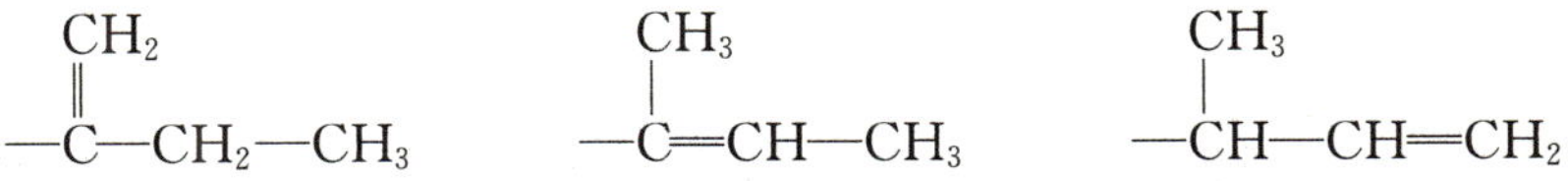

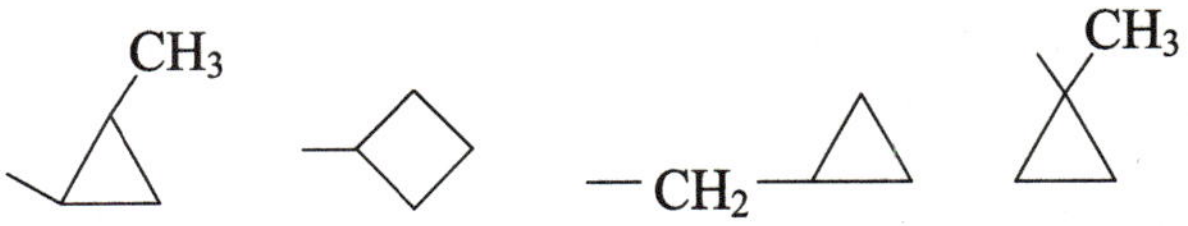

所以答案为 D。

16. 已知有一物质，其结构为

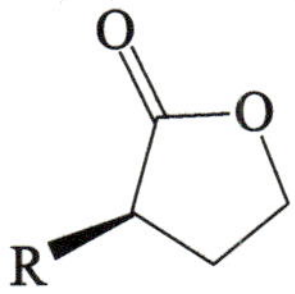

请解释为什么该物质可以在强碱性条件下发生消旋化反应（最终产物不具有旋光性）。

解析　因为强碱性下酯键旁边的 α-H 比较活泼，OH^- 会与之结合，产生带负电的物质。异构化形成的烯醇负离子具有双键的平面结构，它发生重新加质子的反应，由于加质子的方位不同，会生成两种等量的对映异构体，导致原手性 C 的构型发生改变，最后形成的产物是两种构型的混合物，即外消旋体。由于两种不同手性的异构体的物质的量一样，所以混合物不显现旋光性。其反应机理可表示为

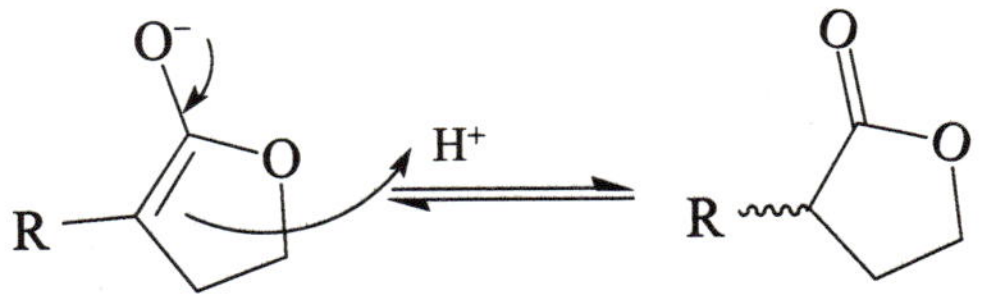

模拟训练

一、选择题(只有一个正确答案)

1. 石油裂化的主要目的是 ( )

A. 提高轻质液体燃料的产量　　B. 便于分馏

C. 获得短链不饱和气态烃　　D. 提高汽油的质量

2. $C_{14}H_{30}$的同分异构体甚多,若该烷烃的主链为 10 个碳原子,且主链上只有 1 个取代基,则符合以上条件的烷烃有 ( )

A. 4 种　　B. 5 种

C. 6 种　　D. 超过 6 种

3. 测定相对分子质量的常用方法之一是凝固点下降法。例如,水是常用的溶剂,当水中溶解了某种不挥发的溶质时,水的凝固点(即冰点)即会下降,海水在 0 ℃时不会结冰就是这个原因。凝固点下降的程度与溶质的分子数有关,而与溶质是何种物质无关。当溶剂的量确定时,凝固点的降低值与溶质分子数成正比。已知 10.0 g 樟脑中溶解 0.412 g 萘,凝固点下降了 13 ℃,那么,组成为 $C_7H_6O_2$的有机物 0.23 g 溶于 15.6 g 樟脑中,凝固点下降约为多少?(已知萘的相对分子质量为 128。) ( )

A. 5 ℃　　B. 8 ℃　　C. 7 ℃　　D. 12 ℃

4. 一种新武器叫臭鼬弹(skunkbomb)。已知臭鼬剂主要成分是丁硫醇(C_4H_9SH),人的口臭是由于分泌有臭味的甲硫醇(CH_3SH),液化气中添加的报警剂是极臭的乙硫醇(CH_3CH_2SH)。则下列说法你认为正确的是 ( )

A. 丁硫醇、甲硫醇与乙硫醇互为同系物

B. 沸点不同的丁硫醇有 5 种

C. 丁硫醇在空气中燃烧生成二氧化碳、三氧化硫和水

D. 在水溶液中,乙硫醇比乙醇更难电离出 H^+

5. 用氯气漂白过的石蜡(一种固态石油馏分)燃烧时会产生含有氯元素的气体,这是由于氯气在漂白石蜡时发生了 ( )

A. 加聚反应　　B. 加成反应

C. 取代反应　　D. 消去反应

6. 充分燃烧某液态芳香烃 X,并收集产生的全部水蒸气,恢复到室温时,测得水的质量跟原芳香烃的质量相等。则芳香烃 X 的分子式是 ( )

A. $C_{10}H_{14}$　　B. $C_{10}H_{16}$

C. $C_{12}H_{18}$　　D. $C_{12}H_{20}$

二、简答题

7. N_2H_4在一定条件下热分解,产生 NH_3、N_2和 H_2,后两者物质的量之比为 3∶2,写出反应方程式。

8. 在炔烃中，炔氢较活泼的原因是什么？

9. 写出与 HX、H_2SO_4的加成反应方程式。

三、综合题

10. 为测定一有机化合物 A 的结构，有以下实验：通过质谱分析，测得它的相对分子质量为 195；红外光谱显示 A 分子中含有苯环，没有碳氧双键，有 1 个三键；H-NMR（核磁共振）谱显示，A 分子中有 5 种化学环境不同的氢，其中有酸性的 1 个，另 4 种氢各占 2 个；^{13}C-NMR（核磁共振）谱显示，A 有 9 种化学环境不同的碳原子；紫外-可见光谱显示，该分子中有大的共轭双键体系（像—C=C—C=C—C=C—这样的称为共轭双键体系）。另外，该物质可与 NaOH 中和，但不和 $NaHCO_3$反应。

（1）A 的化学式为________________。

（2）请画出 A 的结构式：__________________________。

（3）A 中有官能团________________。

第 11 章　烃的衍生物

11.1　卤　代　烃

11.1.1　卤代烃的化学反应

卤代烃是烃分子中一个或多个氢原子被卤素原子取代后所生成的化合物。

卤代烃分子结构中含有 C—X，由于卤素的电负性比碳大，碳卤键中电子云偏向卤素，使碳原子带部分正电荷，卤素易以 X^- 的形式被取代，这种取代称为亲核取代反应（简写为 S_N）。活泼金属也可以与卤代烃反应，生成金属有机化合物。由于碳卤键的极性，β 碳原子上的氢原子与卤素原子一起脱去，发生消除反应而形成碳碳双键。另外，卤代烃还可被多种试剂还原生成烃。

1. 亲核取代反应

（1）水解反应

$$RX + H_2O \rightleftharpoons ROH + HX$$

卤代烷水解是可逆反应，而且反应速率很慢。为了提高产率和增加反应速率，常常将卤代烷与氢氧化钠或氢氧化钾的水溶液共热，使水解能顺利进行。可表示为

$$RX + H_2O \xrightarrow[\triangle]{NaOH} ROH + NaX$$

（2）氰解反应

$$RX + NaCN \longrightarrow RCN + NaX$$

氰基经水解生成羧基（—COOH），可以制备羧酸及其衍生物。这也是增长碳链的一种方法。

（3）氨解反应

$$RX + NH_3 \longrightarrow RNH_2 + HX$$

（4）醇解反应

$$RX + NaOEt \xrightarrow{\triangle} ROEt + NaX$$

（5）与硝酸银的醇溶液反应

$$RX + AgNO_3 \xrightarrow{醇} RONO_2 + AgX\downarrow$$

此反应常用于各类卤代烃的鉴别。

不同卤代烃与硝酸银的醇溶液反应的活性不同，叔卤代烷最快，仲卤代烷次之，伯卤代烷最慢。另外，烯丙基卤和苄基卤也很活泼，同叔卤代烷一样，与硝酸银的反应速率很快，加入试剂立即反应。

2. 消除反应

卤代烷与氢氧化钾的醇溶液共热，分子中脱去一分子卤化氢生成烯烃，这种反应称为消除反应，以 E 表示。例如：

$$RCH_2CH_2Br + NaOH \xrightarrow[\triangle]{\text{乙醇}} RCH{=}CH_2 + NaBr + H_2O$$

不同结构的卤代烷的消除反应速率不同，三级卤代烷最快，二级卤代烷次之，一级卤代烷最慢。

不对称卤代烷在发生消除反应时，可得到两种产物。例如：

$$RCH_2CHXCH_3 + NaOH \xrightarrow[\triangle]{\text{乙醇}} \begin{cases} RCH{=}CHCH_3 & \text{（主要产物）} \\ RCH_2CH{=}CH_2 & \text{（次要产物）} \end{cases}$$

札依采夫(Zaitsev)规则：被消除的 β-H 主要来自含氢较少的碳原子上。

3. 与金属反应

(1) 伍尔兹(Wurtz)反应

卤代烷与金属钠反应可制备烷烃，此反应称为伍尔兹反应。例如：

$$2CH_3CH_2Cl + 2Na \longrightarrow CH_3CH_2CH_2CH_3 + 2NaCl$$

(2) 格氏试剂反应

在卤代烷的无水乙醚溶液中，加入金属镁条，反应立即发生，生成的溶液叫格氏试剂。

$$RX + Mg \longrightarrow RMgX \quad \text{（烷基卤化镁）}$$

$$CH_3CH_2Br + Mg \longrightarrow CH_3CH_2MgBr \quad \text{（乙基溴化镁）}$$

格氏试剂是一种很重要的试剂，由于分子内含有极性键，化学性质很活泼，它在有机合成中有广泛的应用。

4. 还原反应

卤代烃还可被多种试剂还原生成烃，例如：

$$R{-}X \xrightarrow{Zn+HCl} RH, \quad R{-}X \xrightarrow{H_2/Pt} RH$$

$$R{-}X \xrightarrow{NH_3(\text{液})+Na} RH, \quad R{-}X \xrightarrow{LiAlH_4} RH$$

11.1.2　亲核取代反应机理

1. 单分子亲核取代反应(S_N1)

叔丁基溴在碱性溶液中的水解反应速率只与叔丁基溴的浓度有关，而与进攻试剂无关，它属于单分子亲核取代反应。

$$(CH_3)_3CBr + OH^- \longrightarrow (CH_3)_3COH + Br^-$$

单分子亲核取代反应分两步进行：

(1) 叔丁基溴发生碳溴键异裂，生成叔丁基碳正离子和溴负离子。在解离过程中碳溴键逐渐削弱，电子云向溴偏移，形成过渡态，进一步发生 C—Br 断裂。第一步反应速率很慢。

$$(CH_3)_3CBr \longrightarrow \underset{A}{[(CH_3)_3C\cdots Br]} \xrightarrow{慢} (CH_3)C^+ + Br^-$$

(2) 生成的叔丁基碳正离子很快与进攻试剂结合形成过渡态 B,最后生成叔丁醇:

$$(CH_3)C^+ + OH^- \longrightarrow \underset{B}{[(CH_3)_3C\cdots OH]} \xrightarrow{快} (CH_3)_3COH$$

对 S_N1 历程反应来说,卤代烃的稳定性与生成的活性中间体——碳正离子的稳定性有关。碳正离子的稳定性取决于碳正离子的种类。烷基是一个给电子基,它通过诱导效应和共轭效应使碳正离子的正电荷得到分散,从而增加了碳正离子的稳定性。显然碳正离子所连的烃基越多,其稳定性越大,即碳正离子稳定性由三级碳正离子、二级碳正离子、一级碳正离子、甲基碳正离子依次降低。

2. 双分子亲核取代反应(S_N2)

溴甲烷在碱性溶液中的水解速率与卤代烷的浓度以及进攻试剂 OH^- 的浓度的乘积成正比。S_N2 历程与 S_N1 历程不同,反应是同步进行的,即卤代烃分子中碳卤键的断裂和醇分子中碳氧键的形成是同时进行的,整个反应通过过渡态来实现。

过渡态一旦形成,会很快转变为生成物。此时新键的形成和旧键的断裂是同时发生的。S_N2 反应的速率取决于过渡态的形成。形成过渡态不仅需要卤代烃的参与,同时也需要进攻试剂的参与,故称为双分子反应。

11.2 醇、酚、醚

11.2.1 醇

醇的化学性质由羟基决定。它的化学反应涉及断裂碳氧键,即羟基被取代,或者断裂氢氧键,即氢被取代或脱去;另外,羟基和 β-碳上的氢也可以同时消去形成碳碳双键。

1. 与活泼金属反应

$$2ROH + 2Na \xrightarrow{缓慢} 2RONa + H_2$$

各种不同结构的醇与金属钠反应的速率不同,甲醇、伯醇、仲醇、叔醇依次降低。

醇的酸性比水小,因此反应所得到的醇钠可水解得到原来的醇。醇钠的化学性质活泼,它是强碱,在有机合成中可作缩合剂使用,并可作引入烷氧基的烷氧化试剂。

其他活泼的金属,例如,镁、铝等也可与醇作用生成醇镁和醇铝。其中,异丙醇铝和叔丁醇铝在有机合成上有重要的应用。

2. 与无机酸的反应

(1) 与氢卤酸反应

醇与氢卤酸作用生成卤代烃和水,这是制备卤代烃的重要方法。反应如下:

$$ROH + HX \rightleftharpoons RX + H_2O$$

醇与氢卤酸反应的快慢与氢卤酸的种类及醇的结构有关。不同种类的氢卤酸活性由氢碘酸、氢溴酸、盐酸依次降低；不同结构的醇活性由烯丙醇、叔醇、仲醇、伯醇依次降低。

不同结构的醇与氢卤酸反应速率不同，这可用于区别伯、仲、叔醇。所用的试剂为无水氯化锌和浓盐酸配成的溶液，称为卢卡斯(Lucas)试剂。卢卡斯试剂与叔醇反应速率最快，立即生成卤代烷，由于卤代烷不溶于卢卡斯试剂，溶液混浊。仲醇反应较慢，需放置片刻才能混浊分层。伯醇在常温下不反应，需在加热下才能反应。(此反应的鉴别只适用于含 6 个碳以下的伯、仲、叔醇异构体，因高级一元醇也不溶于卢卡斯试剂。)

(2) 与含氧无机酸反应

醇与含氧无机酸如硝酸、硫酸、磷酸等作用，脱去水分子而生成无机酸酯。例如：

$$CH_3CH_2OH + HNO_3 \longrightarrow CH_3CH_2O—NO_2 + H_2O$$

$$CH_3OH + H_2SO_4 \longrightarrow CH_3O—SO_3H + H_2O$$

$$2CH_3O—SO_3H \xrightarrow{\text{减压蒸馏}} CH_3O—SO_2—OCH_3 + H_2SO_4$$

11.2.2　酚

酚的羟基和芳环形成一个共轭体系，所以酚羟基也不易消去(消除反应)。酚的芳环由于受羟基的影响，也比相应的芳环更容易发生亲电取代反应。酚的化学反应如下：

1. 酚羟基的反应

酚具有酸性，酚和氢氧化钠的水溶液作用，生成可溶于水的酚钠。

通常酚的酸性比碳酸弱。苯酚的弱酸性是由于羟基氧原子的孤对电子与苯环的 π 电子发生 p-π 共轭，致使电子离域，使氧原子周围的电子云密度下降，从而有利于氢原子以质子的形式离去。

2. 芳环上的亲电取代反应

(1) 卤代反应

酚极易发生卤代反应。苯酚只要用溴水处理，就立即生成不溶于水的 2,4,6-三溴苯酚白色沉淀，反应非常灵敏。除苯酚外，凡是酚羟基的邻、对位上含有氢的酚类化合物与溴水作用，均能生成沉淀。故该反应常用于酚类化合物的鉴别。

(2) 硝化反应

苯酚在常温下用稀硝酸处理就可得到邻硝基苯酚和对硝基苯酚。邻硝基苯酚和对硝基苯酚可用水蒸气蒸馏法分开。这是因为邻硝基苯酚通过分子内氢键形成环状化合物，不再与水缔合，也不易生成分子间氢键，故水溶性小、挥发性大，可随水蒸气蒸出。而硝基苯酚可生成分子间氢键而相互缔合，挥发性小，不随水蒸气蒸出。

3. 氧化反应

酚类化合物很容易被氧化，不仅可用氧化剂如高锰酸钾等氧化，甚至较长时间与空气接触，也可被空气中的氧气氧化，使颜色加深。苯酚被氧化时，不仅羟基被氧化，羟基对位的碳氢键也被氧化，生成对苯醌：

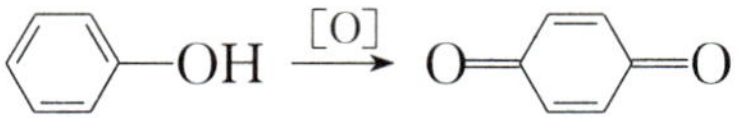

多元酚更易被氧化,例如,邻苯二酚和对苯二酚可被弱氧化剂(如氧化银、溴化银)氧化成邻苯醌和对苯醌。

11.2.3 醚

由于醚分子中的氧原子与两个烃基结合,分子的极性很小。醚是一类很不活泼的化合物(环醚除外)。它对氧化剂、还原剂和碱都极稳定,如常温下与金属钠不反应,因此常用金属钠干燥醚。但是在一定条件下,醚可发生特有的反应。

1. 醚键的断裂

在较高的温度下,强酸能使醚键断裂,最有效的是氢卤酸,又以氢碘酸为最好,在常温下就可使醚键断裂,生成一分子醇和一分子碘代烃。若有过量的氢碘酸,则生成的醇进一步转变成另一分子的碘代烃。

$$R—O—R + HI \longrightarrow RI + ROH$$

$$ROH + HI \longrightarrow RI + H_2O$$

2. 环醚(环氧乙烷)的反应

环醚(环氧乙烷)在酸或碱催化下可与许多含活泼氢的化合物或亲核试剂作用发生开环反应。试剂中的负离子或带部分负电荷的原子或基团总是和碳原子结合,其余部分和氧原子结合生成各类相应的化合物。例如:

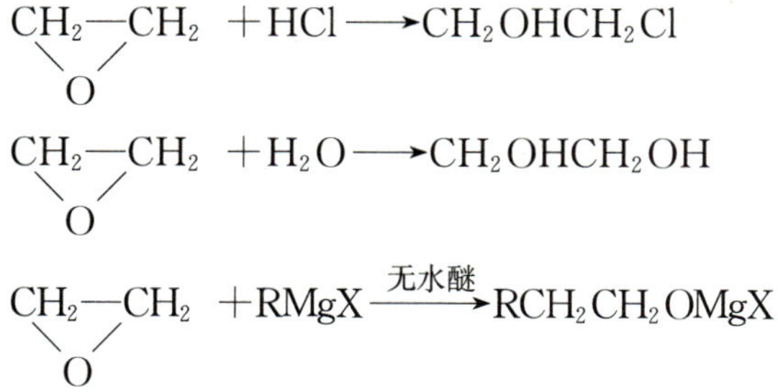

$$RCH_2CH_2OMgX + H_2O \longrightarrow RCH_2CH_2OH$$

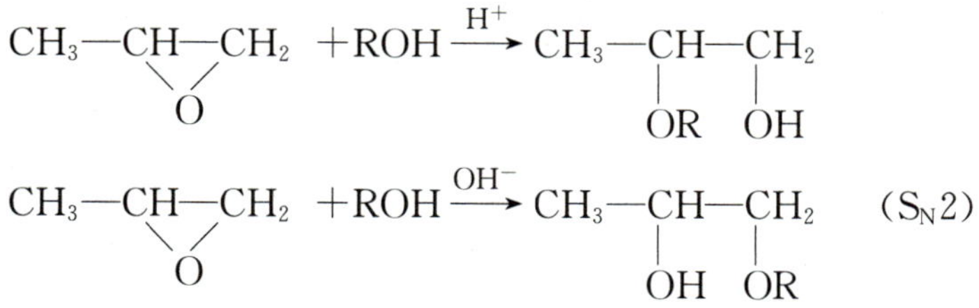

环氧乙烷环上有取代基时,开环方向与反应条件有关,一般规律是:在酸催化下反应主要发生在含烃基较多的碳氧键间;在碱催化下反应主要发生在含烃基较少的碳氧键间。

11.3 醛　和　酮

11.3.1 亲核加成反应

醛、酮在发生加成反应时，决定反应速率的一步是亲核试剂（可以是负离子或带有未共用电子对的中性分子）进攻带部分正电荷的羰基碳原子，生成氧负离子。即羰基上的加成反应是由亲核试剂进攻引起的，故羰基的加成反应称为亲核加成反应。

1. 与氢氰酸加成

醛、脂肪族甲基酮、8 个碳以下的环酮能与氢氰酸发生加成反应生成 α-氰醇。

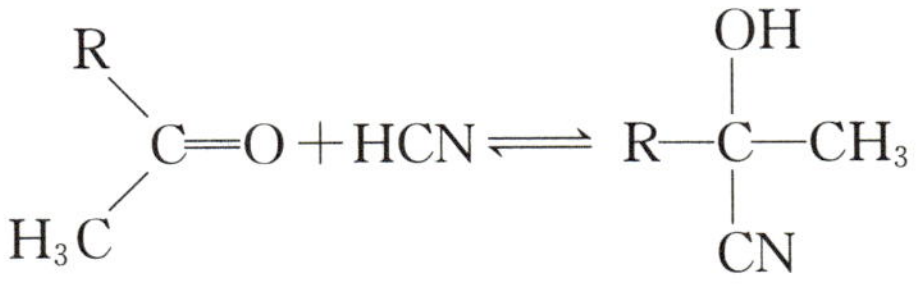

2. 与亚硫酸氢钠加成

醛、甲基酮以及环酮可与亚硫酸氢钠的饱和溶液发生加成反应，生成 α-羟基磺酸钠，它不溶于饱和的亚硫酸氢钠溶液而析出结晶。

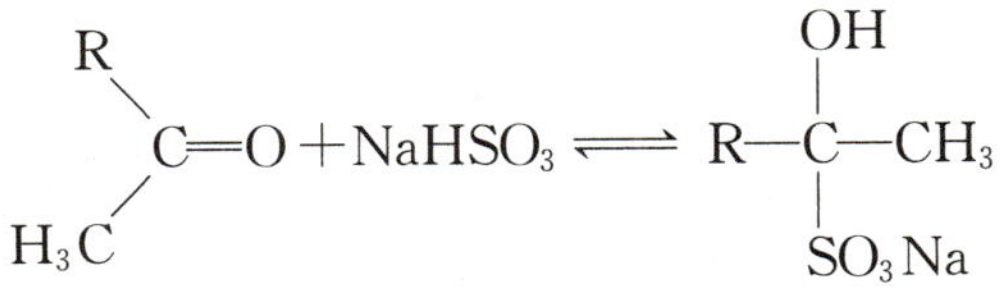

该加成反应可用来鉴别醛、脂肪族甲基酮和 8 个碳原子以下的环酮。由于此反应为可逆反应，加成物 α-羟基磺酸钠遇酸或碱又可恢复成原来的醛和酮，故可利用这一性质分离和提纯醛、酮。

3. 与醇加成

在干燥氯化氢或浓硫酸作用下，醛和醇发生加成反应，生成半缩醛：

$$CH_3CH_2CHO + CH_3OH \xrightleftharpoons{\text{干燥 HCl}} CH_3CH_2CH(OH)OCH_3$$

半缩醛一般不稳定，它可继续与醇反应，两者之间脱去水，而生成稳定的缩醛：

$$CH_3CH_2CH(OH)OCH_3 + CH_3OH \xrightleftharpoons{\text{干燥 HCl}} CH_3CH_2CH(OCH_3)_2 + H_2O$$

在结构上，缩醛跟醚的结构相似，对碱和氧化剂是稳定的，对稀酸敏感，可水解成原来的醛：

$$RCH(OR)_2 + H_2O \xrightleftharpoons{H^+} RCHO + 2ROH$$

在有机合成中可利用这一性质保护活泼的醛基。例如，由对羟基环己基甲醛合成对醛基环己酮时，若不将醛基保护起来，当用高锰酸钾氧化时，醛基也会被氧化成羧酸。

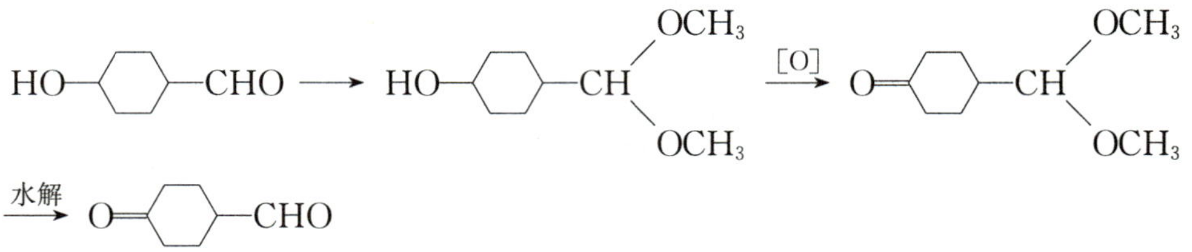

4. 与格氏试剂加成

格氏试剂与甲醛作用生成伯醇，生成的醇比用作原料的格氏试剂多一个碳原子：

$$HCHO + RMgX \longrightarrow RCH_2OMgX \xrightarrow{H^+} RCH_2OH$$

格氏试剂与其他醛作用生成仲醇。例如：

$$RCHO + RMgX \longrightarrow R_2CHOMgX \xrightarrow{H^+} R_2CHOH$$

格氏试剂与酮作用生成叔醇。例如：

$$RCOR + RMgX \longrightarrow R_3COMgX \xrightarrow{H^+} R_3COH$$

11.3.2 α-活泼氢的反应

1. 卤代和卤仿反应

在酸的存在下，醛、酮和卤素的卤代反应可控制生成一卤代产物：

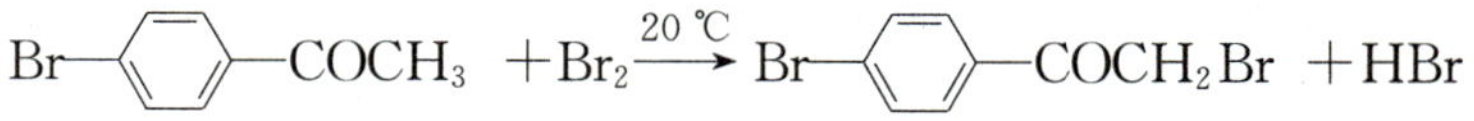

在碱性催化下，卤代反应不能控制生成一卤代产物，而是生成多卤代产物。α-碳原子上连有三个氢原子的醛、酮，例如，乙醛和甲基酮能与卤素的碱性溶液作用，生成三卤代物。三卤代物在碱性溶液中不稳定，立即分解成三卤甲烷和羧酸盐，这就是卤仿反应。常用的卤素是碘，反应产物为碘仿，上述反应就称为碘仿反应。碘仿是淡黄色结晶，容易识别，故常用碘仿反应来鉴别乙醛和甲基酮。次碘酸钠也是氧化剂，可把乙醇及具有 $CH_3CH(OH)$—结构的仲醇分别氧化成相应的乙醛或甲基酮，故也可发生碘仿反应。

2. 羟醛缩合反应

在稀碱的催化下，一分子醛因失去 α-氢原子而生成的碳负离子加到另一分子醛的羰基碳原子上，而氢原子则加到氧原子上，生成 β-羟基醛，这一反应就是羟醛缩合反应。它是增长碳链的一种方法。例如：

$$CH_3CHO + CH_3CHO \longrightarrow CH_3CH(OH)CH_2CHO$$

若生成的 β-羟基醛仍有 α-H，则受热或在酸作用下脱水生成 α，β-不饱和醛：

$$CH_3CH(OH)CH_2CHO \longrightarrow CH_3CH{=}CHCHO$$

11.3.3 氧化反应与还原反应

1. 氧化反应

醛羰基上的氢原子不但可以被强氧化剂如高锰酸钾等氧化，也可被弱氧化剂如托伦试剂和斐林试剂氧化，生成含相同碳原子数的羧酸，而酮却不被氧化。

(1) 醛与托伦试剂(由氢氧化银和氨水制得的无色溶液)共热，可以在试管壁上生成明亮的"银镜"，故又称银镜反应。

(2) 醛与斐林试剂(由硫酸铜和酒石酸钾钠的氢氧化钠溶液配制而成的深蓝色二价铜络合物)共热，则生成砖红色的氧化亚铜沉淀。

$$RCHO+2Cu^{2+}+4OH^{-}\xrightarrow{\triangle}RCOOH+Cu_2O\downarrow+2H_2O$$

甲醛与斐林试剂作用，有铜析出，可生成铜镜，故此反应又称为铜镜反应。

$$HCHO+Cu^{2+}+2OH^{-}\xrightarrow{\triangle}HCOOH+Cu\downarrow+2H_2O$$

利用托伦试剂可把醛与酮区别开来。但芳醛不与斐林试剂作用，因此，利用斐林试剂可把脂肪醛和芳香醛区别开来。

2. 还原反应

采用不同的还原剂，可将醛、酮分子中的羰基还原成羟基，也可以脱氧还原成亚甲基。

(1) 羰基还原成醇羟基

醛、酮在催化剂铂、镉、镍等存在下，可催化加氢，将羰基还原成羟基。若分子结构中有碳碳双键，也可同时被还原。例如：

$$CH_3CH{=}CHCHO+2H_2\xrightarrow{Ni}CH_3CH_2CH_2CH_2OH$$

金属氢化物如硼氢化钠、氢化锂铝等可以选择性地把羰基还原成羟基，而分子中的碳碳双键不被还原，例如：

$$CH_3CH{=}CHCH_2CHO\xrightarrow{LiAlH_4}CH_3CH{=}CHCH_2CH_2OH$$

(2) 羰基还原成亚甲基

醛、酮与锌汞齐及浓盐酸回流反应，羰基被还原成亚甲基，这一反应称为克莱门森(Clemmensen)还原。例如：

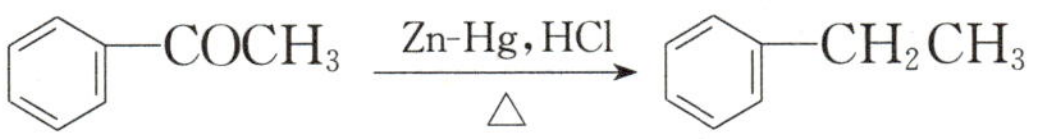

(3) 坎尼扎罗(Cannizzaro)反应

没有 α-氢原子的醛在浓碱作用下发生醛分子之间的氧化还原反应，即一分子醛被还原成醇，另一分子醛被氧化成羧酸，这一反应称为坎尼扎罗反应，属于歧化反应。例如：

$$2HCHO+NaOH(浓)\longrightarrow CH_3OH+HCOONa$$

11.4　羧酸及其衍生物

11.4.1　羧酸

当羧酸的烃基上(特别是 α-碳原子上)连有电负性大的基团时，由于它们的吸电子诱导效应，使氢氧间电子云偏向氧原子，氢氧键的极性增强，促进解离，使酸性增大。基团的电负性愈大，取代基的数目愈多，距羧基的位置愈近，吸电子诱导效应愈强，则羧酸的酸性愈强。如表 11.1 所示。

表 11.1

羧酸	三氯乙酸	二氯乙酸	氯乙酸
pK_a	0.028	1.29	2.81

因此，低级的二元酸的酸性比饱和一元酸强，特别是乙二酸，它是由两个电负性大的羧基直接相连而成的，由于两个羧基的相互影响，酸性显著增强，乙二酸的 $pK_{a1}=1.46$，其酸性比磷酸的 $pK_{a1}=1.59$ 还强。

取代基对芳香酸酸性的影响也有同样的规律。当羧基的对位连有硝基、卤素原子等吸电子基时，酸性增强；而对位连有甲基、甲氧基等斥电子基时，酸性减弱。至于邻位取代基的影响，因受位阻影响比较复杂，间位取代基的影响不能在共轭体系内传递，影响较小。如表 11.2 所示。

表 11.2

羧酸	对硝基苯甲酸	对氯苯甲酸	对甲氧基苯甲酸	对甲基苯甲酸
pK_a	3.42	3.97	4.47	4.38

11.4.2 羧基的反应

1. 酰卤的生成

羧酸与三氯化磷、五氯化磷、氯化亚砜等作用，生成酰氯。

$$RCOOH+PCl_3(PCl_5、SOCl_2)\longrightarrow RCOCl$$

2. 酸酐的生成

在脱水剂的作用下，羧酸加热脱水，生成酸酐。常用的脱水剂有五氧化二磷等。

$$RCOOH+RCOOH\xrightarrow[\triangle]{P_2O_5}RCOOOCR+H_2O$$

3. 酰胺的生成

在羧酸中通入氨气或加入碳酸铵，首先生成羧酸的铵盐，铵盐加热脱水生成酰胺。

$$RCOOH+NH_3\longrightarrow RCOONH_4\xrightarrow[\triangle]{-H_2O}RCONH_2$$

4. 羧基还原反应

羧酸在一般情况下，和大多数还原剂不反应，但能被强还原剂——氢化锂铝还原成醇。用氢化铝锂还原羧酸时，不但产率高，而且分子中的碳碳不饱和键不受影响，只还原羧基而生成不饱和醇。

$$RCH_2CH=CHCOOH\xrightarrow{LiAlH_4}RCH_2CH=CHCH_2OH$$

11.4.3　羧酸衍生物

重要的羧酸衍生物有酰卤、酸酐、酯和酰胺，反应活性顺序是酰氯>酸酐>酯>酰胺。

1. 水解

四种羧酸衍生物的化学性质相似，主要表现在它们都能水解，生成相应的羧酸。

$$\left.\begin{array}{l}RCOCl\\RCOOOCR_1\\RCOOR_1\\RCONH_2\end{array}\right\}+H_2O\longrightarrow RCOOH+\left\{\begin{array}{l}HCl\\R_1COOH\\R_1OH\\NH_3\end{array}\right.$$

2. 醇解

酰氯、酸酐和酯都能与醇作用，生成酯。

$$\left.\begin{array}{l}RCOCl\\RCOOOCR_1\\RCOOR_1\\RCONH_2\end{array}\right\}+HOR_2\longrightarrow RCOOR_2+\left\{\begin{array}{l}HCl\\R_1COOH\\R_1OH\\NH_3\end{array}\right.$$

3. 氨解

酰氯、酸酐和酯都能与氨作用，生成酰胺。

$$\left.\begin{array}{l}RCOCl\\RCOOOCR_1\\RCOOR_1\end{array}\right\}+NH_3\longrightarrow RCONH_2+\left\{\begin{array}{l}HCl\\R_1COOH\\R_1OH\end{array}\right.$$

4. 与 RMgX 反应

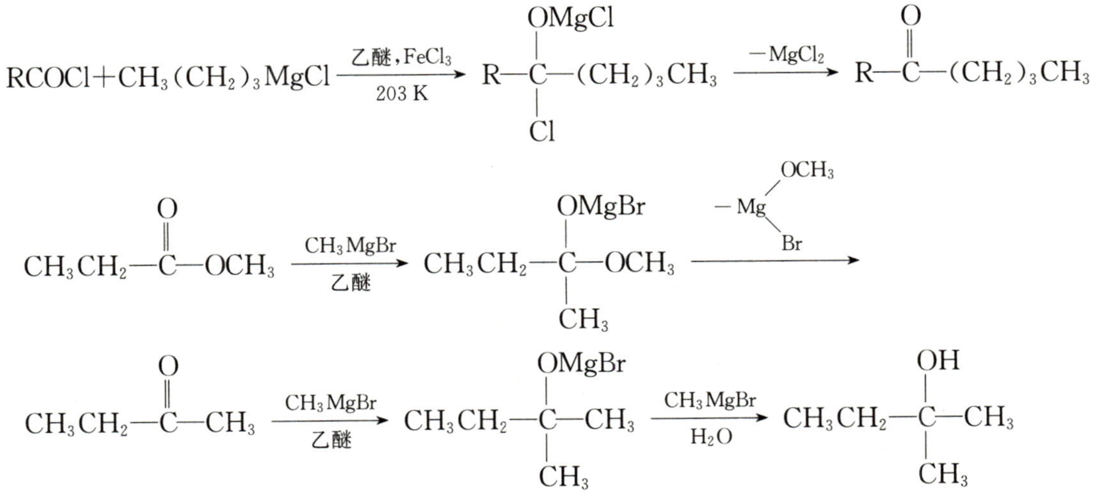

酰胺中含有活泼氢，能使 RMgX 分解。$RCONH_2$ 型酰胺与 3～4 mol 的 RMgX 长时间共热也可以得到酮。

5. 还原

$$RCOCl \xrightarrow{H_2/Pb\text{-}BaSO_4} RCHO$$

$$RCOCl \xrightarrow[\text{或 } NaBH_4]{LiAlH_4} RCH_2OH$$

$$RCOOOCR \xrightarrow{LiAlH_4} 2RCH_2OH$$

$$RCOOR' + H_2 \xrightarrow{CuO} RCH_2OH + R'OH$$

$$RCOOR' \xrightarrow[\text{或 } NaBH_4]{LiAlH_4} RCH_2OH + R'OH$$

$$RCONH_2 \xrightarrow{LiAlH_4} RCH_2NH_2$$

11.5 含氮有机化合物

分子中含有氮元素的有机化合物统称为含氮有机化合物。含氮有机化合物种类很多，本节只介绍硝基化合物、胺类化合物、重氮化合物和偶氮化合物。

11.5.1 硝基化合物

硝基具有强极性，所以硝基化合物是极性分子，有较高的沸点和密度。随着分子中硝基数目的增加，其熔点、沸点和密度增大，苦味增加，热稳定性降低，受热易分解爆炸（如 TNT 是强烈的炸药）。

硝基化合物易被还原，芳香族硝基化合物在不同的还原条件下得到不同的还原产物。例如，在酸性介质中以铁粉还原，最后生成芳香族伯胺；在中性条件下以锌粉还原，得到氢化偶氮化合物；在碱性条件下以锌粉还原，得到联苯胺。

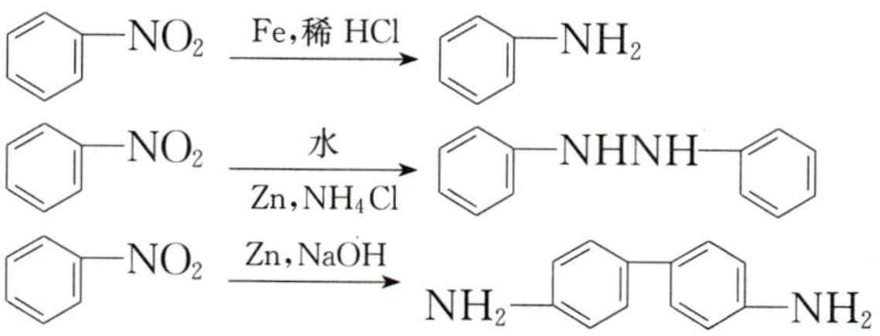

11.5.2 胺类化合物

烃基取代了 NH_3 分子中一个以上的氢原子形成的化合物叫作胺。

1. 胺的主要化学性质

（1）碱性

胺分子中氮原子上的未共用电子对能接受质子，因此胺呈碱性。其碱性按大小顺序排列如下：

$$(CH_3)_2NH > CH_3NH_2 > (CH_3)_3N > NH_3$$

(2) 氧化反应

胺易被氧化，如与过氧化氢反应：

$$RCH_2NH_2 \xrightarrow{H_2O_2} RCH{=}NOH$$

$$R_2NH \xrightarrow{H_2O_2} R_2NOH$$

$$R_3N \xrightarrow{H_2O_2} R_3N^+-O^-$$

芳香族胺更容易被氧化。在空气中长期存放芳胺时，芳胺被空气氧化，生成黄、红、棕色的复杂氧化物，其中含有醌类、偶氮化合物等。因此在有机合成中，如果要氧化芳胺环上其他基团，则必须首先要保护氨基，否则氨基更易被氧化。

2. 苯胺的性质

苯胺是胺类化合物中重要的代表性物质。

(1) 卤代反应

苯胺与卤素的反应很迅速。例如，苯胺与溴水作用，在室温下立即生成 2,4,6-三溴苯胺。因为 2,4,6-三溴苯胺碱性很弱，不能与反应中生成的氢溴酸成盐，所以难溶于水的 2,4,6-三溴苯胺形成白色沉淀析出。此反应能定量完成，可用于苯胺的定性或定量分析。

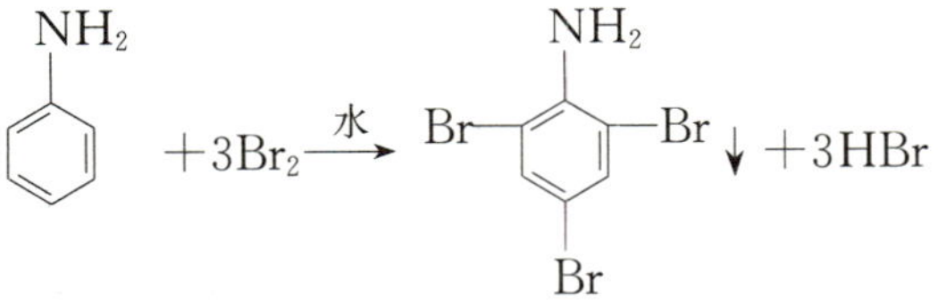

(2) 硝化反应

由于苯胺分子中的氨基极易被氧化，所以芳香族胺要发生芳环上的硝化反应，就不能直接进行，而应先保护氨基。根据产物的要求，可采用不同的方法保护氨基。

如果要求得到间硝基苯胺，可先将苯胺溶于浓硫酸中，使之形成苯胺硫酸盐，以此保护氨基。因铵正离子是间位定位基，进行硝化时，产物必然是间位产物，最后用碱液处理，又把产物间硝基苯胺游离出来。

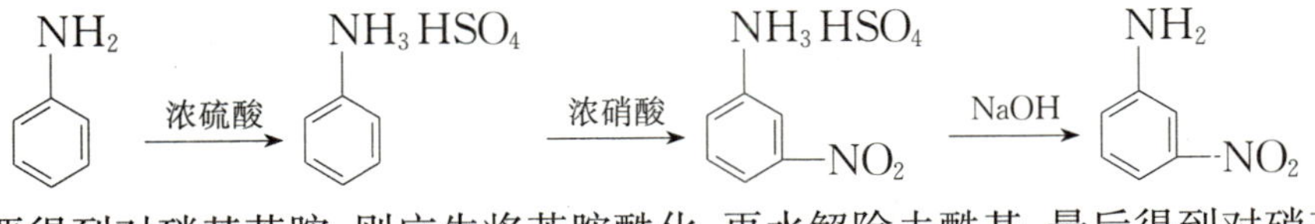

如果要得到对硝基苯胺，则应先将苯胺酰化，再水解除去酰基，最后得到对硝基苯胺。

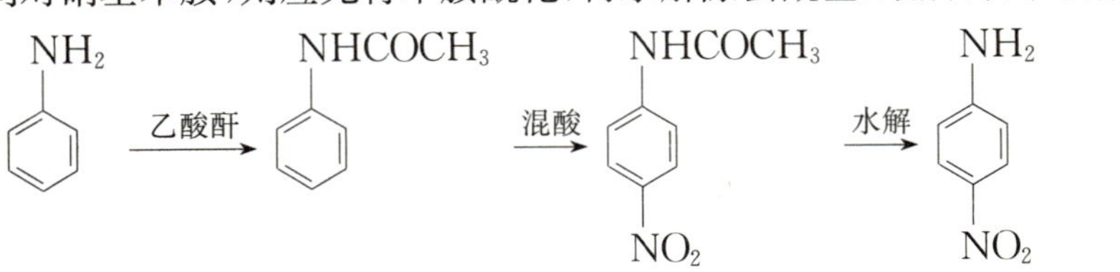

(3) 磺化反应

苯胺的磺化是将苯胺溶于浓硫酸中，首先生成苯胺硫酸盐，在高温(200 ℃)下加热脱水并重排，生成对氨基苯磺酸。

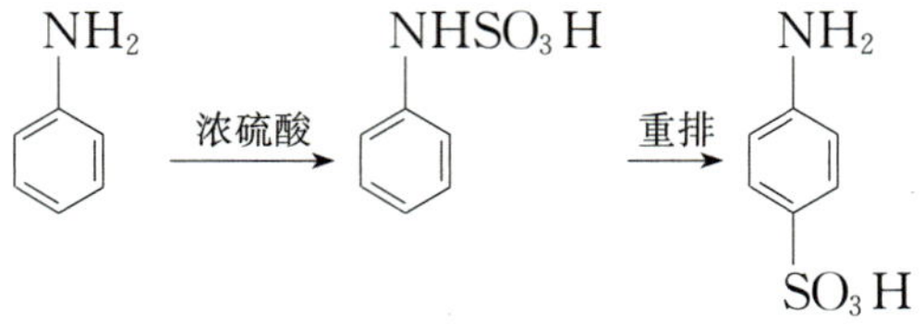

11.5.3 重氮化合物

含有—N═N—官能团，官能团一端与烃基相连，另一端与非碳原子相连或不与其他原子或原子团相连的化合物称为重氮化合物。例如：

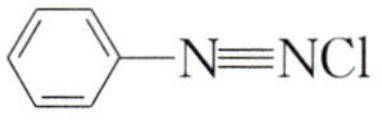

氯化重氮苯（重氮苯盐酸盐）

硫酸重氮苯（重氮苯硫酸盐）

1. 重氮盐的物理性质

重氮盐具有盐的性质，易溶于水，不溶于有机溶剂，其在水溶液中能解离为重氮盐正离子和负离子 X^-，因此水溶液能导电。

2. 重氮盐的化学性质

重氮盐的化学性质很活泼，可发生许多反应，主要有如下两类：一类是取代反应，另一类是偶联反应。

(1) 取代反应

这是重氮基被其他原子或原子团取代，同时放出氮气的一类反应。

重氮盐在亚铜盐的催化下，重氮基被氯、溴、氰基取代，分别生成氯苯、溴苯和苯腈，同时放出氮气。

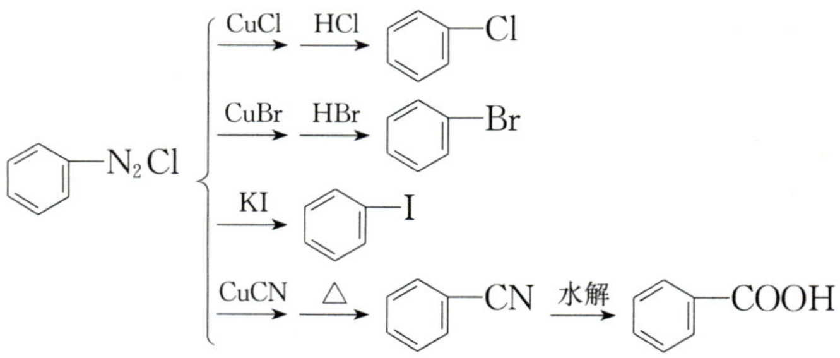

(2) 偶联反应

重氮盐在低温下与苯酚或芳胺作用，生成有色的偶氮化合物的反应，称为偶联反应。例如：

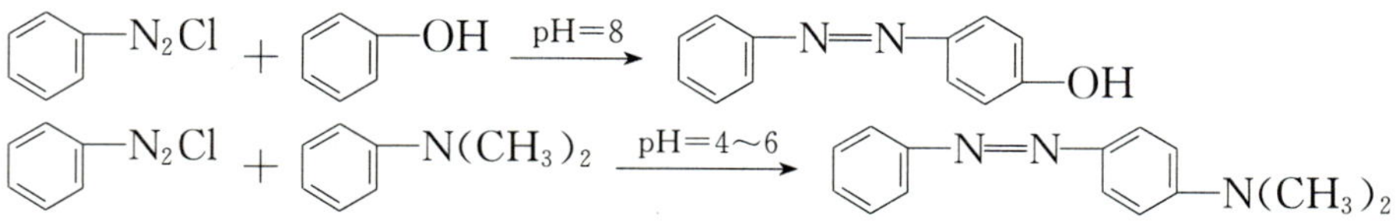

偶联反应一般发生在对位，如对位已有基团占据，也可发生在邻位。例如：

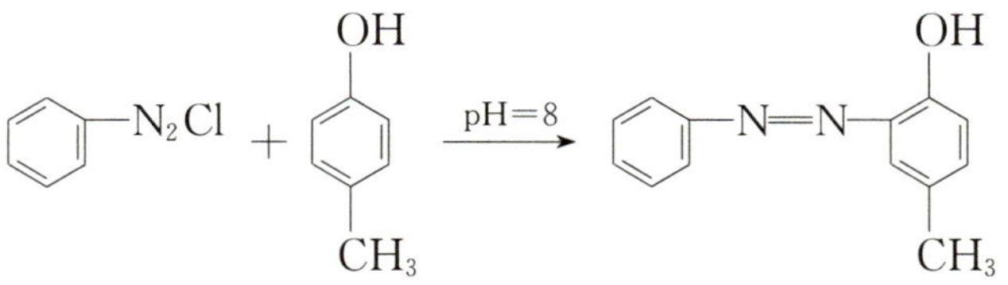

11.5.4　偶氮化合物

含有—N ═N—官能团，并且两端都分别与烃基相连的化合物称为偶氮化合物。例如：

$CH_3—N═N—CH_3$　　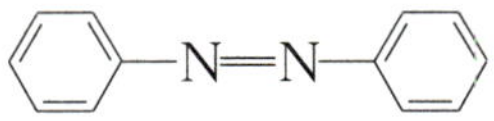　　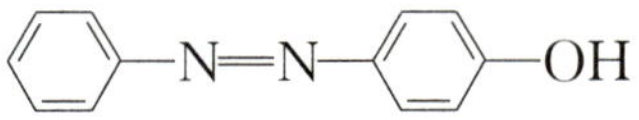

偶氮甲烷　　偶氮苯　　对羟基偶氮苯

偶氮化合物是一类有颜色的化合物，有些可直接作染料或指示剂。在有机分析中，常利用偶联反应产生的颜色来鉴定具有苯酚或芳胺结构的药物。

例 1　维生素 A 是视网膜内感光色素的组成部分，是保护眼睛和增进视力不可缺少的营养素，生产维生素 A 的中间体是紫罗兰酮。维生素 A 可以经过一系列变化得到物质 A，物质 A 在浓硫酸和苯胺的作用下生成 D，具体过程如下：

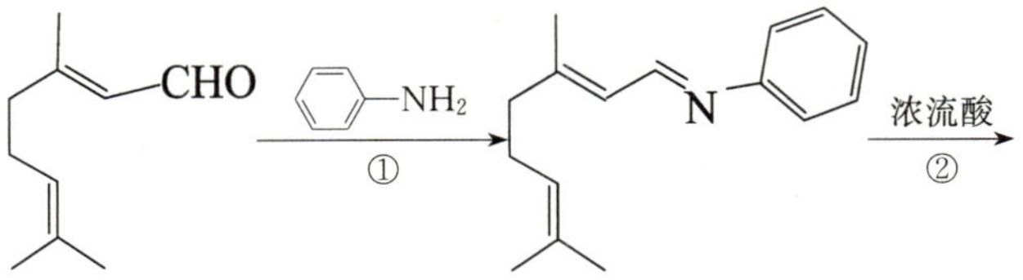

A　　B

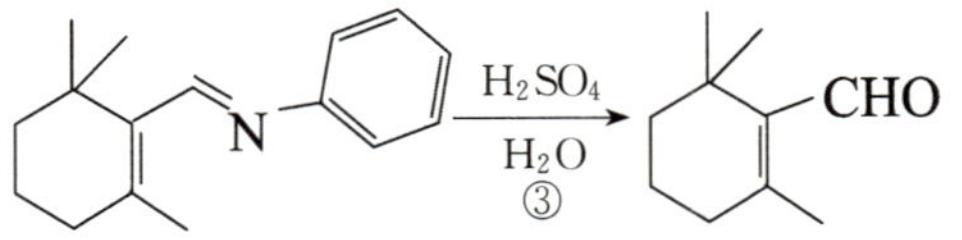

C　　D

(1) 写出反应①的方程式。

(2) 写出反应②能产生的另外一种副产物。

解析　(1) 反应①的方程式为

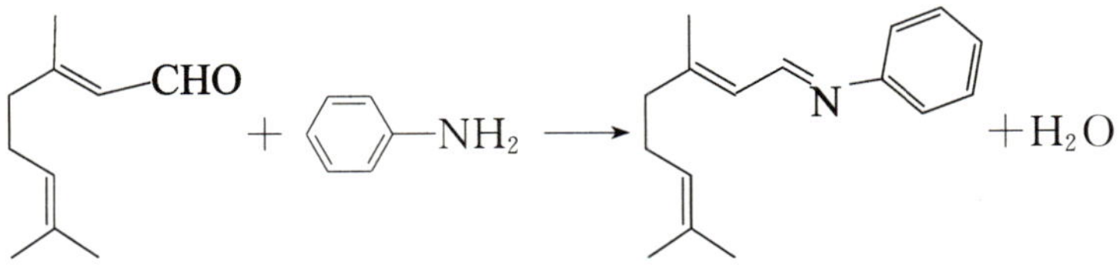

(2) 反应②是双键对双键的亲电加成反应，双键的两端不对称，所以加成的方式有两种，题目中已经得到六元环，另一种五元环的副产物是

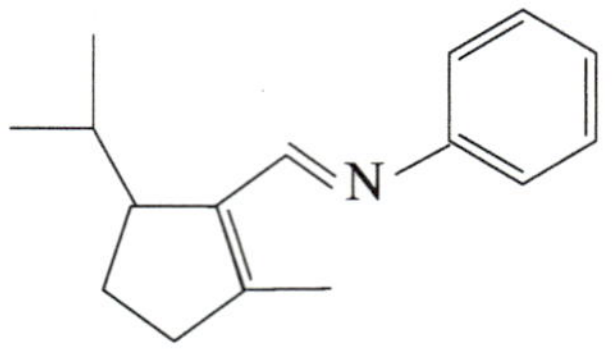

例 2　请写出下列反应的产物：

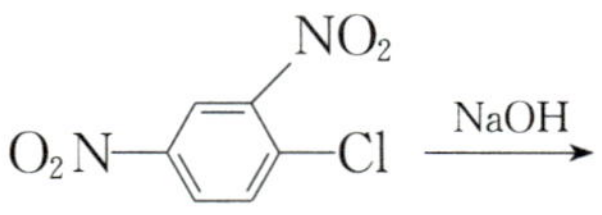

解析　掌握卤代烃在碱性条件下发生取代反应的原理，便可以写出产物为

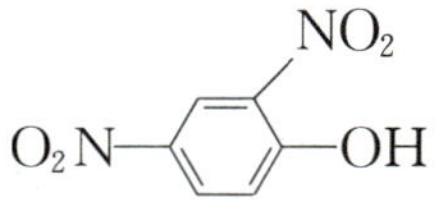

例 3　已知图 11.1 所示的转化关系，请写出 A、B 的结构式。

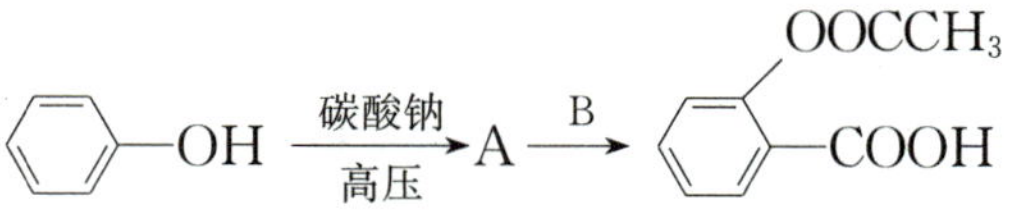

图 11.1

解析　首先，碳酸钠中的碳和氧在高压条件下，进入酚羟基的邻位上，变成羧基；而第二步是一个酯化的过程，但与苯酚形成酯不能用羧酸类，而需要用活性更高的乙酰氯。所以 A 和 B 分别是

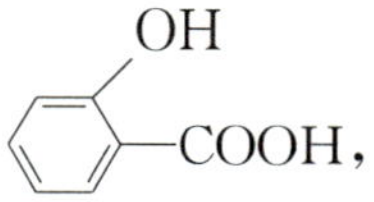，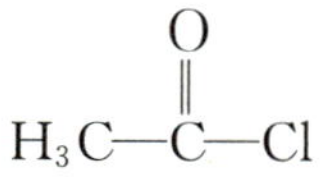

真题解析

1. 青苹果汁遇碘溶液显蓝色，熟苹果能还原银氨溶液，这说明　　（　　）

A. 青苹果只含淀粉不含糖类　　B. 熟苹果只含糖类不含淀粉

C. 苹果成熟时淀粉水解为单糖　　D. 苹果成熟时单糖聚合为淀粉

解析　淀粉遇碘溶液显蓝色，葡萄糖能还原银氨溶液。所以选 C。

2. 下列叙述不正确的是　　（　　）

A. 乙醇和乙酸都是常用调味品的主要成分

B. 可用碘检验淀粉水解是否完全

C. 蛋白质水解的最终产物均为氨基酸

D. 纤维素水解与淀粉水解得到的最终产物不同

解析　纤维素和淀粉都由多个葡萄糖单元组成，水解最终产物均为葡萄糖。所以选 D。

3. 足球运动员在比赛中腿部受伤常喷洒一种液体物质，使受伤部位皮肤表面温度骤然下降，减轻伤员痛感。这种物质是　　（　　）

A. 碘酒　　B. 酒精　　C. 氟利昂　　D. 氯乙烷

解析　氯乙烷常温下呈气态，喷出后马上挥发，同时在挥发过程中带走受伤部位皮肤热量，使表面温度骤然下降而达到临时止痛的效果。所以选 D。

4. 能够测定分子结构和化学键的方法是　(　　)

A. 质谱　B. 红外光谱　C. 紫外光谱　D. 核磁共振谱

解析　质谱法是近代发展起来的快速、微量、精确测定相对分子质量的方法；紫外光谱法是用紫外分光光度法测定试样中某一组分的含量的方法；红外光谱是测定分子结构和化学键的方法；核磁共振谱是测定有机物分子中不同类型氢原子及数目的一种方法。所以选 B。

5. 分子式为 $C_5H_{10}O$ 的醛有　(　　)

A. 2 种　B. 3 种　C. 4 种　D. 5 种以上

解析　丁基($—C_4H_9$)有 4 种，故分子式为 $C_5H_{10}O$ 的醛也有 4 种。所以选 C。

6. 1 mol 邻乙烯基苯胺与 Br_2 反应，最多消耗溴单质　(　　)

A. 1 mol　B. 2 mol　C. 3 mol　D. 4 mol

解析　苯胺在氨基的邻对位会被溴取代生成三溴苯胺。对于邻乙烯基苯胺，双键上加成 1 mol Br 单质，氨基的邻对位被 2 mol Br 原子取代。答案为 C。

7. 氯苯不容易与 NaOH 发生取代反应，除非在高温高压的条件下，才能水解变成苯酚。但是

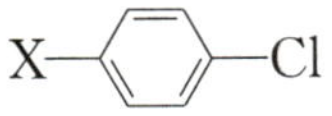

却能够在普通条件下与 NaOH 水溶液反应，生成酚羟基，请问 X 是什么基团？　(　　)

A. 甲基　B. 羟基　C. 硝基　D. 苯基

解析　氯苯变成苯酚的机理是一个亲核取代反应，氯带负电，与 Cl 相连的碳原子带正电，所以带负电的 OH^- 进攻带正电荷的 C 原子，让 Cl^- 离去，形成 C—OH 类型的酚羟基。所以，与氯相连的 C 原子的正电性越强，显然反应越容易发生。选项 A、B、D 都是给电子基团，会使得苯环上的电子云密度增加，降低碳正电性，只有硝基是吸电子基团，才可以增加 C 原子的正电性。所以答案为 C。

8. 下列物质中水解最快的是　(　　)

A. 叔丁基氟　B. 叔丁基氯　C. 叔丁基溴　D. 叔丁基碘

解析　碘离子半径最大，更容易离去，或者说 C—X 随着卤素原子序数变大而键长变长，键能减小，易断裂。所以答案为 D。

9. 关于 2-甲基丁烷，下列说法正确的是　(　　)

A. 无一级氢　B. 无二级氢

C. 无三级氢　D. 二级氢的个数是三级氢的两倍

解析　$—CH_3$ 基团上的 H 为一级氢，$—CH_2$ 上的 H 为二级氢，—CH 上的氢为三级氢。所以答案为 D。

10. 下列物质中不能与丙炔反应的是　(　　)

A. Na　B. 乙烯　C. CH_3MgBr　D. Br_2

解析　丙炔可以与 Na 在液氨条件下生成丙炔钠和氢气；丙炔和乙烯不能发生狄尔斯-阿尔德反应，因为如果发生反应会产生含有双键的四元环结构，很不稳定，所以这个反应不会

发生；丙炔和烷烃类的格氏试剂反应生成炔烃类格氏试剂；溴单质与炔烃发生加成反应。所以答案为 B。

11. 在下列反应中，所用的碱是什么？ （　　）

$$R{-}\underset{\displaystyle Br}{\underset{|}{C}H}{-}CH_2Br \xrightarrow{\text{碱}} R{-}C{\equiv}CNa$$

A. $NaHCO_3$　　B. NaOH　　C. 苯酚钠　　D. $NaNH_2$

解析　这个反应属于氢氧化钠醇溶液条件下，卤代烃脱去两分子 HBr，发生消除反应形成炔烃。但是本题生成的是炔钠而不是炔烃，这就需要所用试剂的碱性很强，能够进一步跟炔氢发生反应。显然，NaOH 的碱性还不够强，在选项中唯一比它碱性强的是氨基钠。炔类物质的炔氢有一定活泼性，氨基钠在反应中先提供碱性环境，使卤代烃消去生成碳碳三键，然后发生如下反应：

$$RC{\equiv}CH + NaNH_2 \longrightarrow RC{\equiv}CNa + NH_3\uparrow$$

得到产物。所以答案为 D。

12. 比较 CH_3COOH、CH_3CH_2OH、HCOOH、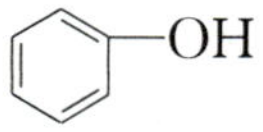 酸性的强弱。

解析　酸性大小：

HCOOH ＞ CH_3COOH ＞ 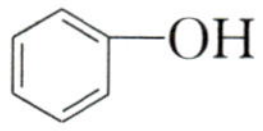 ＞ CH_3CH_2OH

13. 写出由 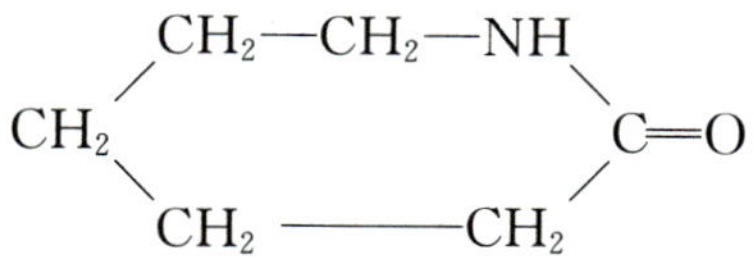 (己内酰胺)开环聚合成尼龙的方程式。

解析

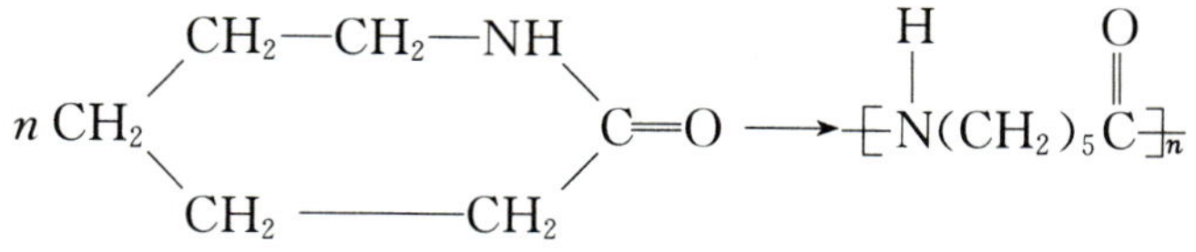

14. 单体结构简式为 $NH_2{-}C{\equiv}N$，写出其三聚的结构简式(三聚氰胺)，并写出由尿素合成三聚氰胺的方程式。

解析

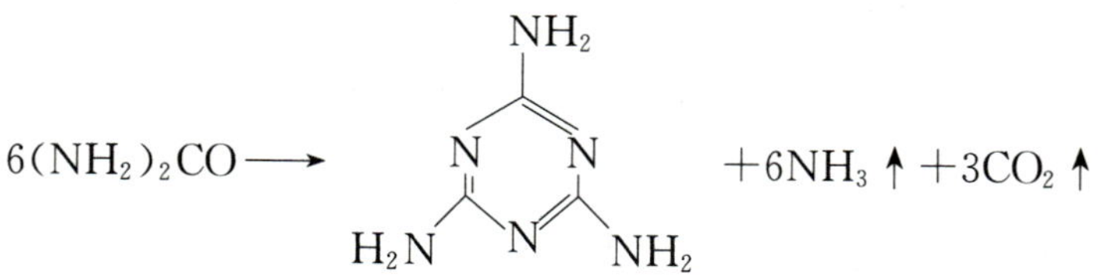

15. 完成下列方程式：

(1) 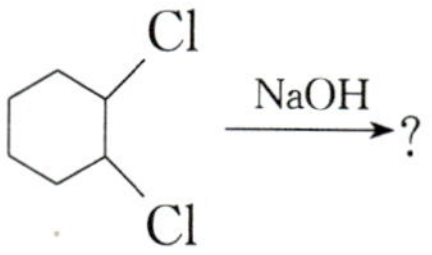

(2) 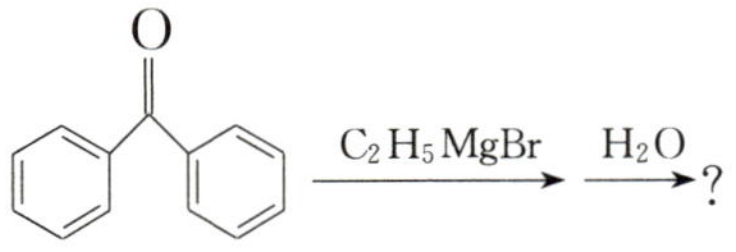

(3) 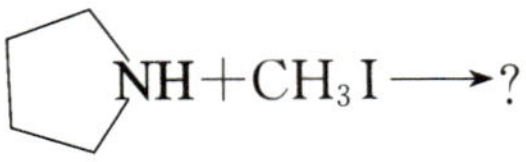

(4) 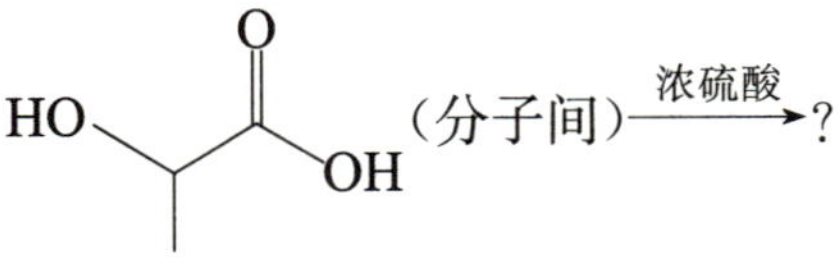

解析　(1) 卤代烃在氢氧化钠条件下，可能发生两种反应：① 如果在醇溶液中，则易发生卤代烃的消除反应，生成环己二烯；② 如果在水溶液中，则发生卤代烃的水解反应，生成环己二醇。任意写出一种都对。

(2) 格氏试剂与羰基的加成反应。C═O 的一根键断裂，得到带正电的 C 和带负电的 O 原子。C_2H_5MgBr 分成两部分：一部分是带正电的—MgBr，连到带负电的氧原子上；另一部分是带负电的—C_2H_5，连到带正电的 C 上，得到中间产物。后经水解，水分子中有 H 原子取代带正电的—MgBr，形成碱式盐 Mg(OH)Br。

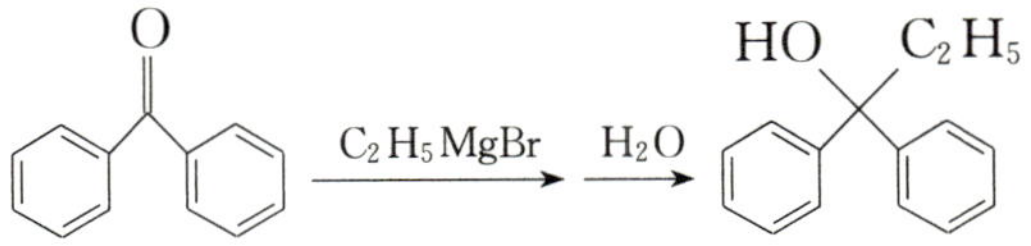

(3) 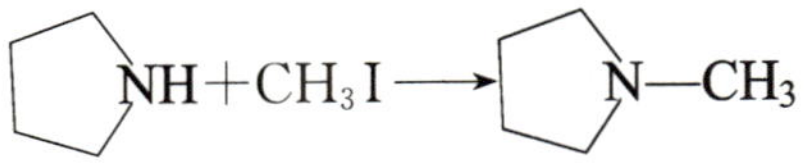

(4) 

16. 写出下列反应的产物：

(1) n 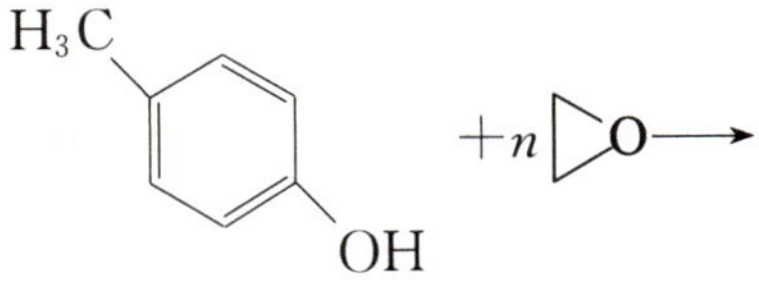

(2) n 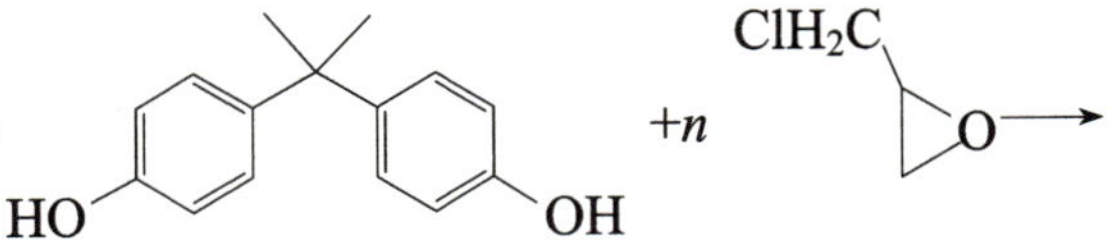

解析　(1) 羟基使苯环的邻位活化，环氧乙烷开环，产物是

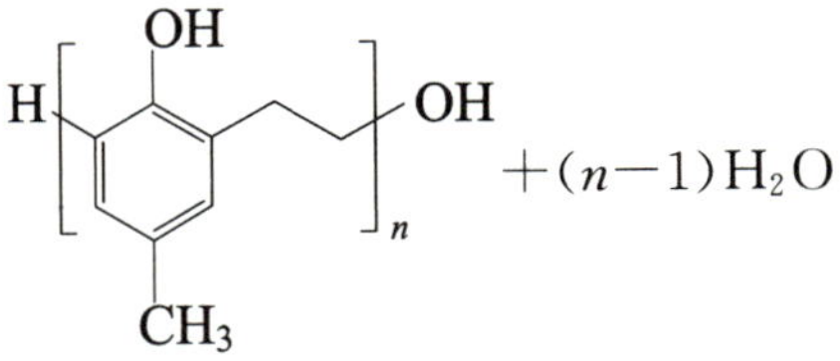

（2）羟基使苯环的邻位活化，产物是

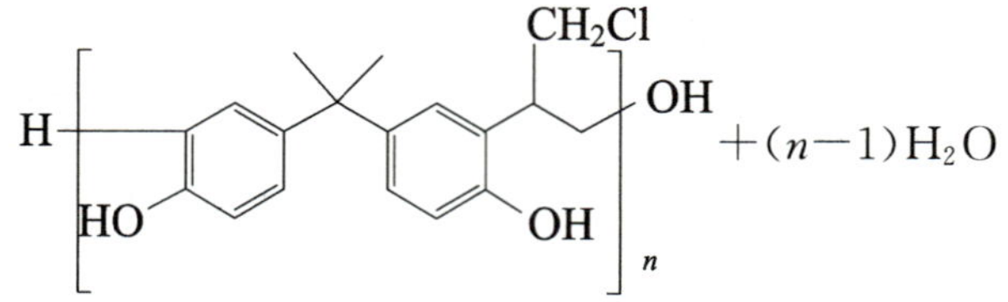

17. 完成下列反应的方程式：

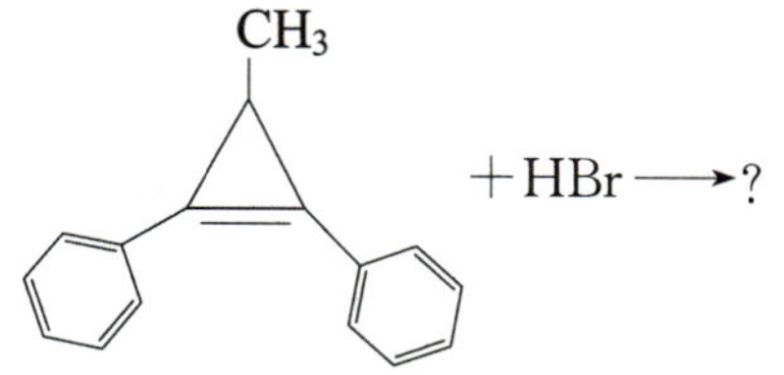

解析　HBr与双键发生加成反应，由于三元环是平面结构，这里考虑产物的对映异构体。下图的每个构型中都有一个对映异构体，用(±)表示，所以产物总共应该有8个可能的立体结构。

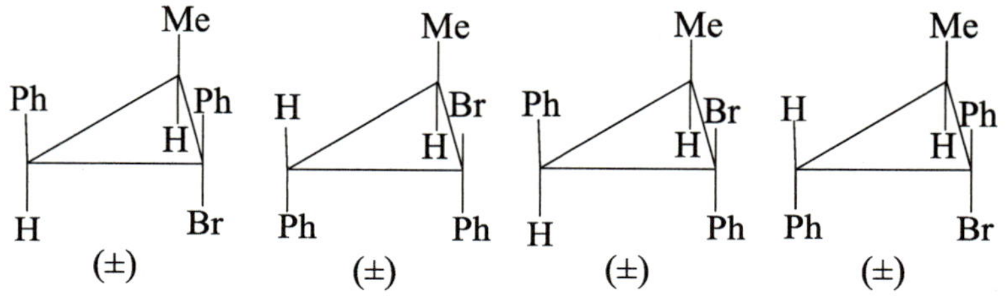

18. 完成下列反应的方程式：

（1）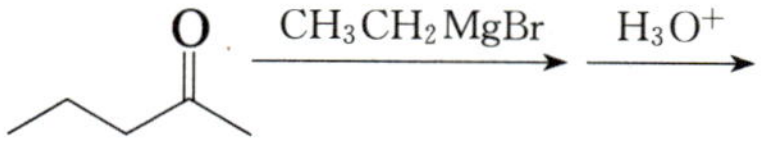

（2）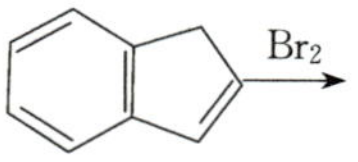

（3）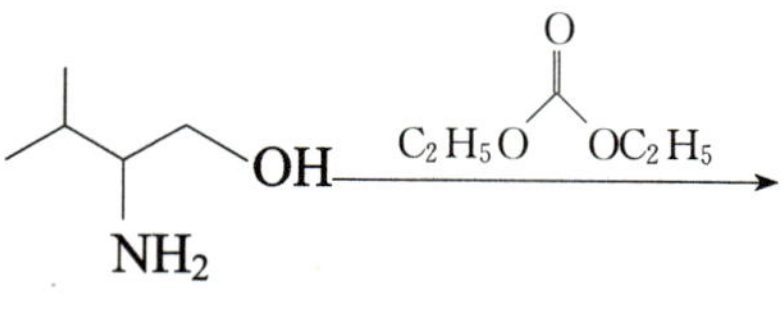

（4）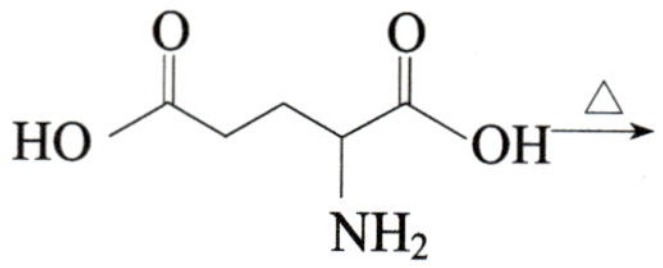

（5）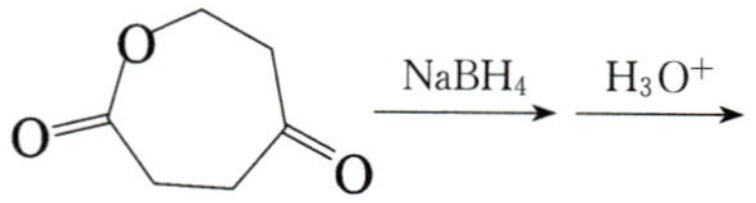

解析　（1）格氏试剂反应，其产物为

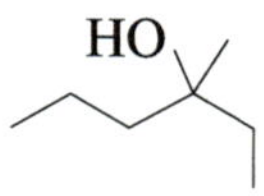

（2）双键加成反应，其产物为

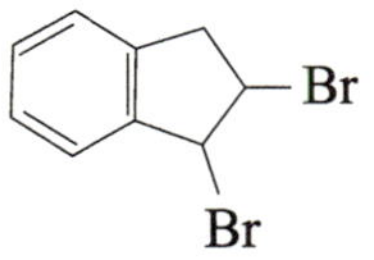

（3）酯交换反应，其产物为

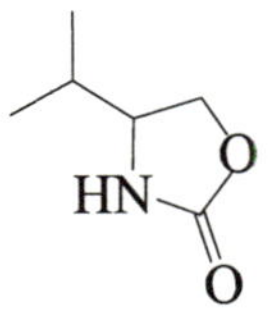

（4）分子内脱水，形成五元环

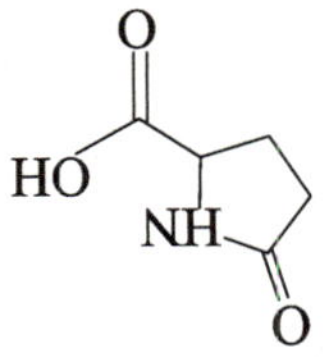

（5）硼氢化钠是一种还原剂，但不能还原酯基。所以其产物为

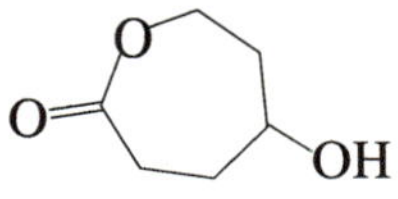

19. 请写出下列反应中 A、B、C 的结构式。

$$CH_3CH_2Br \xrightarrow{\text{无水乙醇、Mg}} A \xrightarrow{\text{丙酮}} B \xrightarrow{\text{氯化铵溶液}} C$$

解析　格氏试剂与羰基的反应，最后一步是水解。

A～C 分别为 CH_3CH_2MgBr、$CH_3CH_2C(CH_3)_2OMgBr$、$CH_3CH_2C(CH_3)_2OH$。

20. 写出次氯酸钙与丙酮按照 3∶1 反应生成氯仿的方程式。

解析　本题考查的是方程式的书写。

$$3Ca(ClO)_2 + C_3H_6O \longrightarrow 2CHCl_3 + CaCO_3 + 2Ca(OH)_2$$

21. 某实验室通过邻羟基苯甲酸（投料 6.9 g）和乙酸酐（投料 100 g）1∶1 反应制备阿司匹林（分子式为 $C_9H_8O_4$），提纯后得到产物 7.8 g，求本次实验的转化率。

解析　根据题意，100 g 的乙酸酐显然过量，又根据邻羟基苯甲酸 6.9 g 为 0.05 mol，所以得到阿司匹林为 0.05 mol，9.0 g。则转化率为 7.8÷9.0×100％≈87％。

22. 制备 1-溴丁烷时，要用到 NaBr、H_2O、浓 H_2SO_4、正丁醇四种原料，请写出正确的加料顺序。

解析　浓硫酸溶于水放出大量的热，所以浓 H_2SO_4 溶于水时一定是把浓 H_2SO_4 注入水中，否则可能引起安全事故，同时热的浓 H_2SO_4 可以氧化 NaBr。加料顺序：把浓 H_2SO_4 注入有 H_2O 的圆底烧瓶中，冷却至室温，再加入正丁醇和 NaBr。

23. 蛋白质的核磁共振氢谱可以用来测定蛋白质结构。常用重水替换法，让重水中的 D 替换氨基酸氨基中的 H，这样氨基酸氨基中的 H 便会脱落而没有信号。实际上，不同氨基的 H 被替换的速率差别很大，请问这是为什么？（提示：从蛋白质结构角度考虑。）

解析　氨基酸构成蛋白质，氨基酸含有氨基和羧基，氨基在蛋白质中处于不同的位置，它们的性质受到影响，导致氨基的 H 性质也不相同，故不同氨基的 H 被替换的速率差别很大。

24. CCl_4曾被用于灭火，但由于CCl_4能与水反应生成有毒气体而被禁用，请判断对错。

解析　CCl_4 一般情况下不可燃，所以也确实曾经被用于灭火，但后来发现在高温条件下 CCl_4 能和 H_2O 反应生成光气 $COCl_2$，这种物质剧毒，所以现在已经不用 CCl_4 灭火（CCl_4 本身也有毒性）。题中说法正确。

25. 请写出下面物质的中文名称和主要用途，以及合成该物质的两种单体的名称。

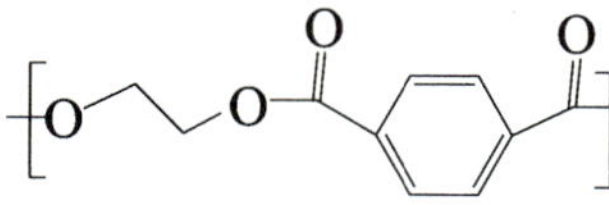

解析　物质的全称是聚对苯二甲酸乙二醇酯，主要用途是作为聚酯纤维（涤纶）和塑料；单体名称为对苯二甲酸、乙二醇。

26. “毒鼠强”又名“424”，指的是它的分子结构中有 4 个 C，4 个 N，2 个 S，其分子式为 $C_4S_2N_4O_4H_8$，分子中没有不饱和键，请画出它的结构。

解析

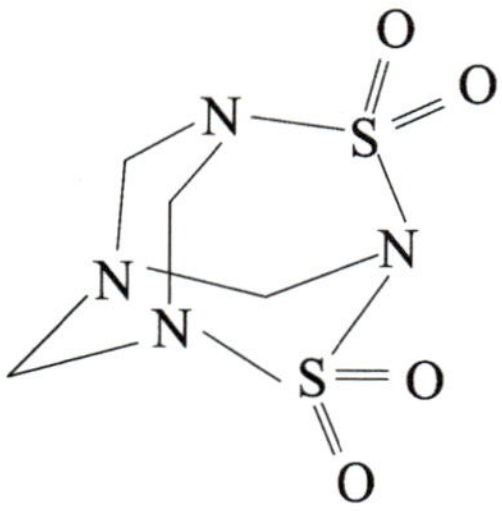

27. 有一种有机物 A，分子式为 $C_{10}H_{18}O$，属于萜类化合物，是许多有香味的植物体所含有的物质。A 与溴单质反应生成 $C_{10}H_{18}Br_4O$，与 HBr 反应生成分子式为 $C_{10}H_{17}Br$ 的两种同分异构体。另外，A 在剧烈氧化条件下生成丙酮、乙二酸和 4-酮羰基戊酸。

(1) 请画出 A 的结构式。

(2) 写出 A 与 HBr 反应产生的两种同分异构体，并说出哪一种是主要产物。

解析　(1) 1 mol A 与 2 mol 溴单质反应生成 $C_{10}H_{18}Br_4O$，说明 A 中有两个双键。A 可以生成丙酮、乙二酸和 4-酮羰基戊酸，则 A 的结构简式为

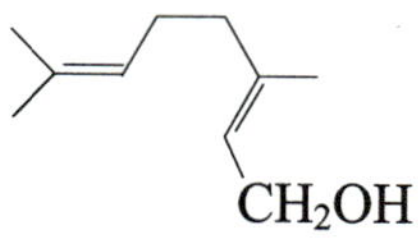

(2) A 与 HBr 反应机理是亲核取代的正离子反应，A 中羟基与 HBr 提供的 H^+ 形成水分子离去，剩下 $R—CH_2^+$ 的结构，接受溴离子的进攻；另一种可能是形成 $R—CH_2^+$ 的结构之后发生正离子的重排，正电荷转移到叔碳原子上，这样形成的三级碳更稳定，它们形成中间体的结构简式分别为

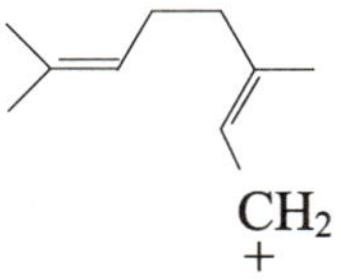 和 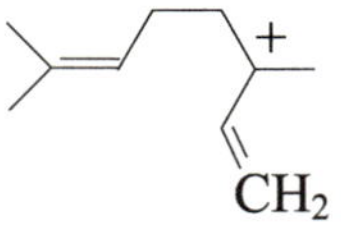

最后溴负离子与这两个中间体反应得到的产物分别是

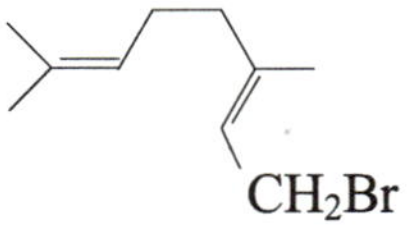 和 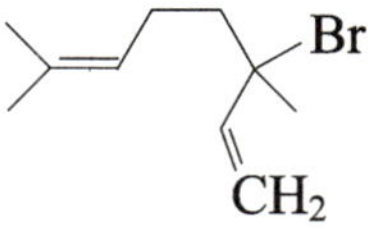

重排后进攻的是三级碳，它的中间体更稳定，所以形成的产物（后者）更稳定。

28. 请根据以下转化关系完成各题：

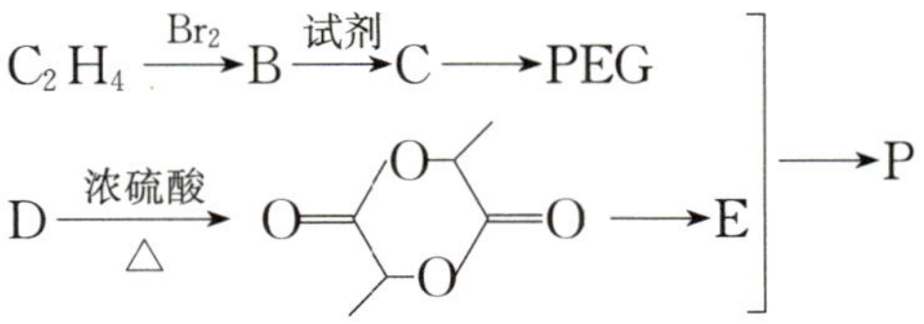

（1）B 物质的名称是　　　　（　　）

A. 1，1-二溴乙烷　　B. 1，2-二溴乙烷　　C. 2，1-二溴乙烷　　D. 2.2-二溴乙烷

（2）C ⟶ PEG 的反应属于

A. 加聚反应　　B. 缩聚反应　　C. 加成反应　　D. 消去反应

（3）B→C 的“试剂”为　　　　（　　）

A. NaOH，水　　B. NaOH，乙醇　　C. 浓硫酸　　D. NaOH，丙酮

（4）D 的俗名叫作　　　　（　　）

A. 乳酸　　B. 柠檬酸　　C. 酒石酸　　D. 草酸

（5）D 有多种同分异构体，其中含羟基的酯类有几种？　　　　（　　）

A. 5　　B. 6　　C. 7　　D. 8

（6）目前通用的塑料划分标准把塑料分成了 7 类，请问 PEG 属于下列哪一类塑料？

（　　）

A. 

B. 

C. 

D. 

解析　根据题意，B 是二溴乙烷，B 生成 C 不是氢氧化钠水溶液下的取代，应该是发生消除反应，生成溴代乙烯，之后再发生取代和异构化生成环氧乙烷（C），环氧乙烷再发生加聚反应生成 PEG；塑料分成 1～7 类，对应编号分别为聚酯类、高密度聚乙烯、聚氯乙烯、低密度聚乙烯、聚丙烯、聚苯乙烯和其他，PEG 为聚乙二醇，不属于前 6 种。

答案：（1）B；（2）A；（3）B；（4）A；（5）A；（6）D。

29. 物质 2-（2，4，5-三氯苯氧）丙酸乙酯（E）是药物常用中间体，合成途径如下：

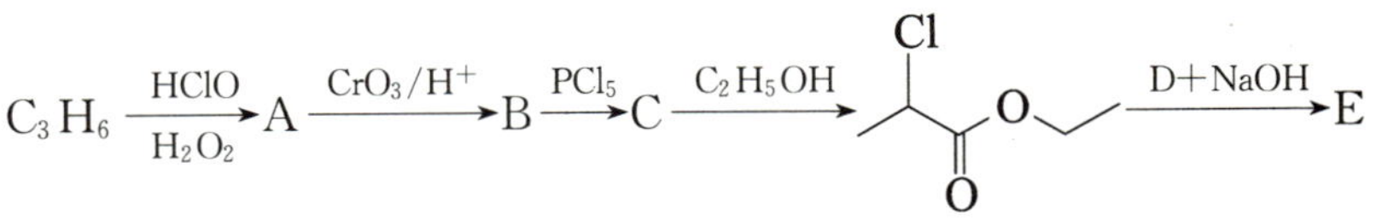

(1) 写出 A～E 的结构简式。

(2) 写出生成 E 的反应类型。

(3) 该制备过程中会产生一种剧毒的副产物二噁英(结构简式如图 11.2),请解释原因。

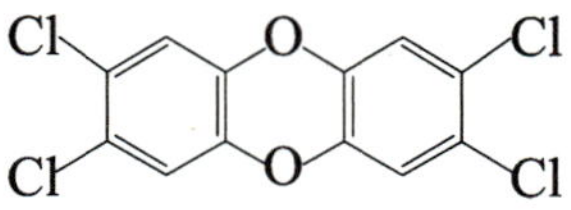

图 11.2

解析　(1)

A: 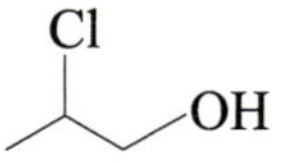

B: 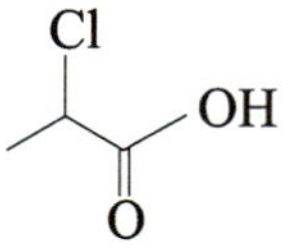

C: 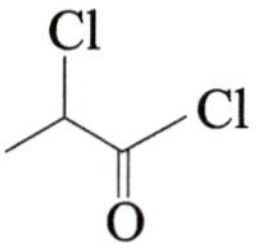

D: 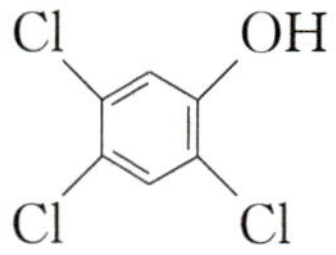

E: 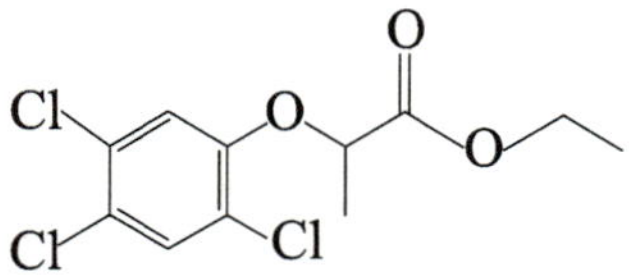

(2) 取代反应。

(3) D 生成 E 时首先是酚羟基和氢氧化钠反应生成酚钠,然后钠离子再与氯原子结合生成氯化钠离去,得 C—O—C 结构。两分子 D 在氢氧化钠的作用下会发生副反应,得到二噁英:

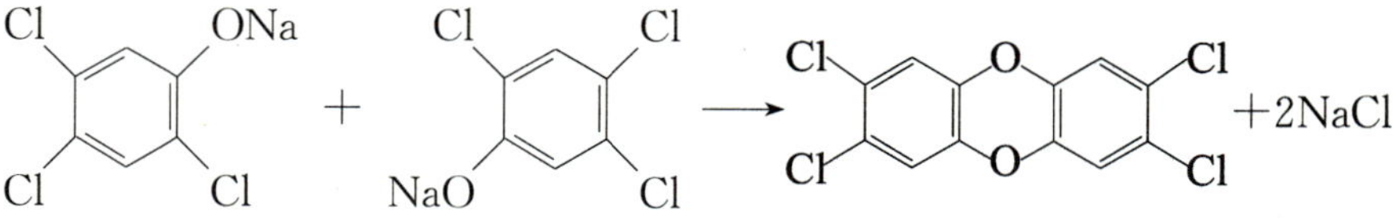

30. DNA 分子中有 A、G、T、C 四种碱基,它们之间通过氢键作用实现配对。其中,A 和 T 配对,C 和 G 配对。

(1) 请写出 A 和 T 两种分子所对应的中文名称。

(2) 已知 A 分子(左)和 T 分子(右)的结构如下:

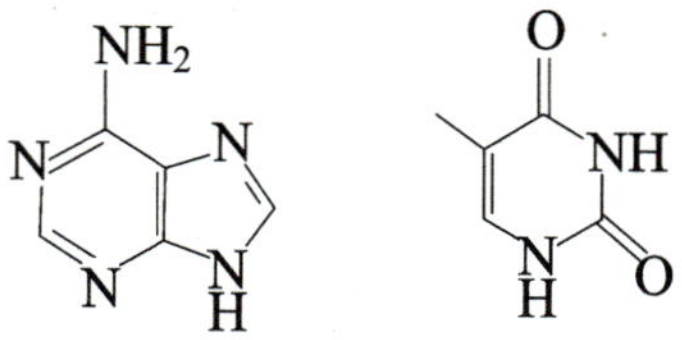

请画出这两个分子在配对时形成的所有氢键。

解析　(1) A 是腺嘌呤,T 是胸腺嘧啶。

(2) 氢键结构如下:

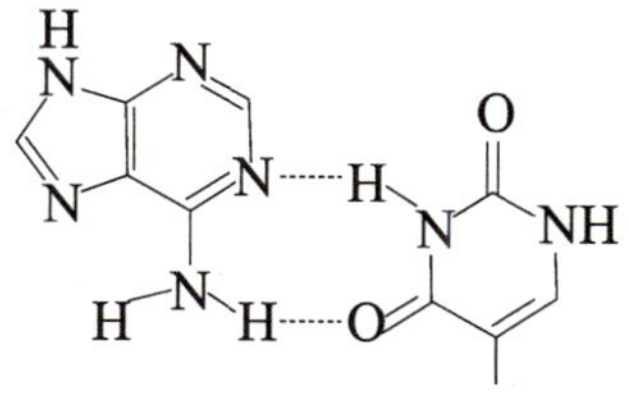

31. 脯氨酸($C_5H_9NO_2$)和谷氨酸($C_5H_9NO_4$)是两种常见的氨基酸,都是生物体合成蛋白质的基础单位。已知前者的氨基在五元环内,后者是一个二元羧酸,所有碳原子都在同一条碳链上。

(1) 请分别写出上述两种氨基酸的结构简式。

(2) 在生物体内,会经过图 10.3 所示的循环过程,由谷氨酸合成脯氨酸,已知 Y 可发生银镜反应。请分别写出 X、Y、Z 三种中间体的结构。

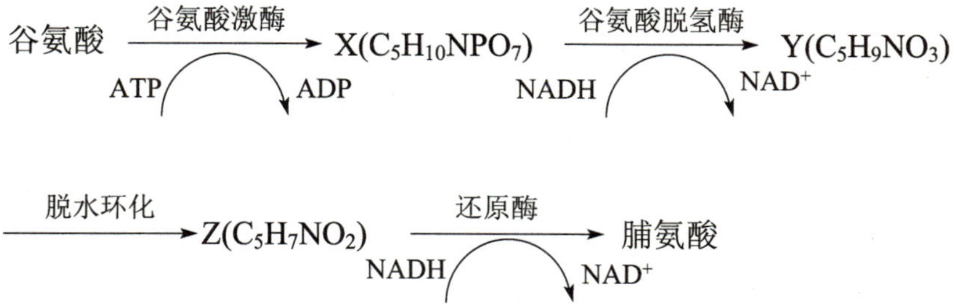

图 10.3

(3) 氨基酸在溶液中并不是以—NH_2、—COOH 的形式存在的,请画出脯氨酸在中性环境下的真实存在形式。

解析　(1) 生物体内的氨基酸大多数都是 α-氨基酸,即氨基和羧基连在同一个碳上,脯氨酸是含 N 五元环,羧基只能连在它的相邻 C 原子上。谷氨酸在中学里介绍过。两种氨基酸的结构如下:

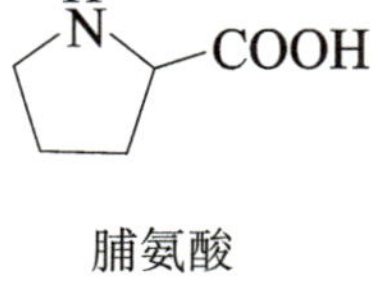

脯氨酸

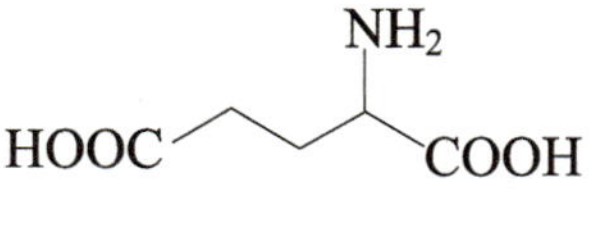

谷氨酸

(2) 根据生物知识,ATP 变成 ADP 是一个脱去磷酸分子的过程,那么 X 一定是在谷氨酸的某个部位结合磷酸分子并脱去一分子水得到的。Y 可发生银镜反应,所以含有醛基,再根据分子式可得出结构简式,由 Y 到 Z 是带负电的 N 原子进攻带正电的羰基 C 原子,形成中间体,然后脱去一分子水,形成 C═N。Z 加氢形成脯氨酸。X、Y、Z 的结构分别如下:

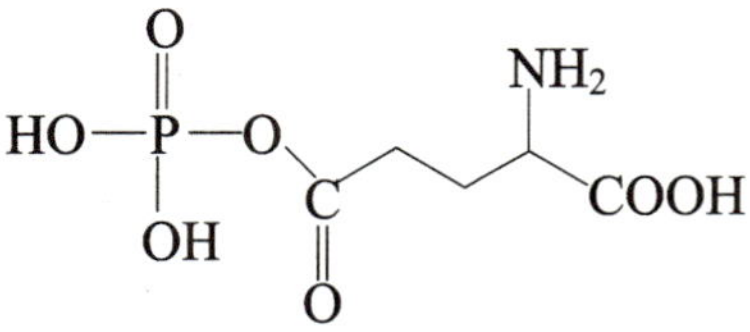

X

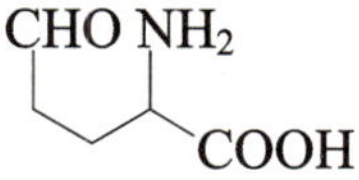

Y

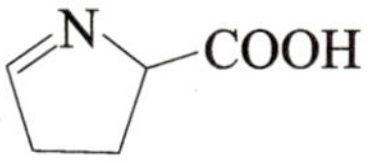

Z

（3）氨基酸易形成内盐，可以理解为羧基有酸性，会电离出质子，而氨基有碱性，会结合质子。所以脯氨酸真实存在的形式为

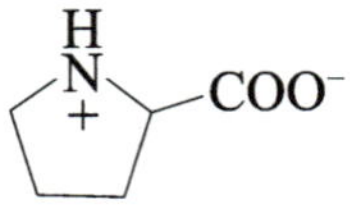

32. 吡咯、吡啶、咪唑的结构简式分别为

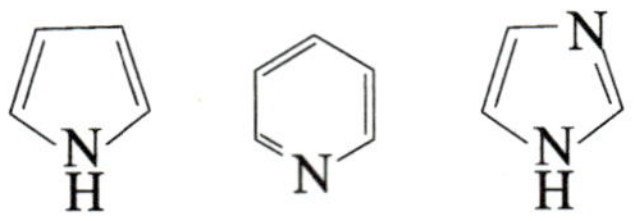

请据此回答下列问题：

（1）吡咯是否有芳香性？说明理由。

（2）吡咯与吡啶主要进行什么反应？与苯相比发生反应的相对难易程度如何？

（3）吡咯、咪唑何者酸性更强？何者碱性更强？

解析　（1）吡咯所有原子均为 sp^2 杂化形成 σ 键，所有原子在同一平面上，都有一个 p 轨道，它们相互平行，形成形状封闭的 π 电子共轭体系 Π_5^6，符合休克尔规则，因而有芳香性。

（2）能发生催化加氢反应生成四氢化物，能发生狄尔斯-阿尔德环加成反应；吡咯只能与强亲二烯体苯炔、碳烯等反应。吡咯是具有芳香性的共轭体系，因此可以发生芳香的亲电取代，由于杂原子具有电子的共轭效应，使杂环活化，因此比苯更容易发生亲电取代反应，反应在温和条件下进行。而且遇强酸及氧化剂时环很容易被破坏，发生加成、水解、聚合等反应。

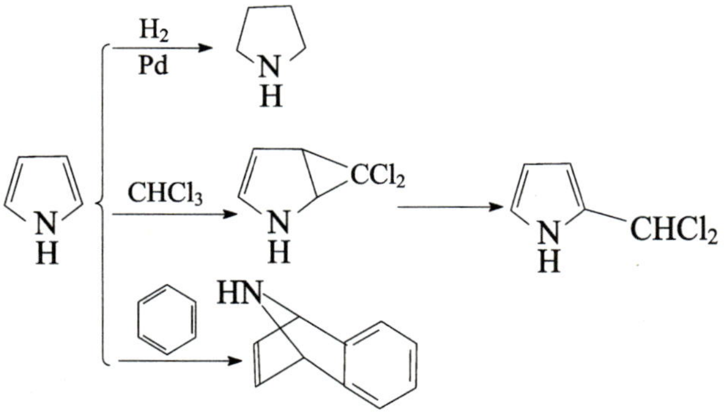

吡啶及其同系物为弱碱，25 ℃水中 $pK_a=5.20$。吸电子基减弱其碱性，尤其是 2、6 位。如用非质子的硝化、磺化试剂，或用卤素、卤代烷、酰氯等与吡啶作用，则形成吡啶盐。

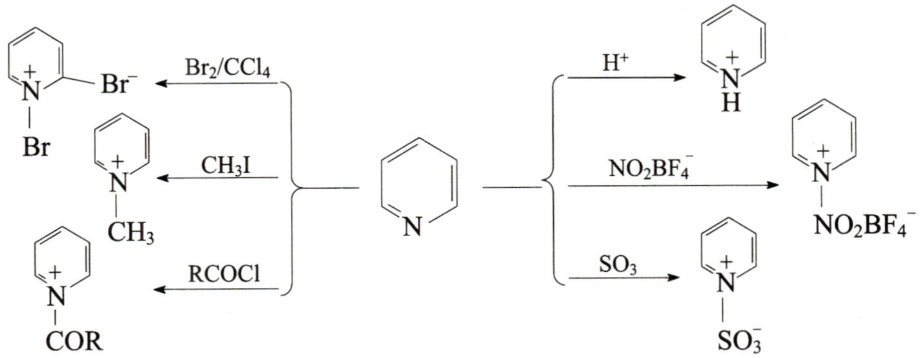

吡啶与苯相比，由于 N 的吸电子诱导作用，环上电荷密度降低，为缺电子共轭体系，因此亲电取代活性比苯低，反应条件要求高，与硝基苯相似，不能发生傅-克反应，因此，常用作傅-克反应的溶剂。亲电取代的位置发生在 β 位和 N 位。碳上取代时在酸性介质中成盐而不易于亲电取代。吡啶很难硝化，环上有推电子基时产率较好。

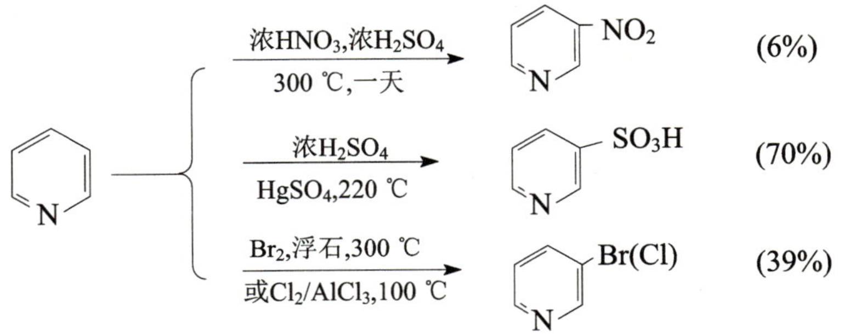

(3) 吡咯环的 N 有一对 p 电子与环形成共轭体系，有芳香性，如与酸相结合则失去芳香性，所以碱性很弱。吡咯失去一个质子后，电子不会减少，得到的负离子仍有芳香性，相对稳定，所以有一定的酸性。咪唑失去一个质子得到的负离子不但有芳香性，而且负离子的共振结构中有两个完全等价，因而更加稳定，所以与吡咯相比，咪唑酸性更强。

模拟训练

一、选择题(只有一个正确答案)

1. 曲酸是一种非常有潜力的食品添加剂。经测定曲酸的分子式为 $C_6H_6O_4$，结构式如图 11.4 所示，试根据曲酸分子结构特点，推测曲酸不可能具有的性质为　（　　）

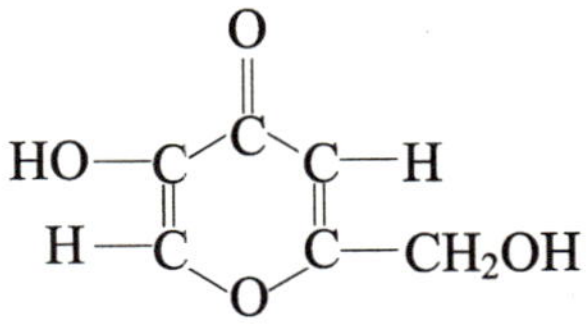

图 11.4

A. 能发生酯化反应　　　　B. 易溶于水、醇

C. 具有抗氧化性　　D. 具有强酸性

2. 已知甲氟磷酸的结构式为

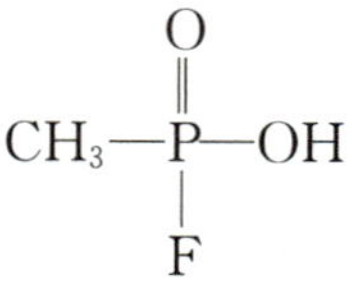

“沙林”的化学名称是甲氟磷酸异丙酯，则“沙林”的结构式应为　　(　　)

A. 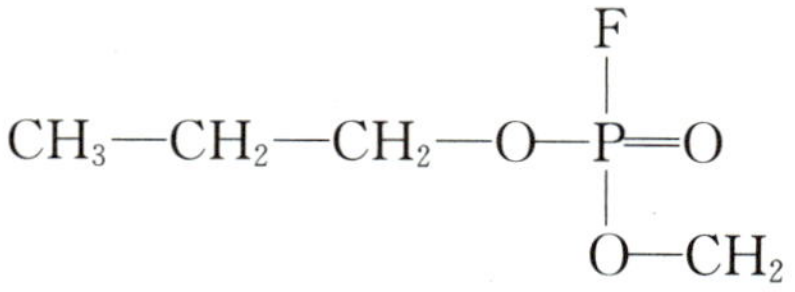

B. 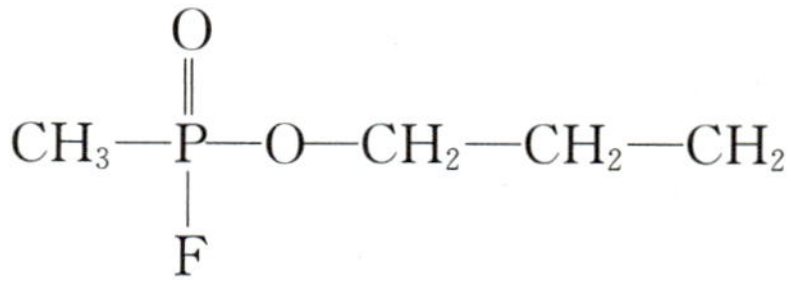

C. 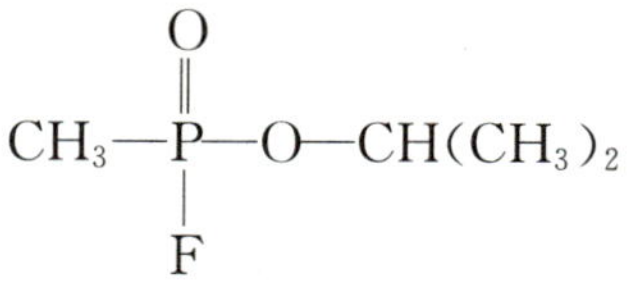

D. 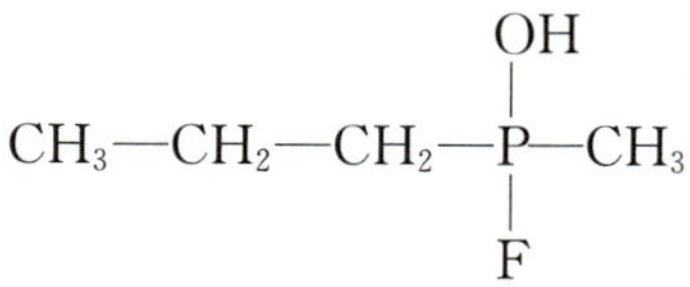

3. 因为萘有毒，且易腐蚀化纤产品，1993 年 4 月我国卫生部已禁止使用萘作卫生球，并提倡用樟脑代替萘。樟脑是我国的特产，不仅有驱虫功效，而且还有强心效能和特殊的香味。已知 α-乙基萘可简写成 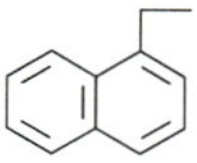，则结构简式为 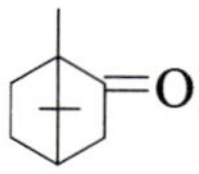 的樟脑，其分子式和所属物质类别是　　(　　)

A. $C_9H_{14}O$，酮类　　B. $C_{10}H_{16}O$，醚类

C. $C_{10}H_{16}O$，酮类　　D. $C_9H_{14}O$，醛类

4. 随着人民群众生活水平的提高，居室的装饰、装修成为必需。研究表明，造成室内空气污染的主要元凶是涂料、人造板、油漆、黏合剂等材料中的甲醛和苯酚等有机物。绝大多数这些有机物有致癌或促癌作用。为了生命健康，有同学建议装修之后采取以下措施，你认为最适宜的是　　(　　)

A. 放一大盆水于室内　　B. 放一大盆苯于室内加以溶解吸收

C. 洒一些酸性 $KMnO_4$ 溶液于地面　　D. 打开窗户，长时间通风

5. 下列关于有机物的说法正确的是　　(　　)

A. 乙醇、乙烷和乙酸都可以与钠反应生成氢气

B. 75%(体积分数)的乙醇溶液常用于医疗消毒

C. 苯和乙烯都可使溴的四氯化碳溶液褪色

D. 石油分馏可获得乙酸、苯及其衍生物

二、简答题

6. 甘油的润肤作用绝对吗？

7. 为什么塑料桶不宜长期存放食油?

8. 比较吡咯、苯酚、乙醇、苯胺的酸碱性。

9. 已知—$CONH_2$呈中性。分子式为 $C_7H_7O_2N$ 的有机物的分子中有一个苯环和两个相邻的取代基。请按下列要求写出其四种同分异构体的结构简式：

(1) 甲物质既有酸性又有碱性。

(2) 乙物质只有碱性。

(3) 丙物质只有酸性。

(4) 丁物质既不显酸性又不显碱性。

10. 苯六甲酸(即苯分子中每个氢原子都被羧基取代生成的物质)完全脱水的产物也是一种碳的氧化物,写出它的分子式和结构简式。

11. 家蝇的雌性信息素可用芥酸(来自菜籽油)与羧酸 X(物质的量之比为 1∶1)在浓 NaOH 溶液中进行阳极氧化得到。其结构简式如下：

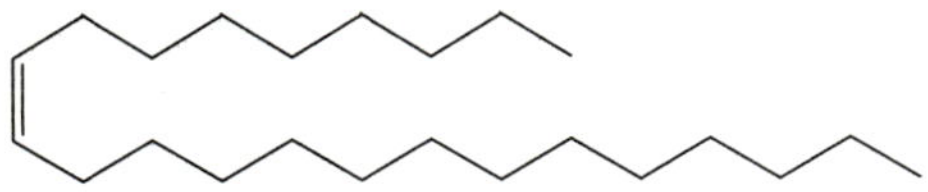

家蝇雌性信息素

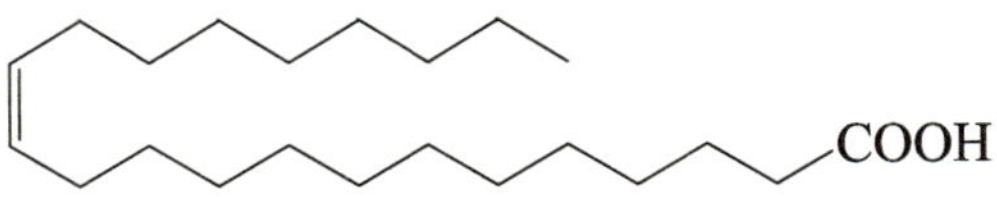

芥酸

(1) 写出羧酸 X 的名称和结构式,以及生成上述信息素的电解反应的化学方程式。

（2）该合成反应的理论产率（摩尔分数）为多大？说明理由。

三、综合题

12. 2018年是DNA（脱氧核糖核酸）结构发现的第65周年。DNA是生物体的重要组成物质，在它的碱基对中储存着遗传信息，与生物的生长、发育等正常生命活动，以及癌变、突变等异常生命活动密切相关。因此，研究DNA的结构与功能的关系，将有助于人们从分子水平上了解生命现象的本质，并从基因水平上理解某些疾病的发病机理，从而使通过分子设计寻找有效的治疗药物成为可能。研究工作者通常选取动物体外模拟的方法对所合成的药物分子进行初步研究，如小牛胸腺常被选为实验材料。由于小牛胸腺不仅DNA含量高，而且其脱氧核糖核酸酶（DNase）的活性较低，在制备过程中由此酶引起的DNA降解损失也较小。为了防止DNase的作用，常在提取它的缓冲液中加入一定量的EDTA（乙二胺四乙酸）螯合剂，以除去保持DNase活性的一种金属离子M^{n+}（1∶1，M^{n+}-EDTA螯合物）。

实验发现该金属离子在DNase中含量相当于此金属在空气中燃烧所得灰烬溶于60 mmol的盐酸中，且过量的盐酸需用12 mmol的NaOH才能完全中和，然后在此溶液中加入过量碱蒸馏，逸出的氨通到10 mmol的盐酸中，剩余的酸需用6 mmol的NaOH中和。该金属离子的电子数与Ne相同，但多2个质子。请回答以下问题：

（1）此金属离子是什么？

（2）需要加入多少EDTA才能恰好除去DNase中的金属离子？写出计算过程。

（3）如果在药物分子作用下，DNA发生开环（链）反应，你认为它是吸收能量还是放出能量？为什么？

强基计划校考化学模拟试题

模拟试题(一)

一、选择题(只有一个正确答案)

1. 超临界流体(supercritical fluid)是物质介于气态和液态之间的一种新的状态。超临界二氧化碳可作为溶剂、发泡剂取代某些有机溶剂、氟利昂等。则下列有关说法中不正确的是 ( )

A. 超临界二氧化碳与其气态或液态之间的转化是物理变化

B. 超临界二氧化碳的形成引起二氧化碳化学性质的改变

C. 用超临界二氧化碳替代氟利昂可减轻对臭氧层的破坏

D. 超临界二氧化碳可用于中药、香料中有效成分的提取

2. 下列有关比较中,大小顺序排列错误的是 ( )

A. 物质的熔点:石英>食盐>冰>汞

B. 热稳定性:$PH_3>H_2S>HBr>NH_3$

C. 结合质子的能力:$CO_3^{2-}>CH_3COO^->SO_4^{2-}$

D. 分散系中分散质粒子的直径:$Fe(OH)_3$悬浊液>$Fe(OH)_3$胶体>$FeCl_3$溶液

3. 将质量为m g的铁与铜粉的混合物溶于100 mL 4 mol·L^{-1}的HNO_3溶液(过量)中,充分反应后所得还原产物为0.05 mol NO,再向所得溶液中加入足量的NaOH溶液至沉淀完全。则沉淀质量为 ( )

A. 5.52 g　　B. $(m+12.0)$ g　　C. $(m+6.8)$ g　　D. $(m+2.55)$ g

4. 下列反应的离子方程式书写正确的是 ( )

A. 实验室用大理石与醋酸反应制取二氧化碳:$CaCO_3+2H^+ = Ca^{2+}+CO_2\uparrow+H_2O$

B. 向过氧化钠固体中滴加水:$Na_2O_2+H_2O = 2Na^++2OH^-+O_2\uparrow$

C. 将溶质物质的量之比为4∶3的$NaHSO_4$和$Ba(OH)_2$两溶液混合:

$$4H^++3SO_4^{2-}+3Ba^{2+}+4OH^- = 3BaSO_4\downarrow+4H_2O$$

D. 在硫酸亚铁溶液中加入用硫酸酸化的过氧化氢溶液:

$$Fe^{2+}+2H^++H_2O_2 = Fe^{3+}+2H_2O$$

5. 城市粪便的排放、化肥的使用会使地下水中氮含量增高,其中对人体有害的含氮污染物主要形态是 ( )

A. NO_3^-　　B. NO_2^-　　C. NH_4^+　　D. 有机氮

6. 丁烷催化裂化时，碳链按两种方式断裂生成两种烷烃和两种烯烃，如果丁烷的裂化率为 90%，又知生成的两种烯烃的质量相等，那么裂化后所得到的混合气体中，分子量最小的气体占有的体积百分数约为 ( )

A. 50% B. 40% C. 36% D. 19%

7. 化合物 AB 中含 B 36.36%，化合物 BC_2 中含 B 50%，则化合物 ABC_4 中含 B 为 ( )

A. 12.64% B. 14.09% C. 19.56% D. 21.10%

二、简答题

8. 卤族元素气态氢化物水溶液酸性如何变化？为什么氢氟酸是弱酸？

9. 在氯化铵溶液中撒入镁粉有何现象？分析其原因。

10. “铝热剂”能冶炼金属、焊接铁轨等，但没有“镁热剂”，其原因是什么？

11. ClO^-、BrO_2^-、IO_3^-、ClO_4^-、IO_6^{5-} 离子的空间构型和中心原子的杂化方式分别是什么？

12. 设法提纯以下溶剂：

(1) 乙醚中含有少量乙醇和乙醛。

(2) 丙酮中含有少量甲醇。

13. 回答下列问题：

(1) 为什么 $H_2N—NH_2$ 不能再连 $—NH_2$ 而形成多个 N、H 化合物？

(2) 比较 NH_2OH、NH_3、HN_3、N_2H_4的碱性。

14. 写出在碱性条件下由 $Fe(OH)_3$和 NaClO 制高铁酸根的离子反应方程式。高铁酸钠在酸性条件下不稳定,写出它在酸性水溶液中产生三价铁的离子方程式。

三、综合题

15. 21 世纪是生命科学研究的昌盛时期。科学家研究发现,进入生物体内的氧分子可接受 1 个电子转变为超氧阴离子自由基(O_2^-),进而产生一系列自由基。一切需氧生物在其机体内均有一套完整的活性氧系统(抗氧化酶和抗氧化剂),能将活性氧转变为活性较低的物质,机体因此受到保护。人们利用羟胺(NH_2OH)氧化的方法可以检测生物系统中 O_2^- 含量,原理是 O_2^- 与羟胺反应生成 NO_2^- 和一种过氧化物。NO_2^- 在对氨基苯磺酸和 α-萘胺作用下,生成粉红的偶氮染体,染体在 $\lambda=530$ nm 处有显著吸收,且其吸收值与 $c(NO_2^-)$成正比,从而可计算出样品中的 O_2^- 含量。某实验室用以上方法处理后测得溶液中 $c(NO_2^-)=2.50\times10^{-3}\ mol\cdot L^{-1}$。

(1) 请根据测定原理写出有关反应的离子方程式:________________。

(2) 计算该样品此时 $c(O_2^-)=$________________。

(3) 用羟胺氧化法测定 O_2^- 时,将其生成的过氧化物作为检测物。若选用氧化还原法进行定量分析($KMnO_4$或 $K_2Cr_2O_7$任选一种即可),请写出其测定原理的反应方程式:

________________。

16. 等物质的量的 1,2-二溴乙烷和环戊二烯在过量碱的水溶液中在催化剂氯化三乙基苯基铵存在下反应,生成含 C 91.3%的烃 Y,其沸点为 115 ℃(1.01×10^5 Pa)。当用一氘代的 1,2-二溴乙烷与环戊二烯反应时,只生成唯一产物(已知具有一定的稳定性)。1 mol Y 可与 3 mol Br_2在 CCl_4中反应,求 Y 的结构与反应所得产物的可能结构(不要求立体化学)。(已知:环丙烷易与 Br_2反应生成 1,3-二溴丙烷。)

Y:________________;产物的可能结构:________________。

模拟试题(二)

一、选择题(只有一个正确答案)

1. 过氧苯甲酸(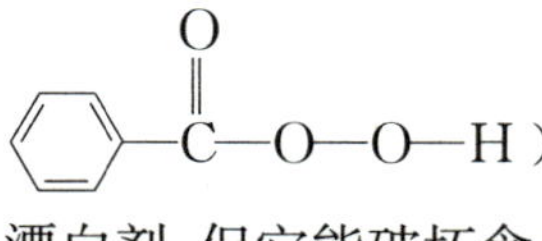)与 H_2O_2 的分子结构中都有“—O—O—”。过氧苯甲酸可作为食品漂白剂，但它能破坏食品中的维生素 C(俗名：抗坏血酸)、维生素 E(俗名：生育酚)等，从而降低食品的营养价值，这个过程主要应是维生素 C、维生素 E 等　(　　)

A. 酸性被中和　　B. 碱性被中和　　C. 被氧化　　D. 被还原

2. 高温下，超氧化钾晶体呈立方体结构。晶体中氧的化合价可看作部分为 0 价，部分为 −2 价。图 T2.1 为超氧化钾晶体的一个晶胞(晶体中最小的重复单元)。则下列说法正确的是　(　　)

A. 晶体中与每个 K^+ 距离最近的 K^+ 有 12 个

B. 晶体中每个 K^+ 周围有 8 个 O_2^-，每个 O_2^- 周围有 8 个 K^+

C. 超氧化钾的化学式为 KO_2，每个晶胞含有 14 个 K^+ 和 13 个 O_2^-

D. 晶体中，0 价氧原子与 −2 价氧原子的数目比可看作 2∶1

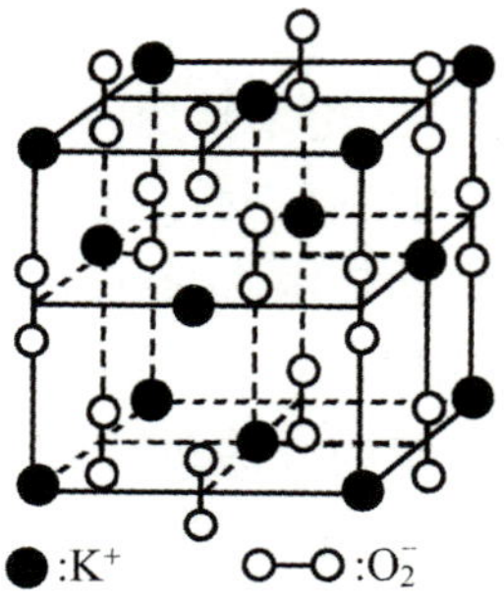

图 T2.1

3. 在下列物质中，可溶于水的是　(　　)

A. 胆固醇：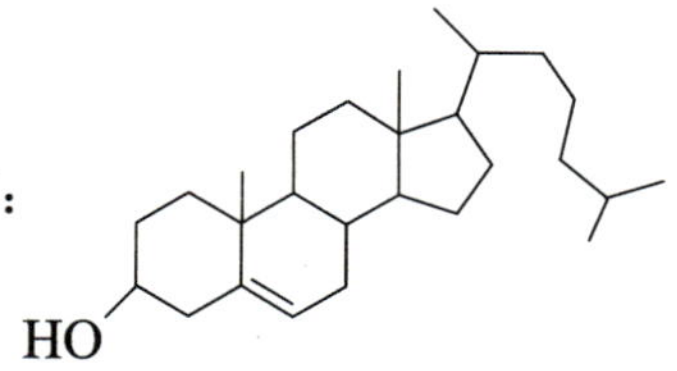

B. 芬必得：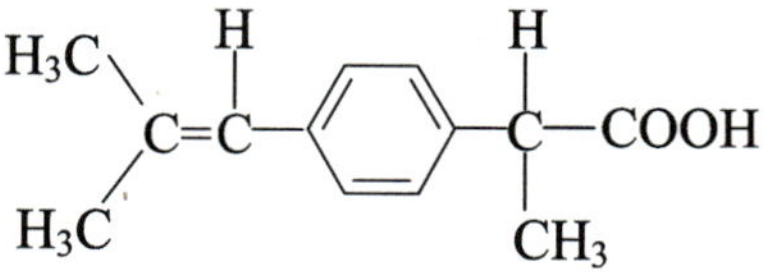

C. 保幼激素 JH-Ⅰ：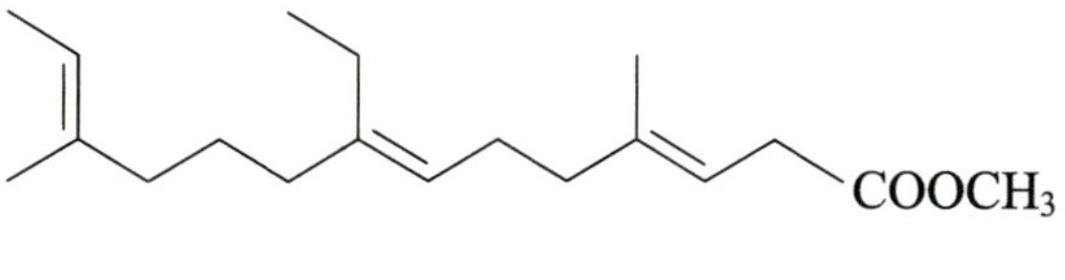

D. 维生素 C：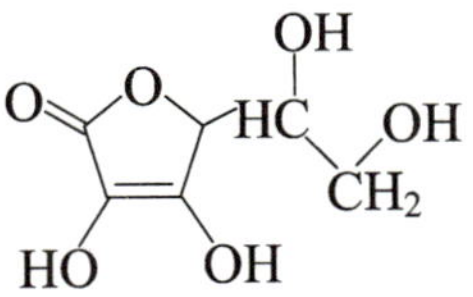

4. 下列解释不科学的是 （　　）

A. “水滴石穿”主要是溶解了 CO_2 的雨水与 $CaCO_3$ 长期作用生成了可溶的 $Ca(HCO_3)_2$ 的缘故

B. 长期盛放 NaOH 溶液的试剂瓶不易打开，是因为 NaOH 与瓶中的 CO_2 反应，导致瓶内气体减少，形成“负压”

C. 严格地讲，“通风橱”是一种不负责任的防污染手段，因为实验产生的有害气体没有得到转化或吸收

D. “雨后彩虹”与“海市蜃楼”都是自然界的光学现象，也与胶体的性质有关

5. 六氟化硫（SF_6）通常是一种无色气体，具有很强的稳定性，可用于灭火。SF_6 的分子结构如图 T2.2 所示，呈八面体形。如果 F 元素有两种稳定的同位素，则 SF_6 的不同分子数有 （　　）

A. 6 种　　　B. 8 种

C. 10 种　　　D. 12 种

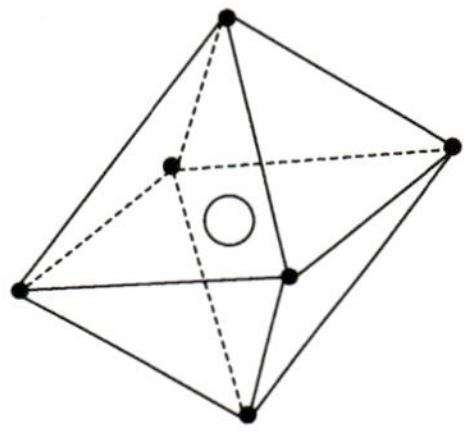

图 T2.2

6. NCl_3 是一种淡黄色的油状液体，分子为三角锥形结构。则下列说法正确的是 （　　）

A. NCl_3 是非极性分子

B. NCl_3 具有比 PCl_3 更强的挥发性

C. NCl_3 能以配位键和 Cl^- 结合

D. NBr_3 对光很敏感，NCl_3 不具有光敏性

7. 如图 T2.3 所示结构的无机橡胶具有优良的耐水性、耐热性、抗热性和低温弹性等优良特性，可用作阻燃、防火、医用材料。已知：

$$nPCl_5 + nNH_4Cl \xrightarrow[120\sim130\ ^\circ C]{\text{四氯乙烯}} (Cl_2PN)_n + 4nHCl \quad (n=3\sim7)$$

为制得上述无机橡胶，无须使用的物质是 （　　）

A. PCl_5 和 NH_4Cl

B. CF_3CF_2OH 和 Na

C. H_2O 和 NaOH

D. KF 和 HF

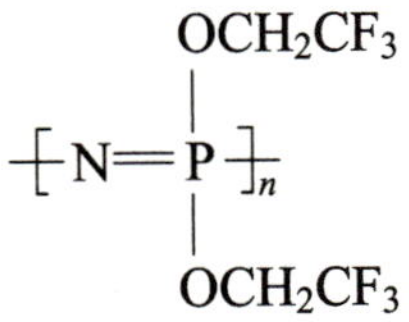

图 T2.3

8. 二战期间日本侵略者在我国土地上大量散布糜烂性毒气——芥子气，其结构式为

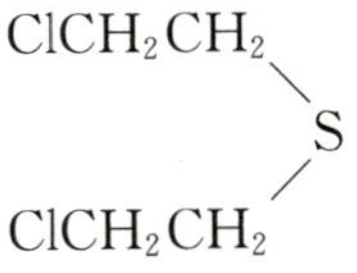

毒害了许多无辜的中国人。此毒物除可用氯胺消毒外，还可选用的消毒剂是 （　　）

A. 盐酸　　B. 漂白粉　　C. 硫酸　　D. 食盐

9. 利用某些有机物之间的转化可贮存太阳能，如降冰片二烯(NBD)经太阳光照转化成四环烷(Q)的反应为

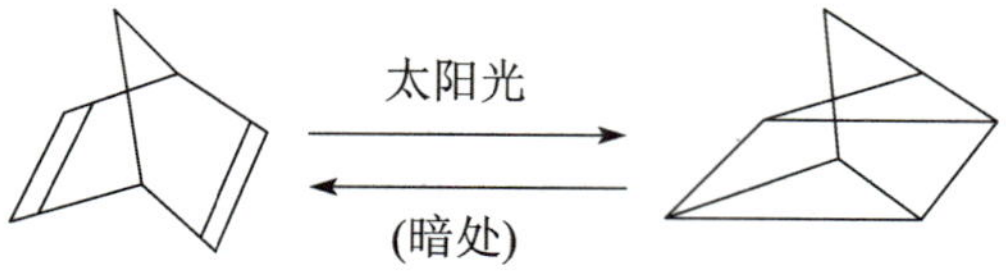

$Q=88.62$ kJ

(NBD)　　(Q)

以下叙述中错误的是　　(　　)

A. NBD 和 Q 互为同分异构体　　B. NBD 的内能比 Q 的内能高

C. Q 的一氯代物只有 3 种　　D. NBD 的二氯代物共有 9 种

10. 镓是 1871 年俄国化学家门捷列夫在编制元素周期表时曾预言的“类铝”元素。镓的原子序数为 31，属ⅢA 族。镓的熔点为 29.78 ℃，沸点高达 2403 ℃。镓有过冷现象(即冷至熔点下不凝固)，它可过冷到−120 ℃。由此判断下列有关镓的性质及其用途的叙述不正确的是　　(　　)

A. 镓是制造高温温度计的上佳材料

B. 镓能溶于强酸和强碱中

C. 镓与锌、锡、铟等金属制成的合金可用在自动灭火的水龙头中

D. 镓没有铝金属性强，所以比较稳定

二、简答题

11. 写出氯化银溶于浓氨水的离子方程式。

12. (1) N_2、O_2和 NO 三种物质中沸点最高的是________。

(2) 如果有机界的主角是碳，则无机矿物界的主角是________。

(3) 铝与 NaOH 溶液的反应有以下两种写法：

$$2Al+2NaOH+2H_2O \longrightarrow 2NaAlO_2+3H_2\uparrow$$

$$2Al+2NaOH+6H_2O \longrightarrow 2Na[Al(OH)_4]+3H_2\uparrow$$

$NaAlO_2$与 $Na[Al(OH)_4]$有什么联系？

13. 原子结构的模型经历了几个重要历史阶段。最早是道尔顿(Dalton)的实心球模型(1808 年)，然后是汤姆孙(Thomson)的布丁(plum pudding)模型(1904 年)。问：还有两种模型是什么？

14. 写出下列反应的主要产物：

(1) 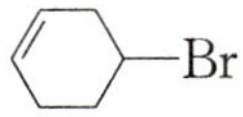 $+ CH_3CH_2OK \longrightarrow$

(2) 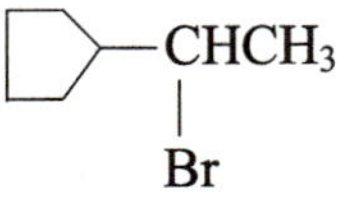

$+ (CH_3)_2CHONa \longrightarrow$

(3) $(CH_3)_3CCH_2Br + KOH \longrightarrow$

(4) $(CH_3)_2CBrCH(CH_3)_2 + NH_2^- \longrightarrow$

(5) $ClCH_2CH_2CH_2Br + KCN \xrightarrow[\triangle]{C_2H_5OH—H_2O}$

15. 为什么有那么多的化学反应需要在水溶液中进行？

16. 你认为下列数据是否可信？为什么？

(1) 0.2 $mol \cdot L^{-1}$澄清石灰水。

(2) 某磷酸的物质的量浓度为 1.4 $mol \cdot L^{-1}$，此溶液中氢离子的浓度接近 1 $mol \cdot L^{-1}$。

(3) 某种溶液的浓度超过 100%。

17. 假定某化合物的分子式为 C_4O_3，它的分子呈单环状，具有一定的对称性，其结构式应是什么？

18. 化合物 $C_3H_6O_2$ 的分子不成环，含三种不同环境下的氢原子。请写出所有可能的结构简式。

19. 乙烯酮($CH_2=C=O$)在一定条件下可与含活泼氢的物质反应,反应的通式可表示为

$$CH_2=C=O+HA \longrightarrow CH_2=C(OH)A(\text{极不稳定}) \longrightarrow CH_3-CA=O$$

(1) 乙烯酮与什么物质反应可生成乙酸乙酯?

(2) 乙烯酮与什么物质反应可生成醋酸酐?

三、综合题

20. Na_2SO_3受热发生歧化反应,若歧化完全,在产物的水溶液中加稀硫酸不会产生沉淀。歧化产物的水溶液的碱性明显比 Na_2SO_3强。写出该歧化反应的方程式。

21. 某种炸药的化学式为 $C_8N_8O_{16}$,据信是迄今最烈性的非核爆炸品。

(1) 写出它的爆炸反应方程式。

(2) 解释它具有强烈爆炸性的原因。

22. 已知 A 的化学式为 $C_9H_{10}O_3$,在一定条件下发生下列反应:

$$A \xrightarrow[\triangle]{\text{浓硫酸}} B \xrightarrow{+H_2O} C \xrightarrow[\triangle]{\text{浓硫酸}} D$$

A、C 互为同分异构体(C 很难被氧化),它们都能与 Na_2CO_3 反应产生 CO_2;D 是含有 3 个六元环的化合物。写出 D 的结构简式。

模拟试题(三)

一、选择题(只有一个正确答案)

1. $HgCl_2$的稀溶液可用作手术刀的消毒剂,已知$HgCl_2$的熔点是277 ℃,熔融状态的$HgCl_2$不能导电,$HgCl_2$的稀溶液有弱的导电能力。则下列关于$HgCl_2$的叙述正确的是:① $HgCl_2$的晶体属于分子晶体;② $HgCl_2$的晶体属于离子晶体;③ $HgCl_2$属于非电解质;④ $HgCl_2$属于弱电解质 ( )

A. ①④　　B. ①③　　C. ②③　　D. ②④

2. 在标准状况下,5.6 L H_2和H_2S的混合气体完全燃烧后,生成的气体恰好被100 mL 2 mol·L^{-1}的NaOH溶液吸收,并生成正盐。则原混合气体完全燃烧后能生成水 ( )

A. 0.9 g　　B. 3.6 g　　C. 4.5 g　　D. 8.1 g

3. 甲烷在1500 ℃以上可以分解生成乙炔和氢气。加热一定量的甲烷使之分解,测知所得混合气体在同温同压下对H_2的相对密度为4.8。在一定条件下,使该混合气体中的乙炔与氢气完全加成,则加成后的混合气体中相对分子质量最小的物质所占的体积分数是 ( )

A. 40%　　B. 50%　　C. 60%　　D. 70%

4. 化学工作者把烷烃、烯烃、环烷烃、炔烃……的通式转化成键数的通式,给研究有机物分子键能大小的规律带来了很大的方便。设键数为1,则烷烃中碳原子数与键数的关系的通式为C_nI_{3n+1},烯烃、环烷烃中碳原子数与键数的关系的通式为C_nI_{3n}。则苯的同系物中碳原子数与键数关系的通式为 ( )

A. C_nI_{3n-1}　　B. C_nI_{3n-2}　　C. C_nI_{3n-3}　　D. C_nI_{3n-4}

5. 甲烷与一些气态烃的混合物共1 L,使之完全燃烧需相同条件下的空气15 L(设其中氧气体积约占1/5),又知该混合气态烃的平均相对分子质量为25.33。则该混合气体除甲烷外混入的烃通式为 ( )

A. C_nH_{2n+2}与C_mH_{2m+2}($m\neq n>1$)

B. C_nH_{2n+2}($n>1$)与C_mH_{2m+2}($m>2$)

C. C_nH_{2n+2}($n>2$)与C_nH_{2n-6}($n>6$)

D. C_nH_{2n}($n>2$)

6. 叠氮酸(HN_3)与醋酸酸性相似,则下列叙述中错误的是 ( )

A. HN_3水溶液中微粒浓度的大小顺序为$c(HN_3)>c(H^+)>c(N_3^-)>c(OH^-)$

B. HN_3与NH_3作用生成的叠氮酸铵是共价化合物

C. NaN_3水溶液中离子浓度的大小顺序为$c(Na^+)>c(N_3^-)>c(OH^-)>c(H^+)$

D. N_3^-与CO_2含相等电子数

二、简答题

7. 分析呋喃(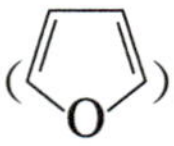)的结构,推断它是否有芳香性。

8. 画出 SO_2、NO_2、N_2O 的分子结构式,比较 SO_2、NO_2、N_2O 三者之间键角相对大小,并说明原因。

9. 1998 年,化学家把 CCl_4(l)和 Na 混合放入真空容器中,再置于高压容器中逐渐加热,可得一些固体颗粒。经 X 射线研究发现:该固体颗粒实际由 A 和 B 两种物质组成,其中 A 含量较少,B 含量较多。试回答下列问题:

(1) CCl_4 和 Na 为何要放在真空容器中?随后为何要置于高压容器中?

(2) 指出 CCl_4 分子的结构特点和碳原子的杂化态。

(3) 上述实验的理论依据是什么?请从化学反应的角度加以说明。

(4) 试确定 A、B 各为何物。A、B 之间有何关系?

(5) 写出上述反应方程式,并从热力学的角度说明 A 为何含量较少,B 为何含量较多。

(6) 请你从纯理论的角度说明:采取什么措施后,A 的含量将大幅度增多?

(7) 请评述一下上述实验有何应用前景。

三、综合题

10. 避蚊胺(F,分子式为 $C_{12}H_{17}NO$)是一种驱虫药,对蚊虫有很强的驱避作用。据报道,避蚊胺的驱避效能是由于其产生了对蚊虫感觉器有阻塞作用的物质,对人畜无毒,使用安全。F 可由下述方法合成:

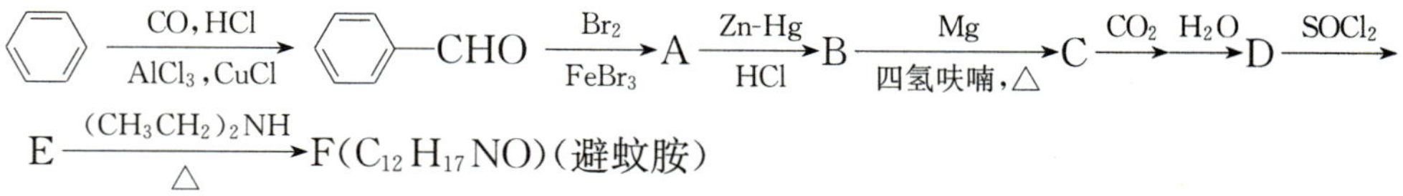

已知 C 为 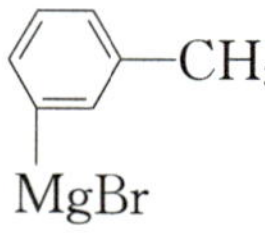

,E 为 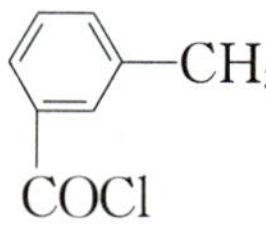

,请你根据上述合成路线写出化合物 A、B、D、F 的结构式。

11. 车祸严重危害了司乘人员的生命安全，为了降低车祸给司乘人员所带来的损害，有人利用化学反应在小汽车前排设计了一气袋。气袋由固体化合物 A+B+C 组成，在汽车受到撞击的一刹那，由于剧烈碰撞，气袋里发生化学反应，气袋迅速膨胀，随即弹出，从而保护司乘人员的头颈不至于撞到钢架、挡风玻璃，该气袋已挽救了成千上万人的生命。

化合物 A 为白色固体，通常情况下相对稳定，碰撞时剧烈分解，产生熔融状态的 D 与气体 E。D 常温下为固体，性质十分活跃，直接与 O_2 作用生成 F，F 为黄色粉末，可用作高空飞行或潜水时的供氧剂。气体 E 十分稳定，但可与金属锂作用生成白色固体 G，G 强烈水解，生成易溶于水的化合物 H 与气体 I，H 与气体 I 的水溶液均为碱性。

化合物 B 为钾盐，无色晶体，易溶于水，其溶解度随温度升高急剧增大。B 加热时易分解，生成固体 J 与气体 K，气体 K 可使带有余烬的火柴复燃。

化合物 C 为氧化物，无色、坚硬、不溶于水，在自然界中以原子型晶体存在，能与 HF 气体作用生成 L 与气体氟化物 M。

(1) 判断 A、B、C 为何种化合物。

(2) 分析 A、B 两种盐阴离子的杂化方式及成键情况，并画出示意图。

(3) 写出剧烈碰撞后，气袋中所发生的化学反应。

(4) 固体 C 在气袋里起到什么作用？

12. 某同学进行实验，探究高锰酸钾在不同酸碱性下与铜丝的反应。

(1) 在中性条件下，将铜丝放入高锰酸钾水溶液，无明显变化。将溶液酸化，发现铜丝溶解，请问加入的应该是什么酸？

(2) 在碱性条件下，将铜丝加入高锰酸钾水溶液，无明显变化。对于“碱性条件下溶液无明显变化”这一结果，同学提出了两种猜想：

① 碱性条件下高锰酸钾水溶液和铜丝不发生反应。

② 碱性条件下高锰酸钾水溶液和铜丝反应较慢，所以观察不到明显现象。

为了探究这两种猜想，同学提出可以尝试利用原电池的方式加快反应速率。于是他将铜丝绕在一根铂棒上，插入碱性高锰酸钾水溶液，反应一段时间后，溶液逐渐变为暗绿色。又反应一段时间后，生成了棕黑色沉淀 MnO_2。请写出两步反应的离子方程式。

模拟试题(四)

一、选择题(只有一个正确答案)

1. 用即热饭盒盛装食物，可以得到热烘烘的饭菜。原因是即热饭盒的底部装入混有镁、铁粉末的高密度聚乙烯，进行简单的操作后水和镁就会发生剧烈的化学反应，放出热量，便可使食物变热，其中铁可能是 ( )

A. 一种反应物　　B. 催化剂

C. 起导热作用　　D. 增大镁与水分子的接触机会

2. 下列物质不可能通过化合反应制取的是 ( )

A. $Fe(OH)_3$　　B. $Al(OH)_3$　　C. HgS　　D. Cu_2S

3. 主链为 4 个碳原子的某烷烃有 2 种同分异构体。则与这种烷烃具有相同的碳原子数、主链上也为 4 个碳原子的单烯烃共有异构体 ( )

A. 3 种　　B. 4 种　　C. 5 种　　D. 2 种

4. 无色的有机物Ⅰ是印制防伪商标的一种原料，在紫外光辐射下Ⅰ可转变成结构Ⅱ(显橙色)，反应如下(R_1、R_2、R_3是烃基)：

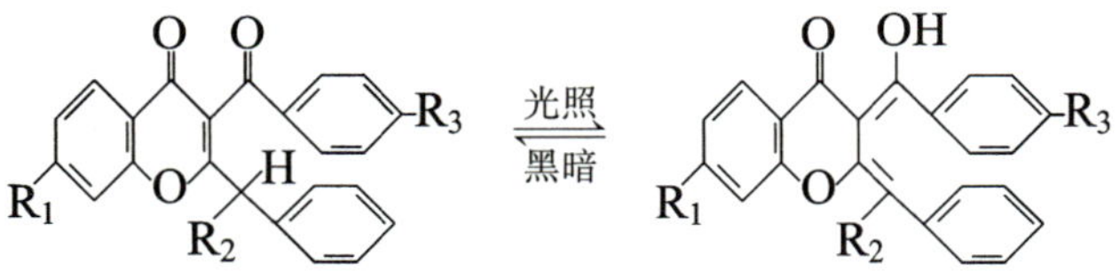

Ⅰ　　Ⅱ

有关上述变化的说法不正确的是 ( )

A. Ⅱ可看作醇类

B. Ⅰ、Ⅱ分子中所有原子都可能在同一平面上

C. Ⅰ和Ⅱ是同分异构体

D. Ⅱ分子中含有分子内氢键

5. 在 100 g 浓度为 18 $mol\cdot L^{-1}$、密度为 q $g\cdot cm^{-3}$的浓硫酸中加入一定量的水稀释成 9 $mol\cdot L^{-1}$的硫酸，则加入水的体积为 ( )

A. 小于 100 mL　　B. 等于 100 mL　　C. 大于 100 mL　　D. 等于 100q mL

6. 下列离子方程式书写正确的是 ( )

A. 向 $Ba(OH)_2$溶液中加入少量的 $NaHSO_3$溶液：

$$2HSO_3^- + Ba^{2+} + 2OH^- \xlongequal{} BaSO_3\downarrow + SO_3^{2-} + 2H_2O$$

B. 含有等物质的量的氢氧化钡、明矾两种溶液混合：

$$3Ba^{2+} + 6OH^- + 2Al^{3+} + 3SO_4^{2-} \xlongequal{} 3BaSO_4\downarrow + 2Al(OH)_3\downarrow$$

C. $H_2{}^{18}O$ 中投入 Na_2O_2 固体：$2H_2{}^{18}O + 2O_2^{2-} \xlongequal{} 4OH^- + {}^{18}O_2\uparrow$

D. 纯碱溶液与胆矾溶液混合生成正盐、酸式盐、碱式盐：

$$3CO_3^{2-} + 2Cu^{2+} + 2H_2O \xlongequal{\quad} HCO_3^- + Cu_2(OH)_2CO_3 \downarrow$$

7. 一定温度下，某盐的饱和溶液的质量分数为 26.8%，取一定量的该饱和溶液，向其中加入 W g 该无水盐，在保持温度不变的情况下，析出 M g 含有一定量结晶水的该盐晶体，那么，从饱和溶液中析出的溶质质量为（　　）

A. $26.8\%W$ g　　B. $(M-W)$ g

C. $(W-M)\times 26.8\%$ g　　D. $(M-W)\times 26.8\%$ g

二、简答题

8. 黑火药是我国古代的四大发明之一，是木炭粉、硫磺粉和硝酸钾粉末的混合物，写出反应的方程式。

9. 银器放置在空气中会发暗，写出其原理。欲使银器变亮，须用洗衣粉先洗去表面的油污，把它和铝片放在一起，放入碳酸钠溶液中煮到银器恢复银白色，取出银器，用水洗净后可看到光亮如新的银器表面，写出反应的化学方程式。

10. 无机含氧酸的酸性表现在分子结构中羟基的活泼性上，如 H_3PO_4 是三元酸，它的结构中有三个与 P 原子直接相连的羟基，其结构式为

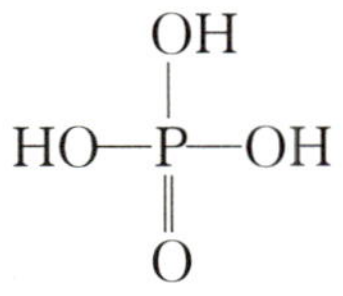

推断出焦磷酸（$H_4P_2O_7$）、亚磷酸（H_3PO_3）、次磷酸（H_3PO_2）分别是几元酸，并画出它们的结构式。

11. 写出合成尼龙-66 的方程式。

三、综合题

12. 八角茴香属于草本植物，是我国民间常用于烹调的香料。医学研究成果显示，从八角茴香中可以提取到莽草酸，莽草酸有抗炎、镇痛作用，是合成某些抗癌药物的中间体，还是合成“达菲”的前体（“达菲”是对禽流感病毒有一定抑制作用的一种药物）。莽草酸（分子中只有 C、H、O 三种原子）的分子结构模型如图 T4.1 所示。

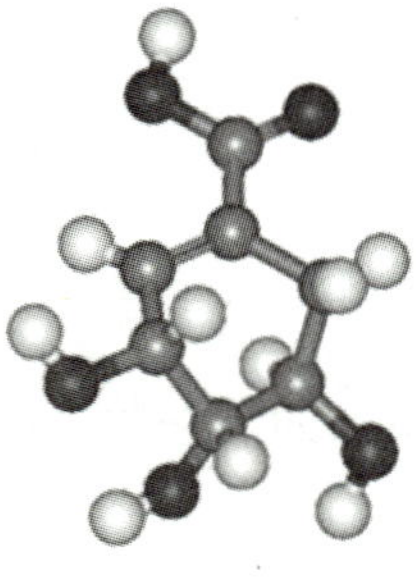

图 T4.1

请回答下列问题：

(1) 观察图 T4.1 中的分子结构模型，写出莽草酸分子中包含的官能团的名称：________________。

(2) 莽草酸跟有机物 A 在一定条件下发生酯化反应，可生成一种相对分子质量为 202 的酯类物质。写出 A 可能的结构简式：__________________。

(3) 写出莽草酸在一定条件下跟氢气反应的化学方程式：____________________。

13. A 为一个可溶型的钠盐，其水溶液呈酸性。将 A 加入 $KMnO_4$ 溶液中，溶液褪色，得到 B，将 B 加入 $BaCl_2$ 溶液中，得到了难溶于酸的白色沉淀 C。将 A 的水溶液加 H_2SO_4 酸化，再加入 Na_2S，产生白色沉淀 D。再向 A 的水溶液中加入 KIO_3（含淀粉），溶液变蓝，证明产生了 E。请回答下列问题：

(1) A～E 的化学式分别是什么？

(2) 请写出产生 D 的离子方程式。

(3) 请写出产生 E 的离子方程式。

14. 将含有 13.9 g $FeSO_4 \cdot 7H_2O$ 和 1.58 g $KMnO_4$ 的混合物用适量蒸馏水溶解，并加入适量硫酸酸化，再稀释成 1 L 溶液。如果要使此溶液中的 Fe^{3+} 完全沉淀，而 Mn^{2+} 不沉淀，溶液的 pH 应控制在什么范围？

（说明：① 当溶液中离子浓度小于 10^{-6} mol·L^{-1}时，认为沉淀完全；② 假定所加试剂不影响原溶液体积；③ K_{sp} 为难溶电解质在饱和溶液中的离子积常数，只随温度的变化而变化，已知 $Fe(OH)_3$ 的 $K_{sp}=[Fe^{3+}][OH^-]^3=1.1\times10^{-36}$；$Mn(OH)_2$ 的 $K_{sp}=[Mn^{2+}][OH]^2=4.0\times10^{-16}$。）

模拟试题(五)

一、选择题(只有一个正确答案)

1. 欲观察氢气燃烧的火焰颜色,燃气导管口的材料最好是 ( )

A. 钠玻璃 B. 钾玻璃 C. 石英玻璃 D. 铜管

2. 湿润的蓝色石蕊试纸接触氯气后,其颜色变化为 ( )

A. 变红 B. 先变红后变白 C. 变白 D. 不变

3. 在制造玻璃的原料中,加入下列物质后,可制得蓝色玻璃的是 ( )

A. 氧化亚铜 B. 氧化钴 C. 氧化铅 D. 硼砂

4. 下列有关物质的用途叙述不正确的是 ( )

A. 碘化银、干冰均可用于人工降雨 B. 皓矾、水玻璃均可作木材的防腐剂

C. 白磷、磷矿粉均可用于制备磷酸 D. 纯碱、小苏打均常用作洗涤剂

5. 有些药品因长期存放时密封不严,瓶内逐渐聚集少量液体,以下药品中有可能出现此现象的是 ( )

A. 无水硫酸铜 B. 红磷

C. $Na_2CO_3 \cdot 10H_2O$ D. 生石灰

6. 将体积都为10 mL、浓度都等于0.1 mol·L^{-1}的NaOH和氨水分别加水稀释至a mL和b mL,测得稀释后两溶液的pH都等于9,则a与b的关系是 ( )

A. $a=b=10$ B. $a=b=10000$

C. $a<b$ D. $a>b$

7. 已知AOH的碱性比BOH的碱性强,现有物质的量浓度和体积均相同的ACl和BCl两种溶液。已知前者溶液中离子数目为n_1,后者溶液中离子数目为n_2,正确的是 ( )

A. $n_1=n_2$ B. $n_1>n_2$

C. $n_1<n_2$ D. 无法确定

8. 下列均属于常见的大气污染物的一组是 ( )

A. NO、CO_2、O_2、Ar B. NO、CO、N_2、CO_2

C. NO、SO_2、C_xH_y、CO D. HCHO、O_2、Rn、SO_2

二、简答题

9. 被誉为"长眼睛的金属",用于制造光电管、光电池材料的是哪两种金属?它们的另一个重要性质是所产生的辐射频率具有长时间的稳定性,这种性质有何用途?

10. 在浅色衣服上做一清水洗不掉的记号的一种方法是：用含$[Ag(NH_3)_2]^+$的溶液书写，并立即用热熨斗灼热书写的部位，记号得以固定。要去掉这个记号时，用浓 KI 溶液处理记号，然后用水洗涤。请回答做记号和去掉记号时各发生了什么化学反应。

11. 草酸($H_2C_2O_4$)为二元弱酸，误食草酸或草酸盐严重时会导致死亡。通常处理方法是：尽可能快地服用饱和石灰水溶液或 1%的氯化钙溶液，随即使病人呕吐几次，然后再服用泻盐($MgSO_4 \cdot 7H_2O$)水溶液，但不必让病人再呕吐。试说明这种处理方法的原理。

12. 分析铜器在空气中久置会“生锈”的原因。如何才能使它变亮？

三、综合题

13. 根据杂化轨道理论，NH_3、NF_3、NO_2^+中氮分别采用________、________、________杂化轨道同相应的键合原子成键。其中，NH_3的键角________(填“大于”或“小于”)NF_3的键角的原因是____。

14. 舞台上产生烟幕的方法很多，其中一种方法是在硝酸铵上覆盖一些锌粉，温热之，再加几滴水，即产生大量烟。已知参加反应的 NH_4NO_3和 Zn 的物质的量之比为 1∶1。

(1) 写出该反应方程式。

(2) 烟主要由________组成。

(3) 若不加水，实际上不会发生反应，为什么？

(4) 若不加水，是否有其他方法令反应进行(若有，写出方法)？

(5) 有趣的是，若硝酸铵和锌粉潮湿，或滴加的水过多，实验又会失败。分析原因。

15. 二氧化碳变成可回收塑料的设想最先在 1969 年由一位日本化学家实现，但由于催化剂效率和成本问题，其后研究进展缓慢。广州化学所的研究人员最近合成了可降解塑料，在国内外引起了巨大的震动。用 CO_2和环氧丙烷按 1∶1 的比例混合聚合而成的、被命名为

“聚亚烃氧基碳酸酯树脂”的可降解塑料可替代目前市场上广泛使用的快餐包装容器，既解决了 CO_2 所导致的环境问题，又可避免塑料包装使用中产生的“白色污染”。

(1) 环氧丙烷的结构为________，在有机分类中应属于________化合物。

(2) 写出环氧丙烷的全部同分异构体。

(3) 请写出 CO_2 与环氧丙烷在催化剂作用下按 1∶1 聚合成碳酸酯的化学方程式。

16. 将适量黄色的草酸亚铁($FeC_2O_4 \cdot 2H_2O$)粉末加入试管，在酒精灯上边加热边摇动，发生剧烈反应，反应将结束时，用橡皮塞塞好试管，稍冷后，打开塞子将所得的固体洒在石棉网上，便会自燃起来。

(1) 写出草酸亚铁受热分解的化学方程式。

(2) 所得固体为什么会在空气中自燃？

17. 氰氨化钙是一种多用途的有效肥料。它很容易用廉价的普通化学品如 $CaCO_3$ 来生产。$CaCO_3$ 热分解产生固体 A 和气体 B。用碳还原 A，生成灰色固体 C 和气体 D。C 和 D 能进一步氧化。C 与氮反应最终生成氰氨化钙，氰氨化钙中 Ca 的质量分数是 50%。

(1) 如何合成氰氨化钙？写出反应方程式。

(2) $CaCN_2$ 水解产生什么气体？写出水解反应方程式。

(3) 在固体化学中，氰氨化钙的阴离子呈现异构化。两种异构离子的氢化物都是已知的(至少在气态)。写出它们的氢化物的结构简式。指出平衡倾向于哪一物质。

18. 某混合溶液中 CrO_4^{2-} 和 Cl^- 的浓度均为 0.010 $mol \cdot L^{-1}$。当慢慢向其中滴入 $AgNO_3$ 溶液时，何种离子先生成沉淀？当第二种离子刚刚开始沉淀时，第一种离子的浓度为多少？

模拟试题(六)

一、选择题(只有一个正确答案)

1. 下列试剂能用酸式滴定管盛装的是 ( )

A. 氢氟酸 B. 苛性钠溶液 C. 水玻璃 D. 溴水

2. pH=5 的 H_2SO_4 溶液稀释 500 倍后,溶液中 $c(H^+):c(SO_4^{2-})$ 约为 ( )

A. 1∶2 B. 1∶5 C. 1∶10 D. 10∶1

3. “摇摇冰”是一种即用即冷的饮料。吸食时将饮料罐隔离层中的化学物质和水混合后摇动即会制冷。该化学物质是 ( )

A. 氯化钠 B. 固体硝酸铵 C. 固体氢氧化钠 D. 生石灰

4. 中国努力争取 2060 年前实现碳中和。下列说法不正确的是 ( )

A. 积极鼓励植树造林,降低空气中 CO_2 含量

B. 研发新型催化剂将 CO_2 分解成 C 和 O_2,同时放出热量

C. 一定条件下,将 CO_2 转化为 CH_3OH,实现 CO_2 的资源化利用

D. 可利用 CaO 或氨水捕集废气中的 CO_2

5. 下列反应的离子方程式书写正确的是 ( )

A. 实验室用大理石与醋酸反应制取二氧化碳:$CaCO_3+2H^+ = Ca^{2+}+CO_2\uparrow+H_2O$

B. 向过氧化钠固体中滴加水:$Na_2O_2+H_2O = 2Na^++2OH^-+O_2\uparrow$

C. 将溶质物质的量之比为 4∶3 的 $NaHSO_4$ 和 $Ba(OH)_2$ 两溶液混合:

$$4H^++3SO_4^{2-}+3Ba^{2+}+4OH^- = 3BaSO_4\downarrow+4H_2O$$

D. 在硫酸亚铁溶液中加入用硫酸酸化的过氧化氢溶液:

$$Fe^{2+}+2H^++H_2O_2 = Fe^{3+}+2H_2O$$

6. 下列有关 SO_2 的说法正确的是 ( )

A. SO_2 是非极性分子

B. 少量的 SO_2 添加到葡萄酒中利用了其抑菌和抗氧化作用

C. SO_2 能使酸性 $KMnO_4$ 溶液褪色,说明 SO_2 具有漂白性

D. SO_2 的分子结构中,有形成一个三中心三电子的离域 π 键

二、简答题

7. 从化学上看,诗句“春蚕到死丝方尽,蜡炬成灰泪始干”中的“丝”和“泪”分别是什么物质?

8. 工业上冶炼金属一般用热分解法、热还原法和电解法。不同的金属应选用不同的冶炼方法。你认为选择的原则主要是依据什么?

9. 某人坐在带空调的车内,跟在一辆卡车后面。此人根据何种现象可知前面这辆卡车是以汽油或柴油为燃料的?简述原因。

10. 玻璃容器被下列物质沾污后,可用何种洗涤剂洗去?写出有关反应式。无法用洗涤剂使容器复原者,请说明原因。

(1) 盛石灰水后的沾污。

(2) 铁盐引起的黄色沾污。

(3) 碘的沾污。

(4) 硫的沾污。

(5) 用高锰酸钾后的沾污。

(6) 银镜反应后的试管。

(7) 长期盛硫酸亚铁溶液的试剂瓶。

(8) 长期盛强碱溶液的试剂瓶变“毛”了。

11. 从结构上分析环丙烷为什么可以发生加成反应。

12. 吲哚(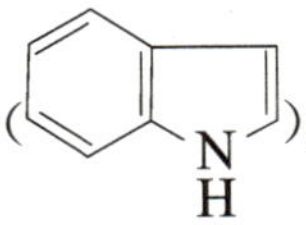)是否具有芳香性?写出发生在杂环的3-位上与溴的取代反应。

三、综合题

13. “黑面包”实验是为了验证浓硫酸的脱水性，反应现象明显，形成了碳的黑色柱状物，但是这个实验产生大量有毒气体。国外有学者重新设计了一个演示实验，避免使用浓硫酸，并且反应迅速，实验现象明显，不污染环境。称取 5 g 蔗糖倒入蒸发皿中，将 1 g $KClO_3$ 加到这堆糖上，然后用玻璃棒搅拌均匀，形成堆，慢慢地加入 2.5 mL 95%的乙醇，用玻璃棒竖在蒸发皿中央，使其形成潮湿固体的紧密柱状物，点燃乙醇。在乙醇刚开始燃烧的 1.5 min 内，堆上不断冒出颗粒状的、小的、黑色的碳喷出物。2 min 以后，堆顶部的碳喷出物不断聚集，向上生长，碳的柱状物开始扭曲且越长越快。4 min 以后反应完成，产生一根长的、弯曲的黑色柱状固态碳，如图 T6.1 所示，体积比“黑面包”实验大得多。

图 T6.1

(1) 列举“黑面包”实验中的 2 种有毒气体。

(2) 新实验中有 3 个独立的化学反应，请按发生的先后顺序写出这 3 个反应的化学方程式。

(3) 请简要叙述新实验产生“黑面包”现象的原因。同时说明为什么柱状物越长越快，且体积比“黑面包”实验大得多。

(4) 新实验能否像“黑面包”实验一样，在烧杯中进行？为什么？

14. 现在开始使用一种安全气袋以防止汽车撞车时坐在驾驶室的人因向前冲撞发生意外。这种气袋内装有一种能在高温下分解出气体的混合物。例如，有一种配方为：61%～68% NaN_3（叠氮化钠）、0～5% $NaNO_3$、0～5%陶土、23%～28% Fe_2O_3粉、1%～2% SiO_2 粉、2%～6%石墨纤维。这些粉末经加压成型后，装在一个大袋子里，袋子放在驾驶室座位前。撞车时，约在 10 ms（1 ms＝10^{-3} s）内引发下列反应：

$$2NaN_3 = 2Na + 3N_2 \quad (365\ ℃分解)$$

反应在约 30 ms 内完成，袋内充满 N_2 而胀大，阻止人体前冲。在以后的 100～200 ms 内气体“消失”，所以不致使人反弹，同时袋内的钠变成氧化钠。

(1) 你认为完成上述引发分解、维持分解、生成气体的“消失”、Na 变成 Na_2O 过程各需什么物质？在配方里哪一种物质起上述作用？

(2) 若气袋内放入 300 g NaN_3，在充满氮气时，袋内有多少体积（1 atm，300 K）气体？若袋内气体压强达到 4 atm（此时为 350 K），问：袋的体积有多大？

(3) 配方中 Fe_2O_3 的量是依照什么设计的？

(4) 叠氮离子中 3 个氮原子连成直线，N—N 等长（116 pm），写出其电子结构式。

(5) 怎样做到既使混合物在 30 ms 内迅速分解，但又不燃烧、爆炸？

15. 维生素 C 又称抗坏血酸，广泛存在于水果、蔬菜中，属于外源性维生素，人体不能自身合成，必须从食物中摄取，其化学式为 $C_6H_8O_6$，相对分子质量为 176。由于分子中的烯二醇基具有还原性，能被 I_2 定量地氧化成二酮基。半反应如下：

$$C_6H_8O_6 \longrightarrow C_6H_6O_6 + 2H^+ + 2e^-$$

因此，可以采用碘量法测定维生素 C 药片中抗坏血酸的含量。具体实验步骤及结果如下：

(1) 准确移取 0.01667 mol · L^{-1} $K_2Cr_2O_7$ 标准溶液 10.00 mL 于碘量瓶中，加 3 mol · L^{-1} H_2SO_4 溶液 10 mL、10% KI 溶液 10 mL，塞上瓶塞，放置暗处反应 5 min，加入 100 mL 水稀释，用 $Na_2S_2O_3$ 标准溶液滴定至溶液呈淡黄色时，加入 2 mL 淀粉溶液，继续滴定至溶液由蓝色变为亮绿色。平行做三次实验，消耗的 $Na_2S_2O_3$ 标准溶液平均体积为 19.76 mL。

(2) 准确移取上述 $Na_2S_2O_3$ 标准溶液 10.00 mL 于锥形瓶中，加水 50 mL、淀粉溶液 2 mL，用 I_2 标准溶液滴定至溶液变为蓝色且 30 s 不褪色。平行做三次实验，消耗的 I_2 标准溶液平均体积为 10.15 mL。

(3) 准确称取 0.2205 g 维生素 C 粉末(维生素 C 药片研细所得)于锥形瓶中，加新煮沸过并冷却的蒸馏水 100 mL、2 mol · L^{-1} HAc 溶液 10 mL、淀粉溶液 2 mL，立即用 I_2 标准溶液滴定至溶液变为蓝色且 30 s 不褪色，消耗 12.50 mL。

(4) 重复操作步骤(3)，称取维生素 C 粉末 0.2176 g，消耗 I_2 标准溶液 12.36 mL；称取维生素 C 粉末 0.2332 g，消耗 I_2 标准溶液 13.21 mL。

根据以上实验结果，计算该维生素 C 药片中所含抗坏血酸的质量分数。

16. M 是高中阶段常见的一种元素，取 M 的单质在一定条件下跟氯气发生反应，调整不同的用量，得到结果如表 T6.1 所示。

表 T6.1

M 单质/mol	氯气/mol	产物质量/g
0.1	0.9	13.35
0.2	0.8	26.70
0.3	0.7	40.05
0.4	0.6	53.40
0.5	0.5	44.50
0.6	0.4	35.60
0.7	0.3	26.70
0.8	0.2	17.80
0.9	0.1	8.90

(1) 请问 M 是什么元素？

(2) 请写出 M 与氢氧化钠反应的方程式。

(3) 取 0.4 mol M 单质与 0.6 mol 氯气充分反应，产物在加热下为气态，经过实验测得共有 0.2 mol 产物。请写出该产物的化学式，并画出它的空间结构。

模拟训练及模拟试题参考答案

第 1 章

1. B　2. B　3. C　4. B　5. A　6. A　7. B

8. 铝是比较活泼的金属，在空气中与氧气反应，能很快形成氧化膜，所以不能发现熔化的铝滴落，氧化铝的熔点比铝的熔点高，温度不高不会熔化。

9. 燃料燃烧时，尾气中的氮氧化物会严重破坏臭氧层。

10. 世界上最重要的化石燃料有煤、石油、天然气等；它们的燃烧热都很高，但它们不能再生。

11. 新能源有太阳能、生物能、风能、地热能、海洋能等；要求：产生能量高、经济、污染少。

氢能的优点是：① 资源丰富，氢气的主要来源是水。氢燃烧生成水，水的分解产物又是氢，如此可以循环使用。② 污染小，氢的燃烧产物是水，不像化石燃料那样，燃烧时会产生大量污染环境的有害物质——氮氧化物、硫氧化物、碳氧化物等。③ 发热量高，实验测量的数据表明，等质量的氢气的燃烧热约为汽油燃烧热的 3 倍。

12. 首先亚甲基蓝被葡萄糖还原，还原后的无色物质又被空气中的氧气氧化，又成为亚甲基蓝。反复作用。

13. (1) 实验装置如图 A.1 所示。

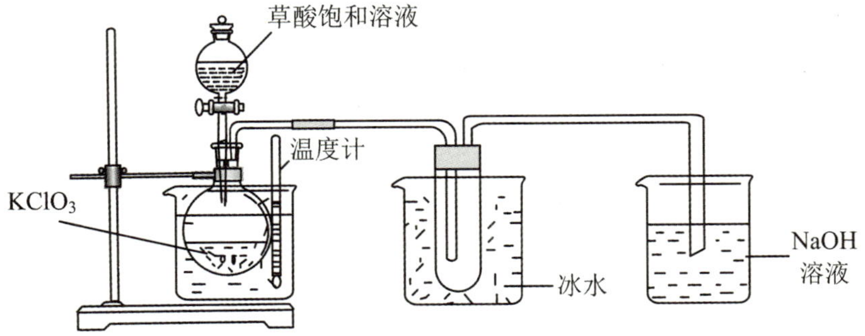

图 A.1

(2) 反应方程式为

$$2KClO_3 + H_2C_2O_4 = 2KHCO_3 + 2ClO_2\uparrow$$

（或

$$2KClO_3 + H_2C_2O_4 = K_2CO_3 + 2ClO_2 + CO_2\uparrow + H_2O)$$

$$2ClO_2 + 2NaOH = NaClO_2 + NaClO_3 + H_2O$$
$$CO_2 + 2NaOH = Na_2CO_3 + H_2O$$

(3) 2.5。

(4) $6KClO_3 + CH_3OH + 3H_2SO_4 = 6ClO_2\uparrow + CO_2\uparrow + 3K_2SO_4 + 5H_2O$。

(5) $11KClO_3 + 18HCl = 11KCl + 3Cl_2 + 12ClO_2 + 9H_2O$。

(6) $2NaClO_2 + Cl_2 = 2NaCl + 2ClO_2$，对环境的污染较小(生成的 ClO_2 中不含 Cl_2 杂质)。

14. (1) 反应①有

$$\Delta_f H_m^\ominus = 2\times0 + (-277.63) - (-285.84) - 2\times(-74.85)$$
$$= 157.91\ (kJ\cdot mol^{-1})(\text{吸热})$$
$$\Delta_f G_m^\ominus = 2\times0 + (-174.77) - (-237.19) - 2\times(-50.79)$$
$$= 164.09\ (kJ\cdot mol^{-1})$$

反应②有

$$\Delta_f H_m^\ominus = -238.57 - 1/2\times0 - (-74.85)$$
$$= -163.72\ (kJ\cdot mol^{-1})(\text{放热})$$
$$\Delta_f G_m^\ominus = -166.23 - 1/2\times0 - (-50.79)$$
$$= -115.44\ (kJ\cdot mol^{-1})$$

因为 298 K、$p^\ominus$ 下 $\Delta_f G_m^\ominus < 0$，所以反应②有实现的可能性。

(2) 因为从热力学上看，条件都是在 298 K、$p^\ominus$ 下，所以不可能进行反应。也就是说，即使对反应①选用高效催化剂也不能发生反应。

(3) 由 $\Delta_f G_m^\ominus = -RT\ln K^\ominus$ 得

$$\ln K^\ominus = -\Delta_f G_m^\ominus/(RT) = 115.44\times10^3/(8.314\times298)$$
$$K^\ominus = 1.72\times10^{20}$$

反应为放热的，升温不利于正向进行。又因为该反应为气体分子数减少的反应，所以增大压强有利于反应向正向进行。

15. 从废气中除去 NO_x 的可能途径有下列四种：

(1) 使 NO_x 分解为单质。

因为

$$NO \rightleftharpoons \frac{1}{2}N_2 + \frac{1}{2}O_2$$
$$\Delta_r H_m^\ominus = -\Delta_f H_m^\ominus = -90.4\ (kJ\cdot mol^{-1})$$
$$\Delta_r S_m^\ominus = \frac{1}{2}\times192 + \frac{1}{2}\times205 - 211 = -12.5\ (J\cdot mol^{-1}\cdot K^{-1})$$

所以在 T 不太大时，$\Delta_r G_m^\ominus < 0$，在加热或常温下能分解为单质。

对于反应 $NO_2 \rightleftharpoons \frac{1}{2}N_2 + O_2$ 也可以同样讨论。但这些分解反应的活化能高，所以必须选用催化剂。要求催化剂不会被 CO、SO_2 毒化，否则应预先除去废气里的 CO 和 SO_2。

(2) 使 CO 和 NO_x 反应，生成 N_2 和 CO_2。

$NO+CO = \frac{1}{2}N_2+CO_2$

$\Delta_r H_m^{\ominus}=(-393.5)-(-110.5)-90.4=-373.4\ (kJ\cdot mol^{-1})$

$\Delta_r S_m^{\ominus}=214+\frac{1}{2}\times192-198-211=-99\ (J\cdot mol^{-1}\cdot K^{-1})$

$NO_2+2CO = \frac{1}{2}N_2+2CO_2$

$\Delta_r H_m^{\ominus}=2\times(-393.5)-33.9-2\times(-110.5)-90.4=-599.9\ (kJ\cdot mol^{-1})$

$\Delta_r S_m^{\ominus}=\frac{1}{2}\times192+2\times214-2\times198-241=-113\ (J\cdot mol^{-1}\cdot K^{-1})$

因为$\Delta_r H_m^{\ominus}<0$，$T\Delta_r S_m^{\ominus}<0$，要使$\Delta_r G_m^{\ominus}<0$，$T<(-599.9\times10^3)/(-113)\approx5310$ K，在 2～3000 ℃的温度范围内反应都是自发的。选用适当的催化剂即可反应，但催化剂应不会被SO_2毒化。适用于 NO 与 CO、NO_2与 CO 的物质的量之比分别接近于 1 和 0.5 的废气。

(3) 把 NO_x变为 NO_2，用碱液吸收。

$NO+\frac{1}{2}O_2 = NO_2$

$\Delta_r H_m^{\ominus}=33.9-90.4=-56.5\ (kJ\cdot mol^{-1})$

$\Delta_r S_m^{\ominus}=241-211-1/2\times205=-72.5\ (J\cdot mol^{-1}\cdot K^{-1})$

要使$\Delta_r G_m^{\ominus}=\Delta H^{\ominus}-T\times\Delta_r S_m^{\ominus}<0$，则 $T<(56.5\times10^3)/72.5=779(K)$，反应温度应低于 779 K，适当冷却、加压、有过量的 O_2均有利于反应。事实上，该反应在常温下且无催化剂存在时就可发生。产物 NO_2及废气里原有的 NO_2可用碱液吸收：

$$O_2+4NO_2+4NaOH = 4NaNO_3+2H_2O$$

(4) 通入适量的 NH_3，与 NO_x反应，生成无毒的 N_2。

$6NO+4NH_3 = 5N_2+6H_2O(g)$

$\Delta_r H_m^{\ominus}=6\times(-242)-4\times(-46.2)-6\times(90.4)=-1809.6\ (kJ\cdot mol^{-1})$

$\Delta_r S_m^{\ominus}=5\times192+6\times189-4\times193-6\times211=56\ (J\cdot mol^{-1}\cdot K^{-1})$

所以$\Delta_r G_m^{\ominus}$在任何温度下都小于零。

$6NO_2+8NH_3 = 7N_2+12H_2O(g)$

$\Delta_r H_m^{\ominus}=12\times(-242)-8\times(-46.2)-6\times(33.9)=-2737.8\ (kJ\cdot mol^{-1})$

$\Delta_r S_m^{\ominus}=7\times192+12\times189-8\times193-6\times241=622\ (J\cdot mol^{-1}\cdot K^{-1})$

所以$\Delta_r G_m^{\ominus}$在任何温度下都小于零。

选用适当的催化剂，在一定条件下发生上述两个反应，适用于 SO_2含量较少的废气，或催化剂应有选择性，使 NH_3优先与 NO_x反应而不与 SO_2反应。

16. (1) $C_6H_{12}O_6(s)+6O_2(g) = 6CO_2(g)+6H_2O(l)$

$\Delta_f H_1^{\ominus}=\Delta_f H_m^{\ominus}(H_2O)\times6+\Delta_f H_m^{\ominus}(CO_2)\times6-\Delta_f H_m^{\ominus}(C_6H_{12}O_{62})$

$=(-285.8-393.5)\times6-(-1259.8)=-2816\ (kJ\cdot mol^{-1})$

所以 1 kg 葡萄糖最多向人体提供热量 $2816\times1000/180\approx1.56\times10^4$ (kJ)。

(2)

$$C_6H_{12}O_6+6O_2 \longrightarrow 6CO_2+6H_2O$$

每反应 1 mol 葡萄糖，生成物中增加 12 mol O(氧原子)，转移的电子数为

$$12\times2=24\ (\mathrm{mol})$$

因此有

$$W=nFE^{\ominus}=24\times96500\times1.24\approx2871.8\ (\mathrm{kJ\cdot mol^{-1}})$$

所以 1 kg 葡萄糖的

$$W'=W\times\frac{1000}{180}\approx1.595\times10^{4}\,(\mathrm{kJ})$$

(3) 从上面计算看是不相等的。其差值为熵变因素所致，因此仅讨论放出多少热量是不全面的。

(4) 设人体温度为 37 ℃，有

$$\eta=(37-20)/(37+273)=17/310$$

氧化 1 kg $C_6H_{12}O_6$ 放出的热量为 $Q=1.56\times10^4$ kJ，可转化为机械功

$$W=Q\times\eta=1.56\times10^4\times17/310\approx8.55\times10^2\,(\mathrm{kJ})$$

而维持人体血液循环需要 8.6×10^2 kJ 的功。由此可以推断，人体作为热机所获取的功仅能维持血液循环，而人体进行脑力、体力劳动还需要做功，可见人体能量转换通过电化学过程的可能性较大。

17. 已知：

$BaO(s)+H_2O(l)═══Ba(OH)_2(s)$， $\Delta_1H_m^{\ominus}=-103\ \mathrm{kJ\cdot mol^{-1}}$ ①

$Ba(OH)_2(s)+H_2O(l)\longrightarrow Ba^{2+}(aq)+2OH^-(aq)$， $\Delta_2H_m^{\ominus}=-52\ \mathrm{kJ\cdot mol^{-1}}$ ②

$Ba(OH)_2\cdot8H_2O(s)+H_2O(l)\longrightarrow Ba^{2+}(aq)+2OH^-(aq)$， $\Delta_3H_m^{\ominus}=+64\ \mathrm{kJ\cdot mol^{-1}}$ ③

(1) 根据赫斯定律，①+②得

$$BaO(s)+H_2O(l)\longrightarrow Ba^{2+}(aq)+2OH^-(aq)$$

$$\Delta_rH_m^{\ominus}=\Delta_1H_m^{\ominus}+\Delta_2H_m^{\ominus}=-103+(-52)=-155\ (\mathrm{kJ\cdot mol^{-1}})$$

故可以求出 BaO(s)的溶解热为 $-155\ \mathrm{kJ\cdot mol^{-1}}$。

(2) 根据赫斯定律，②－③得

$$Ba(OH)_2(s)+8H_2O(l)═══Ba(OH)_2\cdot8H_2O(s)$$

$$\Delta_rH_m^{\ominus}=\Delta_2H_m^{\ominus}-\Delta_3H_m^{\ominus}=-52-64=-116\ (\mathrm{kJ\cdot mol^{-1}})$$

则 $Ba(OH)_2(s)$转变成 $Ba(OH)_2\cdot8H_2O(s)$的能量变化为 $-116\ (\mathrm{kJ\cdot mol^{-1}})$。

(3) 题目中没有涉及 O^{2-}，也就是说不知道 $BaO(s)\longrightarrow Ba^{2+}(aq)+O^{2-}(aq)$的能量变化，所以不能求得 $O^{2-}(aq)+H_2O(l)\longrightarrow 2OH^-(aq)$的能量变化。

第 2 章

1. C 2. B 3. D 4. C 5. B 6. D

7. Cs，F_2。

8. Be 的电子排布为 $1s^22s^2$，s 亚层是全充满结构，比较稳定，而 B 的电子排布为 $1s^22s^22p^1$，比 Be 不稳定，因此 B 比 Be 更容易失去第一个电子，第一电离能小。同理，N 的第一电离能比 O 的大，Mg 的第一电离能比 Al 的大，P 的第一电离能比 S 的大。

9. (1) 第二周期元素在成键时只限于使用 s 和 p 轨道(以 s-p 的杂化轨道成键);第三周期元素还可使用 3d 轨道(如 sp^3d,sp^3d^2,sp^3d^3,…杂化轨道成键),共价数前者最大为 4,后者出现 5,6,7,…。

(2) 第二周期元素作中心原子时,只以 σ 键同其他原子键合,而第三周期元素和更重元素除生成 σ 键外,还能生成 p-dπ 键。如 SO_4^{2-} 中,S、O 之间除生成 S—O 外,还因 O 原子上有 2p 孤对电子,而中心 S 原子有空 d 轨道,在对称性匹配条件下(如 $2p_z$-$3d_{xz}$)可重叠生成 p-dπ键,这样,σ-π 键的生成使 S—O 的键长比正常的单键短。

10. 离子型盐类化合物的溶解度可以根据溶解时的自由能 $\Delta G^{\ominus}$ 来判断。如果 $\Delta G^{\ominus}<0$,则易溶,如 $CaCl_2$ 的自由能 $\Delta G^{\ominus}<0$,而 CaF_2 的自由能 $\Delta G^{\ominus}>0$,$CaCl_2$ 易溶,CaF_2 难溶。在有些情况下,不考虑溶解的熵变,可以比较其晶格能和水合能。LiF 的水合能小于晶格能,LiF 难溶于水,CsF 的水合能大于晶格能,故 CsF 的溶解度大于 LiF 的溶解度。

当缺乏热力学数据时,可以根据巴索洛经验规则判断。此规则指出当阴、阳离子电荷绝对值相同而它们的半径相近时,生成的盐类一般难溶于水。根据此规则,当大阳离子配大阴离子、小阳离子配小阴离子时,它们之间能很好地匹配,该盐难溶于水;当大阳离子配小阴离子或者小阳离子配大阴离子时,它们半径大小明显不匹配(结构不稳定),该盐易溶于水,如 Li_2CO_3 是小阳离子配大阴离子,严重不匹配,所以它溶于水。碱金属的盐大多易溶于水。要找它们的难溶盐,必须找大阴离子,如 $Sb(OH)_6^-$ 和 Na^+、K^+ 形成的盐难溶于水。

11. (1) 由 1 个价电子的量子数可知,该电子为 3d 电子,则其他 2 个价电子必为 4s 电子(因为 $E_{3d}<E_{4s}$),价层电子构型为 $3d^1 4s^2$。所以电子排布式为 $1s^2 2s^2 2p^6 3s^2 3p^6 3d^1 4s^2$。

(2) 该元素的原子序数为 21,处于周期表中的 d 区,第四周期ⅢB 族,是金属元素,最高正价为+3。

12. (1) Hs。

(2) ${}^{26}_{12}Mg + {}^{248}_{96}Cm = {}^{269}_{108}Hs + 5n$(n 也可写成 ${}^{1}_{0}n$ 等,但写成“中子”扣分)。

13. (1) ① XeF_6 与 H_2O 仅发生非氧化还原反应,反应方程式应为

$$XeF_6 + 3H_2O = XeO_3 + 6HF$$

所以 A 为 XeO_3。

由于 Xe 为稀有气体,A 投入 Mn^{2+} 的水溶液中,放出的气体单质为 Xe,其物质的量为 2.5×10^{-3} mol。

由 $XeO_3 \longrightarrow Xe$ 可知,转移的电子数为

$$6\times2.5\times10^{-3}=1.5\times10^{-2}\,(\text{mol})$$

根据得失电子相等,有

$$1.5\times10^{-2}=30\times10^{-3}\times0.1\times(n-2)$$

解得 $n=7$,即氧化产物中 Mn 元素的氧化数(化合价)为+7,在水溶液中应为 MnO_4^-,相关的离子方程式为

$$5XeO_3 + 6Mn^{2+} + 9H_2O = 6MnO_4^- + 5Xe\uparrow + 18H^+$$

② 反应过程中有气泡产生,由于生成了 MnO_4^-,反应后溶液呈紫红色。

③ 由上式可知

$$n(H^+)=3\times n(MnO_4^-)=3\times 0.1\times 30\times 10^{-3}=9\times 10^{-3}\,(mol)$$

$$[H^+]=9\times 0^{-3}\div 0.09=0.1\,(mol\cdot L^{-1})$$

因此 pH=1。

（2）由题给条件可得

$$n(XeF_4)=\frac{20.73}{207.3}=0.1\,(mol)$$

根据题意 XeF_4溶解在大量水中的反应为

$$3XeF_4+6H_2O=\!=\!=Xe\uparrow+2XeO_3+12HF \quad ①$$

$$XeF_4+2H_2O=\!=\!=Xe\uparrow+O_2+4HF \quad ②$$

两个反应的物质的量之比是 1∶1，将以上两式合并，②×3+①可得

$$6XeF_4+12H_2O=\!=\!=4Xe+3O_2+2XeO_3+24HF$$

根据方程式，反应 0.1 mol XeF_4得到 0.1/3 mol XeO_3、0.4 mol HF。若 HF 和 $Ba(OH)_2$反应得到 0.2 mol BaF_2，则它的质量是 175×0.2=35 (g)<56.28 (g)，说明沉淀不全是 BaF_2，还有一部分是 0.2 mol XeO_3与 $Ba(OH)_2$反应生成的某种氙酸的钡盐。因为灼烧产生助燃性的气体混合物，所以该气体混合物应为 O_2和 Xe。

设此氙酸盐的分子式为 xBaO・yXeO$_3$，混合物的质量是 56.28 g，BaF_2的质量是 35 g，所以xBaO・yXeO$_3$的质量为 56.28−35=21.28 (g)，xBaO・yXeO$_3$中 XeO_3为 0.1/3 mol，为5.97 g，xBaO・yXeO$_3$中 BaO 的质量为 21.28−5.97=15.31 (g)，约为 0.1 mol。

所以 x∶y=3∶1，此氙酸盐为 3BaO・XeO$_3$或 Ba_3XeO_6，56.28 g 沉淀应为 BaF_2和 Ba_3XeO_6的混合物。

化学方程式为

$$6XeF_4+12H_2O=\!=\!=4Xe+3O_2+2XeO_3+24HF$$

$$2HF+Ba(OH)_2=\!=\!=BaF_2\downarrow+2H_2O$$

$$XeO_3+3Ba(OH)_2=\!=\!=Ba_3XeO_6+3H_2O$$

$$2Ba_3XeO_6=\!=\!=6BaO+2Xe\uparrow+3O_2\uparrow$$

第 3 章

1. B　2. D　3. D　4. C　5. A　6. B

7. 原因和镓的特性是：① 碳纳米管的体积在 10～500 ℃时随温度变化很小，可忽略不计；② 金属镓的熔点很低，沸点很高；③ 金属镓的体积在 10～500 ℃时随温度变化比较均匀。镓是 1871 年俄国化学家门捷列夫在编制元素周期表时曾预言的“类铝”元素。镓的原子序数为 31，属ⅢA 族。镓的熔点为 29.78 ℃，沸点高达 2403 ℃。镓有过冷现象(即冷至熔点下不凝固)，它可过冷到−120 ℃。用途：镓是制造高温温度计的上佳材料；镓与锌、锡、铟等金属制成的合金可用在自动灭火的水龙头中。

8. 用 pH 试纸测溶液的酸碱性，若生成物的混合物显强酸性，则生成的沉淀为 Ag_3PO_4：

$$Na_2HPO_4+3AgNO_3=\!=\!=Ag_3PO_4\downarrow+2NaNO_3+HNO_3$$

若生成物的混合物不显酸性，则生成的沉淀为 Ag_2HPO_4：

$$Na_2HPO_4+2AgNO_3 = Ag_2HPO_4\downarrow+2NaNO_3$$

9. $2Hg+2HClO = Hg_2OCl_2+H_2O$；碱式氯化汞或氯氧化汞。

注：Hg_2OCl_2也可写成 $HgO\cdot HgCl_2$或 $HgCl_2\cdot HgO$。

10. (1) 电线电缆，加热器皿；强。

(2) 投入 $FeCl_2$中，浅绿色消失；组成原电池，铁溶解，有气泡。

11. (1) CuH。

(2) $4CuSO_4+3H_3PO_2+6H_2O = 4CuH+3H_3PO_4+4H_2SO_4$。

(3) $2CuH+3Cl_2 = 2CuCl_2+2HCl$。

(4) $CuH+2HCl = HCuCl_2+H_2\uparrow$（若不是浓盐酸，则为 $2CuH+2HCl = CuCl_2+Cu+2H_2\uparrow$）。

12. (1) Cr∶N∶H∶O(原子个数比)=(31.1/53.00)∶(25.1/14.00)∶(5.4/1.008)∶(38.4/16.00)=1∶3∶9∶4，A 的化学式为 $CrO_4(NH_3)_3$。A 的一种可能的结构式如图A.2所示。

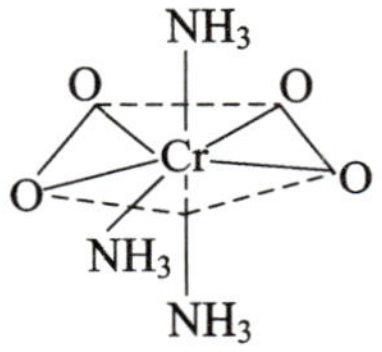

图 A.2

(2) +4。

(3) 不稳定。

(4) $(NH_4)_2CrO_4+3H_2O_2+NH_3 = CrO_4(NH_3)_3+O_2+4H_2O$。

13. (1) ① $2FeSO_4\cdot 7H_2O \xlongequal{高温} Fe_2O_3+SO_3\uparrow+SO_2\uparrow+14H_2O\uparrow$。

② $FeSO_4+2NaOH = Fe(OH)_2\downarrow+Na_2SO_4$；

$4Fe(OH)_2+O_2+2H_2O = 4Fe(OH)_3$；

$4FeSO_4+O_2+H_2O = Fe_2O_3\downarrow+H_2SO_4+Fe_2(SO_4)_3$；

$Fe+H_2SO_4 = FeSO_4+H_2\uparrow$。

③ $4FeCl_2+O_2+4H_2O = 2Fe_2O_3+8HCl$。

(如把多个方程式合成一个，只要配平正确即可。)

(2) 由于有一半的 Fe^{3+} 填充在正四面体空隙中，另一半 Fe^{3+} 和 Fe^{2+} 等量均匀地填充在正八面体空隙中，可以设化学式为 $Fe_a^{3+}Fe_a^{3+}Fe_a^{2+}O_b$。则根据化合价的代数和为零，得

$$3a+3a+2a-2b=0$$

则 $a∶b=1∶4$，因此化学式为 $Fe^{3+}Fe^{3+}Fe^{2+}O_4$，即 Fe_3O_4。

已知四氧化三铁的相对分子质量是 231.55，则一个晶胞的分子质量为 8×231.55=1852.4。

又因为 1 mol 晶胞的质量是 1852.4 g，所以其体积为 1852.4 g÷4.9 g·cm^{-3}=378 cm^3，则

$$378\ cm^3/N_A=6.28\times10^{-22}\ cm^3$$

(3) 假设 Al 与 Fe_3O_4刚好反应,因此 $8Al+3Fe_3O_4=4Al_2O_3+9Fe$,则 Al 与 Fe_3O_4的物质的量之比为 8∶3,可得 Fe 与 H_2的物质的量均为 9 mol。当 8 mol Al 直接与氢氧化钠反应时,会得到 12 mol H_2;因此 $V_1:V_2=3:4$。

(4) 有铁元素 2.630 mmol,即 146.8 mg,剩下的是氧 56.6 mg,即 3.538 mmol,因此 $n=2.630/3.538\approx0.743$。

第 4 章

1. D 2. C 3. C 4. B 5. C

6. 电子亲和势:F<Cl>Br>I。随原子半径增大,核对外层电子的引力减小,电子亲和势趋于减小,但氟反常,因其原子半径特别小,电子云密度特别大,对外来电子斥力较大,这种斥力部分抵消了获得一个电子所放出的能量,故其电子亲和势比氯小。

7. ① 将盐卤加热到 363 K 后控制 pH 为 3.5,通 Cl_2置换出溴:

$$2Br^-+Cl_2=Br_2+2Cl^-$$

② 用空气将 Br_2吹出且用 Na_2CO_3吸收:

$$3Br_2+3Na_2CO_3=5NaBr+NaBrO_3+3CO_2\uparrow$$

③ 酸化,即得溴:

$$5NaBr+NaBrO_3+3H_2SO_4=3Br_2+3Na_2SO_4+3H_2O$$

8. 因在水溶液中 I^-很易被空气中的 O_2氧化:

$$4HI+O_2=2I_2+2H_2O$$

而铜能与 I_2作用生成 CuI 沉淀,而被除去:

$$2Cu+I_2=2CuI\downarrow$$

这样可以不影响 HI 的使用。

9. 为了增加 I_2的溶解度。加入 KI 发生如下反应:

$$I_2+I^-=I_3^-$$

因此加入 KI 使 I_2的溶解度增大,且使 I_2变得更加稳定,保持其消毒杀菌的性能。

10. (1) 硅(或 Si 或单晶硅)。

(2) 二氧化硅(或 SiO_2)。

(3) 硅(或 Si)。

(4) 铝硅酸盐(或硅铝酸盐)。

(5) 具有 Si—O;硅相连的烃基。

11. 向窑顶加水的反应为 $C+H_2O\xlongequal{\text{高温}}CO\uparrow+H_2\uparrow$,CO 和 H_2都具有还原性,可将 Fe_2O_3还原至 Fe_3O_4、FeO,需注意铁的氧化物的颜色。

所以答案依次为 Fe_2O_3;CO 和 H_2;Fe_3O_4和 FeO。

12. (1) 石灰;$3Ca(OH)_2+2H_3AsO_3=6H_2O+Ca_3(AsO_3)_2$。

(2) $6Zn+6H_2SO_4+As_2O_3=6ZnSO_4+3H_2O+2AsH_3$;

$2AsH_3=2As+3H_2$。

(3) $FeSO_4+MgO+H_2O=Fe(OH)_2+MgSO_4$;

$4Fe(OH)_2+O_2+2H_2O \xlongequal{} 4Fe(OH)_3$。

13. (1) 步骤 1：

$$2Mn^{2+}+O_2+4OH^- \xlongequal{} 2MnO(OH)_2$$

步骤 2：

$$2I^-+MnO(OH)_2+4H^+ \xlongequal{} Mn^{2+}+I_2+3H_2O$$

或

$$3I^-+MnO(OH)_2+4H^+ \xlongequal{} Mn^{2+}+I_3^-+3H_2O$$

步骤 3：

$$I_2+2S_2O_3^{2-} \xlongequal{} 2I^-+S_4O_6^{2-}$$

或

$$I_3^-+2S_2O_3^{2-} \xlongequal{} 3I^-+S_4O_6^{2-}$$

(2) 标准溶液的浓度为 $9.841\times10^{-3}\ mol\cdot L^{-1}$。

$$c(IO_3^-)=174.8\times10^{-3}/214.0=8.168\times10^{-4}(mol\cdot L^{-1})$$

$$\begin{aligned}c(S_2O_3^{2-})&=6\times c(IO_3^-)\times V(IO_3^-)/V(S_2O_3^{2-})\\&=6\times8.168\times10^{-4}\times25.00/12.45\\&\approx9.841\times10^{-3}(mol\cdot L^{-1})\end{aligned}$$

(3) 在 103.5 mL 新鲜水样中，氧气的含量为

$$\begin{aligned}n(O_2)&=0.25\times c(S_2O_3^{2-})\times V(S_2O_3^{2-})\\&=0.25\times9.841\times10^{-3}\times11.80\times10^{-3}\\&\approx2.903\times10^{-5}(mol)\end{aligned}$$

换算成浓度，氧气含量为

$$\begin{aligned}w(O_2)&=2.903\times10^{-5}\times32.00\times10^{3}/(103.5\times10^{-3})\\&\approx8.98\ (mg\cdot L^{-1})\end{aligned}$$

注：新鲜水样的氧饱和度=(8.98/9.08)×100%≈98.9%。

(4) 陈放水样中氧的含量为

$$66\times10^{-2}\times32.00/(102.2\times10^{-3})\approx5.20\ (mg\cdot L^{-1})$$

陈放引起氧的消耗量为

$$8.98-5.20=3.78\ (mg\cdot L^{-1})$$

(5) 表明水样里存在好氧性(或喜氧性)微生物或存在能被氧气氧化的还原性物质。

14. A：KI，B：浓硫酸；C：I_2；D：KI_3；E：$Na_2S_2O_3$；F：Cl_2。

相应的方程式为：

(1) $2KI+2H_2SO_4$(浓)$\xlongequal{} K_2SO_4+I_2+SO_2\uparrow+H_2O$。

(2) $KI+I_2 \xlongequal{} KI_3$。

(3) $I_3^-+2S_2O_3^{2-} \xlongequal{} S_4O_6^{2-}+3I^-$。

(4) $2H^++S_2O_3^{2-} \xlongequal{} S\downarrow+SO_2\uparrow+H_2O$。

(5) $S_2O_3^{2-}+4Cl_2+5H_2O \xlongequal{} 2SO_4^{2-}+8Cl^-+10H^+$。

第 5 章

1. C 2. D 3. A 4. C 5. D

6. 不一定。这要看平衡向正反应方向移动是由什么条件引起的。若是通过改变温度、压强或减小生成物浓度引起的平衡右移,则反应物的转化率一定增大。若是向体系中增加某种反应物的量,造成平衡向正反应方向移动,则转化率的变化要具体分析。

7. ΔG 与 $\Delta G^\ominus$ 都表示化学反应的自由能变化,但它们有区别。$\Delta G^\ominus$ 是反应物质处于标准状态下的自由能变化,ΔG 是反应物质处于任意状态下的自由能变化;$\Delta G^\ominus$ 是 ΔG 的特殊情况,在标准状态下,ΔG 与 $\Delta G^\ominus$ 是相同的,$\Delta G^\ominus$ 通常用于定性粗略判断,当 $\Delta G^\ominus$ 的绝对值非常大时,不容易通过改变 J 来改变反应的方向。某温度下 1 mol 物质的标准摩尔生成吉布斯自由能用符号 $\Delta_r G_m^\ominus$ 表示,其单位是 $kJ \cdot mol^{-1}$。$\Delta_r G_m(T) = \Delta_r G_m^\ominus(T) + RT\ln J$,反应达到平衡状态时,$\Delta_r G_m = 0$,$\Delta_r G_m^\ominus = -RT\ln K^\ominus$,$\Delta_r G_m^\ominus$ 的值越负,$K^\ominus$ 越大。

8. 对于任何一个反应,增大反应物的浓度都会提高反应速率,生产中常使一种价廉易得的原料适当过量,以提高另一种原料的转化率或分离产物。对于气相反应,改变压强可使平衡发生移动,但此时也要考虑设备能力和安全防护;温度适中,以提高转化率,防止催化剂中毒。

9. (1) 在每一年度里,二氧化碳的含量呈现季节性的变化(冬季高,夏季低),每年为一个周期。在不同的年度里,二氧化碳的含量是逐年增加的,其间略有起伏。

(2) 二氧化碳含量的周期性变化是由植物的光合作用引起的,夏季植物光合作用旺盛,冬季则比较缓慢;二氧化碳含量的逐年上升趋势可能是由人类过度燃烧含碳燃料(如煤、石油、天然气、木柴、秸秆等)引起的。

10. (1) 以 $\ln c$ 对 t 作图得一条直线,说明该反应是一级反应。

(2) $k = 0.09629\ (h^{-1})$,$t_{1/2} = \dfrac{\ln 2}{k} \approx 7.198\ (h)$。

(3) 6.7 h。

第 6 章

1. D 2. B 3. D 4. C 5. B 6. B

7. 待测电对(组成电极的物质及电极所在的溶液)处于标准态时,即在 100 kPa 压强下,有关离子的浓度(严格讲是活度)均为 $1.0\ mol \cdot L^{-1}$,有关气体的分压 $p_B = 100\ kPa$。若为液体或固体,则在标准压强下物质都是纯净物时,所测得的电极电势为该电对的标准电极电势,用“$E^\ominus$”表示。

8. (1) 阴极保护法:即在要保护的金属构件上外加阳极,构件本身成为阴极(因阴极发生还原反应)而被保护。它又分为:① 牺牲阳极保护法,即在构件上连接电势更负的金属,遇氧化剂失去电子的是相连的金属而不是构件;② 外加电流的阴极保护法是将构件作阴极,外加辅助阳极,并分别与外电源的负、正极相连。

(2) 阳极保护法:是在被保护的金属表面通入足够大的阳极电流,使电位变正,进入钝化区,形成钝化膜而防止腐蚀。此钝化膜既隔绝了金属与电解质溶液的接触,又使其过电位迅速升高,致使溶解速率急剧下降。如金属铝在1%~3%的草酸液中以80 V左右电压通直流电,便在铝表面形成致密的Al_2O_3膜。

9. 固体电解质是具有与强电解质水溶液相当导电性的一类无机固体。固体电解质具有不流动的特点,这类固体通过其中的离子迁移进行电荷传递,因此又称为固体离子导体。

10. (1) 电池的正极发生的反应是$O_2+4e^- \longrightarrow 2O^{2-}$。

负极发生的反应是$C_4H_{10}+13O^{2-}-26e^- \longrightarrow 4CO_2\uparrow+5H_2O$。

总反应是$2C_4H_{10}+13O_2 = 8CO_2+10H_2O$。

(2) ① 燃料电池具有较高的能量利用率。② 为维持电荷平衡,晶体中的O^{2-}将减少(或导致O^{2-}缺陷),从而使O^{2-}得以在电场作用下向负极(阳极)移动。(表述不限,要点是掺杂晶体中的O^{2-}比纯ZrO_2晶体的少。)

第7章

1. C 2. B 3. D 4. C 5. D 6. B

7. "锈皮"的成分是$Fe(OH)_3$。

鉴别方法:取少量水样于试管中,滴加数滴NH_4SCN或KSCN溶液,若溶液呈血红色,即为井水(有Fe^{3+}):

$$Fe^{3+}+3SCN^- = Fe(SCN)_3$$

明矾处理过的水中含有较多量的SO_4^{2-},故水样中加入少量$BaCl_2$溶液,如产生明显白色浑浊,即为明矾处理过的水:$Ba^{2+}+SO_4^{2-} = BaSO_4\downarrow$(如检验其他离子,因为实验现象不够明显,不是最佳答案)。

8. (1) $N_2O_3+3H_2SO_4 = 2NOHSO_4+H_2SO_4 \cdot H_2O$。

(2) $Cu+2N_2O_4 = Cu(NO_3)_2+2NO\uparrow$。

9. $Fe_4[Fe(CN)_6]_3+3Tl^+ = Fe^{3+}+3TlFe[Fe(CN)_6]$。

10. (1) $3Na_2CO_3+2KAl(SO_4)_2+3H_2O = 2Al(OH)_3\downarrow+K_2SO_4+3Na_2SO_4+3CO_2\uparrow$。

现象:有白色沉淀和气泡逸出。

$$Na_2CO_3+2HAc = 2NaAc+CO_2\uparrow+H_2O$$

现象:有气体逸出。

$$Na_2CO_3+C_{17}H_{33}COOH = C_{17}H_{33}COONa+NaHCO_3$$

现象:溶液变成乳状液。

产物$NaHCO_3$写成Na_2CO_3,Na_2CO_3和$C_{17}H_{33}COOH$的产物写为CO_2,Na_2CO_3和$Al_2(SO_4)_3$的产物写成$NaHCO_3$均正确。

(2) CO_2:$Na_2CO_3+CO_2+H_2O = 2NaHCO_3$。

$Al(OH)_3$:$Al(OH)_3+3HAc = Al(Ac)_3+3H_2O$。

$C_{17}H_{33}COONa$:$C_{17}H_{33}COONa+HAc = C_{17}H_{33}COOH+NaAc$。

11. (1) AgCl 饱和所需的 Ag^+ 浓度为

$$[Ag^+]_1=\frac{1.8\times10^{-10}}{1\times10^{-3}}=1.8\times10^{-7}(mol\cdot L^{-1})$$

Ag_2CrO_4 饱和所需的 Ag^+ 浓度为

$$[Ag^+]_2=\sqrt{\frac{1.9\times10^{-12}}{0.001}}\approx4.36\times10^{-5}(mol\cdot L^{-1})$$

由以上可知$[Ag^+]_1<[Ag^+]_2$,所以 Cl^- 先沉淀。

(2) Ag_2CrO_4 开始沉淀时,有

$$[Cl^-]=\frac{1.8\times10^{-10}}{4.36\times10^{-5}}\approx4.13\times10^{-6}<10^{-5}$$

所以能有效地分离。

12. 由 $\Delta T=K_b\cdot b$,得

$$(273.15+100.17)-(273.15+100.00)=0.512\times1000\times0.496/10.0\cdot M$$

解得 $M\approx150\ g\cdot mol^{-1}$。

13. 由 $\pi=\frac{n}{V}RT$,得 $0.182=\frac{5.0/M}{1.0}\times8.31\times298$,解得 $M\approx6.8\times10^4\ g\cdot mol^{-1}$。

14. 由 $p=p_A^0\cdot x_A$,得 $p_A^0\ \frac{n_A}{n_A+n_B}=3.166\times\frac{95.0/18}{95.0/18+5.0/60}\approx3.12\ kPa$。

15. (1) ① $NH_4^++OH^-=\!=\!=NH_3\uparrow+H_2O$。

② $NH_3+H_3BO_3=\!=\!=NH_3\cdot H_3BO_3$(写成 $NH_4B(OH)_4$ 等形式也可以);

$NH_3\cdot H_3BO_3+H^+=\!=\!=H_3BO_3+NH_4^+$。

(2) ① 硫酸铜过多,会导致温度过高,容易使碳化铵盐受热分解等;硫酸钾过少,会导致温度过低、反应速率过慢,从而导致消化不完全等。

② 硫酸铜起到指示剂的作用,当消化到终点时,有机物完全消失,变成蓝绿色澄澈溶液(硫酸铜溶液)。

(3) 合理。因为蛋白质的含氮量为 12%～19%,而 1/6≈16.7%大约在 12%～19%的中间位置,因此可以近似估计。

(4) 100 mL 只取 10.00 mL,说明只测量了 0.1 g 奶粉。消耗盐酸 0.155 mmol,含氮 2.17 mg。若含氮量为 12%,则 2.17÷12%÷100×100%≈18.1%;若含氮量为 19%,则 2.17÷19%÷100×100%≈11.4%。因此,该奶粉中蛋白质的含量为 11.4%～18.1%。

(5) 优点:操作简单,成本低,对实验的条件、设备、技术含量要求低。

缺点:容易把非蛋白质含氮物质也记入蛋白质,造成测量结果偏高。

第 8 章

1. D 2. C 3. D 4. C 5. B 6. A

7. 亚磷酸的结构式为

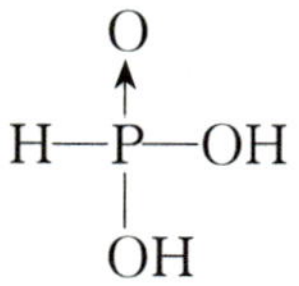

是二元弱酸，因为与 P 直接相连的 H 原子是不能被金属原子取代的，所以有较强的还原性。

8. 五氧化二磷分子事实上由 4 个磷原子和 10 个氧原子构成，即 P_4O_{10}，结构可看作 P_4 的分子内6 个 P—P 断开后，各嵌入一个氧原子而形成 P—O—P (图 A.3)。在 P_4O_6 分子中，因每个磷原子(sp^3 杂化)上各留有一对孤对电子，它可与氧原子配位而构成 P_4O_{10}(五氧化二磷)。

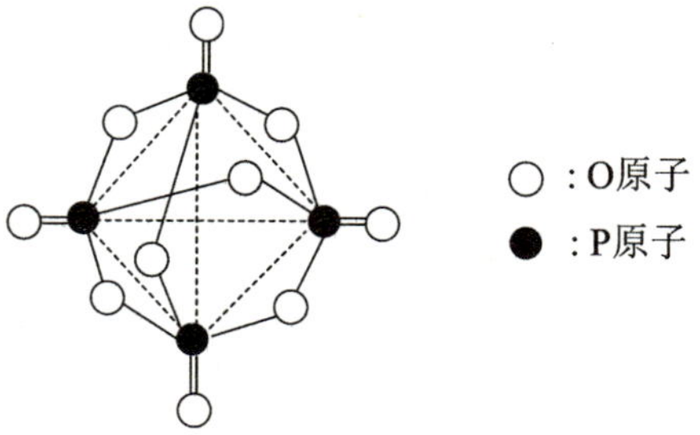

图 A.3

9. NO_3^- 与 PO_3^{3-} 的结构不同在于 PO_3^{3-} 中的 P 原子有 d 轨道成键，SiO_3^{2-} 是 SiO_4^{4-} 的 2 个氧原子分别和另外 2 个 SiO_4^{4-} 连成长链或环状物质的化学式，不像 CO_3^{2-} 那样是一个单独存在的离子单元。

10. (1) 正四面体结构有 NH_4^+、SO_4^{2-}，三角锥形有 NH_3、SO_3^{2-}，所以 A 可能为 $Cu(NH_4)SO_3$ 或 $Cu(NH_3)SO_4$，但 A 是反磁性的，Cu^{2+} 是顺磁性的，而 Cu^+ 是反磁性的，故 A 为 $Cu(NH_4)SO_3$。

(2) $2[Cu(NH_3)_4]^{2+} + 3SO_2 + 4H_2O \longrightarrow 2Cu(NH_4)SO_3 \downarrow + SO_4^{2-} + 6NH_4^+$。

(3) $2Cu(NH_4)SO_3 + 2H_2SO_4 \longrightarrow CuSO_4 + Cu + 2SO_2 \uparrow + (NH_4)_2SO_4 + 2H_2O$。

(4) 100%。因为 $Cu^{2+} \xrightarrow{SO_2} Cu^+ \xrightarrow{H^+} Cu^{2+} + Cu$（循环），如此循环，相当于 100%。

11. (1) 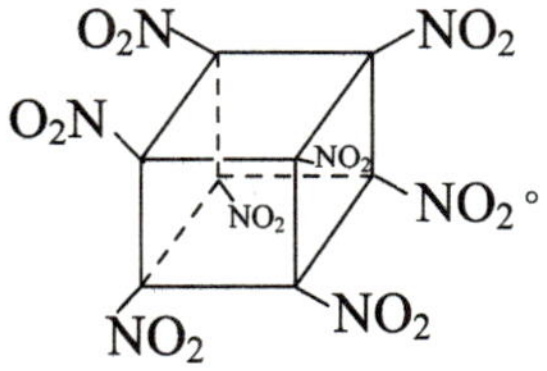。

(2) $C_8(NO_2)_8 = 4N_2 + 8CO_2$。

(3) 放出很高的热量；生成大量的气体。

12. (1) B 为 sp^2 杂化，平面分子，有离域 π 键(Π_4^6)。

(2) 非极性，因结构对称。

(3) B 由 sp^2 杂化变为 sp^3 杂化。因为 B 缺电子，有空轨道，所以能接受乙醚分子中 O 的孤对电子，形成新的化学键。

13. (1) ONO_2^-；$NO + O_2^- = ONO_2^-$。

ONO_2^- 的结构式为

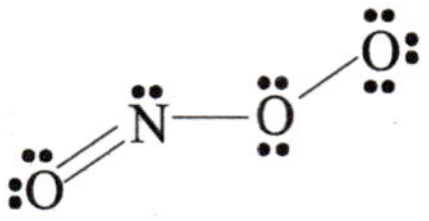（不要求构型）

(2) $ONO_2CO_2^-$ 或 $O_2NOCO_2^-$(把 O 合在一起写也算正确答案)。其结构式为

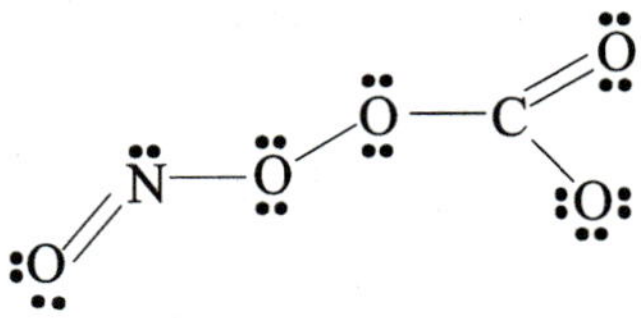
或
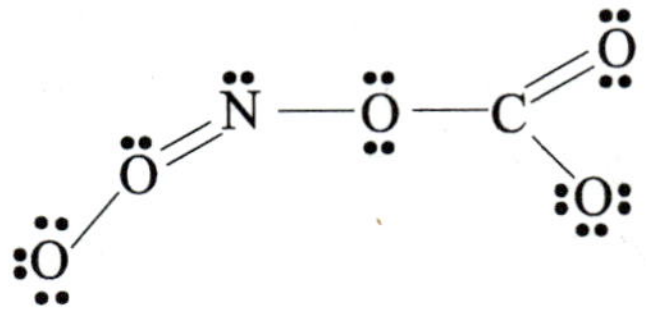

（3）$NO_2^- + Cu^+ + 2H^+ \longrightarrow NO + Cu^{2+} + H_2O$。

（4）$3NO \longrightarrow N_2O + NO_2$（歧化反应）。发生 $2NO_2 \longrightarrow N_2O_4$ 的聚合反应，因此最后压强仅略低于 2/3。

14.（1）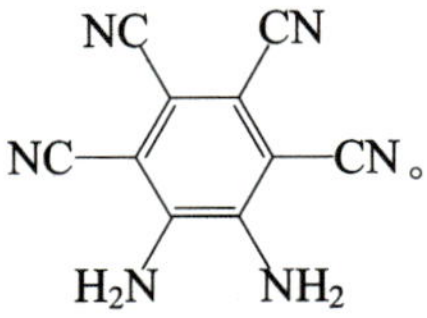。

（2）AgOCN。

（3）① $[Cr(H_2O)_4Cl_2]Cl \cdot 2H_2O$。

② 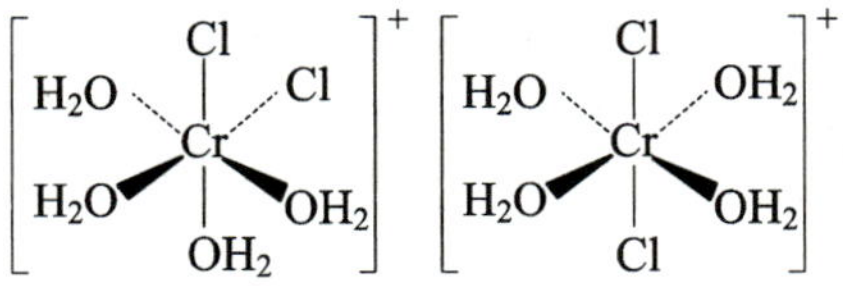。

第 9 章

1. A　2. D

3. 96.3%。

4. $[(3n/2)+n]=5n/2$；$(4n-1)$。

5.（1）4 个；8 个$\sqrt{2}d$；xy_2。

（2）12 个。

（3）$109°28'$。

（4）$\sqrt{\dfrac{\sqrt{2}M}{aN_A}}$ cm。

6.（1）12；钠。

（2）57.5%。

（3）26%。

7.（1）C_{60} 晶体为面心立方结构，相邻 C_{60} 球体最近距离为顶点到面心距离为$\frac{\sqrt{2}}{2}a=1004$ pm，大于每个 C_{60} 平均孔径 700 pm，说明在 C_{60} 晶体中，$C_{60} \sim C_{60}$ 之间不接触，是分子晶体。

（2）12 个 K^+；8 个 K^+ 处于 8 个四面体空隙中，还有 4 个 K^+ 处于 4 个八面体空隙中。

（3）1.672 $g \cdot cm^{-3}$；0.256 $g \cdot cm^{-3}$。

8.（1）C 原子采取 sp^3 杂化，N 原子采取 sp^2 杂化；1 个 C 原子与 4 个处于四面体顶点的

N 原子形成共价键，1 个 N 原子与 3 个 C 原子在一个近似的平面上以共价键连接。

(2) 6;8。

(3) $\rho=\dfrac{12\times6+14\times8}{6.02\times10^{23}\times[(0.64\times10^{-7})^2]\times\sin60^\circ\times0.24\times10^{-7}}\approx3.6\ \text{g}\cdot\text{cm}^{-3}$

(4) ① C 原子和 N 原子间形成很强的共价键；② 形成网状结构；③ β-C_3N_4 的密度大于金刚石，晶体中原子采取更紧密的堆积方式，说明原子间共价键很短而有很强的键合力。

第 10 章

1. C　2. B　3. A　4. A　5. C　6. C

7. $7N_2H_4 = 8NH_3 + 3N_2 + 2H_2$。

8. 炔氢较活泼的原因是 ≡C—H 是 sp-s 键，而 C 的 sp 轨道电负性高于 H 的 s 轨道电负性，因而显极性，具有微弱的酸性。

9.

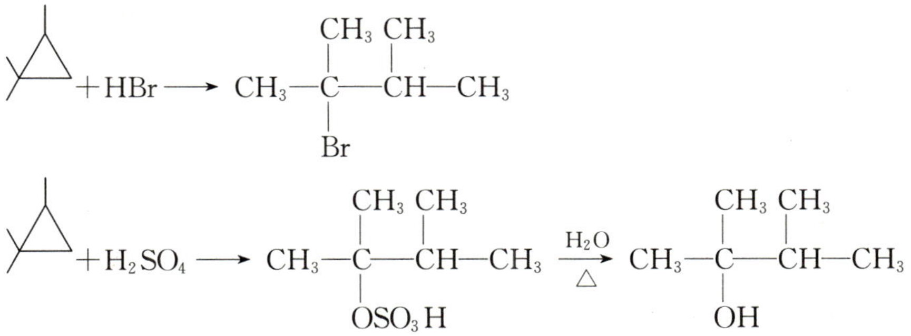

10. (1) $C_{13}H_9NO$。

(2) 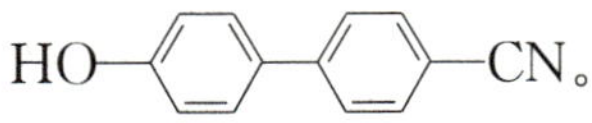。

(3) 羟基和氰基。

第 11 章

1. D　2. C　3. C　4. D　5. B

6. 大家知道，珍珠霜中含有甘油，甘油的作用是吸收空气中的水分，使皮肤保持湿润。纯甘油不能直接涂到皮肤上来润肤，因为纯甘油直接涂在皮肤上，除了能吸取空气中的水分，还将皮肤组织中的水分也吸出来，结果会使皮肤更加干燥甚至灼伤。因此买甘油时，一定要先问清是纯甘油还是含水甘油，若是纯甘油，尚须加入 20%的水才能用以润肤。

7. 塑料的原料是合成树脂，制作过程中添加增塑剂和稳定剂，这些添加剂是有毒的，且易溶于食油中，使食油变色、变质，不仅不适宜食用，还会缩短塑料制品的寿命，所以不要用塑料桶长期存放食油。

8. 吡咯由于 N 参与共轭而使碱性降低，其碱性弱于苯胺，只能很慢地溶解于冷的稀酸中，浓酸则使其树脂化，而其氮上的氢却有弱酸性，$pK_a=15$，苯酚的 $pK_a=10$。所以其酸性比酚弱，比醇强。酸性强度为苯酚＞吡咯＞乙醇＞苯胺。

9.（1）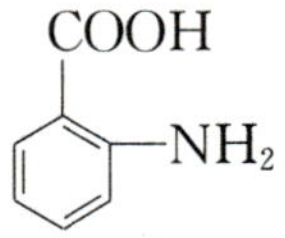。

（2）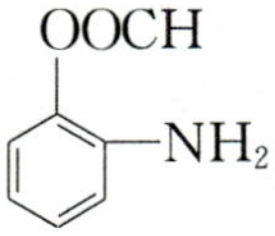。

（3）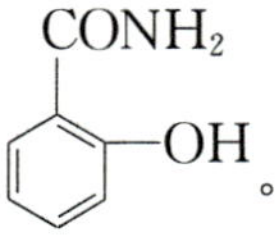。

（4）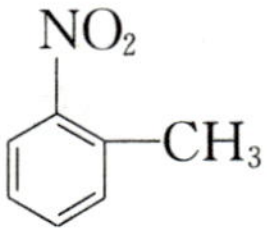。

10. $C_{12}O_9$；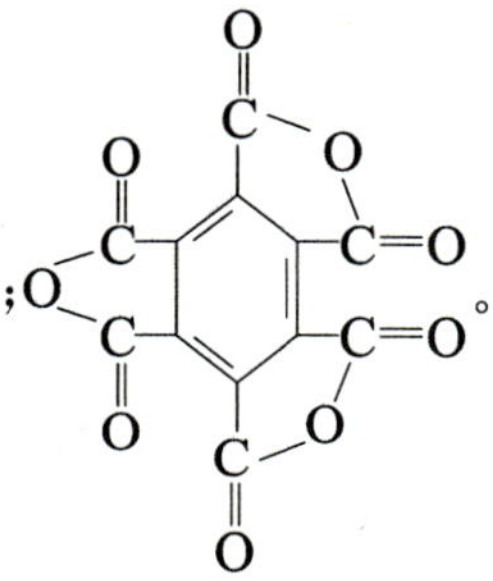。

11.（1）丙酸，；

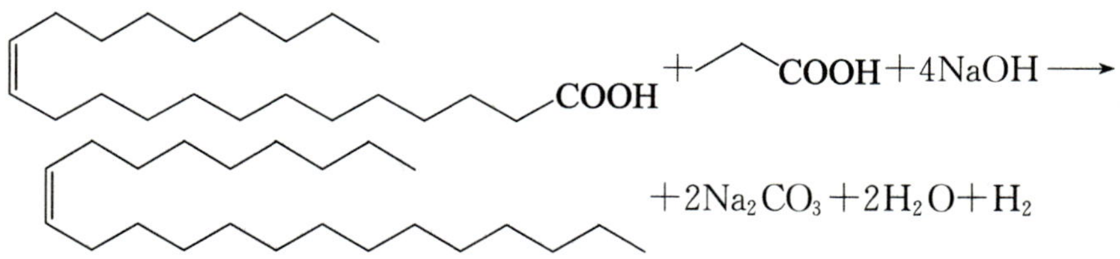

（2）芥酸和丙酸氧化脱羧形成摩尔分数相等的 2 种烃基，同种烃基偶联的摩尔分数各占 25%（或 1/4 或 0.25），异种烃基偶联形成家蝇性信息素的摩尔分数占 50%（或 1/2 或 0.5）。

12.（1）Mg^{2+}。

（2）Mg 在空气中燃烧，生成 MgO 和 Mg_3N_2，所得灰烬与盐酸的反应为

$$MgO+2HCl=\!=\!=MgCl_2+H_2O$$

$$Mg_3N_2+8HCl=\!=\!=3MgCl_2+2NH_4Cl$$

设所得灰烬中有 x mmol MgO，y mmol Mg_3N_2，则据题意有

$$2x+8y=48 \quad ①$$

$$2y=4 \quad ②$$

解得

$$x=16,\quad y=2$$

故 Mg 的总量为

$$16+2\times3=22\ (\text{mmol})$$

已知 Mg^{2+}-EDTA，所以需加入 22 mmol EDTA。

(3) 吸收能量，因为 DNA 发生开环(链)反应时，需要破坏碱基间的氢键，故吸收能量。

模拟试题(一)

1. B　2. B　3. D　4. C　5. B　6. D　7. D

8. 在氢卤酸中，除氢氟酸是弱酸外，其余均为强酸，且 HCl、HBr、HI 的酸性依次增强。H—X间的键均为强极性键，它们的极性由 HF 至 HI 依次减小，其非氢部分的离子半径按 F^- 至 I^- 由小到大，其离子外层电子云密度递减，因此，结合 H^+ 的能力由 F^- 至 I^- 依次递减，因而在极性分子水分子的作用下，HI 易电离，其酸性由 HF 至 HI 依次增强。

氢氟酸的酸性弱，一是 H—F 的键能大，二是 HF 分子间的氢键结合使 H^+ 难电离出来，所以为弱酸。

9. 由于 NH_4Cl 中的 NH_4^+ 水解，溶液呈酸性。镁粉不断与溶液中的 H^+ 反应放出氢气，NH_4^+ 水解平衡右移，$c(NH_3)$ 越来越大，最后 NH_3 挥发，因此挥发出来的气体有刺激性气味。

$$NH_4^+ + H_2O \rightleftharpoons NH_3\cdot H_2O + H^+,\quad Mg+2H^+ \xlongequal{} Mg^{2+} + H_2\uparrow$$

总的反应方程式是

$$2NH_4^+ + Mg \xlongequal{} 2NH_3\uparrow + Mg^{2+} + H_2\uparrow$$

10. 从“铝热剂”用途上可以看出，反应符合活泼金属置换不活泼金属(还原性)的原则，同时要求反应放出大量的热，因而常用于冶炼难熔金属，然而 Mg 与金属氧化物反应放热少，故没有“镁热剂”。

11. 离子的空间结构和中心原子的杂化方式如表 A.1 所示。

表 A.1

离子	空间构型	杂化方式
ClO^-	直线形	sp
BrO_2^-	V 形	sp^3
IO_3^-	三角锥形	sp^3
ClO_4^-	四面体	sp^3
IO_6^{5-}	八面体	sp^3d^2

12. (1) 由于乙醚(沸点:34.5 ℃)和乙醛(沸点:20.8 ℃)沸点相差太小，不易分离，用蒸馏的方法不易分开。可以让乙醇与金属钠反应，向混合液中加入少量钠，生成醇钠，以催化乙醛缩合，缩合后的缩醛沸点将升至 70～86 ℃。此时蒸馏即可将乙醚分出。

(2) 丙酮和甲醇在氧化方面的稳定性不相同，当投入适量 $KMnO_4$ 时，甲醇即可被氧化成 CO_2 和 H_2O，丙酮即可通过蒸馏得以纯化。

13. (1) 因为 N—N 键能小，容易断键，所以 N_2H_4 数目过多的化合物易爆炸。

(2) NH_2OH、NH_3、N_2H_4 是碱性的，而 HN_3 为叠氮酸，显酸性。NH_2OH、NH_3、N_2H_4 可以看成在—NH_2基团上分别带上了羟基、氢原子、氨基，新连上的 O 原子和 N 原子电负性比较大，会降低原来 N 上的电子云密度，从而降低吸引质子的能力，而且 O 的电负性比 N 的大，所以碱性由强至弱依次是 $NH_3>N_2H_4>NH_2OH>HN_3$。

14. 高铁酸根具有强氧化性，碱性条件下能稳定存在，酸性条件下氧化性极强，会氧化水中的氧生成氧气。其反应方程式为

$$2Fe(OH)_3+3ClO^-+4OH^-=\!=\!=2FeO_4^{2-}+3Cl^-+5H_2O$$

$$4FeO_4^{2-}+20H^+=\!=\!=4Fe^{3+}+3O_2\uparrow+10H_2O$$

15. (1) $NH_2OH+2O_2^-+H^+=\!=\!=NO_2^-+H_2O_2+H_2O$。

(2) $5.00\times10^{-3}\ mol\cdot L^{-1}$。

(3) $2MnO_4^-+5H_2O_2+6H^+=\!=\!=2Mn^{2+}+5O_2\uparrow+8H_2O$ 或 $Cr_2O_7^{2-}+3H_2O_2+8H^+=\!=\!=2Cr^{3+}+3O_2\uparrow+7H_2O$。

16. Y：

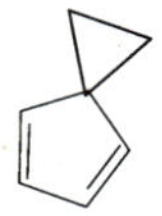

产物的可能结构：

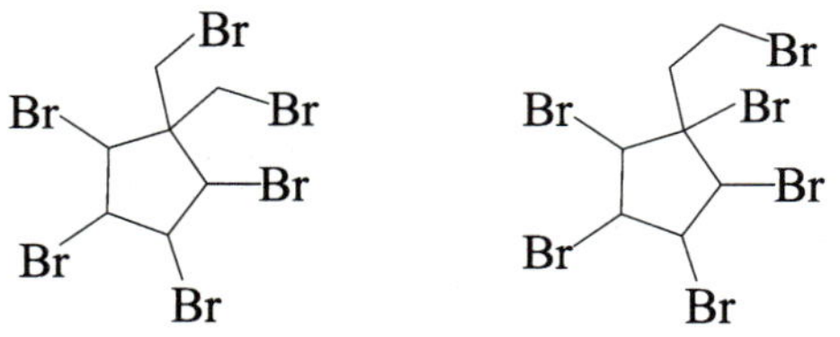

模拟试题(二)

1. C 2. A 3. D 4. B 5. C 6. B 7. C 8. B 9. B 10. D

11. $AgCl+2NH_3\cdot H_2O=\!=\!=[Ag(NH_3)_2]^++2H_2O+Cl^-$。

12. (1) NO(极性分子)。

(2) 硅(或硅与氧)。

(3) $NaAlO_2$相当于 $Na[Al(OH)_4]$的脱水产物。

13. 行星轨道模型(1911～1913 年)和现代的电子云模型(1935 年)。

14. (1) 。

(2) 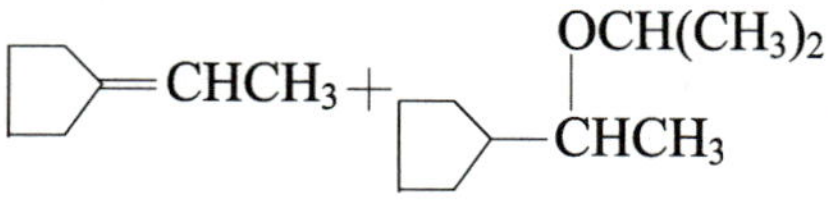

。

(3) 几乎不反应。

(4) $(CH_3)_2C=C(CH_3)_2$。

(5) $ClCH_2CH_2CH_2CN$。

15. 化学反应需要微粒间的充分接触和碰撞，这就需要物质的微粒充分分散；水是一种非常理想且来源广泛、取用方便的分散剂。

16. (1) $Ca(OH)_2$ 微溶于水，0.2 mol·L^{-1} 溶液的质量分数约为 1.5%，所以不可能。(常温下其饱和溶液的浓度不超过 0.02 mol·L^{-1}。)

(2) 磷酸是弱酸，该磷酸的电离度不可能在 70%以上。

(3) 发烟硫酸的硫酸浓度被认为超过 100%。

17. 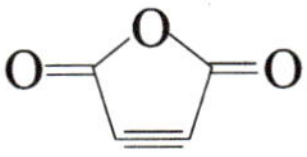。

18. CH_3OCH_2CHO；CH_3CH_2COOH；$HCOOCH_2CH_3$；CH_3COCH_2OH。

19. (1) 乙醇。

(2) 乙酸。

20. $4Na_2SO_3 = 3Na_2SO_4 + Na_2S$。

21. (1) $C_8N_8O_{16} \longrightarrow 8CO_2 + 4N_2$。

(2) 产物远比反应物稳定；分解产物完全是气体，体积膨胀功很大。

22. 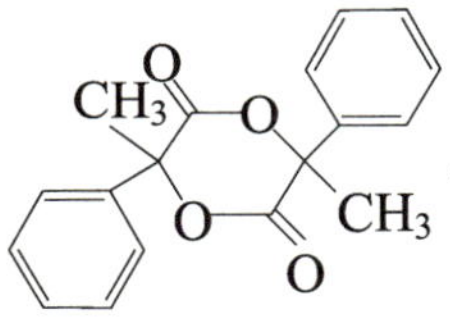。

模拟试题(三)

1. A 2. C 3. C 4. C 5. A 6. B

7. 从结构上看呋喃为共轭二烯的醚，为平面分子，具有共轭加成的性质，其典型的化学性质类似于苯。易于发生亲电取代，NMR 谱中显示环流效应，具有一定的芳香性。

8. 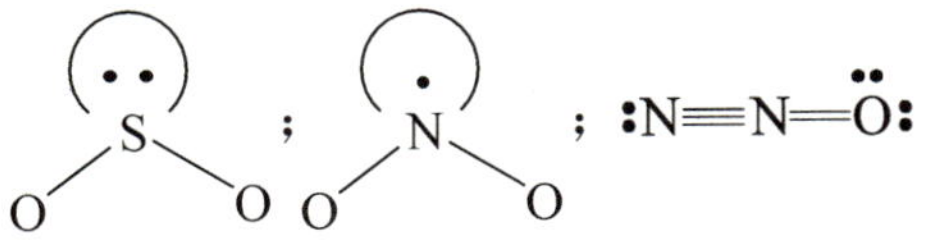。

注意：只要写出 SO_2、NO_2 为 V 形，N_2O 是线型结构即可，不写离域 π 键、N_2O 中键的数目不与答案一致皆不扣分。

键角：∠N—N—O>∠O—N—O>∠O—S—O。

N_2O 中的中心原子 N 采取 sp 杂化，结构为直线型。SO_2、NO_2 中的中心原子 S 和 N 虽然都采取 sp^2 杂化，但是在 SO_2 中孤对电子对键的斥力大于 NO_2 中单电子对键的斥力，即 ∠O—S—O<120°，∠O—N—O>120°。

9. (1) 放在真空容器中是为了防止 Na 被空气中的氧气氧化；随后放在高压容器中是为了生成金刚石，因为生成金刚石需要高温高压。

(2) 正四面体；碳原子的杂化形态为 sp^3。

(3) 上述实验是卤代烃与钠的反应，生成碳原子数更大的烃。因为 CCl_4 中碳原子为 sp^3 杂化，反应后，许多碳原子通过 sp^3 杂化形式成键，即组成网状的金刚石。

（4）A 为金刚石，B 为石墨，它们互为同素异形体。

（5）化学反应为

$$CCl_4+4Na \longrightarrow C+4NaCl$$

和稳定形态石墨相比，金刚石的内能大，不稳定，易转化为内能较低的石墨。

（6）从纯理论的角度看，在高温高压条件下，将一部分石墨转化成金刚石，使金刚石的含量大幅增多。

（7）上述实验开辟了人造金刚石的另一途径。

10. A：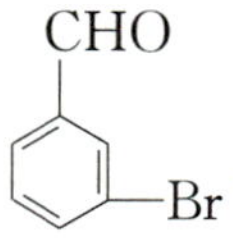；B：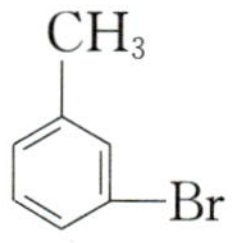；D：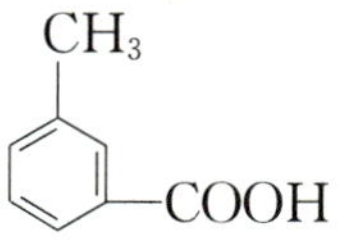；F：。

11. （1）A：NaN_3；B：KNO_3；C：SiO_2。

（2）N_3^- 的结构为

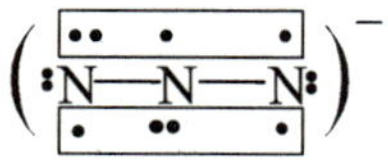

其中，N 为 sp 杂化，2 个 σ 键，2 个 Π_3^4 键。

NO_3^- 的结构为

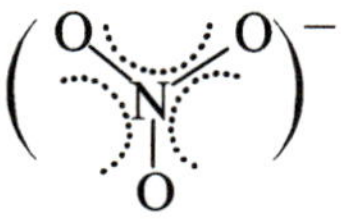

其中，N 为 sp^2 杂化，3 个 N—O σ 键，1 个 Π_4^6 键。

（3）化学反应方程式为

$$2NaN_3 \xrightarrow{\text{碰撞}} 2Na(l)+3N_2$$

$$10Na+2KNO_3 \longrightarrow K_2O+5Na_2O+N_2$$

$$K_2O+Na_2O+2SiO_2 \longrightarrow Na_2SiO_3+K_2SiO_3$$

（4）固体 C 与反应生成的 K_2O、Na_2O 结合生成硅酸盐，可减少气袋使用后废弃物的腐蚀性，降低环境污染。

12. （1）稀硫酸。

（2）两步反应的离子方程式分别为

$$2MnO_4^-+Cu = 2MnO_4^{2-}+Cu^{2+}$$

$$MnO_4^{2-}+Cu+2H_2O = MnO_2\downarrow+Cu(OH)_2\downarrow+2OH^-$$

模拟试题（四）

1. B 2. B 3. B 4. B 5. A 6. B 7. D

8. $S+2KNO_3+3C = K_2S+N_2\uparrow+3CO_2\uparrow$。

9. 银器发暗是因为银和空气中的硫化氢作用生成黑色的硫化银（Ag_2S）。和铝片放在一起，在加热的条件下，铝、硫化银和水反应得到银。

反应方程式为

$$2Al+3Ag_2S+6H_2O = 6Ag+2Al(OH)_3+3H_2S$$

10. 焦磷酸($H_4P_2O_7$)是四元酸,它的分子结构式是

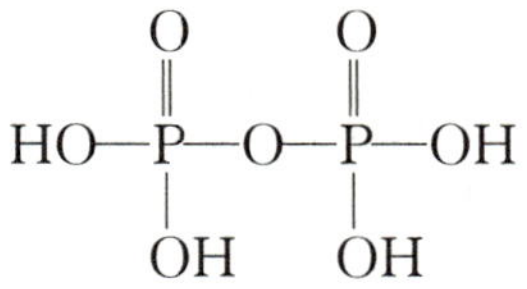

亚磷酸(H_3PO_3)是二元酸,它的分子结构式是

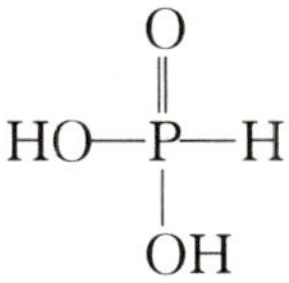

次磷酸(H_3PO_2)是一元酸,它的分子结构式是

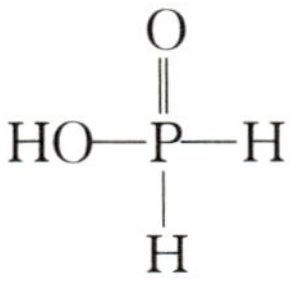

11. $nHOOC(CH_2)_4COOH + nH_2N(CH_2)_6NH_2 \longrightarrow$ 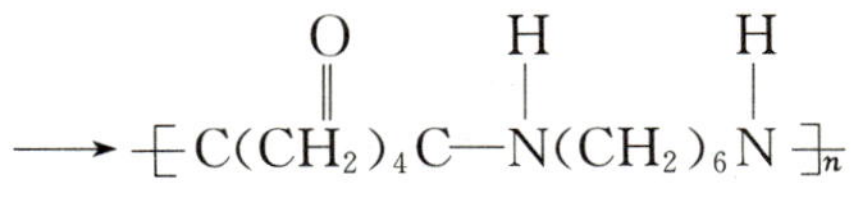 $+2nH_2O$。

12. (1) 羧基、羟基、碳碳双键。

(2) $HCOOH$、CH_3CH_2OH。

(3)

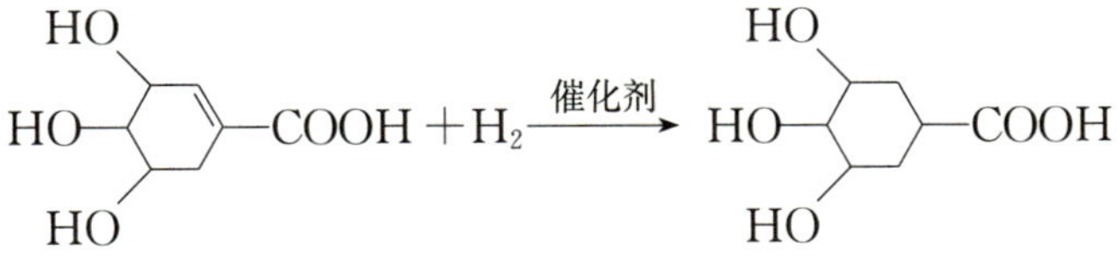

13. (1) A～E的化学式分别为 $NaHSO_3$、Na_2SO_4、$BaSO_4$、S、I_2。

(2) $H_2SO_3+2S^{2-}+4H^+ = 3S\downarrow+3H_2O$。

(3) $5HSO_3^-+2IO_3^- = I_2+5SO_4^{2-}+3H^++H_2O$。

14. $4<pH<7.7$。

模拟试题(五)

1. C 2. B 3. B 4. D 5. B 6. D 7. B 8. C

9. 铯、铷;因为它们具有优异的光电性能,可作为微波频率标准,实际用途是制造原子钟,准确地测量时间(几十亿分之一秒)。

10. 做记号时,$[Ag(NH_3)_2]^+$灼热分解成微细的Ag;去掉记号时,Ag与KI及空气中的氧反应生成溶解度很小的AgI,可被水漂洗去。

11. Ca^{2+}与$C_2O_4^{2-}$生成不溶性的CaC_2O_4，由于$H_2C_2O_4$是二元弱酸，CaC_2O_4在胃酸作用下会重新溶解生成$H_2C_2O_4$，并通过胃壁进入血液而引起中毒，故需将CaC_2O_4呕吐出来。过量的Ca^{2+}对人体也有害，必须除去，为此，加入$MgSO_4$使其转化为$CaSO_4$，$CaSO_4$难溶于胃酸，故不必呕吐。

12. 铜在潮湿的空气中会被氧化成黑色的氧化铜，铜器表面的氧化铜继续与空气中的二氧化碳作用，生成一层绿色的碱式碳酸铜$CuCO_3 \cdot Cu(OH)_2$。另外，铜也会与空气中的硫化氢发生作用，生成黑色的硫化铜。用蘸浓氨水的棉花擦洗发暗的铜器的表面，就立刻会发亮。因为用浓氨水擦洗铜器的表面，氧化铜、碱式碳酸铜和硫化铜都会转变成可溶性的铜氨络合物而被除去。或者用醋酸擦洗，把表面的污物转化为可溶性的醋酸铜，但效果不如前者好。洗后再用清水洗净铜器，铜器就又亮了。

13. sp^3、sp^3、sp；大于；氟的电负性大于氢，因此用于N—F成键的电子对更偏向氟原子（或离氮原子核较远），氮原子周围电子密度减小（或N—F成键电子对间的“距离”较远），斥力较小，因而键角较小。

14. (1) $NH_4NO_3 + Zn \xlongequal{H_2O} ZnO + N_2 + 2H_2O$。

(2) ZnO固体颗粒。

(3) NH_4NO_3与Zn均为较稳定的固体，外界条件不改变，通常不会发生反应。

(4) 有，加热即可。

(5) 水分过多无法产生烟。

15. (1) 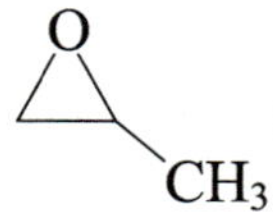；醚。

(2) CH_3CH_2CHO；CH_3COCH_3；$CH_2{=}CHCH_2OH$；$CH_2{=}C(OH)CH_3$；$CH_3{-}CH{=}CH{-}OH$（顺反异构体）；$CH_2{=}CH{-}O{-}CH_3$；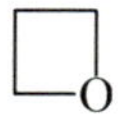。

(3) n 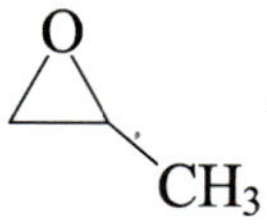 $+ nCO_2 \xrightarrow{\text{催化剂}} \left[O{-}\overset{\overset{\large O}{\|}}{C}{-}O\underset{\underset{\large CH_3}{|}}{C}HCH_2 \right]_n$。

16. (1) $FeC_2O_4 \cdot 2H_2O \xrightarrow{\triangle} Fe + 2CO_2\uparrow + 2H_2O\uparrow$。

(2) 生成的铁粉很细，与空气有很大的接触面积，极易被氧化并产生热量，从而使铁粉达到着火点而引起自燃。

17. (1) 反应方程式为

$$CaCO_3 \xlongequal{\text{高温}} CaO + CO_2$$

$$CaO + 3C \xlongequal{} CaC_2 + CO$$

$$CaC_2 + N_2 \xlongequal{} CaCN_2 + C$$

(2) $CaCN_2 + 3H_2O \xlongequal{} CaCO_3 + 2NH_3$。

(3) $HN{=}C{=}NH$、$N{\equiv}C{-}NH_2$；平衡更倾向于生成结构对称的物质$HN{=}C{=}NH$。

18. 当 Q 达到 AgCl 的 K_{sp}，即 Cl^- 开始沉淀时，所需的 Ag^+ 浓度为

$$[Ag^+]=1.77\times10^{-10}/0.010\approx1.8\times10^{-8}(mol\cdot L^{-1})$$

当 Q 达到 Ag_2CrO_4 的 K_{sp}，即 CrO_4^{2-} 开始沉淀时，所需的 Ag^+ 浓度为

$$[Ag^+]=\sqrt{1.12\times10^{-12}/0.010}\approx1.1\times10^{-5}(mol\cdot L^{-1})$$

可见，沉淀 Cl^- 所需的 $[Ag^+]$ 低得多，于是先生成 AgCl 沉淀。继续滴加 $AgNO_3$ 溶液，AgCl 不断析出，使 $[Cl^-]$ 不断降低。当 Ag^+ 浓度增大到 1.1×10^{-5} mol・L^{-1} 时，开始析出 Ag_2CrO_4 沉淀。此时溶液中同时存在两种沉淀-溶解平衡，$[Ag^+]$ 同时满足两种平衡的要求。因而，此时

$$[Cl^-]=1.77\times10^{-10}/(1.1\times10^{-5})\approx1.6\times10^{-5}(mol\cdot L^{-1})$$

即 CrO_4^{2-} 开始沉淀时，$[Cl^-]$ 已经很小了。通常把溶液中剩余的离子浓度 $\leqslant10^{-5}$ mol・L^{-1} 视为沉淀已经“完全”了。

模拟试题（六）

1. D　2. D　3. B　4. B　5. C　6. B

7. 蛋白质和高级烃。

8. 金属离子得电子的能力。

9. 卡车在启动、刹车时排出黑色废烟者是以柴油为燃料的；柴油分子中的碳原子数多于汽油分子中的碳原子数。

10. (1) 用 HCl 或 HNO_3：$CaCO_3+2H^+=\!=\!=Ca^{2+}+CO_2\uparrow+H_2O$。

(2) 用强酸：$Fe(OH)_3+3H^+=\!=\!=Fe^{3+}+3H_2O$。

(3) 用 KI 溶液：$I_2+I^-=\!=\!=I_3^-$。

(4) 用 NaOH 溶液并适当加热：$3S+6OH^-\xlongequal{\triangle}2S^{2-}+SO_3^{2-}+3H_2O$。

(5) 用 $H_2C_2O_4$：$2KMnO_4+11H_2C_2O_4=\!=\!=2KHC_2O_4+10CO_2\uparrow+2Mn(HC_2O_4)_2+8H_2O$。

注意：① 一般洗涤剂是过量的，所以反应满足在酸性介质中进行的条件。

② 用高锰酸钾后实际沾污物为 MnO_2，后者和 $H_2C_2O_4$（也是在酸性介质中进行）的反应式为

$$MnO_2+3H_2C_2O_4=\!=\!=Mn(HC_2O_4)_2+2CO_2\uparrow+2H_2O$$

(6) 中等浓度的 HNO_3：$3Ag+4HNO_3=\!=\!=3AgNO_3+NO\uparrow+2H_2O$。

(7) 用强酸：$Fe(OH)_3+3H^+=\!=\!=Fe^{3+}+3H_2O$。

注意：$FeSO_4$ 中的 Fe^{2+} 被 O_2（空气）氧化成 $Fe(OH)_3$。

(8) 玻璃瓶发“毛”是强碱和 SiO_2（玻璃中）反应之故，无法用洗涤剂复原。

11. 环丙烷分子中存在较大的角张力和扭转张力，是一个有张力环，所以易开环，发生加成反应。

12. 吲哚具有芳香性，其亲电取代反应活性大于苯，反应发生在杂环的 3 位上，反应为

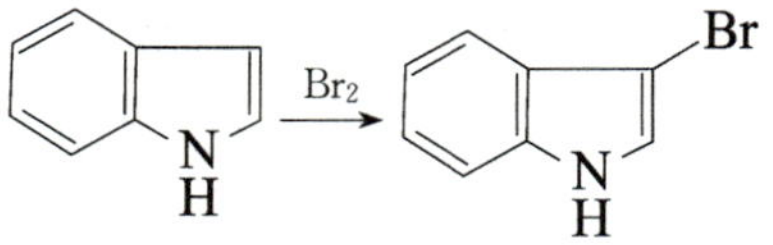

13. (1) SO_2、CO。

(2) ① $C_2H_5OH+3O_2 = 2CO_2+3H_2O$。

② $C_{12}H_{22}O_{11}+8KClO_3 = 12CO_2+11H_2O+8KCl$。

③ $C_{12}H_{22}O_{11} = 12C+11H_2O$。

(3) 这三步都是放热的,每个反应都放出热量,促使下一个反应发生。乙醇燃烧,放出热量,使蔗糖在强氧化剂 $KClO_3$的作用下被氧化,第三个反应中蔗糖脱水生成碳和水。蔗糖脱水的活化能是非常高的,反应只有在高温下才能发生(>500 ℃),因为这个原因,直到氯酸钾的氧化反应完成以后碳柱才真正开始上升。蔗糖通过氯酸钾的氧化产生 CO_2,气体产物和不断增长的碳柱混合,使产生的黑碳比正常体积要大。

(4) 不能,这个反应放出的热量比"黑面包"实验大得多,会使烧杯炸裂。

14. (1) NaN_3分解提供 N_2,陶土、SiO_2吸附 N_2,Fe_2O_3使 Na 变成 Na_2O。

(2) 169.7 L;49.5 L。

(3) $6Na+Fe_2O_3 = 2Fe+3Na_2O$。

(4) $[:\ddot{N}::N::\ddot{N}:]^-$ 或 $[:\underset{..}{\ddot{N}}:N\vdots\vdots\ddot{N}]^-$。

(5) 原料粉碎、混匀、成型,使反应快、扩散快,反应足够快,所释放之热全用于后续反应,而不使气袋明显升温。

15. 实验中,首先是 $K_2Cr_2O_7$溶液在酸性条件下把 KI 氧化成 I_2,接着用 $Na_2S_2O_3$标准溶液还原生成的 I_2,计算出标准 $Na_2S_2O_3$溶液的浓度,然后用 $Na_2S_2O_3$标准溶液标定 I_2标准溶液的浓度,最后根据 I_2标准溶液的浓度计算抗坏血酸的质量分数。有关反应式如下:

$$K_2Cr_2O_7+6KI+7H_2SO_4 = 3I_2+Cr_2(SO_4)_3+7H_2O+4K_2SO_4$$

$$I_2+2Na_2S_2O_3 = Na_2S_4O_6+2NaI$$

$$I_2+C_6H_8O_6 = C_6H_6O_6+2HI$$

计算结果:$Na_2S_2O_3$ 标准溶液的浓度为 0.05062 mol · L^{-1};I_2标准溶液的浓度为 0.02494 mol · L^{-1};抗坏血酸的质量分数平均值为 24.91%。

16. (1) 表中第一行,M 为 0.1 mol,氯气为 0.9 mol,一定是氯气过量,M 完全反应。再根据最后一行,M 为 0.9 mol,氯气为 0.1 mol,一定是 M 过量,氯气完全反应。故得到 M 为 Al 元素。

(2) $2Al+2NaOH+2H_2O = 2NaAlO_2+3H_2\uparrow$。

(3) 0.4 mol Al 参与反应,只得到 0.2 mol 产物,那么一定是发生了双聚反应。产物为 Al_2Cl_6,是氯化铝的双聚结构,其空间结构为

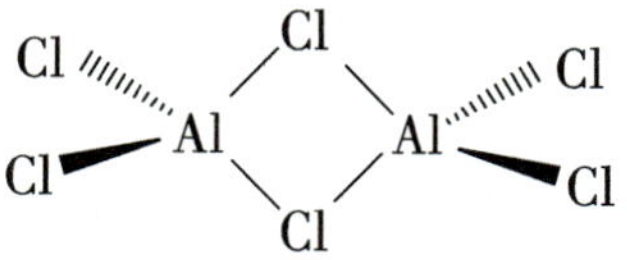

中国科学技术大学出版社中学物理用书

初中物理培优讲义(一阶、二阶)/郭军

初中物理导练拓/刘坤

初中物理易错题精析/刘坤

重点高中自主招生辅导:物理/邹家武

新编初中物理竞赛辅导/刘坤

聋校初中物理同步导读(八年级、九年级)/魏贤福

高中物理学(1—4)/沈克琦

高中物理学习题详解/黄鹏志　李弘　蔡子星

抽丝剥茧学物理竞赛(上、下册)/王震　王会会

加拿大物理奥林匹克(第2版)/黄晶　俞超　邱为钢

美国物理奥林匹克/黄晶　孙佳琪　矫健

俄罗斯物理奥林匹克/黄晶　俞超　申强

中学奥林匹克竞赛物理教程:力学篇(第2版)/程稼夫

中学奥林匹克竞赛物理教程力学篇习题详解/于强　朱华勇　张鹏飞　程稼夫

中学奥林匹克竞赛物理教程:电磁学篇(第2版)/程稼夫

中学奥林匹克竞赛物理讲座(第2版)/程稼夫

中学奥林匹克竞赛物理进阶选讲/程稼夫

奥林匹克物理/舒幼生

奥赛物理辅导教程:力学篇/舒幼生

高中物理奥林匹克竞赛标准教材(第2版)/郑永令

中学物理奥赛辅导:热学·光学·近代物理学(第2版)/崔宏滨

物理竞赛教练笔记/江四喜

物理竞赛专题精编/江四喜

物理竞赛解题方法漫谈/江四喜

奥林匹克物理一题一议/江四喜

奥林匹克物理一题一议(第二辑)/江四喜

中学奥林匹克竞赛物理实验讲座/江兴方　郭小建

国际物理奥林匹克竞赛理论试题与解析(第 31—47 届)/陈怡　杨军伟

亚洲物理奥林匹克竞赛理论试题与解析(第 1—19 届)/陈怡　杨军伟

全国中学生物理竞赛预赛试题分类精编/张元元

全国中学生物理竞赛复赛试题分类精编/张元元

全国中学生物理竞赛决赛试题分类精编/张元元

高中物理竞赛复赛模拟试题精选/唐鹏

物理学难题集萃(上、下册)/舒幼生　胡望雨　陈秉乾

大学物理先修课教材(3 册)/鲁志祥　黄诗登　钟小平

强基计划校考物理模拟试题精选/方景贤　陈志坚

强基计划校考物理培训讲义/江四喜

高校强基计划物理教程(3 册)/邓靖武　肖址敏

强基计划物理一本通:给高中物理加点难度(上、下册)/郑琦

高中物理重难点一本通:给高中物理夯实基础(6 册)/郑琦

高中物理母题与衍生:力学篇(第 2 版)/董马云

高中物理母题与衍生:电磁学篇(第 2 版)/董马云

高中物理原理与方法(3 册)/秦建云　肖址敏

物理解题理论/郑青岳　赵顺法　吴磊峰　蔡千斌

物理高考题典(5 册)/尹雄杰　张晓顺

高中物理解题方法与技巧(第 2 版)/尹雄杰　王文涛

高中物理必修学习指导:概念・规律・方法(3 册)/王溢然

物理高考题精编(3 册)/王溢然

高考物理解题 24 法/王溢然

中学物理数学方法讲座/王溢然

高中物理经典名题精解精析/江四喜

高三物理总复习核心 72 讲(上、下册)/莫原　崔亚龙

高中物理一点一题型(第 2 版)/温应春

高中物理一诀一实验/温应春　闫寒　肖国勇

玩转高中物理模型/陈卫国

高中物理创新实验设计与课堂实践:电学篇/王竑

力学问题讨论/缪钟英　罗启蕙

电磁学问题讨论/缪钟英

中学生物理思维方法丛书(13 册)/王溢然　束炳如